全国高等院校计算机职业技能应用规划教材

管 理 信 息 系 统

主　编　周贺来　佟　捷　严晓媛

副主编　韩姣红　李俊利　陈全平

U0121877

中国人民大学出版社

·北京·

前　言

本书从基本概念和具体应用出发，介绍了管理信息系统的概念、典型应用、系统思想、开发流程、管理方法。全书体系结构合理，编排条理清晰，文字通俗易懂，内容详略得当，案例丰富实用，并突出了应用型教材的实用性和可操作性。

为便于教师授课以及学生学习，本书在每章先提出本章"学习目标"，让学生了解本章的学习要求。然后用"本章引例"引起学生兴趣，并在引例点评的基础上引出主题。在主体内容之后，还给出了2～5个与本章内容相关的"案例"及相应的讨论题目，使学生可以利用所学知识去分析和解决企业中的实际问题。每章最后设计了"本章小结"、"关键术语"、"复习思考题"、"实践训练"等项目，帮助学生复习、巩固所学的知识。另外，本书第11章提供了一个完整的系统分析与设计实例以及课程设计的指导建议，这有助于学生利用所学的理论知识去完成一些实际的信息系统开发。

本书可作为应用型本科院校中信息管理与信息系统、电子商务、市场营销、工商管理、企业管理、物流管理、财务管理，以及其他经济与管理类专业的教材，同时也可以作为政府机构、企事业单位管理人员和计算机信息管理人员的培训教材或参考书。

本书是集体劳动成果的结晶，由周贺来（华北水利水电学院）任第一主编，负责制定编写大纲和统稿、定稿工作；佟捷（北方民族大学）任第二主编，组织了全书编写体例的策划设计；严晓媛（北方民族大学）任第三主编，参与了终稿审阅修订工作；韩姣红（安阳师范学院）、李俊利（华北水利水电学院）和陈全平（南开大学）任副主编，负责初稿审稿和校对工作。具体各章执笔情况如下：佟捷编写第1～2章，韩姣红编写第3～4章，陈全平编写第5章的5.1～5.4节，周贺来编写第5章的5.5～5.9节和第6章，李俊利编写第7章和第11章，李勤玲（中原工学院信息商务学院）编写第8章，王琦（宁夏回族自治区银川市青少年宫信息中心）编写第9章，严晓媛编写第10章。王永政、胡伟负责案例素材的搜集与整理，贾琳琳、李会玲负责复习思考题和实践训练的编写以及参考答案的整理，杨利红、李红娟负责图表的加工处理，郭向阳、李国栋负责教学 PPT 的制作。

本书在编写过程中，参考了许多前人的资料，在此表示衷心的感谢！

由于水平所限，书中难免有疏漏之处，恳请各位专家与读者不吝斧正。

编　者

目 录

第1章 管理信息系统导论 …… 1
1.1 信息 …… 4
　　1.1.1 信息的含义 …… 4
　　1.1.2 信息的特征 …… 5
　　1.1.3 信息的类型 …… 7
1.2 管理信息 …… 7
　　1.2.1 企业中的信息流 …… 7
　　1.2.2 管理信息的含义及类型 …… 8
　　1.2.3 管理信息的主要特点 …… 9
　　1.2.4 管理信息的重要作用 …… 10
1.3 信息系统 …… 11
　　1.3.1 系统与系统化方法 …… 11
　　1.3.2 信息系统的含义与功能 …… 13
　　1.3.3 信息系统的类型及发展过程 …… 14
1.4 管理信息系统 …… 15
　　1.4.1 管理信息系统概述 …… 15
　　1.4.2 管理信息系统的结构 …… 17
　　1.4.3 管理信息系统的类型 …… 18
1.5 信息系统与现代管理 …… 20
　　1.5.1 企业管理环境的变化 …… 20
　　1.5.2 管理环境变化的影响 …… 21
　　1.5.3 信息系统对管理职能的支持 …… 22
　　1.5.4 信息系统在管理领域的发展 …… 25
1.6 案例讨论 …… 26
　　1.6.1 案例1：美国航空公司的
　　　　　　Sabre系统 …… 26
　　1.6.2 案例2：海尔公司的信息
　　　　　　系统应用 …… 27
　　1.6.3 案例3：UPS应用信息技术
　　　　　　开展全球竞争 …… 27
复习思考题 …… 29
实践训练 …… 30

第2章 作业层信息系统 …… 32
2.1 业务处理系统 …… 33
　　2.1.1 业务处理系统的基本知识 …… 33
　　2.1.2 业务处理系统的工作流程 …… 36

　　2.1.3 业务处理方式的类型 …… 38
2.2 办公信息系统 …… 40
　　2.2.1 办公信息系统的含义 …… 40
　　2.2.2 办公信息系统的构成要素 …… 40
　　2.2.3 办公信息系统的类型 …… 41
　　2.2.4 办公信息系统的功能 …… 41
2.3 销售点处理系统 …… 43
　　2.3.1 POS系统的基本概念 …… 43
　　2.3.2 POS系统的组成结构 …… 44
　　2.3.3 POS系统的运行步骤 …… 46
2.4 案例讨论 …… 46
　　2.4.1 案例1：DF智能大厦OAS
　　　　　　应用实例 …… 46
　　2.4.2 案例2：商业企业POS系统
　　　　　　应用实例 …… 48
　　2.4.3 案例3：虚拟现实系统的典型
　　　　　　应用介绍 …… 52
复习思考题 …… 53
实践训练 …… 54

第3章 职能层信息系统 …… 56
3.1 职能层信息系统简介 …… 58
　　3.1.1 生产制造信息系统 …… 58
　　3.1.2 市场营销信息系统 …… 58
　　3.1.3 财务管理信息系统 …… 59
　　3.1.4 人力资源信息系统 …… 59
3.2 生产制造信息系统 …… 59
　　3.2.1 生产制造信息系统的模型 …… 59
　　3.2.2 生产制造输入子系统 …… 60
　　3.2.3 生产制造输出子系统 …… 60
3.3 市场营销信息系统 …… 61
　　3.3.1 市场营销信息系统的模型 …… 61
　　3.3.2 市场营销输入子系统 …… 61
　　3.3.3 市场营销输出子系统 …… 62
3.4 财务管理信息系统 …… 64
　　3.4.1 财务管理信息系统的模型 …… 64
　　3.4.2 财务输入子系统 …… 65

3.4.3　财务输出子系统 ………… 65
3.5　人力资源信息系统 ………… 66
　3.5.1　人力资源信息系统的模型　66
　3.5.2　人力资源输入子系统 ……… 67
　3.5.3　人力资源输出子系统 ……… 68
3.6　案例讨论 …………………… 68
　3.6.1　案例1：九芝堂的营销管理信息
　　　　　系统 ……………………… 68
　3.6.2　案例2：微软的信息化人力资源
　　　　　管理 ……………………… 70
复习思考题 ……………………… 71
实践训练 ………………………… 72

第4章　信息系统建设综述 …… 73

4.1　信息系统建设规律模型 …… 75
　4.1.1　诺兰阶段模型 …………… 75
　4.1.2　信息系统建设时机的确定 … 76
4.2　信息系统开发基本知识 …… 77
　4.2.1　管理信息系统开发的特点 … 77
　4.2.2　管理信息系统开发的条件 … 78
　4.2.3　管理信息系统开发的原则 … 79
　4.2.4　管理信息系统的开发策略 … 80
4.3　信息系统开发方式及其选择 … 82
　4.3.1　自行开发 ………………… 82
　4.3.2　委托开发 ………………… 83
　4.3.3　合作开发 ………………… 83
　4.3.4　购买现成的应用软件包 …… 83
　4.3.5　开发方式的选择 ………… 84
4.4　管理信息系统的开发方法 … 84
　4.4.1　结构化系统开发方法 …… 84
　4.4.2　原型法 …………………… 86
　4.4.3　面向对象法 ……………… 88
　4.4.4　计算机辅助开发方法 …… 90
4.5　业务流程重组 ……………… 91
　4.5.1　业务流程重组的基本概念 … 91
　4.5.2　业务流程重组的实现手段 … 91
　4.5.3　业务流程重组的管理原则 … 92
　4.5.4　业务流程重组的适用情况 … 93
4.6　案例讨论 …………………… 94
　4.6.1　案例1：信息系统建设中"放心"的
　　　　　领导 ……………………… 94
　4.6.2　案例2：购置软件包，还是委托
　　　　　开发"软件"？ …………… 94
　4.6.3　案例3：Ford公司采购付款业务

　　　　　流程重组 ………………… 94
复习思考题 ……………………… 96
实践训练 ………………………… 97

第5章　系统分析 ……………… 99

5.1　系统分析工作概述 ………… 100
　5.1.1　系统分析的工作任务 …… 100
　5.1.2　系统分析的内容和步骤 … 101
　5.1.3　系统分析的注意事项 …… 102
　5.1.4　系统分析的常用方法 …… 103
5.2　初步调查与可行性分析 …… 104
　5.2.1　系统的初步调查 ………… 104
　5.2.2　用户需求分析 …………… 104
　5.2.3　可行性分析的内容 ……… 106
　5.2.4　可行性分析报告 ………… 107
5.3　详细调查 …………………… 108
　5.3.1　详细调查的目的与原则 … 108
　5.3.2　详细调查的常用方法 …… 108
　5.3.3　详细调查的内容和表达工具 … 110
5.4　管理业务调查 ……………… 110
　5.4.1　组织结构调查 …………… 110
　5.4.2　管理功能调查 …………… 111
　5.4.3　业务流程调查 …………… 112
　5.4.4　单据和报表的调查 ……… 113
　5.4.5　其他管理内容调查 ……… 114
5.5　数据流程调查 ……………… 114
　5.5.1　数据流程调查的内容 …… 114
　5.5.2　数据流程图的绘制 ……… 114
5.6　数据字典 …………………… 116
　5.6.1　数据字典的作用 ………… 117
　5.6.2　数据字典的内容 ………… 117
　5.6.3　数据字典的管理 ………… 118
5.7　处理逻辑的描述工具 ……… 119
　5.7.1　判断树 …………………… 119
　5.7.2　判断表 …………………… 120
　5.7.3　结构化语言 ……………… 121
5.8　系统分析的成果 …………… 122
　5.8.1　逻辑方案的确定 ………… 122
　5.8.2　系统分析说明书 ………… 122
5.9　案例讨论 …………………… 123
　5.9.1　案例1：某ERP项目用户需求的
　　　　　获取方法 ………………… 123
　5.9.2　案例2：用户需求分析中的沟通
　　　　　问题 ……………………… 125

复习思考题 ·················· 126
实践训练 ·················· 126

第6章　系统设计 ·············· 130

6.1　系统设计工作概述 ·········· 132
　　6.1.1　系统设计的内容 ········ 132
　　6.1.2　系统设计的原则 ········ 133
　　6.1.3　系统设计的方法与思想 ··· 134
6.2　总体设计 ··············· 134
　　6.2.1　子系统的划分 ········· 134
　　6.2.2　系统功能结构设计 ······ 135
　　6.2.3　系统模块结构设计 ······ 135
　　6.2.4　系统流程设计 ········· 137
　　6.2.5　系统物理配置方案设计 ··· 137
6.3　代码设计 ··············· 140
　　6.3.1　代码的含义与作用 ······ 140
　　6.3.2　代码设计的原则 ········ 140
　　6.3.3　代码的种类 ·········· 141
　　6.3.4　代码的校验 ·········· 142
　　6.3.5　代码设计的步骤 ········ 143
6.4　用户界面设计 ············ 145
　　6.4.1　用户界面设计的原则 ····· 145
　　6.4.2　用户界面的常用方式 ····· 145
　　6.4.3　图形用户界面的设计 ····· 146
6.5　输出设计 ··············· 147
　　6.5.1　输出设计的内容和要求 ··· 148
　　6.5.2　输出设计方式的选取 ····· 148
　　6.5.3　输出格式的类型及设置 ··· 149
6.6　输入设计 ··············· 150
　　6.6.1　输入设计的原则 ········ 150
　　6.6.2　输入设备的选择 ········ 150
　　6.6.3　输入数据的获得 ········ 151
　　6.6.4　输入数据的校验 ········ 151
　　6.6.5　输入格式的设计 ········ 152
6.7　数据库的设计 ············ 153
　　6.7.1　用户数据需求分析 ······ 153
　　6.7.2　数据库概念结构设计 ····· 153
　　6.7.3　数据库逻辑结构设计 ····· 154
　　6.7.4　数据库物理结构设计 ····· 154
6.8　处理过程设计 ············ 154
　　6.8.1　流程图 ············· 154
　　6.8.2　N-S图 ············· 156
　　6.8.3　PAD图 ············· 157
　　6.8.4　IPO图 ············· 157

6.9　系统设计说明书 ··········· 158
6.10　案例讨论 ·············· 159
　　6.10.1　案例1：某管理信息系统的安全
　　　　　设计 ·············· 159
　　6.10.2　案例2：现行报表系统的变更
　　　　　方法 ·············· 159
复习思考题 ·················· 160
实践训练 ·················· 161

第7章　系统实施与维护 ········· 163

7.1　系统实施工作概述 ·········· 164
　　7.1.1　系统实施的任务 ········ 164
　　7.1.2　系统实施的工作步骤 ····· 164
　　7.1.3　系统实施的成功因素 ····· 164
7.2　系统运行环境实施 ·········· 165
　　7.2.1　计算机系统的配置 ······ 165
　　7.2.2　网络系统的实施 ········ 165
7.3　程序设计 ··············· 166
　　7.3.1　程序设计的基本要求 ····· 166
　　7.3.2　结构化程序设计方法 ····· 166
　　7.3.3　编程工具的选择 ········ 169
7.4　系统测试 ··············· 169
　　7.4.1　系统测试的含义 ········ 169
　　7.4.2　系统测试的步骤 ········ 170
　　7.4.3　系统测试的方法 ········ 171
　　7.4.4　测试用例的设计原则 ····· 172
7.5　系统切换 ··············· 172
　　7.5.1　系统切换的准备工作 ····· 172
　　7.5.2　系统切换的方式 ········ 173
　　7.5.3　系统切换应注意的问题 ··· 174
7.6　系统维护 ··············· 175
　　7.6.1　系统维护的内容 ········ 175
　　7.6.2　系统维护的类型 ········ 175
　　7.6.3　系统维护过程的管理 ····· 176
7.7　系统实施文档 ············ 178
7.8　案例讨论 ··············· 179
　　7.8.1　案例1：某开发小组的软件测试
　　　　　工作 ·············· 179
　　7.8.2　案例2：联想公司ERP实施经验
　　　　　总结 ·············· 179
　　7.8.3　案例3：信息系统灾难带来的
　　　　　启示 ·············· 180
复习思考题 ·················· 181
实践训练 ·················· 182

第8章 信息系统的管理 …… 183

8.1 信息系统开发项目管理 …… 185
8.1.1 项目管理的基本概念 …… 185
8.1.2 信息系统项目管理的必要性 …… 186
8.1.3 信息系统项目管理的内容 …… 188

8.2 信息系统运行机制管理 …… 191
8.2.1 信息系统运行的组织机构 …… 191
8.2.2 信息系统运行的管理制度 …… 192
8.2.3 信息系统日常运行的管理 …… 193
8.2.4 信息系统的文档管理 …… 194

8.3 信息系统安全与保密管理 …… 196
8.3.1 信息系统安全与保密的含义 …… 196
8.3.2 影响信息系统安全与保密的因素 …… 196
8.3.3 加强信息系统安全与保密的主要措施 …… 197
8.3.4 保证信息系统安全的常用技术对策 …… 198
8.3.5 加强信息系统保密的常用技术对策 …… 199

8.4 信息系统的评价 …… 200
8.4.1 信息系统的评价内容 …… 200
8.4.2 信息系统的评价体系 …… 200
8.4.3 信息系统的评价指标 …… 201

8.5 案例讨论 …… 202
8.5.1 案例1：某饭店信息系统项目管理的失误 …… 202
8.5.2 案例2：项目经理面对进度拖延怎么办 …… 202

复习思考题 …… 204
实践训练 …… 205

第9章 信息系统与决策支持 …… 206

9.1 管理决策的信息需求 …… 208
9.1.1 决策的含义与制定过程 …… 208
9.1.2 决策问题的类型 …… 209
9.1.3 信息系统对决策活动的支持 …… 210

9.2 决策支持系统 …… 212
9.2.1 决策支持系统的产生与发展 …… 212
9.2.2 决策支持系统的概念、特征与功能 …… 213
9.2.3 群体决策支持系统及其组成结构 …… 214

9.3 战略信息系统 …… 216
9.3.1 战略信息系统的概念 …… 217
9.3.2 战略信息系统的结构 …… 217
9.3.3 战略信息系统的特点 …… 217

9.4 经理信息系统 …… 219
9.4.1 经理信息系统概述 …… 219
9.4.2 经理信息系统的组成模型 …… 221
9.4.3 经理信息系统的软件特点 …… 221
9.4.4 经理信息系统的发展趋势 …… 222

9.5 案例讨论 …… 222
9.5.1 案例1：模拟人才招聘选拔群体决策支持系统 …… 222
9.5.2 案例2：VF依靠信息系统在长裤市场上击败对手 …… 225

复习思考题 …… 226
实践训练 …… 227

第10章 信息系统的集成化应用 …… 228

10.1 制造资源计划 …… 230
10.1.1 制造资源计划的产生背景 …… 230
10.1.2 制造资源计划的结构组成 …… 231
10.1.3 制造资源计划的具体功能 …… 232

10.2 企业资源计划 …… 233
10.2.1 企业资源计划的概念 …… 233
10.2.2 企业资源计划的功能 …… 233
10.2.3 企业资源计划的模块 …… 234
10.2.4 ERP系统的实施方法 …… 236

10.3 供应链管理 …… 238
10.3.1 供应链的含义与结构 …… 238
10.3.2 供应链管理的含义 …… 239
10.3.3 供应链管理的内容 …… 239

10.4 客户关系管理 …… 240
10.4.1 客户关系管理的基本概念 …… 240
10.4.2 CRM系统的模型与结构 …… 242
10.4.3 CRM软件系统的组成部分 …… 244
10.4.4 CRM软件系统的三种类型 …… 247

10.5 电子商务系统 …… 250
10.5.1 电子商务系统的基本知识 …… 250
10.5.2 电子商务系统的交易流程 …… 252
10.5.3 电子商务系统的体系结构 …… 253
10.5.4 电子商务系统的开发技术 …… 254
10.5.5 电子商务系统的典型应用 …… 255

10.6 电子政务系统 …… 257
10.6.1 电子政务的基本概念 …… 257
10.6.2 电子政务的应用模式 …… 261

　10.6.3　电子政务系统的含义 ·········· 265

　10.6.4　电子政务系统的组成 ·········· 267

10.7　案例讨论 ·········· 268

　10.7.1　案例 1："家中请客"与企业
　　　　　ERP 流程类比 ·········· 268

　10.7.2　案例 2：海尔公司供应链流程的
　　　　　改变 ·········· 269

　10.7.3　案例 3：挪威联合银行 CRM
　　　　　系统的应用 ·········· 270

　10.7.4　案例 4：思科公司的电子商务
　　　　　系统的应用 ·········· 270

　10.7.5　案例 5：广东旅游电子政务
　　　　　系统介绍 ·········· 271

复习思考题 ·········· 273

实践训练 ·········· 274

第 11 章　系统开发实例与实训建议 ··· 276

11.1　系统开发背景 ·········· 276

11.2　系统分析 ·········· 276

　11.2.1　组织机构及其功能调查 ·········· 276

　11.2.2　现行系统业务流程调查 ·········· 277

　11.2.3　数据流程图的绘制 ·········· 278

　11.2.4　数据词典 ·········· 280

11.3　系统设计 ·········· 282

　11.3.1　系统总体功能设计 ·········· 282

　11.3.2　各子系统控制结构的设计 ······ 282

　11.3.3　处理过程设计 ·········· 284

11.4　系统实施 ·········· 284

11.5　课程实训概述 ·········· 288

　11.5.1　实训意义 ·········· 288

　11.5.2　实训目的 ·········· 288

　11.5.3　实训内容和要求 ·········· 288

11.6　课程实训的组织 ·········· 288

　11.6.1　实训的过程安排 ·········· 288

　11.6.2　实训的进度分配 ·········· 290

11.7　实训结果的考核 ·········· 290

　11.7.1　考核方式与标准 ·········· 290

　11.7.2　实训报告的撰写 ·········· 291

附录：课程实训选题参考 ·········· 291

参考文献 ·········· 293

第1章 管理信息系统导论

 学习目标

通过本章的学习，读者应该能够：

- 熟悉信息的含义、特征与类型
- 熟悉企业管理中的信息流与物流
- 理解管理信息的含义、类型与主要特点，以及管理信息在企业经营中作用
- 理解系统的特征及系统化方法
- 掌握信息系统的含义与功能，以及主要类型与发展过程
- 熟悉管理信息系统的概念、结构与类型
- 理解信息系统对管理职能的支持

 本章引例

"商业帝国"沃尔玛的信息系统应用

沃尔玛公司是世界著名的零售业霸主，其成功的秘诀之一就是加强信息技术和信息系统的应用。在这方面，沃尔玛公司领先于竞争对手，先行对零售信息系统进行了非常积极的投资。例如，最早使用计算机跟踪存货（1969年），全面实现S.K.U.单品级库存控制（1974年），最早使用条形码（1980年），最早使用CM品类管理软件（1984年），最早采用EDI系统（1985年），最早使用无线扫描枪（1988年），最早与宝洁公司等大供应商实现VMI-ECR产销合作（1989年）；从1983年开始，共计投资4亿美元发射了一颗商用卫星，实现了全球联网。

1. 信息系统结构及其职能范围

沃尔玛公司总部信息中心共有员工近3 000名。其中有300～400人从事项目管理工作；约800人从事应用软件开发；还有300～400名系统维护人员。员工人数通常根据任务变化进行合理调配，一般10～20人分为一组，组建有国际财务组、会计组、跨部门业务Net Meeting组、E-mail组等。

沃尔玛公司的所有业务和信息系统管理完全按照高度中央集权方式进行矩阵式的组织管

理。信息中心各职能部门负责提供项目资源需求，信息应用分部负责开发软件。例如，沃尔玛公司的客户关系管理系统开发项目由市场部与调查公司拟定 $40\sim50$ 项指标，制成调查表交给 IT 部门，通过 E-mail 等散发到各门店来完成客户调查。如果开发新项目时公司信息中心开发小组技术力量不够，通常会采取业务外包的形式。特殊情况下也会请咨询公司帮助改进业务并提出软件开发需求，然后外包给软件公司。

2. 商品及时补货系统

沃尔玛公司为了实现"天天平价"以及"最低利润销售"的经营原则，开始研究如何从制造、配销、零售的过程中缩短中间运转周期，以降低存货成本、增加回转率及降低零售店的缺货率。为了减少不必要的中间采购环节，沃尔玛公司重新整合了采购供应链，直接与生产商建立供应关系。最关键的是沃尔玛公司与 IBM 公司合作开发出自己专用的 EOS（电子订货系统），同时采用商品条形码代替大量手工劳动。与合作伙伴之间架设起的 EOS 系统调整了当年美国国内制衣产业结构，也使原来商品的产销时程从 125 天减至 30 天。

如今供应商坐在自己的办公室里，便可对其在沃尔玛公司店铺内的各类货物库存和销售情况了如指掌，并可以随时通过网络发送补货单，实现商品销售情况跟踪以及无纸化采购订单等。这不仅方便了供应商对商品市场终端销售的掌控，大大降低了物流通路的成本，同时也降低了沃尔玛公司的商品货架空货率。

3. POS 与条形码应用系统

沃尔玛公司的 POS 与条形码系统是相辅相成、缺一不可的，其主要功能包括以下几个方面：

（1）商品盘点管理。商品盘点管理分为抽盘和整店盘点两部分。抽盘每天分几次进行，由负责人根据需要了解商品的销售情况。通过公司统一的信息系统直接输入指令，营业员通过店铺内的电脑收到指令后，用无线手提终端扫描指定商品的条形码，确认商品后对其进行清点；然后，资料通过无线手提终端直接输入公司系统内。系统可以根据相关的分析快速得到商品的存货资料，并产生订单，再利用 EOS 系统向物流中心下订单。整店盘点是门店按照总部统一的管理操作规定，定期对店铺内的所有商品进行盘点。由负责该区域的营业员通过无线手提终端得到主机指令，按指定的路线、顺序清点货品，然后把清点资料传输回主机。盘点期间不影响店铺的正常运作。

（2）客户信息管理。以沃尔玛山姆会员店为例，新加入会员必须先到会员服务中心填写入会表格并办理相关手续，服务中心立刻通过条形码影像制卡系统为客户照相，并在 8 秒钟之内把条形码影像会员卡发到客户手上。会员卡上印有客户的彩色照片、会员编号及其条形码、入会时间、类别、单位等资料。会员凭卡进入山姆会员店选购，在结账时必须出示此会员卡，收款员通过扫描卡上的条形码确认会员身份并可把会员的购货信息储存到会员资料库，方便以后使用。

（3）员工信息管理。沃尔玛公司用条形码影像制卡系统为每个员工制作员工卡，卡上印有员工的彩色照片、员工号、姓名、部门、ID 条形码。员工工作时必须佩带员工卡，并使用员工卡上的条形码记录考勤。所有员工的资料信息以及作业情况全部进入公司的信息系统，作为员工工作的基础考核数据。利用各种先进的信息技术，沃尔玛公司将在人力资源上的管理成本降到较低的水平。

4. 卫星控制专用通讯系统

在沃尔玛公司庞大的集团式购销渠道网络中，卫星通讯系统花费近 6 亿美元。公司租赁

2 颗人造卫星帮助其实现即时通讯。目前，沃尔玛公司将这部分工作全部外包给 AT&T 公司负责，沃尔玛总部直接与各管理事业部、远程虚拟办公室、本地卖场店铺、海外各地区卖场店铺、各配货中心、生产及供应商等，通过卫星通讯运行统一的补货系统、EDI 系统、库存管理系统、会员管理系统、收银系统等，加之配套的全方位信息服务，沃尔玛公司对其经营状况了如指掌。

沃尔玛总部可以在 1 小时内对全球 4 000 多家分店每种商品的库存量、上架量和销售量进行全部盘点，同时可以了解到任意一家门店的资料并进行管理调配。沃尔玛总部各事业管理部每天通过卫星通讯网，对全球各个地区的不同分店实行沃尔玛核心经营体制管理。总部不会由于管理面积庞大、业务信息传递不畅而被漂浮在上层，通过卫星通信系统可以实现对公司战略发展过程的灵活掌控和实际直接参与中央集权管理控制的目的。卫星通讯系统的运用，是沃尔玛未来持续发展的战略性里程碑。

5. 库存配送控制系统

1970 年，沃尔玛公司在其总部所在地建立了第一个配送控制中心，应用交叉入库作业和电子数据交换两项技术进行商品配送管理。目前，公司总部在全球已建立了 62 个配送中心，为全球 4 000 多家分店提供配送服务。配送中心提供专业化物流服务，包括客户订单处理、供应商到货入库管理、仓库保管管理、补货管理、发货配送作业等。

公司总部配送控制中心的 IT 系统具备支撑大范围物流整体运作的能力，支持沃尔玛公司全球不同区域多配送中心、各类配送中心的协同商务处理等。供应商把商品送到配送中心后，检验部门运用多种技术手段对商品质量进行严格检验，以杜绝假冒伪劣商品进入卖场。

沃尔玛公司的配送中心从业务上看，主要是通过信息系统与供应商直接联系，进行商品的采购与运输，并且负责商品的检验、储存、分拣、再加工或包装、重组以及商品到各店铺的配送等一系列工作。因此从功能上看，配送中心实际上是个设施先进、配套完整，将商品仓储从静态变为动态的转送站。

供应商将货物运到配送中心后，配送中心根据每个店面的需求量对货物进行重新打包。沃尔玛的价格标签和产品条形码早已经在供应商那里贴好，服装类商品都已经挂在衣架上。货物在配送中心作业完毕后，被运到另一侧，准备送到各个店面，也就是说，货物从"配"区运到了"送"区。配送中心配备了几英里长的激光制导的传送带，货物被成箱地送上传送带，运送过程中条形码被扫描，这样货物箱就能够在庞大的配送中心自动找到将要装运自己的卡车，而无须在配送中心停留存货。

配送中心共有 5 500 辆运输卡车，全部装备了卫星定位系统，每天 24 小时不停地作业。总部对此一目了然，可以根据实际情况合理安排运量和路程，最大限度地发挥运输潜力，提高工作效率。运输卡车每年的运输总量达到 77.5 亿箱，总行程 65 亿公里，物流成本被压到最低。

6. 内部供应链管理系统

沃尔玛公司内部供应链管理主要由客户需求管理、供应商和合作伙伴管理、企业内和企业间物流配送系统管理、基于 Internet/Intranet 的供应链交互信息管理四部分组成。供应链的主要特征是投入大、功能全、速度快、智能化和卫星中心通讯全球联网，是典型的拉动式供应链管理，即以最终客户的需求为驱动力。整个供应链的集成度较高，数据交换迅速，反应敏捷。

沃尔玛公司供应链信息系统对商品的退货、打折、赠送等实行严格管理，具备完整的痕迹追踪功能。它主要分为前台 POS 系统和后台管理系统两大模块，是一个集查询、分析、报表于一体的企业级智能化供应链管理系统。前台 POS 系统不仅在 Web 环境中具有强大的查询和报表功能，而且还可以通过 NT 配置的业务流程和模块进行有效分析，如进货分析、供应商分析、销售分析、库存分析、促销效益分析、客户购买行为的关联分析等。后台管理系统可利用第三方的数据表达工具和在线分析工具，满足超市进、销、存管理和财务管理的要求，其所配置的中央账务结算和清算系统（内部银行）有效地解决了以往人工运作效率慢和手续繁多等问题，并且可断网收银，因此在网络故障下仍可保证数据的完整性。

沃尔玛公司针对全面的现金流和资产管理开发出一系列结算、清算体系，并通过 SCM 和内部网与配送中心、银行系统、财税系统建立了接口，实现统一对账、统一资金调度、统一存货补货管理等。沃尔玛公司还与银行建立了银企联盟系统，全面降低资金分散使用造成的压力，有效防止供应商的长期失控。

后台管理系统根据不同的业务需求，可以解决商品多供应商、多条形码、多规格、多品组装和拆分销售等问题，并进行严格的安全权限管理。

综上可见，在信息技术和各类信息系统的支持下，沃尔玛公司能够以最低的成本、最优质的服务、最快速的管理反应进行全球化运作。尽管信息技术和信息系统并不是沃尔玛取得成功的充分条件，但它们却是沃尔玛成功的必要条件，帮助沃尔玛公司显著降低成本，大幅提高资本生产率和劳动生产率。

 点评

在当今信息时代，成功企业都很注重将信息技术资源投入战略应用中。本例中，沃尔玛公司始终将信息技术战略与公司经营战略紧密结合。沃尔玛公司的全球采购战略、配送系统、商品管理、人力资源管理、天天平价战略在业界可圈可点。而这所有一切都是建立在利用各种信息系统整合优势资源的基础之上的，强大的信息体系是沃尔玛公司获取成功的重要法宝。这对国内零售连锁行业经营者的企业管理有重要的启示作用。在当前的管理环境下，企业管理人员只有快速响应并满足客户个性化与外部世界瞬息万变的需求，才能在激烈的市场竞争中得以生存和发展。

1.1 信息

正确理解信息的含义，并能够辨析它与数据、情报、知识之间的关系，具有重要的意义。

1.1.1 信息的含义

1. 数据

数据（Data），又称为资料，是指用来对客观事物的性质、状态以及相互关系等进行记录，并且可以鉴别的物理符号。也就是说，数据是可以识别的、抽象的符号。

计算机信息系统中所说的数据，不同于数学上的数值，其符号形式不仅指数字，而且还包括字符、文字、图形、声音等，具体表现形式如表 1—1 所示。

表 1—1　　　　　　　　　　　　　数据类型与表现形式

数据类型	表现形式
数值数据	数字、字母和其他符号
图形数据	图形和图片
声音数据	声音、噪音、音频或音调
视觉数据	动画或视频
模糊数据	高、低、胖、瘦、干净等

2. 信息

一般认为，信息（Information）是指反映客观事物运动变化的、能够被人们所接收和理解的、对人类的行为决策有用的各种消息、数据、指令、图像、信号等资料的总称。

信息既是人们管理的对象，又是各项管理活动的基础。信息管理就是讨论人们如何从事信息的收集、加工、整理、传输等活动。这些管理活动的结果又表现为大量的信息资料，这些信息资料同时又是人们从事各项决策和管理活动的依据和基础。

3. 信息与数据的关系

信息与数据既有联系又有区别，数据是人们为了反映客观世界而记录下来的可以鉴别的符号，信息则是对数据进行提炼、加工后的结果解释。二者之间的关系如图1—1所示。

图1—1　信息与数据的关系

由图1—1可以看出，数据好似原料，而信息是产品。此外，一个部门的信息可能成为另一部门的数据。例如，派车单对司机来说可能是信息，而对公司副总经理来说，它只是数据。由此可见，信息的外延大于数据的外延。数据处理是为了更好地解释数据。数据只有经过解释才有意义，才能成为信息。因此，也可以说，信息是经过加工处理、具有一定含义、对决策者具有价值或潜在价值的数据。另外，不同的人对同样的数据可能提炼出完全相反的信息。例如大家所熟知的鞋厂销售人员开拓市场的故事：某制鞋厂的销售员到了一个陌生的地方找市场，当他看到当地的人们喜欢赤脚，都不穿鞋时，便沮丧地推断鞋子根本卖不出去，因为"这里的人们都不穿鞋"；而另一位销售员却兴高采烈地声称发现了一个充满希望的巨大市场，同样因为"这里的人们都还没有穿鞋"。同样的数据，却得出了完全相反的信息，这主要是因为人们的知识、判断能力和思维方式的不同造成的。

总之，信息和数据是两个不可分割的概念，信息必须以数据的形式来表征，对数据进行加工处理，又可得到新的数据，新数据经过解释往往可以得到一些更新的信息。

1.1.2　信息的特征

信息作为一种特殊的资源，具有一些明显的特征，主要表现在以下几个方面。

1. 真实性

真实性是信息的核心价值，是信息的第一属性。不符合事实的信息不仅没有价值，而且可能为负值，既害别人也害自己。破坏信息的真实性在管理中普遍存在，有的谎报产量，有的谎报利润和成本，有的造假账等，这些都会给管理决策带来不良的影响。

2. 时效性

信息的时效性是指信息资料被提供和利用的时间与信息的使用价值之间存在的比例关系，这种比例关系在大多数情况下表现为一种正比例关系，即信息提供和利用的时间越早，信息的价值就越大；反之，就越小。例如，股票市场上的价格信息，可以说是瞬息万变，谁能及时掌握股票行情，谁就能获得直接的经济利益。信息的这一特征，要求我们在进行信息资源管理时，不断地进行信息资源的更新换代，保持信息资源的使用价值。

3. 不完全性

从人类的认识规律来看，关于客观事实的知识是不可能全部得到的；从效益观念来看，也没有必要全部得到。而且由于不同的人的感受能力、理解能力和目的性不同，从同一事物中获得的信息也不相同。人们没有能力收集一个事物的全部信息，也没有能力和必要存储越来越多的信息。只有正确地舍弃信息，才能正确地使用信息。面对浩如烟海的信息，必须坚持经济的原则，以够用、可用、适用为标准，合理地选择和舍弃信息。

4. 可共享性

信息作为一种无形的资源，与有形的物资资源相比，具有可共享性。也就是说，信息产品的使用价值可同时被若干个用户所共享，任何一个用户不会因为提供信息资料而失去它的使用价值。信息产品的这种可共享性，既有积极的一面，也有消极的一面。积极的一面在于：信息在时间和空间上可以实现最大限度的共享，提高信息的利用率，节约生产成本；消极的一面在于：这种共享性给信息的安全管理带来了一定的隐患，信息可以随时被窃取。

信息价值与信息的可共享性的关系有两种不同的表现形式，有些信息的价值随着共享者的增多而增加，如广告信息；而另一些信息的价值则随着共享者的增多而降低，如专利信息。

5. 传输性

信息可以通过多种渠道、采用多种方式进行传输，如通过电话、电报、电子邮件等进行国际国内通信，传输的形式有数字、文字、图形和图像、声音等。由于信息的传输既快捷又便宜，所以我们应当尽可能地用信息的传输代替物质的传输，利用信息流减少物流。正是由于信息具有传输性这一特性，才使得信息化、网络化建设成为新时期、新技术革命的宠儿。

6. 价值性

信息是经过加工并对企业生产经营产生影响的数据，是一种重要的资源，因而是有价值的。例如，利用大型数据库查阅文献资料时，需要支付的费用就是信息价值的体现。

信息价值的衡量有两种办法：

第一种是从信息提供者角度来确定的，也就是按所花的社会必要劳动时间来计算，公式为：

$$V = C + P$$

式中，V 为信息产品的价值；C 为生产该信息所花成本；P 为该信息的利润。

第二种是从信息使用者角度来确定的，其价值通过使用信息而获得的最优方案与其他方案的综合比较后而得到，公式为：

$$P = P_{max} - \sum P_i / n$$

式中，P 为使用该信息而增加的收益；P_{max} 为使用信息而获得最优方案后的收益；$\sum P_i / n$ 为没有使用信息前，原来多个方案的平均收益。

7. 再生性

随着时间的推移、环境的变化、应用目的的变化，同一信息可能失去原有的价值，产生新的价值。例如天气预报信息，在预报期内对指导普通人的生产和生活有重要价值，预报期一过就丧失其价值；但对气象部门来说，却可以用于总结不同时期的大气变化规律，提高未来预报的准确性；而对于安排室外运动会时间的组织者而言，历史上同期的天气信息也具有重要价值。信息的再生性告诉我们，不能以短期功利主义观念对待信息，应注意保存历史上的信息，善于从过去的信息中提炼有用的信息、发掘其新的价值。

8. 转换性

信息、物质和能源是人类现在利用的三项重要的宝贵资源，三者有机联系在一起，互相不能分割，但可以互相转化。有能源和物质就能换取信息，有信息也能转化为物质和能源。现在大量的事实（如股市投资）说明，只要掌握信息就可以获得资金，有资金就可以买到物质和能源。

1.1.3 信息的类型

按照不同的分类标准，可以将信息分为不同的类型，如表1—2所示。

表1—2　　　　　　　　　　　　　信息的分类标准与类型

分类标准	信息类型
按信息的产生领域	自然信息和社会信息
按信息的加工顺序	原始信息和再生信息
按信息的反映形式	实物信息、声像信息和文本信息
按信息的管理层次	决策信息、控制信息和作业信息
按信息的发生时间	先导信息、实时信息和滞后信息
按信息的产生范围	内源信息和外源信息
按信息的传播方向	纵向信息和横向信息
按信息的发生频率	常规信息和随机信息
按信息的应用领域	管理信息、社会信息、科技信息、体育信息、军事信息等

1.2 管理信息

1.2.1 企业中的信息流

企业管理中的各项活动主要表现为物流、资金流、事务流和信息流的流动。其中，物流是实物的流动过程，如物资原料的包装、运输、仓储，产品从原材料采购、加工直至销售都是物流的表现形式；资金流是伴随物流而发生的资金的流动过程；事务流是各项管理活动的工作流程，如原材料进厂时进行的验收、登记、开票、付款等流程；信息流是伴随以上各种流而流动的，既是其他各种流的表现和描述，又是用于掌握、指挥和控制其他流运行的重要资源。

下面以一个典型的机械类生产制造业为例，具体说明其物流和信息流情况。机械类生产制造业的基本业务流程包括：原材料采购→毛坯成形→零件加工→产品装配→产品销售。这一过程反映了制造业"物"的变化与流动，由此形成的实体运动就称为物流。企业生产过程中的物流活动体现了采购、生产、销售不同环节之间的相互联系和相互作用，是传统企业管理活动最关心的对象和目标。

伴随着物流的运动，企业的生产活动过程中还存在大量信息的产生和运动，如供应计划、生产计划、作业计划、销售计划，以及调度指令、各种技术文件、统计报表等。这些信息都按一定的规律发生、发展和运动。企业内部各种信息的定向流动称为信息流，信息流的运动反映了企业管理活动的内容和节奏。物流和信息流之间的关系如图1—2所示。

由图1—2可以看到，企业中的物流是单向的，从原材料供应到产品销售的整个过程一般来说是不可逆的（个别情形下也会产生逆向物流，如销售环节产品退货）。而信息流是双

图1—2 企业的物流与信息流

向的，控制物流的信息（各种计划）输入某个受控过程后，有关控制结果的信息（各种统计报表）再返回到形成控制信息的环节，这一过程就是信息反馈。

1.2.2 管理信息的含义及类型

管理信息是指对企业生产经营活动中收集的数据经过加工处理，给予分析解释、明确意义后，对企业经营管理活动产生影响的数据资料。它可以通过实物指标、劳动指标、价值指标和文字图表等形式来反映企业生产经营活动以及与之相关的外部环境状况。

管理信息的分类方法很多，常用的分类依据和相应的结果如表1—3所示。

表1—3　　　　　　　　　　　　　管理信息的常见分类

分类依据	分类结果	含义说明	内容举例
稳定程度	固定信息	在一定时期内相对稳定、可被多次重复利用的信息。	员工档案，设备档案，各种定额、技术标准、工艺流程、规章制度和政策法规等。
	流动信息	在管理活动中不断产生和变化的信息，时效性很强，往往只有一次性利用的价值。	反映企业"人、财、物"、"产、供、销"状态及其他相关环境状况的各种原始数据、记录、单据、报表等。
主要作用	决策信息	制定发展战略、经营决策所依据的信息，包括经营要素（外部要素、经济要素、技术要素、人力要素）、产供销现状以及变化趋势等内容。	影响企业发展的政治经济环境、国家政策法规、自然资源状况、地理人文环境、技术发展走向等外部信息，以及与企业经营密切相关的市场供求状况、竞争对手情况、主要供应商和客户变动情况等信息。
	控制信息	组织生产经营过程所依据的信息，绝大部分来源于企业内部职能部门和生产部门。	主要包括各种计划、指令、定额、标准、规章制度、统计数据、工作报表等。
	作业信息	反映生产经营活动过程动态状况的信息，可为控制信息和决策信息提供基础性依据。	主要包括原始记录、台账、凭证、基层报表等，主要用于考核评价作业岗位、基层部门的工作成果。

分类依据	分类结果	含义说明	内容举例
信息来源	内部信息	主要产生于企业内部，通过内部信息渠道来获取的信息，这类信息关系到企业的发展，保密性要求非常高。	计划指令信息、核算信息（如统计核算、会计核算）、业务信息（如商业合同、客户档案、销售数据、退货记录）、经营状况信息（如企业经济指标、质量报告等）。
	外部信息	来自于企业外部环境（包括国家层面的宏观环境、行业层面的中观环境、企业层面的微观环境）的各类信息。	包括政治信息、经济信息、法律信息、科学技术信息、行业发展信息、供求关系信息、竞争对手信息，以及本企业的市场地位信息、资源供应信息、客户变动信息等。
信息性质	市场信息	与企业产品市场的稳定性、多样性等有关的各类信息。	市场占有率、产品生命周期、市场价格动态、客户需求动向、产品季节性特点等。
	技术信息	在企业产品开发、技术引进、设备改造、生产组织等业务活动中所依据的各项技术标准和技术经济信息。	技术标准（包括国际标准、国家标准、行业标准、企业标准）、纯技术信息（如科技期刊、专业论文、科学论著、技术报告等）和技术经济信息（如产品说明书、产品样本、专利等）。
	政策法规信息	企业经营方针、产品战略、发展规划等具有决定性影响的相关信息。	国内的行业导向、税收政策、利率政策、区域经济政策、产业政策、环保标准，国外的有关法律和政策，如国际汇率制度等。
	公众舆论信息	公众对企业产品和企业自身的各种形式（特别是目前的网络形式）的舆论信息，包括产品形象信息和企业形象信息。	产品形象信息（如公众对企业产品的质量、性能、用途、价格、包装、售后服务等方面进行的评价）；企业形象信息（如公众对企业的文化、价值观、社会责任、遵纪守法等方面进行的评价）。

1.2.3　管理信息的主要特点

1. 离散性

管理数据分布在各生产环节和有关职能部门，这决定了数据收集工作的离散性；企业外部有众多的供应商、用户、政府部门和社会团体，这些也都是管理信息的产生地；管理信息的收集、整理、传递、存储、加工和分配、发送具有不同的频率和周期；企业的产品、原料、设备、工具、劳动力等都是用离散数值来计算的。因此，管理信息具有点多面广的离散特征，这使得管理信息的全面收集非常复杂和困难。

2. 时效性

特定的管理信息只在一定的时段内有效，一旦错过时机，相关信息将失去原有效用。尤其是来源于企业外部的管理信息的有效期更短，如市场供求信息、新产品信息、新技术信息等，若企业不能及时利用这类信息，往往会错失良机，造成难以弥补的损失。

3. 动态连续性

现代企业的物流是一个连续不断的运动过程，信息流也是如此。伴随着物流的运动，管理信息不断产生，不断被收集、加工、利用，物流的畅通要求管理信息的处理（收集、整理、传递、存储、加工、利用）保持动态连续性。同时，由于许多信息有着多次利用价值，因此在不断处理新的信息时，需要注意连续保存已有管理信息。

4. 处理方法的多样性

在企业管理中，信息处理的绝大部分工作是逻辑处理，主要处理方法包括检索、核对、分类、合并、总计、转录等，方法比较简单，但很多是重复进行的。另一部分工作是算术运算，目前主要是简单的算术运算，如计算产值及产品产量完成情况、计算产品成本等。但随着企业管理水平的提高，必然要应用现代数学方法，采用一些比较复杂的优化模型，如网络优化模型、线性规划模型、系统仿真模型等。

1.2.4 管理信息的重要作用

1. 管理信息是企业的宝贵资源

企业必须根据市场需要组织生产，而市场需求就是市场信息的主体。若不按市场需求生产，则企业生产的产品将无法实现其价值，不仅没有创造财富，反而是对社会资源的浪费。可见，企业创造物质财富除了使用大量的物质资源和能量资源外，还应包括信息资源。

2. 管理信息是科学决策的依据

决策是指个人或组织为达到既定目标，从若干个可供选择的行动方案中选出最优方案并付诸实施的过程。尽管正确的决策有赖于科学的决策方法和较高的领导素质，但正确决策的基础必然是全面、及时、准确地掌握符合客观实际的相关信息。

信息活动贯穿科学决策的全过程，并渗透到决策过程的每一个环节。决策者只有快速、准确地获得信息，充分利用信息，才能把握正确时机，提高决策效益。

3. 管理信息是有效控制的灵魂

控制是指为了达到既定目标，根据信息来适应和调节变化，不断克服不确定性的行为。现代企业是一个复杂的、动态的、开放的系统。一方面，它必须与外部环境保持密切的联系，根据不断变化的外部环境及时调整经营方向和经营目标，这种联系和调整必须通过信息的交换和利用来实现；另一方面，企业内部众多部门、岗位之间相互联结而成为一个有机的整体，也必须通过信息交换来完成。因此，控制过程就是信息的选择、运用过程。信息是有效控制的灵魂，控制是信息运动的目的，二者是不可分割的。

4. 管理信息是衡量企业竞争能力的标志

在市场经济不断发展与完善的今天，商场如战场，企业间的竞争日趋激烈。俗话说："二强相争智者胜。"智者之智在于"知己知彼"，而要做到"知己知彼"，其关键就在于必须要全面、及时、准确地把握相关信息。因此，当今一场没有硝烟的战争——"商情战"已燃遍市场竞争的每一个角落。这场战争的胜利者必定是那些信息管理能力很强、各类管理人员信息意识敏锐的企业。为了在日趋激烈的市场竞争中取胜，企业需要充分、有效的管理信息来作为智力保障。

 阅读材料

"尿布与啤酒"的故事

几年前，美国东海岸一家零售商店的经理收到一条有趣的信息：周五晚上的尿布销售量在一周尿布销售总量中占很大比例。在这种情况下，大部分人会决定要确保周五有充足的尿布库存，或实行特价促销。但这位经理却不这样做，她认为采取行动之前还需要掌握更多的信息，如"为什么在周五晚上尿布销量会突升"、"到底是哪些人在这个时段购买尿布"等。由于这类信息在系统中没有保存，因此她专门安排了一个员工，让其周五晚上专门在卖尿布的通道上记录下有关顾客的外部信息。

记录结果显示，大多数尿布是被年轻的男顾客买走的。显然，他们是被妻子指派在周末下班回家路上购买尿布的。于是，该商店的经理就决定在尿布旁摆放一些有奖销售的啤酒。从此以后，每个周五晚上，这家商店不仅尿布销量大幅增加，啤酒的销量也大幅增加。

1.3 信息系统

信息系统就是对组织中的信息进行综合处理而形成的一个整体。

1.3.1 系统与系统化方法

对于"系统"这一词汇，大家并不陌生。在日常生活中，我们经常接触到有关"系统"的词语，如考虑问题要"系统性"，某某事情是一个"系统工程"等；同时，我们还经常说到各种系统，如计算机系统、人体系统、教育系统、金融系统、邮电系统等。管理信息系统也是一种抽象化的系统，为此需要首先了解系统的含义、模型及特征。

1. 系统的含义

系统是指在特定环境中，为达到某一特定功能而由相互联系、相互作用的若干个要素所组成的有机整体。或者说，系统是有层次结构和共同目标的相关联的若干元素组成的集合。其中，元素是组成系统的最基本成分，每个元素都具有相对独立性，有各自的功能和行为，几个相关元素也可以组成系统中的一个子系统。各个子系统与无法再分的众多基本组成元素体现系统的层次结构。

例如，饭店可以看成是一个系统，它由前台和后台两个子系统组成；而前台又由前厅、客房、餐饮等若干直接为旅客提供服务的功能模块组成；每个功能模块，如前厅又由预订、接待等几个元素组成。这些子系统的功能相对独立，但相互之间又有一定的联系。

2. 系统的模型

任何一个系统都包括输入、处理和输出三个基本部分，而输出的结果还会对输入进行反馈，系统和外界环境之间都存在着一定的边界，系统的模型如图1—3所示。

图1—3 系统的模型

从图1—3可以看出，系统都具有输出某种产出的目的，但它不能无中生有，也就是说，有输出则必有输入，而且这种输出是输入经过处理后的结果，它代表系统的目的。处理是使输入变为输出的一种加工处理活动，一般由人和设备分别或共同担任。不论什么系统，其构

11

成必须具备以下三个条件：

（1）要有两个或两个以上的元素；

（2）元素之间必须相互依存、相互作用、相互联系；

（3）元素之间的联系与作用必须产生整体功能。

下面以汽车自动清洗系统为例说明系统的组成要素：

汽车自动清洗系统的输入包括：一辆脏的汽车、水、清洗剂、时间、人的精力、技能和知识。需要时间、精力和技能来操作系统，需要知识来确定系统运行的各个步骤以及先后次序。

系统的处理机制包括：客户首先选择需要清洗的服务项目（清洗、清洗打蜡、干燥等），并将选择告诉汽车清洗操作员，操作员操作系统，系统按照程序负责清洗汽车。

系统的反馈、控制机制：对汽车干净程度的判断标准。

系统的输出：一辆干净的汽车。

3. 系统的特征

无论什么样的系统，不管其复杂程度如何，都具有以下几个基本特征：

（1）整体性。一个系统至少要由两个或更多的可以相互区别的要素或子系统组成，是这些要素和子系统的有机整体。作为集合的整体系统的功能要比所有子系统的功能总和大。但需要注意的是，"整体大于部分之和"取决于系统的管理水平，管理水平越高，放大的倍数就越大；反之亦然。

（2）目的性。所谓目的就是系统运行要达到的预期目标，它表现为系统所要实现的各项功能。系统目的决定着系统各要素的组成和结构。任何一个人造系统都具有明确的目的性，如学校的目标是培养经济建设人才和产出科研成果；工厂的目标是产出高质量的、适销对路的产品；饭店的目标是提供清香可口的、周到的饮食服务。

（3）层次性。任何一个系统都被包含在更大的系统内；同时，其要素本身也可能是一个系统。例如，把金融业看成一个系统，它又是国民经济系统中的一个组成部分；而它本身又由银行系统、证券系统、保险系统、期货系统等组成；其中银行系统又包括商业银行子系统、政策性银行子系统等。

（4）关联性。系统内的各要素之间，既相互作用，又相互联系。这里所说的联系，包括结构联系、功能联系、因果联系等。这些联系决定了整个系统的运行机制，它在一定时期内相对稳定。

（5）环境适应性。任何一个系统都在外部环境中运转，环境是一种更高层次的系统。系统与其所处环境之间能够相互交流、相互影响，进行物质、能量或信息的交换。

4. 系统化方法

系统化方法就是按照事物本身的特性，将对象放在系统中加以考察，根据复杂系统的层次性功能特性，分解为多个易于理解的子系统，直到所得到的子系统的规模易于处理为止。其实质是"分而治之"思想的应用。

用系统化方法处理问题的步骤分为分解和综合两步。前者将整个复杂问题分解成一系列子问题，并显示出彼此之间的联系，得到一个问题结构图；后者按问题结构图将每个子问题的求解结果综合起来，组成整个问题的一个解决方案。

与系统化方法相关的一个重要概念——系统工程。系统工程是指系统化方法的具体应用过程，其实质就是用系统的观点来分析和解决问题。也可以说，系统工程的主要任务是根据系统总体协调的需要，将系统中的各元素从纵横两个方面联系起来，并充分利用现实中所拥有的所有资源，对系统的构成要素、组织结构、信息交换、协调控制等功能进行分析研究，凭借数学、运筹学等知识，借助计算机、网络通信等技术，对系统进行规划、研究、设计、组织、管理、制造、试验，并最终达到实施。

虽然系统工程的理论由欧美学者创立，但是在我国早就存在系统工程的思想和应用，典型的例子如田忌赛马、李冰父子修建都江堰、丁谓修建皇宫等。

 阅读材料

丁谓修建皇宫

公元 1015 年，一场由于雷击引起的罕见大火，整整烧了几天几夜，将金碧辉煌的北宋皇宫化成了一片废墟。宋真宗命令宰相丁谓在原址上重新修建皇宫，时间是 25 年。

此项工程在当时是一个大工程，任务繁重。设计施工、清理废墟、挖土烧砖、运输材料等都必须耗费大量的人力、物力与时间，用传统的思想和方法是不可能在 25 年内完成的，但是宋真宗的命令又不能违抗。丁谓经过实地考察和认真分析后，找到了修建工程的三大难题：(1) 清理废墟：大量的废物要清理、运走；(2) 挖土烧砖：需要大量土地来烧制砖瓦；(3) 运输材料：需要运输大量的材料。

以上三个问题如果分开来考察，是要花费大量的人力、物力和时间。丁谓把它们放在一起，系统考虑后提出：首先，将皇宫前的大街挖成一条河，利用挖河挖出的土为原料烧制砖瓦。其次，将京城附近的汴河河水引入挖成的河中，使其成为能够水运的河，通过该河可把大量的建筑材料直接运到官前。最后，新皇宫建成后，把河水放回汴河，用废墟杂土填平河，就地处理碎砖烂瓦，修复原来的大街。

这样，丁谓通过挖一条河，就一下子解决了三个问题：就地取土、方便运输和清理废墟，可谓一举三得。最后，丁谓凭借着自己的聪明才智，提前完成了任务。"丁谓修建皇宫"也成为系统工程的经典。

1.3.2 信息系统的含义与功能

信息系统 (Information System, IS) 是由一系列相互关联的元素组成的集合，它根据系统目标的需要，对输入的大量数据进行加工处理，代替人工处理的繁琐、重复劳动，为管理决策提供及时、准确的信息，并提供反馈、控制机制以实现某个既定目标。在日常管理中，根据信息系统中信息的处理方式是否利用了计算机技术，可以将信息系统分为基于计算机的信息系统和基于人工的信息系统。

1. 信息系统的含义

本书所讲的信息系统主要是指以计算机信息处理为基础的人机一体化的信息系统。在基本组成结构上，信息系统包括信息处理系统和信息传输系统两个方面。其中，信息处理系统对数据进行处理，使它获得新的结构与形态或者产生新的数据。例如，计算机系统就是一种信息处理系统，通过它对输入数据的处理可获得不同形态的新的数据。信息传输系统不改变信息本身的内容，其作用是把信息从一处传输到另一处。信息的作用只有在广泛交流中才能充分发挥出来，计算机网络系统就是一种很好的数据传输系统。

2. 信息系统的功能

信息系统的功能包括对信息的采集、处理、存储、管理、检索和传输六个方面。

（1）信息采集。

信息采集是信息系统的首要功能，是其他功能的基础。采集的作用是将分布在有关各信息源的信息收集起来，记录下有关的数据，并将其转换成系统内部的数据形式。

（2）信息处理。

信息处理是对进入信息系统的数据进行加工处理，如对账务数据进行统计、结算、预测、分析等。信息处理的方式一般包括排序、分类、归并、查询、统计、预测、模拟，以及进行各种数学计算。现代化的信息处理系统都是以计算机为基础来完成信息处理工作的。

（3）信息存储。

信息系统的数据经过处理后，将变为对管理有用的信息，然后信息系统就需要对这些信息进行存储保管。信息的存储包括物理存储和逻辑组织两个方面。物理存储是将信息存储在相应的存储介质上；逻辑组织是指按信息的内在联系组织和使用数据，形成合理的结构。

（4）信息管理。

信息处理和存储的数据十分庞大，因此必须对信息进行有效的管理才能得到可用的信息系统。信息管理的主要内容包括规定应该采集的数据种类、名称、内容等；规定应该存储数据的存储介质、逻辑组织方式；规定数据的传输方式、保存时间等。

（5）信息检索。

存储于各种介质上的庞大数据要为用户提供方便的查询方式。信息检索要用到数据库技术，数据库的处理方式和检索方式决定着检索速度的快慢。

（6）信息传输。

从信息采集点采集到的数据将送到信息处理中心，经过加工处理的信息会送到使用者的手中，这些都涉及信息的传输问题。信息系统规模越大，信息传输问题越复杂。目前，利用网络进行信息的快速传输已经成为信息传输的一种重要方式。

1.3.3　信息系统的类型及发展过程

1. 信息系统的类型

按照处理的对象不同，可把组织的信息系统分为作业信息系统和管理信息系统两大类。

（1）作业信息系统。作业信息系统通常由三部分组成：业务处理系统，过程控制系统，办公信息系统。其任务是处理组织的业务、控制生产过程和支持办公事务，并更新有关的数据库。

（2）管理信息系统。管理信息系统是一个对组织进行全面管理的人机结合系统，综合运用信息技术、管理技术和决策技术，并将管理思想、方法和手段结合起来，辅助管理活动。

2. 信息系统的发展过程

随着人们对信息技术在企业经营管理中所能发挥的作用的认识越来越深入，以及信息技术本身日新月异的进步，组织中信息系统的概念也在发生革命性的变化。纵观信息系统的发展过程，大致可以划分为四个阶段，如表1—4所示。

表 1—4　　　　　　　　　信息系统的发展阶段

阶　段	年　代	主要目标	典型功能	核心技术	代表性系统
面向事务处理阶段	20 世纪 50～70 年代	提高文书、办公、统计、报表等事务处理工作的效率	统计、计算、制表、文字处理	高级语言、文件管理	电子数据处理（EDP）系统
面向系统阶段	20 世纪 60～80 年代	提高管理信息处理的综合性、系统性、及时性和准确性	计划、综合统计、管理报告生成	数据库技术、数据通信与计算机网络	早期的管理信息系统（MIS）
面向决策支持阶段	20 世纪 70～90 年代	支持管理者的决策活动以提高管理决策的有效性	分析、优化、评价、预测	人机对话、模型管理、人工智能的应用	决策支持系统（DSS）、现代的管理信息系统
综合服务阶段	20 世纪 90 年代以来	实现信息的集成管理，提高管理者的素质与管理决策水平	为管理者智能活动（决策、分析、研究、学习）提供支持	Internet/Intranet 技术、多媒体技术、人工智能应用	基于 Web 的信息系统、ERP 系统、电子商务、供应链管理等。

1.4　管理信息系统

管理信息系统的概念是随着管理技术和信息技术的发展而逐步形成的，是随着企业的管理过程和信息处理活动产生的。当前，管理信息系统已经成为任何一个组织的管理系统中的一个重要子系统。

1.4.1　管理信息系统概述

1. 管理信息系统的定义

管理信息系统（Management Information System，MIS）的概念起源很早。早在 20 世纪 30 年代，柏德就写书强调决策在组织管理中的作用。20 世纪 50 年代，美国的赫伯特·亚历山大·西蒙教授提出管理依赖于信息和决策的观点。1954 年 10 月，美国通用电气开始用计算机计算工资数据，计算机正式进入管理领域，"数据处理"一词开始出现。但是到 20 世纪 80 年代，管理信息系统才逐渐形成一门学科。1985 年，管理信息系统的创始人，美国明尼苏达大学卡尔森管理学院的著名教授高登·戴维斯对管理信息系统作出了一个比较完整的定义："它是一个由计算机硬件和软件，手工作业，分析、计划、控制和决策模型，以及数据库组成的用户—机器系统。它能提供信息，支持企业或组织的运行、管理和决策功能。"在中国，"管理信息系统"一词出现于 20 世纪 70 年代末 80 年代初，《中国企业管理百科全书》将其定义为：管理信息系统是一个由人、计算机等组成的，能进行信息的收集、传递、储存、加工、维护和使用的系统。管理信息系统能实测企业的各种运行情况；利用过去的数据预测未来；从企业全局出发辅助企业进行决策；利用信息控制企业的行为；帮助企业实现其规划目标。

薛华成教授对管理信息系统作出的定义得到了很多人的认同，他认为："管理信息系统是一个以人为主导，利用计算机硬件、软件、网络通信设备以及其他办公设备，进行信息的收集、传输、加工、储存、更新和维护，以企业战略优化、提高效益和效率为目的，支持企业高层决策、中层控制、基层运作的集成化的人机系统。"从这个定义可以看出：管理信息系统不仅是一个技术系统，而且是一个管理系统，还是一个社会技术系统。

2. 管理信息系统的总体概念图

根据前面的定义，可以画出管理信息系统的总体概念图，如图1—4所示。

图 1—4　管理信息系统概念图

管理信息系统是一个人机一体化的系统，其中的机器包括各种办公机具、通信设备、计算机硬件、服务器以及其他计算机外围设备。软件系统包括各个部门的业务信息系统、知识工作系统、办公自动化系统、决策支持系统和经理支持系统等；人员包括执行计划、决策等职能的高级管理人员，用于实施控制和决策的中级管理人员，以及知识工作人员、行政办公人员、业务处理人员等基层管理人员。这些不同的机器、软件和人员组成一个配合默契的人机一体化系统。系统设计者应当分析把什么工作交给计算机做比较合适、把什么工作交给人做比较合适、人和机器如何联系等，从而充分发挥人和机器各自的特长。

3. 管理信息系统的功能

一个完整的管理信息系统，应该具有以下六项基本功能：

（1）数据处理。完成数据的收集、输入、传输、存储、加工处理和输出。

（2）事务处理。将管理人员从繁重的事务处理中解脱出来，以便于从事创造性劳动。

（3）预测功能。运用数学、统计或模拟等方法，根据过去的数据预测未来的情况。

（4）计划功能。安排各部门的计划，并按照不同的管理层提供相应的计划报告。

（5）控制功能。对计划的执行情况进行监测、检查，辅助管理人员及时加以控制。

（6）辅助决策功能。运用数学模型，及时推导问题的最优解，辅助管理人员决策。

1.4.2　管理信息系统的结构

管理信息系统的结构是指管理信息系统的各个组成部分及各个组成部分之间的相互关系。从不同的角度看，其结构形式不一样，主要包括总体结构、层次结构、职能结构等。

1. 管理信息系统的总体结构

从总体上看，管理信息系统主要由以下几个部分构成：

（1）计算机硬件系统。计算机硬件系统是管理信息系统中信息处理和信息存储等工作的物理基础，主要包括计算机设备、存储设备、输入和输出设备等。

（2）网络通信系统。网络通信系统主要由计算机网络系统、通信设备和通信软件等构成。为了使组织内部各部门之间以及组织与外部环境之间能够及时、方便、快捷地进行信息交流和信息共享，基于计算机网络的通信系统已成为现代管理信息系统的一个重要组成部分。

（3）计算机软件系统。计算机软件系统是实现管理信息系统的各项功能的灵魂，主要由系统软件和应用软件两大部分组成，研究和探讨如何成功地开发出适合用户和市场需求、能够高效地支持管理决策的各种管理信息系统的应用软件，是管理信息系统开发工作的主要内容。

（4）数据组织及存储。如果将管理信息系统比做一个信息加工厂，则数据组织及其存储就相当于该信息加工厂的原材料仓库，只有好的原材料和好的仓库管理，才能加工出好的信息产品。因此，如何将数据和信息按一定的方式或结构，科学、合理地组织和存储，以大大提高管理信息系统的工作效率和使用效益，是管理信息系统开发中要解决的重要问题。

（5）系统中的工作人员。系统中的工作人员包括管理信息系统中计算机及其相关设备的操作人员、系统维护人员、系统分析人员、系统设计人员、数据库管理人员及信息系统的用户等相关人员。

（6）各种相关规章制度。一个运转良好的管理信息系统必须要有一套完善的规章制度来支持，主要包括：管理信息系统应用中各类人员的职责、权利、操作规范、工作程序、奖惩办法，各类人员之间相互协调关系的各类说明文件，信息处理的各种技术标准、工作规范，各种设备的操作与维护规定，信息安全和保密的规章制度等。

2. 管理信息系统的层次结构

管理信息系统是为管理决策服务的，管理一般是分层次的，从纵向看可以分为基层（作业处理）、中层（战术管理）和高层（战略计划）三个管理层次，因此管理信息系统相应可以分解为三层子系统——业务处理与作业控制层子系统、管理控制层子系统、战略决策层子系统。

业务处理与作业控制层子系统记录、处理并报告企业中所有重复性的日常活动和组织活动，包括营销、生产、财务和会计、人力资源管理等。它产生描述过去活动的事务性数据，具有重复性、描述性、可预测性及客观性等特点；它能有规律地产生详细的、高结构化的准确信息，这些信息来自企业内部信息源；它是自动化的作业处理系统，能够降低成本、提高速度、准确度和服务水平，增加辅助决策数据，大大提高工作效率。

管理控制层子系统主要对业务处理数据进行概括、集中和分析，产生一系列不同的报表，为中层管理人员监督和控制业务活动及有效地分配资源提供所需的信息。

战略决策层子系统则提供长期性、策略性的信息，用来辅助高层人员的决策制定。

同时，管理也可以按职能进行分类。每个子系统都支持从基层管理到高层管理的不同层次的管理需求。由于基层（业务处理与作业控制层）系统处理的数据量很大，高层（战略决策层）系统处理量很小，因此就组成了纵横交织的金字塔结构，金字塔的底层表示结构明确的管理过程和决策，顶层表示非结构化的处理工作和决策，如图1—5所示。

图1—5　管理信息系统的层次结构

3. 管理信息系统的职能结构

一个管理信息系统通常具有多种职能,以满足不同层次的需要,各种职能之间又有各种信息联系,构成一个有机的、系统的职能结构。另外,每个层次的职能子系统又分为四个层次,即战略计划层次、管理控制层次、运行控制层次和业务处理层次。每个职能子系统都有自己的专用数据文件,还有各个职能子系统共同使用的公用数据库、模型库和公用程序及数据库管理系统。以管理职能为基础的管理信息系统总体逻辑结构如图1—6所示。

图1—6　以管理职能为基础的管理信息系统总体逻辑结构

1.4.3　管理信息系统的类型

根据我国管理信息系统的实际应用情况和面向的服务对象不同,管理信息系统的应用大致有以下几类。

18

1. 国家经济信息系统

国家经济信息系统是一个总称，是指包括国家各综合统计部门（如国家发展和改革委员会、统计局等）在内的国家级信息系统。它纵向联系各省市、各地区、各县直至重点企业的经济信息系统，横向联系外贸、能源、交通等各行业信息系统，形成一个纵横交错、覆盖全国的综合经济信息系统。其主要功能是处理经济信息，包括收集、存储、加工、传送、分析等，为国家经济部门、各级决策部门提供统计、预测等信息及辅助决策手段，同时也为各级经济部门和企业提供经济信息。

2. 工业企业管理信息系统

工业企业管理信息系统是指工业企业充分利用计算机技术、网络技术和数据库技术等，实现对企业的采购、生产、销售等各个方面进行全面、系统的科学管理的计算机系统。工业企业管理信息系统都很大，"人、财、物"、"产、供、销"以及质量、技术应有尽有，技术要求也很复杂，如运用各种数学模型等。因而，工业企业为管理信息系统提供了典型的应用环境和广阔的应用舞台，常被作为典型的管理信息系统进行研究。

虽然各工业企业之间存在很大的区别，但作为生产企业，某些职能是必备的。生产企业管理信息系统的基本职能如图1—7所示。

图1—7　生产企业管理信息系统的基本职能

3. 商业企业管理信息系统

商业企业管理信息系统是指充分利用计算机技术、网络技术、数据库技术和条形码技术等，实现对现代化商业企业进行全面、系统的科学管理的计算机系统。

商业企业管理信息系统将销售点管理系统、条形码识别设备、电子货币、电子数据交换系统、电子订货系统、电子转账系统及多媒体设备等现代化技术手段组成一个整体，处理商业中的购、销、调、存等业务及内部管理事务，为商场的经营决策提供准确的依据。商业企业管理信息系统的基本职能如图1—8所示。

图1—8　商业企业管理信息系统的基本职能

4. 事务管理信息系统

事务管理信息系统以事业单位为主，主要进行日常事务处理，如医院管理信息系统、学校管理信息系统、宾馆管理信息系统等。虽然不同单位处理的事务不同，各自使用的管理信息系统逻辑模型也不尽相同，但基本处理对象都是事务信息。这就要求管理信息系统应具有较强的实时性和数据处理能力，而数学模型的使用则较少。

5. 办公管理信息系统

国家各级行政机关办公管理的自动化，对提高办公质量和效率、改进服务水平具有重要意义。办公管理信息系统的特点是办公自动化和无纸化，其特点与其他管理信息系统有较大不同，办公管理信息系统往往和微机的应用、局域网的应用、计算机终端和打印机的应用等诸多办公技术联系在一起。

6. 专业管理信息系统

专业管理信息系统是指从事特定行业或领域的管理信息系统。其中一类，如人事管理信息系统、房地产管理信息系统、物价管理信息系统、科技人才管理信息系统等，专业性很强，信息相对专一，主要功能是收集、存储、加工、预测等，技术相对简单，规模相对较大，建成后易见效益。另一类，如铁路运输管理信息系统、邮电信息系统、银行信息系统、民航信息系统等，综合性很强，不仅包含机关事务信息系统，还包括企业管理信息系统和经济信息系统等，因此被称为综合信息系统。

1.5　信息系统与现代管理

自 20 世纪 80 年代以来，信息越来越被人们重视，成为企业的重要财富和战略性资源。计算机和网络技术在管理（尤其在各种专项管理）中的运用也越来越广泛。

1.5.1　企业管理环境的变化

计算机和网络手段的应用使得管理的理论与方法发生了变化。概括来讲，当代管理的一般环境变化主要表现为以下几方面。

1. 经济全球化

信息使空间变小，距离对经济活动的约束日益弱化。经济活动的国内和国外界限变得模糊起来。经济全球化使国家之间的互相依赖程度加强，各国国内政策的自由度减少。经济全球化具体体现在金融全球化、生产国际化、生活国际化。

2. 技术环境

随着网络技术的普及、全球信息高速公路的开通、电子商务的迅速发展、技术创新速度的加快，企业与企业、企业与消费者之间的距离越来越近，联系也更直接。

3. 法律环境

在当今社会，消费者的环保意识、维权意识、自我保护意识、法律意识都不断增强。

4. 可持续发展的要求

可持续发展是指既满足当代人的需求，又不对后代人满足他们需求的能力和机会构成威胁和危害的发展。保持经济和环境的可持续发展，成为人们日益关心的问题。由此而引出"循环经济"、"低碳经济"等概念，即要求建立一种以物质闭环运动为特征的经济，使资源消耗降低、污染减少，以实现可持续发展所要求的环境与经济的双赢。

5. 社会和文化

由于经济的全球化和网络技术的发展，跨国交流日益频繁，国与国之间的文化冲突也愈发激烈，相似的地方互相融合，不同的、有差异的地方得到加强，使得特色与本土化愈发明显。

1.5.2 管理环境变化的影响

管理环境的变化必然会对管理思想、管理方法、组织结构与管理人员产生影响。

1. 对管理思想的影响

（1）重视对人的管理。在知识与信息时代，人不仅是知识与信息的传递者、使用者与制造者，同时还是组织中最重要的元素，因而当代管理更加强调对人的管理，要求理解人、尊重人、充分发挥人的主动性。对人的管理包括重塑人际关系、增加人力资本、提高劳动质量、改善劳动管理、推行民主管理、提高劳动者的参与意识、建设企业文化、培育企业精神等。

（2）以消费者为导向。信息与网络的发展使企业可以直接面对消费者，这种面对面的、不需要通过中间媒介的接触，使企业与消费者的交流更为直接。

（3）重视对无形资产的管理。信息与知识充斥全球，而且它们的传播也极其方便与快捷，因而要求企业加强对无形资产的管理，包括知识产权、企业形象与声誉、品牌以及人力资源等，防止无形资产被盗用、外流及侵犯等。

（4）重视企业竞争。信息化和全球化将在很多方面改变企业的竞争格局和态势，同时使得竞争加剧，但与此同时也给企业带来新的战略性的机遇，因此重视竞争才能在竞争中取得一席之地。

2. 对管理方法的影响

计算机和网络技术在管理特别是在各项职能管理中的运用越来越广泛，使得管理方法发生了并将继续发生变化。

（1）在经营决策方面，计算机被应用到高层决策上，国内外相继出现了多种高功能的通用和专用决策支持系统。后来，随着决策支持系统与人工智能系统相结合，出现了智能化决策支持系统；决策支持系统与计算机网络相结合，又出现了群体决策支持系统，使得高层决策的速度和精确度加大。

（2）在生产管理方面，准时生产制在生产和物资管理中的应用，大大降低了零部件和其他物资的库存，降低了成本。柔性制造系统技术使制造系统发生了革命性的变化，而且产生了新的企业形式——虚拟公司。另外，敏捷制造围绕着新产品，通过建立动态联盟进行产品的经营、开发、生产和销售，试图建立一种动态的企业战略联盟。

（3）在生产流程方面，大力实施企业再造，对组织的作业流程进行重新思考与彻底翻新，以便在成本、品质、服务与速度上获得改善。中心思想是必须采取激烈的手段彻底改变工作方法，强调"一切重新开始"，组成团队来进行，使信息在各个部门得到充分运用。

（4）在营销方面，出现了网络营销以及"企业形象塑造"。它不仅使企业在消费者心中留下深刻、持久的印象，也能使企业形成良好的经营理念。

3. 对组织结构的影响

为了对环境更具有适应性，必须对组织结构进行重新设计，使其具有以下特点：

（1）组织结构分化。包括横向分立，即将有发展前途的产品分立；纵向分立，即不仅从事多品种经营，而且对同一种产品进行上游、下游的分立。

（2）组织结构柔性化。要求建立临时团队、工作团队及项目小组，以保证组织具有一定的柔性。

（3）组织结构网络化。在瞬息万变的环境中，组织必须具有一定的反应力和灵活性，这就要求组织拥有一个精干的网络化组织结构。

（4）组织规模合理化。在新的环境下，要求组织规模更合理化。规模小的企业有利于适应环境的变化，在未来变化的环境中更具优势，但它们也需要具有规模大的企业的一些特征；而大规模的企业则要求通过组织的调整与组织结构的设计以具备一些小企业的特性。

4. 对管理人员的影响

对管理人员的影响主要体现在管理环境的变化对管理人员的素质要求越来越高。他们不仅要管理素质越来越高的下属、知识劳动者，同时还要学会如何在变化的环境中，在经济全球化的环境下进行有效管理，成为知识管理者、变化管理者和跨国管理者。

1.5.3 信息系统对管理职能的支持

任何组织都需要管理，一个组织的管理职能主要包括计划、组织、领导和控制四方面，其中任何一方面都离不开信息系统的支持。

1. 信息系统对计划职能的支持

管理的计划职能是为组织及其下属机构确定目标，拟定为达到目标的行动方案，并制定各种计划，使各项工作和活动都能围绕预定目标进行，从而达到预期的效果。信息系统可以对计划职能进行支持，主要体现在如下几个方面：

（1）支持计划编制中的反复试算。在计划制定过程中，多方案的比较及每个方案中个别数据的变动都可能引起其他许多相关数据的变动及方案结果的变化。虽然计算方法不一定复杂，但表达式之间的关系却都是错综复杂的，数据量也十分庞大，所以计算工作量特别大。如果没有计算机的支持，根本不可能完成。在传统手工作业条件下，只能通过减少数据量及数据间的相互关系数来降低运算的工作量，这将降低计划的准确程度。

（2）支持对计划数据的快速、准确存取。为了实现计划管理职能，需要建立多种与计划有关的数据库，主要包括：各类定额数据库，各类计划指标数据库以及各种计划表格数据库等。利用相关信息系统，完善和充分利用上述数据库，可以实现对企业计划数据的快速、准确存取，从而使企业的生产经营指挥系统得到加强。

（3）支持计划的基础——预测。预测是对未来状况做出估计的专门技术，而计划则是对未来做出安排和部署，以达到预期的目的，计划必须在预测的基础上进行。预测支持决策者做出正确的决策，制定可靠的计划。预测的范围很广，预测的方法也很多，如主观概率法、调查预测法、类推法、德尔菲法、因果关系分析法等。这些预测方法的计算量大，常常要用计算机来求解。

（4）支持计划的优化。在企业编制计划时，经常会遇到对有限资源的最佳分配问题。如生产哪几种产品可以在设备生产能力允许的约束条件下，获得最大的利润。对于这种类型的问题，可以先列出数学模型，然后在计算机上通过人机交互方式进行求解。

2. 信息系统对组织职能和领导职能的支持

组织职能具体包括：确定管理层次、建立各级组织机构、配备人员、规定职责和权限，并明确组织机构中各部门之间的相互关系、协调原则和方法。信息技术的发展促使企业组织重新设计、工作重新分工和职权重新划分，从而进一步提高企业的管理水平。

传统企业组织多采用金字塔式的、纵向的、多层次的集中管理，如图1—9（a）所示。其运作过程按照一种基本不变的标准模式进行，故又称为机械式组织，其缺点是过多的管理层次往往会影响信息的传递速度，并且信息失真现象比较严重，决策速度慢，不适应现代市场的快速变化，管理效率低且成本高昂。随着信息技术的飞跃发展，这种传统的企业组织结构正在向扁平式结构的非集中管理转变，如图1—9（b）所示。

(a)金字塔式组织结构　　　　　(b)扁平式组织结构

图1—9　金字塔式组织结构与扁平式组织结构

扁平式组织结构的特点如下：

（1）通信系统的完善，使上下级指令传输系统上的中间管理层显得不再那么重要，甚至也没有必要再设立那么多的管理层。

（2）部门分工出现非专业化分工的趋势，企业各部门的功能互相融合、交叉，如制造部门可能兼有销售、财务等功能。

（3）计算机的广泛应用使得企业上下级之间、各部门之间以及企业与外界环境之间的信息交流变得十分便捷，从而有利于上下级和成员之间的沟通，可以随时根据环境的变化做出统一的、迅速的整体行动和应变策略。

全球网络的出现，使企业的经营和生产不再受地理位置的限制，可以在全世界范围内运作，事务处理成本和协作成本都可明显降低；企业网络的建设，多媒体计算机和移动计算机的广泛应用使信息传送从文字向多媒体发展，使领导和管理人员接受更多的信息和知识，使企业对工作过程重新设计成为可能；使个人和工作组之间的协调得以进一步加强，从而形成一种新的、管理层次少的组织形式——有机式组织，它依靠近乎实时的信息进行柔性的运作，管理工作更加依赖于管理人员之间的协作、配合以及对信息技术应用的把握。机械式组织与有机式组织的对比见图1—10。

机械式组织	有机式组织
1. 严格层次关系	1. 合作（纵向与横向）
2. 固定职责	2. 不断调整的职责
3. 高度正规化	3. 低度正规化
4. 正式沟通渠道	4. 非正式沟通渠道
5. 集权决策	5. 分权决策

图1—10　机械式组织与有机式组织对比

近几年来，随着电子商务的发展以及外部合作竞争的加强，更多的知识型企业依靠Internet、ERP、SCM、Extranet等信息技术手段，建立了一种以核心企业为中心，通过与其他组织建立研发、生产制造、营销等业务合同网，有效发挥核心业务专长的协作型组织形式，称为动态网络虚拟组织，其结构示意图如图1—11所示。

动态网络虚拟组织是基于信息技术的日新月异以及激烈的市场竞争而发展起来的一种临

图1—11 动态网络虚拟组织结构示意图

时性组织。它以市场的组合方式代替传统的纵向层次结构组织，实现组织内在核心优势与市场外部资源优势的动态有机结合，因而更具敏捷性和快速反应能力，可视为组织结构扁平化趋势的一个极端例子。

动态虚拟网络组织结构的优点是：组织结构具有更大的灵活性和柔性；可以更好地结合市场需求来整合各项资源；组织结构简单、精练；组织运行效率高、成本低。

领导职能的作用是指引、影响个人和组织按照计划实现目标，是一种行为过程。领导者在人际关系方面的职责是领导、组织和协调；在决策方面的职责是对组织的战略、计划、预算、选拔人才等重大问题做出决定；在信息方面的职责是作为信息汇合点和神经中枢，对内、对外建立并维持一个信息网络，以沟通信息、及时处理矛盾和解决问题。由此可见信息系统在支持领导职能方面的重要作用。

3. 信息系统对控制职能的支持

一切管理内容都存在控制问题。在企业管理方面，最主要的控制内容包括：行为控制，人员素质控制，质量控制，库存控制，生产进度控制，成本控制，财务预算控制，产量、成本和利润的综合控制，资金运用控制和收支平衡控制等。

为了实现管理的控制职能，需要随时掌握反映管理运行动态的系统监测信息和调控所必需的反馈信息。管理控制工作中的信息，是在生产经营活动中产生的、根据管理过程和管理技术组织起来的，并经过了分析整理的信息流。控制是否有效，关键在于管理信息系统是否完善，信息反馈是否灵敏、正确、有利。管理控制的反馈回路如图1—12所示。

图1—12 管理控制的反馈回路

管理信息系统实质上也是一个信息反馈系统。通过信息反馈，管理信息系统揭示管理活动中的不足之处，促进系统进行不断的调节和改革，逐渐趋于稳定、完善，达到优化的状态。管理信息系统是否有效，关键在于控制过程中关键控制点的选择和控制时滞的减少。关键控制点的选择要求组织能及时、有效、自动地获取所需的关键信息，并加以整理和分流，使组织中的各级管理者都能及时地获取各自所需的特定信息。时滞是控制系统普遍存在的一种现象。它是指从测量信息、传递信息、找出偏差、采取纠正措施到系统恢复到预定状态这一过程所需要的时间。最有效的降低时滞的方法是前馈控制，它能在偏差产生之前就采取措施防止偏差产生，使时滞为零。降低时滞的另一种方法是运用电子数据采集和计算机的管理信息系统等手段改进现场控制。

随着科学技术的发展，智能化的控制是一种更高级的形式。对于生产过程的控制，信息系统将有能力自动监控并调整生产的物理过程。例如，工厂自动装配线可利用敏感元件收集数据，经过计算机处理后对生产过程加以控制。

综上所述，信息系统对管理具有重要的辅助和支持作用，现代管理要依靠信息系统来实现其管理职能、管理思想和管理方法。

1.5.4 信息系统在管理领域的发展

众所周知，计算机研制出来之后，最初主要用于科研和军事领域的科学计算。计算机进入企业管理领域始于1954年，当年美国通用电气公司开始使用计算机进行员工工资的数据处理。自此以后，计算机开始走入企业管理和办公领域。

经过几十年的发展，计算机在企业管理中的应用经历了以下四个发展阶段。

第一阶段：单项事务处理阶段。

单项事务处理指计算机仅作为计算工具，模仿人工管理方式，局部地替代管理人员的手工劳动，提高局部管理工作的效率。这是计算机信息系统在管理领域应用的起步阶段。如用于计算工资，计算应收、应付款，登记仓库的库存账目等。当时计算机在机房操作，人们定期将数据送入机房，进行集中处理。

第二阶段：综合业务处理阶段。

综合业务处理就是利用计算机处理一组相互关联的单项事务。也就是说，此时的计算机信息系统能够实现企业中某一个管理子系统的功能，而且还有一定的信息反馈功能。例如，一个企业的物资管理子系统包括物资规划管理、合同管理和库存管理等三项事务处理功能模块，该系统能有效地、迅速地处理这一系列的管理业务。

第三阶段：管理信息系统阶段。

管理信息系统阶段是信息处理的高级阶段。企业通过建立一个一体化的管理系统，去除不必要的重复性工作，减少数据间的不一致现象，提高管理工作效率，实现信息的统一管理。例如，把财务子系统与生产子系统结合到一起，形成一个系统整体。这使得计算机信息系统在企业的应用前进了一大步。

第四阶段：更高层次的发展阶段。

20世纪90年代以来，企业所处的环境发生了很大变化。为满足信息社会中企业管理的实际需要，计算机在企业管理中的应用进入一个更高阶段。主要表现为以下几个方面：

（1）面向高层的管理决策。今后，信息系统将会通过人机交互，向决策者提供有用的信息，协助决策者发现并分析问题，探索各种决策方案，并选出最优决策方案，以提高决策的科学性、有效性，提高决策人员的决策技能和决策质量，最终提高管理水平和质量。

（2）面向综合应用。随着计算机技术、网络通信技术和管理科学的进步，企业管理中信息技术的应用范围将不断拓宽。例如，在生产制造领域，将大力发展计算机辅助设计和计算机辅助制造，进而发展成为柔性制造系统；在生产经营管理中，将大力加强MIS、OAS和DSS的应用；同时，这些不同领域还将互相渗透、互相融合，更好地发挥综合效益，最大限度地实现资源共享，使之成为一个有机的整体，即计算机一体化制造系统。

（3）面向智能应用。随着人工智能技术的发展，从传统的处理定量化问题向定量和定性处理相结合方向发展是计算机应用的飞跃，也是计算机面向智能应用的一个发展。智能决策支持系统、各种专家系统和各个领域的智能管理系统、智能工程系统相继产生，为计算机模仿人工智能和处理各种管理问题打下了理论和技术基础，也为计算机的智能应用开拓了广阔的天地。

（4）面向全社会的信息服务。随着改革开放的深入发展，国内企业都将逐步加入世界经济大循环，企业的管理机制和运行方式也会随之发生很大变化。同时，由于计算机技术与网络技术的迅猛发展以及商业应用的崛起，基于 Internet 发展起来的 Intranet 和 Extranet 将会获得爆炸性的增长。今后各种企业中，基于各种网络的 Web 版的浏览器/服务器（Browser/Server，B/S）模式的管理信息系统的综合应用将是大势所趋。

1.6　案例讨论

1.6.1　案例 1：美国航空公司的 Sabre 系统

20 世纪 70 年代中期，为应对航空业激烈的竞争，美国航空公司和联合航空公司各自开发了一套名为 Sabre 和 Apollo 的计算机订票系统。这两个系统的应用为两家航空公司带来了极大的竞争优势，使美国航空公司和联合航空公司在 20 世纪 80 年代初几乎垄断了所有主要的机票销售渠道，分别占 41％和 39％的市场份额。在增强公司竞争力的同时，Sabre 系统和 Apollo 系统还为航空公司带来了巨额的利润。以 Sabre 系统为例，该系统在为旅客推荐航班时，出现在屏幕上的首先是美国航空公司的航班，仅这一项优先程序设置，在航班比较密集的航线上，就可以给美国航空公司带来高出平时 20％以上的收入。同时，其他航空公司每通过 Sabre 系统售出一张机票需交纳 1.75 美元的系统使用费。美国航空公司还向旅行社、宾馆、租车公司等出租系统终端，通过 Sabre 系统向旅游代理商和大公司的旅游部门提供集成的、一体化的服务，包括订购飞机票、预订旅馆房间、租用各种汽车、提供餐馆及娱乐场所的信息等。此外，美国航空公司还向其他航空公司提供数据处理服务，如货物跟踪、预订、财务、气象分析、旅客安置、航班计划和库存控制等。

在 Sabre 系统的支持下，美国航空公司开展了一系列的营销活动，其著名的"飞行里程奖励计划"更是为公司带来了空前的"顾客忠诚度"。按照"飞行里程奖励计划"，每个旅客一旦乘坐美国航空公司的航班飞行达 6 万英里，便可免费获得两张经济舱机票，在淡季从美国任何城市往返欧洲。

1985 年，美国航空公司实现利润 3.36 亿美元，而其中由 Sabre 系统带来的利润就占 1.43 亿美元。显然，在 20 世纪 80 年代美国航空公司的快速发展进程中，Sabre 系统是功不可没的。正如公司总裁罗伯特·柯兰多（Robert Crandall）所说，一旦公司不得不出卖资产，他将卖出的是航线，而不是 Sabre 系统。

Sabre 系统由一个计算机订票系统发展到航空业综合信息服务系统，对航空客运服务产生了很大的影响，在一定程度上改变了该行业的竞争环境。其他没有像美国航空公司那样将信息技术作为一种战略工具应用的航空公司，如 People Express 航空公司、New York 航空公司、Frontier 航空公司等，在新的行业竞争环境下承受着巨大的竞争压力，甚至面临生存的危机。

People Express 航空公司的最后一任总裁唐纳特·伯尔（Donald Burr）在后来的回忆中

说："曾经作为美国航空运输业中的第 5 大公司，它在很短的时间内倒闭，我认为这能充分证明信息技术在航空运输业中的巨大作用，在我们公司短暂的历史中，有许多事情我们完全应该用不同的方式处理，其中铸成大错的就是我们在处理具有综合信息服务功能的计算机订票系统这件事情上，计算机订票系统实际上是基于信息技术应用的高技术领域，它对航空运输业是至关重要的，过去却被我们错认为是低技术的常规领域，认为它对航空运输业是无关紧要的！"1988 年，欧洲两大航空公司——Amadeus 航空公司和 Galileo 航空公司采取紧急措施，开发了自己的计算机订票系统。这些新的计算机订票系统的建立，一方面可以防御美国的计算机订票系统的入侵；另一方面形成了新的分销渠道，增强了这两家航空公司的竞争力，使其在欧洲航运市场上的市场占有率得到提高，并带动了相关的非航空运输业如铁路运输的发展。

分析讨论：

(1) 本案例中，美国航空公司的 Sabre 系统为该公司带来了哪些竞争优势？

(2) 请通过相关渠道，了解一下当前民航业发展和运营中管理信息系统的应用情况。

1.6.2 案例 2：海尔公司的信息系统应用

要保证信息的畅通，就要建设企业的"信息高速公路"，推广各种信息技术，收集各种信息。海尔公司一直重视信息应用的重要性，根据自身的需求投入巨资开发和建设信息系统应用工程。

(1) 建立 Internet 和 Intranet 项目，实现了电子邮件以及内部 Web 服务，不仅建立了海尔网站，而且还在国内建立了镜像站点。

(2) 开展全面提高产品竞争力的产品数据管理（PDM）项目。海尔公司的各个设计研究中心都推广使用 CAD，为产品设计带来了极大便利，大大缩短了产品开发的周期。

(3) 利用内部网实施办公自动化（OA），现已完成了公文流转、信息检索、会议安排、档案管理、网上培训等应用。

(4) 开展 ERP 工程。在 MRP Ⅱ 实现了财务和分销模块的基础上，海尔公司将各地的营销中心联结起来。

(5) 建立网上服务中心，直接与设计、生产、销售部门连接，能够把用户的建议转化成产品开发的课题。

(6) 建立了信息公用平台。集团内部每个人都可以联到公用平台上，实现资源共享。

从曾经的管理手段落后到企业全面实现信息化，海尔公司取得了令人鼓舞的成果。信息与信息技术的应用，扩大了海尔公司的技术优势、市场优势、领导优势和信誉优势；计算机技术的应用和信息化的推广实施，为海尔公司插上了腾飞的翅膀。

分析讨论：

(1) 海尔公司如何利用信息技术和各类应用信息系统为企业创造价值？

(2) 海尔公司利用信息技术和信息系统构建竞争优势的经验，具有可复制性吗？

1.6.3 案例 3：UPS 应用信息技术开展全球竞争

联合包裹服务公司（United Parcel Service，UPS）是世界上最大的空中和地面包裹速递公司。1907 年，两个来自西雅图的少年吉姆·凯西（Jim Casey）和克劳德·瑞安（Claude Ryan）初建 UPS 公司时，只有一间很小的地下办公室、两辆自行车和一部电话，当时他们发誓要做到"最好的服务，最低的价格"。UPS 公司成功运用该信条已达百年之久。

现在，UPS 公司每年向美国各地和 200 多个国家与地区递送的包裹、文件达 30 亿件。尽管有来自 FedEx 和 Airborne 的激烈竞争，但由于加大对先进信息技术的投资，UPS 公司仍能在小包裹递送服务上保持领导地位。UPS 公司不仅胜过传统的包裹递送方式，而且可以和 FedEx 的"不过夜"递送生意抗衡。UPS 公司之所以成功，关键在于坚持不断地投资于先进的信息技术。在过去 10 年中，UPS 公司将 10 亿美元用于技术和系统投资以提高客户服务，同时保持低成本和整个运作畅顺，这使得 UPS 公司在全世界市场上处于领导地位。技术帮助 UPS 公司在保持低价位和改进全部运作的同时提高了对客户的服务水平。

由于使用了一种叫做发货信息获取装置（DIAD）的手持计算机，UPS 公司的司机们可以自动地获得有关客户签名、运货汽车、包裹发送时间等信息。司机把 DIAD 接入卡车上的车用接口中，即一个连接在移动电话网上的信息传送装置，接着包裹跟踪信息被传送到 UPS 公司的计算机网上，在 UPS 公司位于新泽西州的主计算机上进行存储和处理。在那里，信息可以通达世界各地，向客户提供包裹发送的证明。这个系统也可以为客户的查询提供信息。

依靠公司的自动化包裹跟踪系统，UPS 公司能够监控包裹的整个发送过程。从发送到接收路线的各个点上，有一个条形码装置扫描包裹标签上的货运信息，然后信息被输入中心计算机中。客户服务代表能够在与中心计算机相连的台式计算机上检查任何包裹的情况，并且能够对客户的查询立刻做出反应。UPS 公司的客户也可以使用公司提供的专门的包裹跟踪软件来直接从他们的微型计算机上获得这种信息。

任何寄包裹的人都可以上 UPS 公司网站去跟踪包裹、计算运费、确定运输时间和调度取包。企业可在任何地点利用 UPS 网站安排运输和汇运费至 UPS 公司的账号或信用卡上。在 UPS 网站上收集的信息被传送至 UPS 中央计算机，处理后再传给顾客。UPS 公司也提供工具使客户能在思科系统中嵌入 UPS 功能，如跟踪和计算费用、不用访问 UPS 网站即可跟踪运输等。

1988 年，UPS 公司积极进军海外市场，建立自己的全球通信网络——联合包裹服务网。该网作为全球业务的信息处理通道，通过提供有关收费及送达确认、跟踪国际包裹递送和迅速处理海关信息，拓展了系统的全球能力。UPS 公司使用自己的电信网络把每个托运的货物文件在托运的货物到达之前直接输送给海关官员，海关官员让托运的货物过关或者标上检查标记。

目前，UPS 公司正在增强其信息系统的能力，以便能保证某件包裹或若干包裹能按规定的时间到达目的地。如果客户提出要求，UPS 公司将会在送达之前拦截包裹，并派人将其返回或更改送货路线。

信息技术帮助 UPS 公司增强了实力并实现持续增长。UPS 公司现在已经把自己管理递送网络的经验用来为其他公司管理物流和供应链。UPS 公司供应链解决方案可以为签约公司提供完全捆绑式的标准服务，费用只是它们自己建造系统的很少一部分。这些服务包括供应链设计和管理、运费转交、海关费用、多式联运、财务服务和物流服务。勃肯公司是许多得益于这种服务的公司之一。该公司的德国工厂将鞋子装于箱子中，箱子上的条形码写明它们在美国的目的地，UPS 公司就会联系位于荷兰鹿特丹港市的海洋承运商，鞋箱将横跨大西洋运到新泽西口岸，取代了通过巴拿马运河运到该公司的加利福尼亚仓库。UPS 卡车飞速地将每一船的货物在几个小时内通过 UPS 公司的配送中心运到 3 000 个零售点。将这项工作转交给 UPS 公司，勃肯公司减少了一半的时间。在路途中，UPS 公司用条形码扫描、记录每笔运输的轨迹直至货主签收为止。

分析讨论:

(1) UPS公司包裹跟踪系统的输入、处理和输出是什么?

(2) UPS公司主要采用了哪些信息技术?这些信息技术和UPS公司的企业战略的关系如何?

(3) UPS公司的信息系统应用给该公司及其客户带来了哪些益处?

·本章小结·

1. 信息的特征有真实性、时效性、不完全性、可共享性、传输性、价值性等。

2. 企业管理中的各项活动主要表现为物流、资金流、事务流和信息流的流动。其中,企业内部各种信息的流动称为信息流,它具有双向性,对企业管理活动具有重要价值。

3. 管理信息是对企业生产经营活动中收集的数据经过加工处理,给予分析解释、明确意义后,对企业经营管理活动产生影响的数据资料。管理信息是现代企业管理工作的依据,是企业的宝贵资源,是科学决策的依据,是有效控制的灵魂,是衡量企业竞争能力的标志。

4. 管理信息具有离散性、时效性、动态连续性、处理方法的多样性等特点。

5. 系统是指在一定环境中,为了达到某一特定功能而由相互联系、相互作用的若干个要素所组成的有机整体,具有整体性、目的性、层次性、关联性和环境适应性等特征。

6. 信息系统是由一系列相互关联的元素组成的集合,它可以输入数据、进行处理、输出信息,并提供反馈、控制机制。

7. 管理信息系统是一个以人为主导,利用计算机硬件、软件、网络通信设备以及其他办公设备,进行信息的收集、传输、加工、储存、更新和维护,以企业战略优化、提高效益和效率为目的,支持企业高层决策、中层控制、基层运作的集成化的人机系统。完整的管理信息系统应该具有数据处理、事务处理、预测、计划、控制、辅助决策等功能。

8. 管理信息系统的结构是指管理信息系统的各个组成部分及各个部分之间的相互关系。管理信息系统的类型有:国家经济信息系统、工业企业管理信息系统、商业企业管理信息系统、事务管理信息系统、办公管理信息系统和专业管理信息系统等。

9. 管理的四大职能(计划、组织、领导和控制)中的任一方面都离不开信息系统的支持。计算机信息系统在企业管理中的应用已经经历了几个阶段,它们分别是:单项事务处理阶段,综合业务处理阶段,管理信息系统阶段和更高层次的发展阶段。

·关键术语·

数据　信息　信息流　管理信息　信息系统　作业信息系统　企业信息管理　管理信息系统

复习思考题

一、填空题

1. 企业管理中的各项活动主要表现为_____、_____、_____和_____的流动。

2. 管理信息具有四个特点,分别是_____、_____、_____和_____。

3. _____、_____和_____是组成系统的三个基本要素,加上功能就构成一个完整的系统。

4. 按照处理的对象,可把组织的信息系统分为_____和_____两大类。

5. 信息系统的功能包括对信息的_____、_____、_____、_____、_____和_____六个方面。

6. 计算机最早进入企业管理领域始于_____年，当年美国_____公司最早开始使用计算机进行员工工资的数据处理。自此以后，计算机开始走入企业管理和办公领域。

二、名词解释

1. 信息
2. 管理信息
3. 信息系统
4. 企业信息管理
5. 管理信息系统

三、简答题

1. 什么是信息？它具有哪些主要特征？
2. 什么是管理信息？它具有哪些类型？
3. 什么是系统？系统有哪些主要特点？
4. 请说明企业管理中信息流与物流、资金流、事务流的关系。
5. 信息系统的含义是什么？由哪几部分组成？
6. 企业信息管理的内容包括哪几个方面？
7. 什么是管理信息系统？它有哪些基本功能？
8. 什么是管理信息系统的结构？有哪些划分方法？
9. 信息系统有哪些主要类型？各有什么特征？
10. 如何顺利、高效地实现企业的信息管理活动？
11. 信息系统在哪些方面可以支持计划工作？
12. 信息系统的应用对企业管理的组织职能产生了什么影响？
13. 信息系统的应用对企业管理的控制职能产生了什么影响？
14. 计算机在管理领域的应用经历了哪几个阶段？每个阶段的特点是什么？

实 践 训 练

一、问题讨论

请同学们就如下论断的正确性进行讨论，必要时可以分组进行辩论。

1. 管理信息系统的质量取决于对管理的深刻理解。
2. 人们一旦获得信息，就一定能够保证管理决策效率的提高。
3. 管理信息系统不仅是一个技术系统，也是一个社会系统。

二、案例搜集

参照"本章引例"中的案例形式，通过一定的渠道（图书查阅、网络搜索、实地调查），收集一些企业通过建立管理信息系统来提高管理效率、增强决策水平的实际例子。

三、实践调查

实地考察一个你可以接触到的、有代表性的、已经投入运行的管理信息系统（如学校里的图书管理系统、教务管理系统、科研管理系统，以及外面的超市管理信息系统、餐饮管理信息系统、书店管理信息系统等），了解其主要功能、组成结构，并分析其优点和不足以及需要改进的地方，最后将调查分析的结果写成一个调查报告。

四、观点分析

1. 信息经济学家奈斯比特说过："未经整理的信息，不是我们的朋友，甚至是我们的敌人，当然更不是财富和资源。"你同意这个观点吗？请说出你对这个观点的个人理解。

2. 管理信息系统能为企业提供四大平台：业务运作平台、信息共享平台、协同工作平台、决策支持平台。请你通过相关信息系统的实例，说出你对以上论断的个人理解。

五、论文撰写

在现代企业管理中，各个企业对于管理信息系统的要求越来越高，管理人员也越来越依赖于各类计算机管理信息系统，管理信息系统对企业效益的提高具有重要的贡献。

请从企业所处环境的变化和企业适应环境的角度，撰文简述其原因，字数 1 000 字以上。

第 2 章　作业层信息系统

学习目标

通过本章的学习，读者应该能够：
- 掌握业务处理系统的基本知识、工作流程及业务处理方式的类型
- 理解办公信息系统的含义、构成要素、类型及功能
- 熟悉 POS 系统的基本概念、组成结构及运行步骤

本章引例

联通公司大客户业务管理信息系统简介

1. 背景介绍

电信市场的竞争格局在我国已逐步形成。竞争给电信业务运营带来的一个突出变化就是市场由卖方市场向买方市场转变。为适应形势，联通公司经营战略逐步从以产品业务为中心向以客户为中心转变。

联通公司整体营销战略的重要组成部分是大客户业务，发展大客户能给公司带来较好的经济效益。大客户业务管理信息系统建设的目的是在大客户售前、售中和售后的整个生命周期中，为客户的市场开拓、有关大客户的信息管理、客户服务及营销决策支持提供一个综合信息处理平台。

2. 业务功能

联通公司大客户业务管理信息系统的业务功能包括以下几个方面：

（1）大客户基本信息管理。包括：客户基本资料、客户营业业务资料、客户计费账务资料、客户信用资料、客户服务资料、内部重要员工资料、项目工程资料、资源占用资料等。

（2）绿色通道。围绕客户走访、业务办理、合同签订、工程实施和业务开通工作流程，实现对大客户业务的售前、售中的过程管理，并通过人机协作实现流程的自动化。

（3）黄色通道。大客户服务相关业务，包括客户走访、客户来访、友情服务等日常业务联系活动。

（4）红色通道。处理与大客户有关的故障、投诉等业务。

（5）渠道管理。用于管理与渠道代理相关的业务信息，包括佣金管理、合同管理、培训管理。

（6）客户经理管理。管理大客户发展中心员工及与大客户发展中心有业务往来的相关部门的员工信息，以及与员工相关的业务信息，包括：基本信息管理、奖金绩效管理、业务计划管理、工作日志管理、回访走访管理、培训管理。

（7）资源市场信息管理。信息内容包括：产品信息；宏观经济信息；客户需求信息（按行业划分）；竞争对手信息；行业经典案例；政策、法律环境及其对企业可能的影响；企业所处行业的发展态势及行业内竞争状况。

3. 应用效果

联通公司在实施大客户业务管理信息系统之后，协调和改进原有业务流程，使其所有的业务环节更好地满足客户需求并降低运营成本，从而达到保留现有大客户、发掘潜在大客户，提高企业盈利的目的。大客户业务管理信息系统通过为大客户提供高品质、个性化的服务，提高了大客户的信赖度和忠诚度，形成并保持联通公司的核心竞争力，带来了良好的经济收益和客户美誉。

🔍 **点评**

在当今时代，企业管理必须要从过去的"产品导向"转变为"客户导向"，只有快速响应并满足客户个性化的需求，才能在激烈的竞争中得以生存和发展。要实现客户关系管理理念，必须有配套的业务信息系统做支撑。

在第1章提到过，作业层信息系统的任务是处理组织的业务、控制生产过程和支持办公事务，并更新有关的数据库；与之对应的信息系统包括业务处理系统、过程控制系统、办公信息系统。由于本书主要侧重点是管理方面的信息系统，所以本章主要讲解业务处理系统、办公信息系统，同时对 POS 系统以及知识工作系统进行概括性的介绍说明。

2.1 业务处理系统

业务处理系统（Transaction Processing System，TPS）是一种常见的基础信息系统，其产生基础数据库，为整个系统服务。业务处理系统的特点是加工、处理大量的数据。对任何企业来说，业务处理系统都是一类不可缺少的信息系统。

2.1.1 业务处理系统的基本知识

1. 业务处理系统的产生背景

业务是跟某种工作相关的一系列手续的集合，以下列举了几种典型的企业业务活动：

（1）每月进行工资结算，打印工资条，放入信封后分发。

（2）每月进行销售发票的核实、结算，打印后放入信封，寄给客户。

（3）每天进行采购订单的核实结算，打印后放入信封，寄给供应商。

（4）支票结算，打印后放入信封，寄给供应商。

（5）每天发掘潜在客户，确认并拜访。

（6）每天安排员工以及设备，用来完成特定时间的任务。

（7）不断抽检产品，采取粗检、细检、测量或者其他方法，检出不合格产品。

许多企业都有大量规律性的业务处理工作需要完成，上述工作只是其中很少的一部分。有些大型企业，每天有数以千计类似的工作需要完成。

1954 年，美国通用电气公司首次利用电子计算机计算职工薪金的举动，引起了数据处理技术的变革，开创了利用计算机进行数据处理的新纪元。从此之后，计算机开始大量应用在经营管理工作的数据处理中，早期主要是在会计和统计中，代替算盘、手摇计算机、现金出纳机等，形成了电子数据处理系统。由于它是用来处理一些具体业务的，所以也叫做业务处理系统。同时，由于这类系统主要用于运作层，现在也有人把它叫做运作性信息系统、事务信息系统、操作层信息系统等。

当前，财会业务是大多数企业基本活动的重要组成部分。然而，业务处理系统不仅仅包括企业的财务处理，还包括业务处理系统记录、处理并报告企业中所有重复性的日常活动和组织活动等。这些活动不仅发生在财务部门，也发生在人力资源、生产制造和营销部门。

2. 业务处理系统的含义

业务处理系统是一个处理有关组织的基本业务，记录和更新所需详细数据的系统。它跟踪组织的基本活动，支持操作管理人员，其目的是利用组织中实时的、准确的数据，解决日常管理问题；其运行目标是迅速、及时、正确地处理大量信息，降低成本，提高管理工作的效率、准确度和服务水平，增加辅助决策的数据。

每个组织都有手工的、自动化的业务处理系统，该系统是一个处理有关组织的基本业务、记录和更新所需详细数据的系统，包括订单录入、存货控制、工资单、应付账款、应收账款和总分类账处理等。其中手工录入包括客户订单、购货订单、收据、发票和工资单等基本业务数据，处理结果是更新记录以反映组织的当前状态。自动化的业务处理系统包括数据库、远程通信、人员、流程、软件和硬件等组成部分，主要进行数据收集、数据编辑、数据修改、数据操作、数据存储和文档生成等工作。它应用信息技术支持组织中最基本的、每日例行的业务处理活动，如工资核算、销售订单处理、原材料出库、费用支出报销等，是组织中处于业务操作层的最基本的信息系统。

目前，业务处理系统可以应用在管理的各个部门，以独立形式存在，或者构成大系统的组成部分。例如，目前我国市场上普遍流行的商业进销存系统、订单跟踪系统、生产流程系统、职工工资系统、现金管理系统、培训和发展系统等，都是这类系统。

3. 业务处理系统的重要性

业务处理系统是大多数企业中众多信息系统中的一种，它向管理信息系统、决策支持系统等提供所需数据，是其他系统的基础。业务处理系统不需要综合或复杂的处理，但要进行大量的数据输入和输出，它的有效性和可靠性对组织的业务运行至关重要，一旦发生故障，将会给组织带来直接的经济损失。因此，业务处理系统在安全性、可靠性方面具有极高的要求。业务处理系统不仅直接支持组织的各项基础业务活动的实现，而且为组织内各层次的管理人员提供业务运行的第一手资料，同时也是组织中其他各类信息系统的主要信息来源。

业务处理系统处理的问题处于较低管理层，因而问题较结构化，处理步骤较固定。其主要操作是排序、列表、更新和生成，主要使用加、减、乘、除等算术运算，人员是业务层的运行操作人员；其主要功能是处理日常业务和产生报告，使日常业务处理自动化，支持日常的运行工作；其目的在于提高效益，而不过分看中效率；其缺点是一般不能提供分析、计划和决策信息，只是管理信息系统的初级阶段，是对日常业务进行记录、汇总、综合、分类的系统。它的输入往往是原始单据，输出往往是分类或汇总的报表，如订货单处理、旅馆预约系统、工资系统、雇员档案系统以及领料和运输系统等。

现代的企业若没有业务处理系统，简直无法工作。业务处理系统的故障将导致银行、超市、航空订票处的工作停止，会带来极大的损失。当代的企业业务处理系统所处理的数据量大得惊人。例如，一个银行营业厅白天所积累的业务，用手工至少要 4 小时才能处理完，现代的计算机处理只需几分钟。利用计算机业务处理系统，一个人一天可以处理 500 笔业务，如果不用计算机可能要 50 人才能完成。业务处理系统已成为现代企业无法离开的系统。

业务处理系统是企业信息的生产者，其他的系统将利用它所产生的信息为企业做出更多的贡献。业务处理系统现在有跨越组织和部门的趋势，如将不同组织的业务处理系统连接起来，甚至可把这些组织结成动态联盟。

4. 业务处理系统的特点

业务处理系统是计算机在管理中的最初形式，也是最基本的形式。由它所产生的描述过去活动的业务性数据，具有重复性、描述性、可预测性及客观性等特点。系统通常有规律地产生详细的、高结构化的准确信息，这些信息来自企业内部信息源。对于必须完成系统工作的员工而言，这些系统工作是单调乏味的，而信息系统技术在业务处理系统中的应用大大地减少了这种单调性，并给管理者提供了很多有利条件。

一般来讲，所有的业务处理系统都具有如下特点：

（1）能迅速、有效地处理大量数据的输入和输出；

（2）能进行严格的数据编辑，以保证记录的正确性和时效性；

（3）通过审计，能保证所有输入数据、处理程序和输出结果是完整、准确和有效的；

（4）提供了有关数据安全防范和保密设置问题的防护能力；

（5）支持许多人对数据进行协同处理，因此系统的故障会对组织有严重的影响；

（6）能产生各种数据文件、管理报告等，可定期生成常规报表，也能生成例外报告。

总之，业务处理系统可以对日常数据进行常规的处理，它充分利用了计算机对数据进行快速运算和大量存储的能力，可减轻业务人员大量重复性的劳动。因此，业务处理系统是基层业务人员的得力助手，无论是大企业、大机关，还是中小企业或一般组织，甚至个体业主都可以使用。

5. 业务处理系统的目标

由于业务处理的重要性，因此业务处理系统需达到如下目标：

（1）处理由业务产生的以及与业务相关的数据。业务处理系统的基本目标是获取、处理和存储业务，以及产生与企业例行活动相关的不同文档。这些活动直接或间接地与销售或客户服务有关。处理订单、购买材料、控制存货、为客户开账单、向员工和供应商付款都属于这类活动，这些活动构成了业务处理系统需要处理的业务。

（2）保持数据信息处理的高准确度。业务处理系统的目标之一是输入和处理无差错数据。在引入计算机技术之前，企业就有人工业务处理系统，由员工检查所有由业务处理系统产生的文档和报告。由于人工处理难免犯错，因此常发生不准确的业务，从而需要消耗时间、劳力和资源来加以修正。自动化的业务处理系统必须保障数据的高度准确。

（3）保证数据和信息的完整性。业务处理系统的另一个目标是保证所有存储在计算机数据库中的数据和信息是准确的、及时的和适当的。确认和编辑过程也常被用在数据存储前，以便检查其准确性和及时性。例如，编辑程序应能判断输入数据是"25 天"，而不是由于录入错误而造成的 250 天或者 2 500 天。由于业务处理系统产生的数据和信息常被组织的其他系统使用，所以要保证数据的完整性和准确性。

（4）及时生成文档和报告。人工业务处理系统常常要花几天的时间才能生成文档，而计算机业务处理系统极大地降低了响应时间。信息技术的提高，特别是硬件和通信技术的进步，使得业务能在几秒钟内完成。及时处理能力对组织的创利是很重要的，例如票据能早几天发给客户，那么款项就能早日收回。对于订单处理、开发票、应收账款、库存控制和应付账款等应用软件来说，时效性也非常关键。由于记录信息和销售信息的传送均已电子化，所以业务处理能在几秒钟内完成，从而改善公司的现金流动。

（5）提高劳动效率。以前人工处理需要许多员工和设备，如今业务处理系统能充分降低人力需求，从而节省了成本。

（6）有助于改善服务。帮助组织提高服务水平是业务处理系统的一个目标。例如使用电子数据交换（EDI）系统的公司，其客户由于使用电子订单，从而避免了缓慢且易出错的手写或口头通信。

2.1.2 业务处理系统的工作流程

业务处理系统获取和处理反映企业基本业务的数据，这些数据用来更新数据库并产生公司内部和外部人员使用的报告。所有业务处理系统均完成一系列共同的基本数据处理过程称为业务处理周期。业务处理周期包括六个活动，即数据搜集、数据编辑、数据修改、数据操作、数据存储和输出文档，如图 2—1 所示。

图 2—1　业务处理系统的数据处理活动

1. 数据搜集

获取和收集完成业务处理所需数据的过程称为数据搜集。在有些情况下，数据搜集可以手工完成，如有关销售订单或库存变化的手写数据；而有些数据搜集，则可以通过扫描仪、POS 设备、光字识别器（OCR）、自动柜员机（ATM）、自动记录仪以及其他终端输入设备自动完成。

数据搜集从客户订单开始，之后产生输入业务处理系统的原始数据。数据应从源位置获得，并及时、准确地记录，这样可以将手工工作量降到最低，数据应能直接输入计算机而不用以某种文档形式键入，这种方式称作源数据自动化。例如，超市结账处用扫描仪自动读取条形码要比收银员人工输入代码快而准确。扫描仪读取每件商品的条形码并在数据库中查询其价格。POS 业务处理系统根据价格数据制作客户账单。购买数量、日期、时间和价格等用于更新库存数据库和销售数据库。库存数据库产生报告，通知仓库经理哪一项存货量已低于再订货数量下限。销售数据库可被仓库（或销售市场研究公司、厂商）用于销售的详细分析。

源数据自动化已经有许多方法，但是目前还没有达到全自动化的。图 2—2 所示的是销售业务自动数据输入过程。

图 2—2　销售业务自动数据输入过程

又如，公司让员工在开始或结束工作时刷卡考勤，以便向工资业务处理系统输入数据。这些设备不仅提供重要的员工注册信息，而且帮助组织确定每项工作或每个项目需要多少劳动力，从而进行劳动力的调整或对将来的项目进行更好的计划。

2. 数据编辑

处理业务数据的一个重要步骤是数据编辑，以检查数据是否达到有效性和完整性。例如数量和成本必须是数字型的，且有一个以字母命名的唯一代码，否则数据项无效。通常与个别业务有关的代码如果出现在对照数据库中，则代码有效，可进行编辑；如果输入的代码不在数据库中，那么它将被拒绝。

3. 数据修改

无效数据不能简单地都被拒绝，系统应提供错误警告信息，以便向数据编辑提出警告。这些错误警告信息应指出出现了什么问题，数据要进行怎样的修改。数据修改包括重新输入那些被错误键入或错误扫描的数据。例如扫描的 UPC 必须在有效的 UPC 代码表中，一旦代码被误读或不在表中，结账处员工应得到指示以便重新扫描或手工键入数据。

4. 数据操作

业务处理系统另一个主要活动是数据操作，即执行和计算与企业业务相关的数据转换过程。数据操作包括数据分类、数据排序、数据计算、汇总结果，以做进一步处理。

5. 数据存储

数据存储是指用新业务处理数据来更新业务数据库。一旦更新完成，数据可被其他系统进一步处理和使用，并用于管理决策。因此，业务数据库又被认为是业务处理的副产品，其对组织的所有信息系统和决策支持过程都会产生显著的影响。

6. 输出文档

输出文档包括生成输出记录和报告，它们可以是纸质文档等的硬拷贝，或显示在计算机屏幕上的软拷贝。例如工资支付支票是工资业务处理系统生成的硬拷贝文档，而发票平衡报表是应收账款业务处理系统的软拷贝显示。除了支票和发票等文档外，大多数业务处理系统还产生其他有用的信息，如当前库存报告、订购的商品清单等。商品接收人员可利用订购的商品清单在到货时辅助清点实物。业务处理系统也生成当地相关职能部门所需的报告，如代扣所得税和季度收入报告等。

2.1.3 业务处理方式的类型

业务处理的方式，按照其特点可以分为批处理、联机实时处理和联机录入三种类型。

1. 批处理

（1）批处理的含义。

批处理是指周期性地收集源文件，然后成批处理，其特点是在事件的发生和更新记录的最终业务处理之间有一定延迟。例如银行存款处理，白天所收到的存单等到下班后一起交数据处理部门，由他们累加和分析，这里处理周期就是一天。

（2）批处理的活动过程。

一个批处理活动的主要过程包括：

1）收集源文件，如订单、发票等，并将它们分成批。

2）将源文件录入输入媒体，如磁带、磁盘等。

3）将源文件排序，排序应根据某个关键词。一般来说，关键词与主文件相同。

4）将源文件和主文件合并处理，建立并输出一个新文件，如发票、支票等。

5）定期将业务成批地送往远方的中央计算机保存和进一步处理。

银行批处理的活动过程如图 2—3 所示。

图 2—3　银行批处理的活动过程

图 2—3 中的主文件是一种永久存储的文件。例如：客户主文件包括客户名称、地址、电话、生产主要产品、主要业务等数据；学生主文件包括学生姓名、年龄、籍贯、学号等，也有可能包括成绩等具有档案性质的文件；支票主文件记录支票金额、接收方、开出方、日期、编号等数据。业务文件是一种中间存储文件，具有暂存的性质，一旦它的内容并入主文件，业务文件立即消失。更新后的主文件在下一批处理就处于主文件的位置。

（3）批处理的优缺点分析。

当要处理大量的数据时，批处理是一种比较经济的方法。在进行每笔业务处理时，没有必要翻动主文件，这样可以错开白天的时间，在晚上让机器处理，充分利用机器的资源。但批处理也有很多缺点，如：主文件过时，无法实时提供信息，无法马上查出当前的情况。

2. 联机实时处理

（1）联机实时处理的含义。

联机实时处理也叫做联机业务处理（Online Transaction Processing，OLTP），这种方

法对每个业务及时进行处理，并更新这一业务所涉及的数据。数据只要一经输入，记录、转换、更新主文件一气呵成，响应客户的查询也是即时的，因此联机系统的数据在任意时刻反映的都是最新状况，如航空订票系统即时处理、更新座位和应收账款数据库。这种处理对诸如航空订票代理处、股票投资公司、超市 POS 收银系统、饭店前台预订系统等需要迅速获取数据和更新数据的业务是必需的。实时销售处理系统如图 2—4 所示。

图 2—4 实时销售处理系统

（2）批处理和实时处理的比较。

批处理和实时处理的比较如表 2—1 所示。

表 2—1 批处理和实时处理的比较

特性	批处理	实时处理
业务处理	记录业务数据累计成批，排序周期处理	数据一旦产生就立即处理
文件更新	批处理时	业务处理时
响应时间（周转时间）	几小时或几天	几秒钟

防止数据处理的故障是个很重要的问题。在批处理时要保留多个副本，一般要三个，且在不同的地方。每次批处理完成后，副本也跟着产生，当主机损坏时可以根据副本恢复数据。在实时处理的情况下，也要留副本，不过它是在每笔业务后及时留副本，所以要用联机存储器，甚至更多处理器。具有多处理器并能支持实时恢复数据的处理叫做容错数据处理（Fault Tolerant Processing，FTP），这种计算机系统叫做容错系统。

（3）联机实时处理的优缺点分析。

联机实时处理能及时处理、及时更新和及时响应客户需求。在要求及时的情况下，只有联机实时系统能满足要求。其缺点是由于联机，直接存取必须采取特殊的措施保护数据库，以便及时防止病毒、黑客和不明身份的闯入者。

3. 联机录入

业务处理的第三种方法是联机录入，它是介于批处理和联机实时处理之间的一种折中的处理方法。这种方法中，业务或订单在发生时就送入系统，但并不立刻处理。例如当你打免费电话订购时，订单当时就被送入计算机，但订单直到当天下班后的晚上才被集中处理。

对于不同的组织，要根据其应用的需要而选择不同的业务处理方法。

2.2　办公信息系统

办公信息系统（Office Information System，OIS）是一种面向业务管理层的信息系统，主要对各种类型的文案工作提供支持。从事这些工作的人员主要有文秘、会计、文档管理员等。他们的工作性质大部分不是创造信息，而是应用和处理信息。

2.2.1　办公信息系统的含义

办公自动化（Office Automation，OA）作为一个术语是由美国通用汽车公司的 D. S. 哈特于 1936 年首次提出的。20 世纪 70 年代，美国麻省理工学院教授 M. C. 季思曼为办公自动化下了一个较为完整的定义："办公自动化就是将计算机技术、通信技术、系统科学及行为科学应用于传统的数据处理难以处理的数量庞大且结构不明确的、包括非数值型信息的办公业务处理的一项综合技术。"

1985 年，我国召开第一次办公自动化规划讨论会，与会的专家、学者们综合了国内外的各种意见，将办公自动化定义为：办公自动化是利用先进的科学技术，不断使人的一部分办公业务活动物化于人以外的各种设备中，并由这些设备与办公室人员构成服务于某种目标的人—机信息处理系统，其目的是尽可能充分地利用信息资源，提高生产率、工作效率和质量，辅助决策，求得更好的效果，以达到既定（即经济、政治、军事或其他方面的）目标。办公自动化的核心任务是为各领域、各层次的办公人员提供所需的信息。

20 世纪 90 年代以后，计算机网络的发展不仅为办公自动化提供了信息交流的手段与技术支持，更使办公活动跨时空的信息采集、处理与利用成为可能，并为办公自动化赋予了新的内涵和应用空间，也提出了新的问题与要求。鉴于上述情况，在 2000 年 11 月召开的办公自动化国际学术研讨会上，专家们建议将办公自动化更名为办公信息系统，并指出：办公信息系统是以计算机科学、信息科学、地理空间科学、行为科学和网络通信技术等现代科学技术为支撑，以提高专项和综合业务管理水平及辅助决策效果为目的的综合性人—机信息系统。该系统利用先进的办公设备，代替办公室工作人员的部分手工劳动，其主要目标是充分利用信息资源，加快办事效率，提高办公质量。

现在信息技术被广泛用于办公信息系统中，以支持办公室中的各项活动，如电子日历、电子邮件、工作流程管理、桌面数据管理和桌面项目管理系统等。

2.2.2　办公信息系统的构成要素

办公信息系统的构成要素包括人员、业务、机构、制度、设备、环境等多个方面，其中最主要的有四个，即办公人员、办公信息、办公流程和办公设备。

1. 办公人员

办公人员包括高层领导、中层干部等管理决策人员，秘书、通信员等办公室工作人员，以及系统管理员、软硬件维护人员、录入员等其他人员。这些人应当具有现代化的思想，掌握一定的现代科学技术知识、现代管理知识与业务技能。他们的自身素质、业务水平、敬业精神、对系统的使用水平和了解程度等，对系统的运行效率有重要影响。

2. 办公信息

办公信息是各类办公活动的处理对象和工作成果。办公在一定的意义上讲就是处理信息。办公信息覆盖面很广，按照其用途，可以分为经济信息、社会信息、历史信息等；按照其发生源，又可分为内部信息和外部信息；按照其形态，办公信息有各种文书、文件、报表等文字信息，电话和录音等语言信息，图表等图像信息，统计结果等数据信息。各类信息对不同的办公活动提供不同的支持：为业务工作提供基础，为研究工作提供素材，为管理工作提供服务，为决策工作提供依据。

3. 办公流程

办公流程是有关办公业务处理、办公过程和办公人员管理的规章制度、管理规则。办公流程的科学化、系统化和规范化，将使办公活动易于纳入自动化的轨道。应该注意的是，由于办公信息系统要模拟具体的办公过程，办公流程或者组织机构的某些变化必然会导致系统的变化，同时，在新系统运行之后，也会出现一些新要求、新规定和新的处理方法，这就要求办公信息系统与现行办公流程之间有一个过渡和切换。

4. 办公设备

办公设备是决定办公质量的物质基础。现代化的办公设备包括计算机、打印机、扫描仪、电话、传真机、复印机、微缩设备等，办公设备的水平与成熟程度，直接影响办公信息系统的应用与普及。

2.2.3 办公信息系统的类型

不同性质、不同任务的组织结构，其办公信息处理的内容存在很大的差别。按照业务类别，办公信息系统通常划分为八种类型，如表 2—2 所示。

表 2—2　　　　　　　　　　　　　　办公信息系统的类型

类　型	描　　述
政府型	其职能是保证政令、法令的畅通与实施。在我国分为国家、省市部委、地市和县市四个级别，上下级之间有紧密的纵向联系，同级政府部门之间又有着相对松散的横向联系。
事业型	该类系统适用于学校、研究所、公用事业单位，它们的人事、财务、后勤等职能具有许多共性，而一些专业子系统（如教务、医务、科研管理等）需要单位单独开发。
企业型	企业的办公职能分为生产管理和决策管理，该类系统应以生产管理为主，即办公信息处理应围绕生产管理进行，如生产计划、原料供应、生产组织、库存管理、财务管理等。
经营型	该类系统以经营管理为主，包括市场需求、商品流通、供销渠道、客户服务、市场信息反馈、预测决策等，商业公司、服务业、银行、保险公司等都属于该类型。
专业型	该类系统是面向各种专业人员，如律师、会计师等的办公信息系统。
案例型	该类系统以案例为主要业务，如法院的诉讼裁决系统、公安局的案例分析系统、医院的病理分析系统等，它们需要数据库和决策支持系统的配合。
控制型	该类系统主要供测试控制中心、计算中心、卫星发射中心等单位使用。
事务型	该类系统以某项业务性处理（作为主要业务）和文字处理为主，如订单处理系统、民航订票系统、海关报关系统、进出口商品商检系统等。

2.2.4 办公信息系统的功能

1. 办公信息系统的基本功能

从外在形式上看，办公信息系统的基本功能包括八个方面，如表 2—3 所示。

表 2—3　　　　　　　　　　　　　　办公信息系统的基本功能

名　称	内　容
公文管理	包括公文的收发、起草、传阅、批办、签批、会签、下发、催办、归档、查询、统计等基本功能，初步实现公文处理的网络化、自动化和无纸化。
会议管理	包括会议计划、通知、组织、纪要、归档、查询、统计等功能和会议室管理功能，从而使会议通知、协调、安排都能在网络环境下实现。

名　称	内　容
部门事务处理	包括部门值班、休假安排、工作计划、工作总结、部门活动等。
个人办公管理	包括通讯录、日程、个人物品管理等。
领导日程管理	包括为领导提供的日程、活动的设计、安排等。
文档资料管理	包括文档资料的立卷、借阅、统计等。
人员权限管理	包括人员的权限、角色、口令、授权等。
业务信息管理	包括人事、财务、销售、库存、供应以及其他业务信息的管理。

2. 办公信息系统的功能框架

前面已经介绍过，办公信息系统具有不同的类型，具体功能也不尽相同，篇幅所限，在此不再详述。一个典型的办公信息系统的功能框架如图2—5所示。

图2—5　办公信息系统的功能框架

3. 网络化办公环境下办公信息系统的集成功能

在网络办公环境下，一个完整的办公信息系统应具有七个方面的集成化功能，如表2—4所示。

表2—4　　　　　　　　　网络化环境下办公信息系统的集成化功能

名　称	内　容
建立内部通信平台	建立单位内部的邮件系统，使单位内部的通信和信息交流快捷、通畅。
建立信息发布平台	在单位内部建立一个有效的信息发布和交流的场所，如电子公告、电子论坛、电子刊物，使内部的规章制度、新闻简报、技术交流、公告事项等能够在单位内部员工之间得到广泛的传播，从而使员工能够了解单位的发展动态。
实现工作流程自动化	包括流转过程的实时监控、跟踪，解决多岗位、多部门之间的协同工作问题，实现高效率的协作。例如，公文的处理、收发文及各种审批、请示、汇报等流程化的工作。通过实现工作流程的自动化，可以规范各项工作，提高单位协同工作的效率。

名　称	内　容
实现文档管理自动化	可使各类文档能够按权限进行保存、共享和使用，并有一个方便的查找手段。实现办公自动化以后，如果单位来了一个新员工，管理员只要分配给他一个用户名和口令，他自己上网就可以查看单位的各种规章制度以及相关技术文件。
实现辅助办公自动化	辅助办公牵涉到很多的内容，如会议管理、车辆管理、物品管理、图书管理等与日常事务性的办公工作相结合的各种辅助办公，都实现了这些辅助办公的自动化。
促进业务信息集成	每一个单位，都存在大量的业务系统，如采购、库存、销售、人事、计划等，单位的信息源往往都在这个业务系统里，办公信息系统应该跟这些业务系统实现集成，使相关的人员能够有效地获得整体的信息，提高整体的反应速度和决策能力。
实现分布式办公	支持多分支机构、跨地域的办公模式以及移动办公。目前，随着单位规模越来越大，地域分布越来越广，移动办公和跨地域办公已成为一种迫切的需求。

2.3　销售点处理系统

销售点处理系统（Point of Sales System，POS 系统）最早应用于零售业，随后逐渐扩展至金融、宾馆、餐饮、邮电等行业。本节简单介绍其基本知识和典型应用。

2.3.1　POS 系统的基本概念

1. POS 系统的含义

POS 系统是指以商业环境为中心的进货、销货、存货和内部调配货物的信息管理系统。其中，进货是指商业环境与批发商或制造商之间商品流通的信息管理；存货是指商业环境内部对各级库房所保管商品的信息控制；调配是指商品在商业环境内部进行流转的控制；商品销售是指商业环境对客户的直接服务，并由此而产生销售信息控制。

POS 系统的出现使磁卡作为支付手段已成为一种方便、快捷和安全的方式，并为人们所接受。特别是伴随着 IC 智能卡技术的迅速发展及其应用领域的不断扩展，POS 系统已经不再仅仅局限于商业零售、金融支付，而正在餐饮、烟草专卖、公交、旅游、社保、医疗和交通管理等领域广泛使用。

POS 系统通常称为销售点处理系统或销售终端，这是从系统处理这一角度考虑的，这主要是因为 POS 系统的主要任务是对商品交易提供服务和实时管理。

2. POS 系统的内容

以商业销售所用 POS 系统为例，其具体内容包括：

（1）以不同的销售方式（零售、批发、折让、折扣、调价、减价等）、不同的结算方式（现金、支票、信用卡等）、不同的处理方式（条形码扫描、键盘数据录入、刷卡等）完成商品交易并产生所需要的收据。

（2）对商品销售信息进行统计和实时管理，如统计交易次数、时段销售金额、时段各类商品的销售量、自动更新库存量、提供可靠的存货信息。

（3）控制各类商品的库存量并管理商品的订货等。

3. POS 系统的分类

根据不同的分类标准，可以将 POS 系统分成不同的类别。按照应用领域的不同，POS

系统可以分成金融 POS 系统、行政 POS 系统和商业 POS 系统。

金融 POS 系统主要应用在商场、连锁超市和娱乐场所等场合中，通过公用电话线或分组交换网与银行联机进行业务处理。该系统通常具有自动授权、自动转账、账户查询、密码设置、消费结算、退货管理、支付统计等项功能。

行政 POS 系统主要协助政府职能部门，如工商管理、户籍管理、烟草专卖局等部门完成对个体经销商、流动人口以及烟草分销商的管理。

商业 POS 系统主要应用在商场、饭店、电信、餐饮、公交等行业，配合智能卡作为特定场合替代现金交易的销售终端处理系统。

另外，根据通信方式的不同，还可以将 POS 系统分成有线 POS 系统和无线 POS 系统；按照 POS 系统工作方式的不同，又可以将其划分为在线方式和离线方式。

4. POS 系统的功能

企业应用 POS 系统，可以取得了十分明显的效果，主要体现在以下几个方面：

（1）使用自动识别技术，便于管理多种商品，从而使营业额及利润增长。

（2）节约大量人力、物力，提高了有效库存。

（3）快速提供财务、库存、销售，能使经营决策者做出快速反应。

（4）通过库存水平合理化，提高商品周转率，并最终提高了企业的资本周转率。

（5）可以对促销方法进行效果分析，把握顾客购买动向，按商品品种进行利益管理。

2.3.2　POS 系统的组成结构

现代 POS 系统将计算机网络技术、电子数据交换技术、条形码技术、电子监控技术、电子收款技术、电子信息处理技术、远程通信、自动仓储配送技术、自动售货、备货技术等一系列科技手段融为一体，从而形成一个综合性的信息管理系统。

以商业零售业 POS 系统为例，它通过自动读取设备（如收银机），在销售商品时直接读取商品信息（如商品名、单价、销售数量、销售时间、销售店铺、购买顾客等），实现前台销售业务的自动化，对商品交易进行实时服务和管理，并通过通信网络和计算机系统传送到后台，通过后台管理信息系统的计算、分析与汇总等处理，掌握商品销售的各项信息，为企业管理者分析经营成果、制定经营方针提供依据，以提高经营效率。

1. POS 系统的组成部件

POS 系统的基本组成部件包括硬件和软件两个部分，硬件部分主要包括前台收款机、扫描仪、网络、微机与硬件平台等。前台收款机由显示器、票据打印机、条形码扫描仪组成，可以共享网上商品库存信息，保证了对商品库存的实时处理，便于日后随时查询销售情况，进行商品销售分析和管理。条形码扫描仪可根据商品的特点选用手持式或台式，以提高数据录入的速度和可靠性。而软件部分主要包括系统软件和收款机应用管理软件等。

2. POS 系统的结构体系

为了使电子收款机（Electronic Cash Register，ECR）和 POS 系统能够完成经营销售与结算的主要任务，需要将收款机和计算机连成系统，目前常见的 POS 系统组成结构体系有以下几种：

（1）独立收款机的 POS 系统。

因为收款机本身具有商品交易处理、商品信息存储和管理的功能，所以收款机单机可以直接与银行主机系统连接组成 POS 系统当前一般单机组网采用的多是基于 PC 机的三类收款机，利用其较强的功能自成系统。目前，这种小型的 POS 系统多适用于小杂货店、小餐厅、小超市、面包房、专卖店以及小型的连锁商店等。

（2）收款机与 PC 机组成的 POS 系统。

该系统是指由一台 PC 机和多台收款机连接而成的收款机网络。该 PC 机挂在与主机系统相连的局域网上，收款机网络上挂有供各收款机使用的静态外部存储器和软盘存储器。电子收款机在这里主要完成商品交易的支付结算、打印收据，收集各种商品销售信息供 PC 机处理使用。PC 机则将电子收款机运行时所需的信息（商品名称、价格等）下载到收款机，存储各种商品销售信息、职工业绩信息等，并对它们进行分别处理和管理，同时还要对电子收款机进行控制和管理。这种系统适用于中型连锁企业及中小型商场。

（3）收款机、网络、计算机组成的 POS 系统。

该系统由一组（多台）电子收款机与一台 PC 机相连，而各台 PC 机又通过网络与主机相连。这里的 PC 机仅仅起着管理作用，即收款机运行时所需要的信息，先由主机系统下载到 PC 机，然后再由 PC 机下载到收款机。收款机则将商品交易的信息传送到 PC 机，PC 机再通过网络传送到主机系统，由主机系统去完成各种商品的进、销、存的处理和分析。收款机、网络、计算机组成的 POS 系统如图 2—6 所示。

图 2—6　收款机、网络、计算机组成的 POS 系统

这种系统结构，适用于大型百货商场、购物中心和连锁集团企业。在大型商场的每一个楼层配置一个收款机网，将收款机网中的 PC 机挂在跨越楼层的局域网上，在局域网上挂有用做系统服务器和专用工作站的高档微型机或小型机，共用它们的存储器来存储整个商场的商品销售信息、库存信息、进货信息及财务信息，并对这些信息进行跟踪、分析和处理。这种 POS 系统的 ECR 通过网络可以实现与银行及金融结算中心管理系统相连，在商品交易中，顾客就可以使用信用卡进行购物消费、交易结算。

3.POS 网络系统的组成

POS 网络系统是指金融机构和商业企业等服务行业为顾客提供服务的系统设备，由POS 机以及其他附属设备，如密码键盘、电子收款机、条形码识读扫描仪、金融信用卡刷卡设备、回单打印机、通信接口以及网线等构成。

通常，POS 网络系统由软件和硬件两个部分组成，包括银行主机业务系统、POS 网络管理系统、网络控制器和 POS 销售终端 ECR 设备。POS 网络系统组成结构如图 2—7 所示。

在 POS 网络系统中，通过 ECR、计算机系统处理、网络通信，可以做到高可靠性的信息传递和数据存放，能够在交易日结束时与处理中心核对账目，保证数据处理的正确性。不仅如此，这种系统的数据处理终端还具有丰富的商户功能：支持多种交易类型并向用户提供灵活的监控统计信息；在数据安全性上提供了多层次的保护和自动纠错能力，可以自动地与处理中心核对账目，其性能完全可以适应金融商业的各种要求。

图2—7 POS网络系统组成结构图

2.3.3 POS系统的运行步骤

典型POS系统的运行，包括以下5个步骤：

（1）在销售商品上贴上条形码、内部标签或电子标签。

（2）顾客购买商品结账时，收银员使用扫描仪自动读取商品条形码或电子标签上的信息，通过微机确认商品的单价和计算顾客购买总金额等，同时返回收银机，打印出顾客购买清单和付款总金额。

（3）各个店铺的销售时点信息以在线联结方式，及时传送给总部或物流中心。

（4）在总部、物流中心和店铺利用销售时点信息来进行库存调整、配送管理和商品订货等作业。通过对销售时点信息进行加工分析来掌握顾客购买动向，找出畅销商品和滞销商品，以此为基础，进行商品品种配置、商品陈列、价格设置等方面的作业。

（5）在零售商与供应链的上游企业（批发商、生产厂商等）结成协作伙伴关系的情况下，零售商以在线联结的方式把销售时点信息即时传送到上游企业，上游企业可以利用销售现场的最及时、准确的销售信息制定经营计划、进行决策。

2.4 案例讨论

2.4.1 案例1：DF智能大厦OAS应用实例

智能大厦俗称"5A大厦"，这里的"5A"包括楼宇自动化系统（Building Automation System，BAS）、办公自动化系统（Office Automation System，OAS）、通信自动化系统（Communication Automation System，CAS）、消防自动化系统（Fire Automation System，FAS）、安保自动化系统（Security Automation System，SAS）五个方面。下面以DF智能大厦为例，介绍其OAS的应用。

1. DF大厦OAS的组成

DF大厦OAS的组成结构主要包括：计算机网络平台（包括主干网和局域网，提供广域网的连接服务）、公用网络设备（如服务器、网桥、交换式HUB和端接设备等）；公用办公设施及资源（如激光打印机、复印机、传真机等）；共享软件和数据库系统。

2. DF 大厦 OAS 网络系统软件的选取

DF 大厦采用 Windows NT Server 中文版作为 OAS 网络操作系统，网络工作站采用 Windows XP 作为用户环境。为了实现来自各楼层、各商户的各种网络系统的有效互联，采用 TCP/IP 网络协议。为了更加方便、安全地对数据库进行维护和管理，数据库管理采用客户机/服务器结构。数据库后台选用 SQL Server 服务器，前台选用 Power Builder、Sybase、Visual FoxPro 等作为开发平台。

3. DF 大厦 OAS 的应用软件设计

DF 大厦 OAS 的应用软件主要包括两个子系统，各自功能描述如下。

（1）大厦物业管理公司内部信息系统。

DF 大厦物业管理公司内部信息系统主要包括以下几个功能模块：

1）商户入住管理。商户入住管理模块主要管理商户的基本信息，包括商户单位名称、电话、房间面积、单元编号、商户营业执照号码、经营范围、入伙交费情况、法人姓名、法人身份证号码、工作人员状况等信息。

2）装修管理。装修管理是指对业主的装修情况进行管理，即对业主提交的装修图纸、装修合同、装修责任人、装修日程等进行管理。

3）水、电、管理费收费管理。水、电、管理费收费管理依据市物业管理收费标准的规定及市供电局、市自来水公司收费规定，建立商户收费标准库。按各商户的具体情况计算水电费、管理费、滞纳金，并产生收费通知单和银行托收文件。

4）投诉管理。投诉管理就是将来自大厦各不同商户及物业管理人员的投诉按照电梯、给排水、空调、供电、照明、通信线路、保卫安全等进行分类，通过网络第一时间将投诉单分发给各主管工程师，主管工程师再将其派发给各执行班组并督促进行处理。投诉内容、处理结果、反馈信息等要记入档案，根据投诉档案产生报表，按以上的投诉分类进行投诉率、投诉处理率统计，产生分析报表、分析图形。

5）设备管理。设备管理模块主要包括三部分：第一部分是设备台账管理，按设备的分类（进排水设备、排烟设备、电机设备、电梯设备、其他设备等）进行管理，管理内容包括：设备名称、设备编号、设备型号、产地、投入运行时间、安装地点、大修、中修、小修、例检周期、设备的配套情况等。第二部分是设备检修管理，将设备检修的内容记录在检修库之中，内容包括：设备名称、检修日期、检修类别、检修人员、检修结果、人工费、材料费及检修的详细内容。第三部分是设备检修计划管理，它是以设备台账库和设备检修库为基础的，每月月底根据检修库中设备最后一次检修的日期及设备台账库中的检修周期，计算统计出下月设备检修计划。

6）文件和人事档案管理。文件管理是指对国家在物业管理方面的法规文件、大厦物业管理规章制度、上级单位下发的一些文件进行归类存档。人事档案管理用于对大厦内部员工进行统一管理，可随时查看人员的基本情况，可对各类人员进行不同要求的统计。

7）工资和财务管理。工资管理模块包括员工出勤情况、基本工资状况、奖惩状况等，可进行员工出勤统计及工资、奖金的计发。财务管理用于对大厦的财务进行统一管理，采用金蝶财务电算化软件。包括财务管理系统、应收应付系统、固定资产管理系统、报表合并管理系统及远程数据传输系统等。

8）仓库及物资管理。仓库及物资管理模块内容包括：材料名称、放置位置、价格、材料现有存货、材料最低存货、领用人、领用日期、用途等。可随时打印出库单、产生库存台账、统计库存领用报表，随时进行库存极限报警，以协助仓库管理人员科学地进行管理。

9）停车场车位管理。DF 大厦有露天停车场和地下停车场，露天停车场有 90 个车位，供临时停车，地下停车场有 143 个车位，其中有一部分是临时车位、另一部分是固定车位。停车场车位管理包括单位名称、车牌号码、车位位置、月租金、责任人等内容，并能统计停车场收费情况。

10）消防管理功能。消防管理模块用于管理消防资料，如探头、花洒、消火栓等消防设备，对这些设备的名称、代号、安装位置、目前状况等进行登记归档。把火灾事故、发生原因、解决办法等也存入消防档案库中，以便随时进行查询统计。

（2）大厦公用信息系统。

大厦公用信息系统是为入住大厦的各商户们提供的公共信息服务系统。

DF 大厦通过交换机与外界专用光纤连接，使大厦的内联网与互联网相连，提高了大厦商户之间、商户与外界的通信性能，大厦公用信息系统的主要功能包括：

1）信息发布。通过 Web 服务器发布信息，为商户提供广告信息，使商户获得更多的利润。

2）大厦内部信息交流。向大厦商户发布一些紧急通知，商户之间的信息流动，大厦的通讯录、电话簿、内部文件等。

3）电子邮件。大厦内部及大厦各商户与外部的电子信息传递。

4）社会公共信息。向商户提供公用电话、飞机、火车时刻表、邮政编码等。

5）电子公告牌。提供内部商户就相关问题进行讨论的电子公告牌服务。

分析讨论：
（1）根据上面的案例，谈谈你是如何理解智能大厦中 OAS 建设的重要性的。
（2）请查阅相关资料，了解 5A 大厦中其他几个"A"的相关情况及它们的重要作用。

2.4.2 案例 2：商业企业 POS 系统应用实例

1. 商业企业 POS 系统的作业原理

POS 系统的基本作业原理如下：首先将商品资料创建于计算机文件内，通过计算机与收款机构成的联机服务网络，商品上的条形码能通过收银设备上光学读取设备直接读入，或由键盘直接输入代号后就可以在 POS 机的屏幕上显示商品信息（单价、部门、折扣等），这样就加速了收银速度与正确性。每笔商品销售明细资料（售价、部门、时段）也能够被自动记录下来，再由联机服务网络传回计算机。经计算机数据处理后，就能生成各种销售统计分析数据、表格或图表，以此作为经营管理的重要依据。

POS 系统除了能提供精确销售信息外，通过销售记录还能掌握卖场上所有单品库存量供采购部门参考或与电子订货系统联结。总之，目前 POS 系统已经成为了现代零售管理的必备工具。

2. 商业企业 POS 系统的功能和效益

现代的商业企业都离不开 POS 系统，其强大的作业功能和管理功能能为商业企业带来巨大的经济效益。

（1）POS 系统的作业功能。

POS 系统的作业功能主要有以下几项：

1）超级市场在进行收银结算时，POS 收银机会自动记录商品销售的原始资料和其他相关的资料，并根据电脑程序设计要求，将记录保存一段时间。

2）POS收银机会自动储存、整理所记录的全日的销售资料，可以反映每一个时点、时段和即时的销售信息，作为提供给后台计算机处理的依据。

3）POS收银机上的小型打印机可打印出各种收银报表、读账、清账以及时段部门账。

4）连锁超市总部的中央计算机可利用通讯联网系统向每一家超市门店输送或下达管理指令、商品价格变动、商品配送等资料。

5）中央计算机还可统计、分析出每个门店的营业资料，产生各部门所需要的管理信息资料，作为总部决策的依据。

6）POS系统能迅速而准确地完成前台收银的工作，同时能保存完整的记录。

（2）POS系统的管理功能。

POS系统的管理功能主要体现在以下几点：

1）POS系统能准确、迅速地获得商品销售信息，在商品管理上有助于调整进货和商品结构，减少营业损失，抓住营业机会。

2）可作为商品价格带管理，作为促进销售和进货最有力的依据。

3）可作为消费对象管理，作为有的放矢的商品进货和销售。

4）可作为营业时间的管理，以合理地配备营业人员，节省人工费用。

5）大大节省营业人员编制报表的时间，有益于现场实际销售作业。

6）POS系统可分类别对商品进行ABC分析，也可根据营业资料进行上周、上月和上年同期增加的比较分析。

（3）POS系统的经济效益。

就商业企业而言，POS系统的应用将产生以下经济效益：

1）可为商场、连锁店、超级市场提供大量的商品销售信息。根据这些信息分析、了解畅销商品与滞销商品，并分别采取不同的处理措施，使企业的进、销、存管理协调合理，提高经营管理水平，促使企业在激烈的市场竞争中处于有利地位。

2）可以提高服务质量和商品销售量。顾客用一张信用卡就可以从各商店购买欲购之物，而无须携带现金；每笔交易结账迅速；能及时了解顾客需求，并为顾客提供适合的商品。由于使用信用卡购物具有方便性、安全性等优点，信用卡购物今后将被人们大量采用，能够采用POS系统进行购物和结账的商店，必将会增加顾客访问量和商品销售量。

3）能够实现对企业信息和职工的规范化管理，能够按日期、部门、小组、进价、批发价、零售价、前台码、后台码、商品规格、名称等途径迅速查询商场内经营的各种商品，能够清楚地记录每个职工包括收银员和营业员的工作业绩。

4）运用POS系统会大大降低商业企业的库存水平，并提高产品销售的能力，大大提高商品的周转率和毛利率。由于运用POS系统可以准确地把握投向市场的商品种类、数量和价格，加之商品采购和配送系统的配合，商品周转率和毛利率的提高、商品库存量和商品降价量的减少就成为可能。

5）运用POS系统这一现代科学的管理手段，将为企业提供更迅速、更精确、更有用的信息资料，能为决策提供可靠的依据，这对市场分析和企业决策极为重要。另外，商业企业对消费趋势的把握、对新消费需求的创造也都离不开POS系统。商业企业可以凭借POS系统所把握的消费趋势，主动地引导工业生产。

3. 商业企业 POS 系统的数据组织

POS 系统数据组织的目的，在于能够有效地完成对商品的单品管理、部门管理、人员管理，以及提供大量有价值的报告。POS 系统的数据组织直接关系到整个商业企业管理信息系统运行质量的好坏，同时也是 POS 系统开发最为基础的环节。由于数据的组织是与管理的需求紧密相关的，因此在进行数据组织设计时一定要认真考虑需求。下面就是通过对某连锁超市进行需求分析之后，确定的数据组织形式。

（1）商品信息库。商品信息库是 POS 系统最重要的数据库，是电子收款机管理销售的基础，而且与 POS 系统前台软件直接相关。它的设计一定要合理，可扩充性要强。它包含商品编码、类码、品名、自编条形码、原条形码、售价及其他辅助信息。

（2）商品类码库。商品类码库是生成商品信息库的关键，也是商品进行分类管理所必需和不可缺少的。由于 POS 系统的前台程序支持商品按照类码销售，因此应包含商品类码和类码描述等。

（3）操作信息记录库。收款员在进入系统后所做的任何操作都会被记录于操作信息记录库中，当发现结算收款过程确有问题时，可以通过查阅该库了解操作过程。

（4）内存数据记录库。该库的建立使得 POS 系统和 ECR 的安全性得到了保障，并使作业操作能够保持连贯性。该库在每笔交易结束后将信息保存在磁盘上，每次开机需要首先读取该库信息，这样可以确保关机时数据不会丢失。

（5）人员库。收款员登录及密码的查询都来自该库，它包括了操作人员的所有信息，如人员编码、姓名、口令等。

（6）销售库。销售库记录了电子收款机所做的每一笔交易，它是进行商品单品销售管理最重要的数据库，所有与收款有关的数据均可以在该库得到，包括收款日期、时间、收款机号、收银员编码、商品编码、商品类码、商品数量、商品销售价格、商品变更价格、商品销售金额数、付款方式、商品折扣率以及其他与统计相关的标志等。

（7）快速键定义库。包含了快速键码和快速键描述等。

（8）交易流水号库。每次在进行交易时，交易号累加并记录到该库中，每次开机则需要到该库取出新的交易号。

4. 商业企业 POS 系统的操作

下面以使用信用卡消费为例，说明 POS 网络系统的操作流程。步骤如下：

（1）将商品的条形码通过条形码器进行扫描识别，读取商品的类别、单价等信息。

（2）在 ECR 上，输入商品数量、消费金额及总价确认等。

（3）在 POS 终端的附属设备信用卡刷卡机上进行刷卡。

（4）由顾客通过密码键盘输入自己的信用卡密码。

（5）操作人员通过 POS 拨号与银行处理中心建立联系，传送数据并等待响应。

（6）POS 机在接收到银行处理中心的响应后，进行业务处理并显示处理结果。

（7）由 ECR 打印凭条。

（8）由电子收款机回单打印机打印信用卡消费单据。

5. 商业 POS 系统的主要功能

一个完整的商业 POS 系统包括了对所经销商品的购、销、调、存全过程的管理。其具体任务包括用计算机和通信技术对商品的购、销、调、存数据的收集、处理、分析；企业效益、资金流转、财务等数据的计算与分析；收集有关市场信息；实现持卡交易等。

商业 POS 系统包括前台 POS 销售系统及后台 POS 销售系统，如图 2—8 所示。

图 2—8　商业 POS 系统功能结构图

（1）前台 POS 销售系统。

前台 POS 销售系统的功能主要包括：独立/联网运行、停电保持、暂停付款及恢复付款、收款员密码保护、选择删除功能，采用数字商品编码，每台收款机的商品种类不受限制，可使用多种销售方式，多货币兑换率自动处理，可使用条形码、磁卡阅读器等辅助输入设备，自动计算钱柜中各币种的金额，可打印收款员报表及收款员损益报表等。在实际应用中，前台销售管理系统还要具有以下功能：

1）支持多种消费方式，如零售、退货、赠送等。

2）支持多种优惠方式，如会员特价、团购低价、时段打折、限量购买等。

3）支持多种支付方式，如现金、支票、信用卡、外币、会员卡、礼券等。

4）支持几乎所有的 POS 机和相关专业外设。

5）支持 POS 机断网销售，使 POS 机具备自动监测网络通信状态及自动恢复功能。

6）支持正式销售和模拟练习两种模式，提供收银员上岗考核功能。

7）提供操作日志全程跟踪、值班信息实时传送等多项管理功能。

（2）后台 POS 销售系统。

后台 POS 销售系统包括进、销、调、存等管理功能，具体可以分为以下几个子系统：

1）基本档案子系统。具有商品基本档案、部门大组档案、商品档案审核、商品有效性检查、供应商档案、供应商期初账款、快讯日历期间设置、供应商档案审核、客户档案、客户账款期初设置、机构基本档案、库存指标设置、币种档案、付款方式档案、收银机档案及收银员档案等多项管理功能。

2）会员管理子系统。具有会员档案管理、会员卡管理、会员消费报表及会员补卡报表等多项管理功能。

3）生鲜管理子系统。具有生鲜档案建立、生鲜商品调价、生鲜商品组合拆分、生鲜促销组合及生鲜耗材管理等多项管理功能。

4）采购管理子系统。具有快讯订单、永续订单、普通订单、自动订单、订单更正单、店内促销单、采购退货单、调进货价单、商品改包装结构单、商品礼篮组合单、订单审核打印及商品转供应商等多项管理功能。

5）销售管理子系统。具有调零售价单、调会员价单、商品特价信息、前台销售监控、前台收银机监控、收银机销售数据校对及收银机销售数据恢复等多项管理功能。

6）仓库管理子系统。具有验收入库单、赠送入库单、验收单审核打印、商品移库单、商品库存转移单、报损单、领用单、数量更正单、金额更正单、库存更正单、盘点、商品条形码打印及商品价格标签打印等多项管理功能。

7）财务管理子系统。具有供应商结算、账务处理及总收对账等多项管理功能。

8）配送管理子系统。具有商品出入库管理、库存商品管理、门店配送管理及商品盘点管理等多项功能。

9）报表查询子系统。具有订单报表、采购入库报表、收银报表、销售报表、商品库存报表、商品出入库报表、财务日报、楼面查询、综合业务查询、综合单据查询及综合进销存查询等多项管理功能。

10）决策分析子系统。具有当日销售汇总、销售排行榜（数量、金额）、ABC 分析、毛利日报表（商品、部门、供应商）、毛利月报表（商品、部门、供应商）、进销存报表（商品、部门、供应商）及调价报表等多项管理功能。

11）通信管理子系统。具有数据通信设置、数据通信、数据传输后备处理、门店传输监控、通信流水记录及删除通信流水记录等多项管理功能。

12）系统管理子系统。具有设置系统、操作员档案、综合数据日结、综合数据月结及数据备份与恢复等多项管理功能。

分析讨论：

（1）商业企业 POS 系统的主要功能是什么？

（2）请说明 POS 系统的操作流程。它是否就是你在商场看到的收银操作那么简单？

（3）请调查几家不同规模的商业企业，了解其 POS 系统的不同组成结构和使用情况。

2.4.3　案例 3：虚拟现实系统的典型应用介绍

虚拟现实系统利用交互式的图形软件和硬件进行计算机模拟，来模拟现实世界的活动，使人们在感官上感觉如置身于现实世界一样。而事实上，这个虚拟的世界是隐形的，它只存在于计算机中。如果想走进这个世界，必须穿戴上特制的服装、头盔和手套，使用一些特殊的设备（取决于具体应用），这些设备都与计算机相连。特制的服装上装有感应器，记录你的肢体动作，并将信号传给计算机；头盔上装有视镜和音频附件，以便你去看、去听；手套会将你的反馈信息、控制信息输入计算机中。例如，当你走近一个房子，你前面的图像就拉近；如果你身体左转或将头转向左边，图像就转到你的右边。你打开门，你会看到门开了，下一间屋子通过门道显示在你的前面。

虚拟现实是一种比较新的技术，其费用也很昂贵。尽管这项技术目前还没有得到普遍性的应用，但是在一些商业、教育、科研和旅游等部门已开始尝试。

早在 1997 年，日本的一家公司已经推出了一种商业化的适用于赛车类游戏的虚拟现实头盔，使用者不仅可以看到立体的影像，听到立体的声音，在急刹车时甚至还可以闻得到轮胎与地面摩擦的煳味。

在居室布置上，利用虚拟现实技术可以将室内布置得让人非常满意。例如，日本的一家工厂把虚拟现实技术用到经销其产品的百货商店中，以促销其生产的家具。有意的买主把他们住房的结构图带来，输入计算机中，形成计算机模拟的"真实"房间空间结构图，顾客在这个虚拟现实的真实空间里布置其室内摆设，包括家具的大小、式样、颜色和摆放地点。在整个布置过程中，他们可以在房内四处走动，去感觉，直至他们满意为止，由此形成了他们的采购订单和家居布置图。这种方式可以使顾客很自信地去购买商品。

在旅游业的市场营销中，目前在网上出现了虚拟现实旅游，让使用者置身于一个由计算机模拟出来的世界中。这个世界既可以是现实世界（如三峡、九寨沟）的模拟，也可以是一个完全虚构的世界（如太空、外星球等），使用者在其中可以看、可以听、可以嗅，还可以有触觉上的感受。这种虚拟现实的旅游体验，可能会有两种发展方向：一个方向是给旅游者以全面的旅游体验，使之真正成为一种全新的旅游方式；另一个方向是作为现实中的旅游地在网络中的样品，让旅游者在实地旅游之前可以先对准备购买的旅游产品有一定的了解。这种形式的广告，效果无疑会比图片之类的广告更吸引人。

分析讨论：
(1) 根据本案例内容分析、解释什么是虚拟现实系统，并说明它的用处和适用对象。
(2) 虚拟现实系统还有哪些应用？请查询相关资料后进行回答。

·本章小结·

1. 每个组织都有手工的或自动化的业务处理系统（TPS），它们被用来完成大量规律性的业务处理，过程包括数据收集、数据编辑、数据修改、数据操作、数据存储和输出文档。

2. 办公信息系统是以提高专项和综合业务管理水平及辅助决策效果为目的的综合性人—机信息系统。一个完整的办公信息系统应该实现七个方面的集成化功能，分别是：建立内部通信平台、建立信息发布平台、实现工作流程自动化、实现文档管理自动化、实现辅助办公自动化、促进业务信息集成以及实现分布式办公。

3. POS 系统是将计算机网络、电子数据交换、条形码、电子监控、电子收款、电子信息处理、远程通信、自动仓储配送、自动售货与备货等一系列科技手段融为一体，而形成的一个综合性的信息管理系统，目前其应用非常普遍。

通过本章的学习，读者应熟悉基层所用的各类业务信息系统，特别要熟悉业务处理系统的含义、功能、流程、处理方式以及办公信息系统和 POS 系统的应用。

·关 键 术 语·

业务处理系统　批处理　联机实时处理　办公信息系统　销售点处理系统

复习思考题

一、填空题

1. 业务处理的方式，按照其特点可以分为＿＿＿＿、＿＿＿＿和＿＿＿＿三种。

2. 办公自动化作为一个术语，是由美国＿＿＿＿公司的 D. S. 哈特于＿＿＿＿年首次提出。

3. 办公信息系统的构成要素牵涉人员、业务、机构、制度、设备、环境等多个方面，其中最主要的有四个，分别是_____、_____、_____和_____。

4. POS 是英文_____的缩写，通常被译为"销售终端"。

二、名词解释

1. 业务处理系统

2. 联机实时处理

3. 办公信息系统

4. 销售点处理系统

三、简答题

1. 请说明业务处理系统的主要特点及重要性。

2. 请描述业务处理系统的工作流程。

3. 列出并简要讨论业务处理系统的目标。

4. 业务处理方式有哪些？说出其各自的含义与优缺点。

5. 简述办公信息系统的构成要素以及主要功能。

6. 典型 POS 系统的运行包括哪些步骤？

7. 企业应用 POS 系统可以取得哪些成效？

实 践 训 练

一、问题讨论

根据一个相关的具体实例，分组讨论业务处理系统怎样用于提高企业的竞争优势。

二、观点分析

本章介绍了"业务处理系统"的相关知识，而与"业务处理系统"相关的另一个术语是"业务员处理系统"。你认为"业务处理系统"与"业务员处理系统"是一回事吗？请说出你的个人理解。

三、实践调查

1. 利用实验室的 POS 系统进行操作练习，熟悉 POS 系统的主要功能和操作方法。（如果学校没有购置相关软件，可自己上网搜索 POS 系统相关的操作说明文档阅读。）

2. 在本章案例讨论中介绍了 DF 智能大厦 OAS 的应用。请同学们首先按照 5 人一组的规模分组，然后在所在城市确定一个数字写字楼或者智能大厦，了解其智能化/自动化/信息化建设情况，最后把调查结果写成一个调研报告。可以参考如下的格式和内容。

A 数字大厦 5A 智能化情况调研

我们小组选定了 A 数字大厦进行 5A 智能化情况调研，以下为我们的主要调查结果。

1. 通信自动化系统（CAS）

采用美国思科公司的办公楼信息光纤综合布线系统，设有 6 000 个信息终端，并采用多光纤数据传输垂直网络，可实现数据交换千兆到楼层、百兆到桌面。大厦还配有双向电视系统、电视电话会议系统、美国 PBI 公司的卫星天线电视系统、公共广播系统、数字式用户交换机系统、楼内移动电话系统等。

2. 楼宇自动化系统（BAS）

采用美国江森自控设备使大厦的空调、冷热源系统、配电系统、给排水系统、照明系统和电梯管理系统均实现了智能化远程实时监测、控制，达到舒适及节约能源的目的。还配有弗曼科斯公司的公寓大门可视对讲系统、北京鼎伦系统集成公司的停车场管理系统等。

3. 办公自动化系统（OAS）

大厦配备高科技办公配套设备条件，建立了计算机网络系统、会议中心系统、门厅多媒体查询系统、物业管理计算机系统，实现了办公设施高效率、低能耗。

4. 安保自动化系统（SAS）

采用了现代化的安保设施。在保安方面，除了24小时专业保安人员巡逻外，采用美国AD公司的楼宇监控摄像系统及报警系统对大厦实施24小时的监控，保证大厦业主的安全，并配有美国奥凯特公司的无线巡更系统、美国天特罗拉公司的无线对讲系统，立体设防，达到多重防范的预警效果。

5. 消防自动化系统（FAS）

采用日本松下公司完善而先进的消防总报警系统，对大厦的烟感系统、湿感系统、自动喷淋及消防系统、自动喷雾系统、中庭水炮系统实现了智能化实时监控。写字楼的21层、36层均为防火避难层，每层均有两个安全出口，大厦的广播系统遍布各公共区域。

第3章　职能层信息系统

学习目标

通过本章的学习，读者应该能够：
- 了解职能层信息系统的相关知识
- 掌握生产制造信息系统的模型
- 熟悉市场营销信息系统的模型
- 熟悉财务管理信息系统的模型
- 掌握人力资源信息系统的模型

本章引例

资生堂人力资源管理信息系统解析

1. 企业概况

日本资生堂是世界著名的化妆品公司，资生堂丽源化妆品有限公司（以下简称资生堂丽源公司）是由日本资生堂和北京丽源化妆品公司于1992成立的合资公司。它在中国大陆拥有近2 000名员工，分布于58个城市和地区。总部设在北京，下设有经营管理本部、工厂本部和市场营销本部。市场营销本部下面分为北方区销售和南方区销售，在全国58个城市设有销售机构，这些销售机构由在重点城市设立的19个办事处分别管理。

2. 问题分析

资生堂丽源公司是化妆品生产和销售企业，其性质决定了它分支机构众多、分布广泛，各分支机构主要从事销售工作，人员变化很大，给公司的人力资源管理带来很多困难。在没有使用电子化的管理手段之前，资生堂丽源公司对全国各地销售机构的各项管理，如人事资料、评估、考勤等都是通过邮件传递的。这样做根本不能保证数据的准确性、即时性和唯一性，有时因为数据的延误还会影响总部每月的薪资计算。总部因没有实时而完整的人力资源信息，也就无法对人力资源状况进行必要的统计和分析。

3. 产品选型

为了解决上述问题，公司决定进行人力资源管理的信息化建设。合资的中日双方对系统的选型工作都十分重视和谨慎。因此，为这个项目花了很长时间做前期的市场调查。他们表示：选择一套 e-HR 系统不仅要考虑它的功能性、稳定性、安全性、扩展性等各方面的因素，也需要考虑供应商实施 e-HR 系统的经验、技术力量以及售后服务体系等综合因素。由于企业领导层对实施 HRMS 系统的重视，为该项目的顺利实施提供了充分的保障。资生堂丽源公司最终选用万古科技有限公司的 e HR Soft2000，这是一套比较成熟的 e-HR 管理系统。万古科技也结合资生堂丽源公司的管理特色和现有的网络条件，提出了"为人力资源部的管理人员提供专业的 HR 管理工具，为直线经理提供便捷的流程管理平台"的解决方案。这一解决方案得到了资生堂丽源公司的认可。

4. 方案设计

公司现有的网络条件是仅在北京总部有公司局域网，外地办事处均通过拨号接入公司总部局域网。在这种企业性质和网络条件的背景下，为了实现企业的集中化人力资源管理，资生堂丽源公司所采用的 HRMS 系统必须从网络环境、运行效率、安全性、易维护性等几个方面加以考虑。为此，采用了如下方案：

（1）在北京总部建立完全集中化的数据库，存放公司全体员工的人力资源数据。

（2）在北京总部安装万古科技有限公司研制的 e HR Soft2000 人力资源管理系统软件。

（3）各分支机构拨号上网，通过浏览器直接进入 e HR Soft2000 系统（无须安装任何客户端程序）。

（4）保证参与 e-HR 管理工作的管理人员有独立的电脑，或用于资料输入的公用电脑。

5. 系统目标

（1）总部人力资源部的管理人员进行各个功能模块的管理操作，包括人事管理工作的各个方面，如人事、休假、薪资福利、绩效评估（员工评价）、考勤及辅助功能模块。

（2）各办事处负责人和部门部长进行日常的管理流程及最新资料的更新，如管理所辖部门或地区的人员进出、人事资料、考勤、评估等，同时在系统中通过不同的权限设置实现二级审批流程。

6. 管理流程

通过 e HR Soft2000 系统，资生堂丽源公司对其在中国大陆境内所有相关机构的人力资源进行了集中化管理，人事、考勤、休假、薪资福利、评估、培训等管理全部可以通过浏览器进行操作。

在资生堂丽源公司，部门需要每月给每一位员工做出客观、公正的评价，它是员工半年评价、年终评价、升级升职的重要基础资料。下面仅以员工业绩评价为例，说明其信息管理的流程，总体如下：

（1）录入人：部门经理、办事处负责人或指定输入员。

（2）录入时间：每月规定的时间。

（3）一级审批人：经营管理本部及工厂本部各部门经理、市场营销本部北方区/南方区负责人。

（4）一级审批时间：每月规定的时间。

（5）二级审批人：经营管理本部部长、工厂本部部长、市场营销本部部长。

（6）二级审批时间：每月规定的时间。

北京本部有局域网，因此使用者可以随时进入 e-HR 系统进行相关的操作，外地办事处采用拨号的方式进入公司 e-HR 系统。每个操作人员和审批人员的所有工作都是在浏览器端直接进行的，根据权限设定区分和控制每个人员的操作权限和操作对象范围。通过网络，加密数据可直接提交到后台数据库。人事部人员可以随时获取最新的各种人事信息。按照上述权限区分和时间段划分的方式解决了不能随时在线沟通的问题，利用有限的资源达到了比较理想的效果。

7. 使用效果

e HR Soft2000 系统的使用不仅帮助资生堂丽源公司实现了企业人力资源信息统一的流程化管理，使企业拥有了一个及时、准确、完整的企业人力资源数据库和网上管理流程，也极大提高了人力资源部和各直线经理的工作效率。例如，各分支机构聘用新员工后，在录入个人信息及相应的福利政策后，薪资等级和休假政策就会全部自动生成。薪资子系统为资生堂丽源公司的 58 个分支机构设定了 58 套不同的薪资福利政策。其人事信息、绩效考核的结果、考勤的记录等资料都自动与薪资系统相连。

系统高度集成的后台处理，在一天内就可完成以前近半个月的工作。

e HR Soft2000 自身强大的报表功能以及与财务系统的高度兼容，也为人力资源管理融入企业整体管理之中提供了理想的解决方案，为企业实现战略性人力资源管理奠定了良好的基础，大大地保证了总部与各分部之间数据传输的即时性、准确性，使资生堂在中国的员工管理提高到了一个新的水平。

点评

人力资源信息管理的发展目标就是实现信息化人力资源管理（e-HR）模式。一般来说，实现 e-HR 需要网络化的办公环境、畅通无阻的内部网、网络专线连接、人手一台电脑等先进的信息化基础设施。在本例中，没有如此优越的网络环境，但通过互联网也顺利地实现了e-HR 管理模式，实现了人力资源管理信息系统的规划、建设和应用。希望本案例对我国企业人力资源管理的信息化有一些启发。

3.1　职能层信息系统简介

一个组织中的各职能部门都有其特定的信息需求，需要相对应的信息系统，以支持其管理决策活动；同时，各职能部门子系统之间存在着各种信息联系，从而使各个功能子系统构成一个有机结合的整体。管理信息系统正是完成信息处理的各功能子系统的综合。

以制造企业为例，可分为生产、财务、营销、人力、物流、信息、采购、公关等职能部门。以上各个职能部门之间的信息系统是相互联系、彼此合作的。目前典型应用的有生产制造信息系统、市场营销信息系统、财务管理信息系统、人力资源信息系统等。本节先简单介绍这四个职能信息系统的基本知识，在后面再分节作详细阐述。

3.1.1　生产制造信息系统

生产制造信息系统的功能包括产品的设计与制造、生产设备计划、作业的调度与运行、生产工人的录用与培训、质量的控制与检验等方面的信息处理与分析。

在生产制造信息系统中，典型的业务处理是生产指令、装配单、成品单、废品单和工时单等的处理；运行控制要求把实际进度和计划进行比较，找出瓶颈环节；管理控制需要概括性报告和反映进度计划、单位成本、所用工时等项目在整个计划中的绩效变动情况；战略管理包括制造方法及各种自动化方案的选择。

3.1.2　市场营销信息系统

市场营销信息系统包括市场和销售两个方面的信息处理与分析，其功能主要包括产品的市场分析、市场开拓、促销、推销、销售以及售后服务的全部活动。

在市场营销信息系统中，业务处理包括销售订单、推销订单的处理；运行控制活动包括雇佣和培训销售人员、编制销售计划和推销工作的各项目，以及按区域、产品及客户的销售量定期分析；管理控制涉及总的成果与市场计划的比较，它要用到有关客户、竞争者、竞争产品和销售力量等方面的数据；在战略管理方面包括新市场的开拓和新市场的战略，它使用的信息有客户分析、竞争者分析、客户调查信息、收入预测和技术预测等。

3.1.3 财务管理信息系统

财务管理信息系统包括财务和会计两个方面的信息处理与分析。财务的职责是以尽可能低的成本，保证企业的资金运转，包括现金管理、资金筹措、财务分析和财务控制等。会计的职责是将财务工作分类、绘制标准财务报表、制定预算及对成本数据的分类与分析，为各种财务管理功能提供决策分析信息。

在财务管理信息系统中，运行控制层的作用是生成各种财务报表、例外情况报告、延误处理记录、未处理事项报告等；管理控制层利用财务资源成本、会计数据处理成本及差错率等信息来保证控制目标的实现；战略管理层的职责包括提供足够的资金以保证长期战略计划，制定为减少税收冲击的长期税收会计政策以及对成本会计和预算系统的计划等。

3.1.4 人力资源信息系统

人力资源信息系统主要处理与组织人力资源相关的各项活动，包括人员的招聘录用、上岗培训、岗位分配、日常考勤、业绩考核、工资确定、奖金发放、档案管理、职称评定、职务晋升、终止聘用、退休离岗等方面牵涉到的信息处理与分析。

在人力资源信息系统中，业务处理要产生有关聘用条件、培训说明、人员的基本情况数据、工资变化、工时、福利及终止聘用通知等内容；运行控制层要完成聘用、培训、终止聘用、改变工资和发放福利等；管理控制主要将实际情况与计划进行比较，产生各种报告和分析结果，用以说明在岗工人的数量、招工费用、技术专长的构成、应付工资、工资率分配及是否符合政府就业政策等；人事战略计划包括对招工、工资、培训、福利等各种策略方案的评价，这些策略将确保企业能获得完成战略目标所需的人力资源。战略管理还包括对就业制度、教育情况、地区工资率的变化及对聘用和留用人员的分析。

3.2 生产制造信息系统

这里的生产是广义的生产，对制造型企业来说就是制造，对服务型企业来说就是服务。由于生产管理中最困难、最复杂的还是制造业，所以下面就针对制造业来讲述。生产制造信息系统可以分为两大类：一类是通过技术实现产品生产的系统；另一类是通过管理实现生产的系统。本节主要介绍与后者相关的内容。

需要说明的是，本节仅对生产制造信息系统作总体介绍，对于生产制造系统中的MRP，MRPⅡ，ERP等专门信息系统的相关知识，本书后续章节还将进行专门的介绍。

3.2.1 生产制造信息系统的模型

制造业信息系统专门提供信息，帮助企业解决制造方面出现的管理问题。生产制造信息系统的模型如图3—1所示。需要注意的是，该模型中未包括计算机辅助制造和计算机辅助设计。

图 3—1 生产制造信息系统模型

3.2.2 生产制造输入子系统

生产制造输入子系统包括事务处理子系统、工业工程子系统和制造情报子系统三部分。

1. 事务处理子系统

事务处理子系统的各个终端可以接在现场，随时接收物理制造系统的具体情况。对于生产制造信息系统的输入子系统来说，理论上它收集数据的终端应该遍布全厂，这样才能忠实地记录下所有与制造有关的行为和这些行为所产生的各种各样的信息。该方面具体包括制造者的信息、设备资源的信息、原材料的信息、在制品和产成品的信息。

2. 工业工程子系统

工业工程子系统以研究生产过程为出发点，其目的是提高效率。工业工程子系统花费大量时间在设计生产系统上，决定工厂和车间设在什么地方、如何设置生产线，以及在生产过程中按什么顺序进行生产。工业工程子系统也有概念上的信息系统，该方面的主要工作是计划表的制定和库存控制，数据和信息是由工业工程子系统提供的。

3. 制造情报子系统

制造情报子系统提供两个方面的信息，即劳动信息（生产者数据）和供应商信息（供货者数据）。供应商可以通过各种各样的审查方式进行选择，一旦选取了某个供应商，那么采购员必须时刻关注该供应商的实际能力。描述每个供应商实际表现的数据都存储在数据库中。制造情报子系统能使制造管理与劳动资源、物料资源、设备资源保持同步。

3.2.3 生产制造输出子系统

生产制造输出子系统包括生产子系统、库存子系统、质量子系统和成本控制子系统。

1. 生产子系统

生产子系统提供给管理人员生产计划信息和生产制造的当前状况。管理者可以通过查询数据库获取信息，以便确定某项特定工作的当前状况，根据生产过程的时间参数跟踪生产的物流，一道工序接着一道工序地处理信息。

2. 库存子系统

库存子系统监控由库存所表示的生产量，库存从原材料转移到生产过程中，最终转移到产成品。库存子系统要确定最佳订货量，采用经济订货量模型使维护成本和采购成本平衡，确定最低的组合成本。经济订货量模型平衡存货维护成本和生产效率成本，用于向企业的制造职能部门下达存货补充订单。

通过使用包含诸如经济订货量和经济制造量这些概念的科学存货管理方法，库存子系统可以降低企业的存货成本，帮助企业获得巨大的市场竞争优势。

3. 质量子系统

质量子系统监测着从原材料到产成品的质量。质量监控是一个过程，从原材料的购进到整个生产过程，以及最后完成的产品离厂都在质量子系统的监督之下。质量不是要满足企业自己制定的标准，而是要满足客户制定的标准。

4. 成本控制子系统

成本控制子系统监控生产过程发生的所有成本，包括准备周期报表和特殊报表的程序。周期报表可能被打印并分发到各部门，也可以以某一种预定义的格式存储在数据库中。

 阅读材料

物流管理信息系统介绍

在生产制造企业的信息系统组成中，物流管理信息系统也是非常重要的一个信息系统。物流管理信息系统牵涉到采购和仓库管理两个部门的信息处理与分析，具体包括采购、收货、库存控制、发放等管理活动，它们的职责是为生产活动提供保质保量的各种原材料、消耗品。

在物流管理信息系统中，业务处理数据为购货申请、购货订单、加工单、收货报告、库存单、提货单等；运行控制要求把物资供应情况与计划进行比较，产生库存水平、采购成本、出库项目和库存营业额等分析报告；管理控制信息包括计划库存与实际库存的比较、外购项目的成本、缺货情况及库存周转率等；战略管理主要涉及新的物资供应战略、对供应商的新政策和"自制与外购"的比较分析等，以及考虑如何与上游供应商达成"战略合作联盟关系"，保证自己供应链的高效运转。

3.3 市场营销信息系统

市场营销的主要内容包括：广告、促销、产品管理、定价、销售预测、销售自动化以及销售业务管理等。市场营销信息系统是企业的一个重要子系统，专门提供市场营销信息方面的内容。它在结构上也包括战略层、策略层、控制层和业务处理层四个层次。

3.3.1 市场营销信息系统的模型

市场营销信息系统的模型如图3—2所示，其中：输入子系统收集来自单位内部和外部环境的市场数据，并存入营销应用数据库；输出子系统按客户的要求输出相关信息。

3.3.2 市场营销输入子系统

市场营销输入子系统包括事务处理子系统、市场研究子系统和营销情报子系统三部分。

1. 事务处理子系统

事务处理子系统提供了大量数据给市场营销子系统，包括销售行为的细节记录、周期性的报告、专门性的报告、各种数学图表和模型等。

2. 市场研究子系统

市场研究子系统收集有关市场运作方面的数据，尤其是关于客户和潜在客户的数据。数据分为原始数据和二手数据。原始数据是企业搜集的数据，如企业销售人员采集的数据；其

图 3—2　市场营销信息系统模型

他人搜集的数据称为二手数据。主要通过市场调查、深入访谈、观察和实验等方式进行数据的收集。通过收集大量的客户数据可以有效地保持市场占有率，开拓新市场。

3. 营销情报子系统

营销情报子系统重点收集企业竞争对手的信息。数据的收集很难有规范性的方法，系统的运作也有很大的灵活性，如了解竞争对手的商店情况，进入竞争对手的办公室和工厂等。营销情报子系统是符合社会道德标准的，它不同于行业间谍窃取情报。营销不负责建立向外流向竞争者的数据流，但必须建立向内的数据流。

3.3.3　市场营销输出子系统

市场营销输出子系统的内容有很多，主要包括以下五个组成部分。

1. 产品子系统

产品是市场的第一成分，没有产品也就没有市场可言。同样，产品子系统是营销组合中最先被详细说明的要素，它确定后才能定义其他要素（渠道、促销、价格）。

（1）产品生命周期。

产品生命周期是从产品进入市场到退出市场的全过程。产品生命周期指导营销管理者正确制定营销组合的战略和策略，然后把它们集成到整个营销计划中。产品生命周期的四个阶段是引入、成长、成熟和衰退。产品子系统利用现代技术帮助营销管理者进行面向产品各个时期的决策。第一个时期要在产品引入之前，这时要决定是否开发和营销该产品；第二个时期必须考虑使销售量增加的各种战略；最后一个时期处于产品衰退期，这时取消产品成为可行方案。产品生命周期和相关决策如图 3—3 所示。

（2）新产品评价模型。

开发新产品的决策必须经过深思熟虑，要有稳妥的财务基础，并且由经理层做出决策。那些投放了许多新产品的企业要有一个规范的程序，来考虑潜在利润和资源效率等因素。企业可以成立一个新产品委员会，它能起到筛选的作用，用新产品评价模型来给候选新产品打分，公司经理按照分数做出新产品决策。

2. 销售渠道子系统

企业用来把产品传递给消费者的分销渠道有的很短，如美国的戴尔公司销售电脑采用直销方式；有的很长，如农产品要经过批发商、代理商、分销商等各种中介网络才能到达超

图3—3　产品生命周期和相关决策

市。销售渠道中除了有产品或原材料外，资金也在渠道中流动，该渠道包括供应商、制造商、批发商、零售商和最终消费者，物流从供应商开始，到消费者终止；资金流恰好相反；信息通道提供了连接所有参与者的双向信息流，如图3—4所示。

图3—4　销售渠道中的物流、资金流与信息流

所有渠道成员都必须知道产品流的详细情况，因为这关系到他们在分销过程中的角色定位。如制造商必须了解批发商购买产品的速度，以及零售商从批发商处购买产品的速度和消费者从零售商处购买产品的速度。如果一种产品只是摆放在零售的货架上积满灰尘，那么制造商显然不应该继续生产。

3. 促销子系统

销售人员在销售过程中，可通过随身携带的笔记本电脑，完成以下操作：

（1）查询数据库，回答消费者对有兴趣购买的产品所提出的问题，如是否有货、价格、运输成本等。

（2）将销售订单数据输入订单录入系统。

（3）提交电话报告。总结每个销售电话，详细描述联系人是谁、讨论了什么问题、下一个销售目标是什么等。每个电话报告应以一种简单的内容形式来设计，以便能有一些地方用来记录竞争情报。

营销管理部门采用电子通信系统，让销售人员看到他们的销售将怎样提高是非常重要的。如系统能提供给销售人员潜在消费者的信息；现有消费者的信息，如购买习惯；在考虑不断变化的佣金比率、奖金和销售竞赛等因素下，销售获利性最高的产品信息。这些信息能使销售人员把工作做得更好。每一方都可以获得更好的收益，如销售人员提高了所得佣金，

公司增加了销售额，消费者获得了更好的服务。

4. 价格子系统

企业可以根据不同的定价政策进行定价，常见的有以下两种：

（1）基于成本的定价。基于成本的定价是先确定成本是多少，再加上一个期望的毛利就是产品的价格。企业如果有好的事务处理子系统，可以获得精确的成本数据，定价子系统就很容易支持基于成本的定价。

（2）基于需求的定价。基于需求的定价是根据消费者对产品的购买需求来决定价格。这种方法的关键是要准确估计需求的大小。这要求对消费者和市场，包括竞争状况及经济状况都要有很好的了解。如果企业采取以需求为导向的定价方法，那么可以用计算机建立数学模型来提供支持。有了数学模型，管理者就可以像玩"如果——那么"游戏一样，确定一个价格水平，在不激化竞争的条件下使利润最大化。

5. 营销组合子系统

营销组合子系统包括产品、渠道、促销和价格四个方面，是一个组合一体化的输出子系统。其中：产品子系统向企业经理提供所有的有关产品的信息；渠道子系统描述产品是如何分销给消费者的；促销子系统用来关心消费者的购买行为和如何做广告；价格子系统用来管理商品价格的有关信息。管理者可以利用这些信息和市场营销组合子系统来制定企业营销战略。

3.4　财务管理信息系统

财务管理信息系统为企业内外关心公司财务状况的人员和组织提供信息。这些信息包括各种定期报表、特殊报表、数学仿真结果、电子信件和专家系统建议等。

3.4.1　财务管理信息系统的模型

财务管理信息系统模型如图 3—5 所示，它是由输入子系统和输出子系统组成的。输入子系统包括会计信息子系统、内部审计子系统及财务情报子系统。其中，会计信息子系统和财务情报子系统类似于其他职能系统中的事务处理子系统和情报子系统。内部审计子系统由企业的内部审计人员组成，他们分析企业的概念系统以确保用正确的方式处理财务数据。三个输出子系统影响企业的资金流：财务预测子系统规划企业在某种经济环境中的长期活动；资金管理子系统管理资金流，努力保持资金平衡和盈余；借助财务控制子系统，经理们可以有效地利用他们能得到的所有资源。像其他职能管理信息系统一样，输出子系统包含各种类型将数据库内容转化为管理中所需信息的软件。

图3—5　财务管理信息系统模型

3.4.2 财务输入子系统

从图 3—5 可以看出，财务输入子系统的主要功能是收集各种财务数据，这些数据的来源包括内部系统和外部环境。这种模型的结构在职能性子系统中很具有代表性。

1. 会计信息子系统

会计信息子系统记录企业中资金运用情况。一条记录组成一个事务，描述发生了什么事情、何时发生、参与者以及涉及金额。可以用各种方法分析这种数据，以满足管理人员的信息需求。几乎所有重要的财务信息都是从会计信息子系统中收集到的，包括工资单、库存控制、订单处理、应付账款、应收账款和总账等。总人工成本、库存投资和一段时间内的总销售额、采购成本、客户欠款总额，以及明细的财务数据等构成了财务报表。

2. 内部审计子系统

各种规模的企业都依赖外部审计人员审计其会计记录，以证实其准确性。大企业拥有自己的内部审计队伍，他们与外部审计人员进行同样的分析，但具有更广的职责。我们将内部审计作为财务管理信息系统的一个输入子系统的原因，在于它能从财务角度独立地评估和影响公司的运作。

3. 财务情报子系统

财务的职能是控制企业的资金流，而促进资金流动需要信息，财务情报子系统力图找到最佳资金来源和盈余资金的最佳投资。为了满足这个目标，财务情报子系统收集股东、金融界以及政府的相关数据和信息。影响资金流的大部分信息来自中央政府和省市政府以及地方政府。

3.4.3 财务输出子系统

1. 财务预测子系统

财务预测是商业活动中最古老的数学应用之一。计算机使预测人员可以更方便、快捷地进行各种演算，企业的经理们经常将预测作为未来规划的基础。

财务预测分为短期预测和长期预测。短期预测通常由职能部门进行，例如营销职能部门预测短期（如 1～3 年）销售，而其他所有职能部门都要利用销售预测的数值，来决定支持该销售任务完成的本部门所需要的资源数量。长期预测通常由财务部门或直接向首席执行官负责的战略规划小组来实施。

2. 资金管理子系统

资金管理子系统的重要功能包括：确保组织有足够的现金来满足需要；将各时期过剩的资金通过投资加以利用；在现金流不充足的情况下，通过提供贷款以满足组织对现金的需要。公司如果不能有效管理和使用资金，会导致利润减少或面临破产。资金管理子系统的输出与财务管理信息系统的其他子系统结合起来，可以找出严重的现金流量问题，帮助组织增加利润。资金的内部使用包括增加库存、新建和修改厂房与设备、增加人工、购并其他公司、开发计算机系统、市场拓展和广告、原料、土地、新产品投资、研究开发等。资金外部使用一般与投资相关，有时公司会将多余的资金用于外部投资。资金外部使用常常包括银行账户、股票、汇票、支票、期货、期权和外汇等。

3. 财务控制子系统

经理们都有一定的经营目标，如售出或生产一定量或一定值的产品。对应经营目标，往往有一笔经营预算，即用于实现经营目标的一笔可支配的资金。经营预算通常覆盖一个财政年度的运营，可以利用性能比和预算报表了解经营状况。

（1）性能比。性能比是指两个或多个起度量作用的组织活动的指标之间的关系。最常见的性能比是流动比率，它用于度量企业或组织部门能在多大程度上用其易于转换为现金的资产抵偿其短期债务。其计算公式为：

$$流动比率 = \frac{流动资产}{当前负债}$$

期望的流动比率应该大于或等于1，因为这意味着不必出售固定资产就能偿还债务。

另一个常见的比率是库存周转比率，它借助库存投资度量公司的销售额。该比率是衡量公司达到高销售额而不占用较大库存能力的指标。其计算公式为：

$$库存周转比率 = \frac{售货总费用}{平均库存值}$$

假设一家公司维持价值200万元的平均库存值，而一年中售出的货物总费用价值1 000万元。因此，可以认为库存周转或售出了5次。一般来说，库存周转率越高越好。

性能比是高度精练的会计数据，提供了利用数据了解经营状况的简便方式。企业经理、金融分析家、潜在投资者和股东经常利用这些比率监控公司的经营情况。

（2）预算报表。负有预算职责的经理每月都会收到一份预算报表，该报表由每个基本支出项目的开销组成，列出该部门相对于预算的实际支出。利用预算报表，管理人员可以及早发现问题。经理的目标是满足今年的总预算，而预算报表使得经理密切注意预算完成情况，及时应对较大的预算偏差。预算报表示例如表3—1所示。

表3—1   某公司 2011 年 10 月预算报表

项目	本月情况			本年累计		
	预算	实际	盈亏	预算	实际	盈亏
工资	23 500	22 000	−1 500	59 000	54 250	−4 750
差旅费	8 250	9 000	+750	23 500	28 100	+4 600
招待	1 400	1 635	+235	4 200	5 100	+900
电话	200	85	−115	600	225	−375
租金	535	535	0	1 605	1 605	0
家具	0	0	0	420	505	+85
办公用品	625	410	−215	1 875	1 320	−555
杂项	400	620	+220	1 200	1 965	+765
总计	34 910	34 285	−625	92 400	93 070	+670

3.5 人力资源信息系统

人力资源是组织中一种重要的资源，人力资源流在组织内部无处不在。因此，人力资源的管理在组织中具有举足轻重的地位。过去的人事部门的主要职责仅仅包括：维护人事档案；考核人员晋升；调整工资。而现在的人力资源部门的任务远比这个宽广，除了上述职能外，还包括：招聘、选择和雇用；岗位设置；业绩评价；雇员酬劳分析；员工培训与发展；员工健康、保安和保密。实际上，它贯穿人员管理的整个生命周期。人力资源管理的功能流程如图3—6所示。

3.5.1 人力资源信息系统的模型

人力资源信息系统管理和提供组织中所有有关人力资源的信息。人力资源信息系统的模型如图3—7所示。输入子系统包括事务处理子系统、人力资源研究子系统和人力资源情报子系统。输出子系统包括劳动力规划子系统、招聘子系统、劳动力管理子系统、工资子系统、收益子系统和环境报告子系统等，通过中间的人力资源数据库将它们联系起来。

图 3—6　人力资源管理的功能流程

图 3—7　人力资源信息系统模型

3.5.2　人力资源输入子系统

人力资源输入子系统与其他信息系统一样，离不开事务处理子系统；另外两个子系统是人力资源研究子系统和人力资源情报子系统。事务处理子系统提供基础的与人力资源有关的财务数据，如雇员的工资收入、奖金等。这类数据与其他数据相结合可以对人力资源进行分析。

人力资源管理是一项专门的学问，需要大量的信息和某些专门的知识和技能。人力资源管理可以说是受环境影响最大的管理领域之一，人力资源情报子系统就是负责收集和管理相关的信息和数据的。具体需要掌握的环境方面的信息包括以下几个方面：

（1）财经方面的信息。这类信息提供的是经济方面的预测，这些经济因素对于人力资管理和使用会有长期深远的影响。

（2）劳工组织和竞争者的信息。这方面的信息会对人力资源产生重要的影响。

（3）人力资源中介组织的信息。这类组织有高等院校、职业介绍中介机构、专业招聘网站、专业人才猎头公司等，它们是企业与人才联系的通道。

（4）政府部门信息。政府部门制定的政策和法律对于人力资源的管理和政策有时具有决定性的影响。企业必须符合和遵守政府的政策和法规。在我国，这方面的影响更为关键，因为我国国有企业的干部是由政府来统一管理的。

3.5.3 人力资源输出子系统

人力资源输出子系统由六个子系统组成，其功能和情况说明如下：

（1）劳动力规划子系统。功能包括组织结构计划、工资预测与分析、工作评价等。

（2）招聘子系统。该子系统的功能是把递交求职申请的申请者按时间先后排序，然后进行招聘；同进可根据企业内部的人员工作情况及时调整其工作岗位。

（3）劳动力管理子系统。培训职工、对职工进行评价、对关键岗位人员进行调整等。

（4）工资子系统。管理职工的所有报酬，包括工资、奖金、各种津贴和补助等。

（5）收益子系统。收益子系统对于在岗职工和退休职工的利益给予支持。这些利益的支持包括股票买卖的计划、确定退休养老保险金的水平，以及确定职工的贡献。

（6）环境报告子系统。该子系统可以管理和提供所有涉及人力资源的政府文件、政策和法律；同时该子系统还应保存所有有关职工的记录。

3.6 案例讨论

3.6.1 案例1：九芝堂的营销管理信息系统

湖南九芝堂股份有限公司是国家重点中药企业，深交所上市公司，创建于1650年，是中国著名老字号。多年来，公司的经济效益取得了显著的增长，跻身于全国中药行业十强之列。

1. 系统情况

九芝堂营销管理信息系统囊括了业务管理、仓库管理、账务管理、客户管理、领导查询、费用管理、计划管理、系统管理八大子系统，基本涵盖了营销业务领域的方方面面，实现了以事务为基础，以客户为中心，确保账账相符、账实一致的营销管理思想。

（1）业务管理：业务管理以对发货单、发票、结算单、往来凭证的流水线式管理为基础，以客户、产品、仓库、业务员、销售机构、销售区域六大要素的组合报表为延伸，以应收账款管理为核心。

（2）仓库管理：仓库管理的基本事务是各仓库的单据管理，同时通过发货、收料与业务方面紧密相连，通过入库、领料、残损与账务联成一体。

（3）账务管理：账务管理是业务和仓库管理流程的审结者，它调入业务和仓库基本数据来产生成品账、销售账和销售利润账，并通过与业务方面的对账来发现和规范业务管理。

（4）客户管理：在建立全面标准化的客户档案的基础上，保证了客户作为最重要业务资源的有效性、可管理性、可指导和制约业务的特性。

（5）领导查询：可以调取领导最为关心的营销信息对比和排比表，实时清晰地展现业务进展情况。

（6）费用管理：按照品牌、业务员和科目将各项费用细分，同时也与业务的实际发生情况进行挂钩。

（7）计划管理：从计划和综合报表（台账等）两个角度，在综合采集业务数据的基础上自动生成。

（8）系统管理：系统管理有两大特色，一在于按岗定职责，二在于可以从数据安全的角度将整套营销系统透明一致地开放给业务员、分（子）公司经理等具有不同数据访问权限的人员使用。

2. 系统业务、技术特色

特点之一在于它充分体现了"28 原则"，通过周密、细致的客户分析可以使业务会计将注意力集中在 20％能带来 80％效益的客户上，从而对业务进行指导、监督和审核。

特点之二在于通过实时的库存管理，可以有效地对库存进行控制，从而减少库存损失，减少不合理的库存占用资金，盘活和提高资金的周转率。

特点之三在于进、销、存的一体化，数据的透明性和一致性将确保各部门对账顺畅，减少错误和摩擦，提高工作效率

特点之四在于通过数据的安全性控制可以将过于集中的营销管理职能适当地分离出去，从而减少内勤部的工作压力，提高内勤部的综合战斗力。

特点之五在于通过各类报表（尤其是综合报表和当天的账龄分析表），可以有效地发挥营销中心的指导、监督和审核职能，将一些更严格的管理规则应用到业务实践中去，通过管理产生效益。例如通过应收账龄和结算账龄分析来控制对客户发货和开票工作等。

纵观国内医药行业，九芝堂的营销模式是先进而成功的，所以基于这套营销模式的营销管理系统也承继了此特性：严格的客户管理机制，严密的安全体系结构，方便快捷的操作方式，丰富实用的统计报表，进、销、存一体化的流程控制。

3. 应用情况实例

（1）工作效率对比分析：系统在发货单、发票、结算单等单据登账时速度比原系统提高了 30 多倍（原系统单据登账时，每笔单据登账时间是 1 分钟，而新系统是 1 秒多钟），系统在查询、数据分析时的速度比原系统快，再加上 400 多个实用报表的配合使用，营销中心在每月结算时所用的时间比原来减少了一半多。

（2）安全、稳定对比分析：新统由于在系统设计、数据库方面的先天优势，不会在进行单据处理、登账时丢失数据，而原系统则不能保证数据的稳定性，经常发生丢失数据的情况。从一年多的应用情况来看，新系统没有发生一例此情况（从理论上来说，也不可能）。同时，新系统的安全特性（按岗定职责分配权限）使整个系统在安全方面有了很大的提高。

（3）数据对账分析：业务系统中增加了关账功能，账务系统中增加了客户对账、产品对账功能，它能使业务、财务和仓库迅速而准确地对账，使财务部对账的时间减少一半。

（4）业务监督、审核对比分析：系统中有客户管理和对客户的应收账款、结算的分析处理功能。在系统中通过对客户、业务员应收账款指标的设定，能使业务管理部门大大提高对业务员、客户的业务监督、审核职能，如营销部门在使用此系统后，从原先的 3 671 个客户集中到 865 个客户进行管理，充分体现了经营的"28 原则"。

（5）实时的仓库管理：在仓库管理中，系统采用了电话拨号方式，当仓库每进出一批货物时，都及时通过电话拨号与总部进行通信、数据交流、业务处理，使营销管理人员能对库存进行有效控制。

资料来源：http：//www.cctc.net.cn/zyzx/ShowInfo.asp？ InfoID=783。

分析讨论：

（1）九芝堂的营销管理信息系统能够发挥作用的前提条件是什么？

（2）营销管理信息系统与普通的管理信息系统有何区别？

3.6.2　案例2：微软的信息化人力资源管理

"你的企业E化了吗？"这已成为时下许多人力资源经理关心的问题。在软件业中称霸一方的微软，启用现代化手段进行人力资源管理已有一段时间了，这种手段为企业节省了人力、提高了效率，并使人力资源部完完全全从传统的事务性工作中解脱出来。

微软公司凭借拥有一批优秀软件人才的优势，开发出了一套适用于内部人力资源管理的系统软件。从此，微软公司员工的培训发展、福利休假、薪酬、业绩考核等事务全部由互联网及系统软件代替，全球员工查找信息，只要输入自己独有的密码，相关信息一览无余。

在这一领域，微软公司可谓是走E化道路的"领航者"，它在引领着一种新的潮流。微软公司的人力资源管理是如何E化的呢？主要有以下五方面的表现。

1. 招聘员工网上找

在网上发布招聘信息并不是什么稀奇的事，不过微软公司的招聘信息不仅对外，同时也对内，并且是全球各个国家不论有哪个职位空缺，都发布在网上，微软公司的职员可以跨国申请。据了解，如果你对某个国家的职位感兴趣，并愿意长期移居过去，可以发一封电子邮件申请该职位，那个国家的人力资源部会对你的技能、业绩做一番调查，然后在网上进行测评。如果认为你可以胜任，那么你就很幸运地成为那个国家微软公司的员工了，你的一切关系（包括保险、薪酬、福利等）都会转过去。到目前为止，微软公司已有不少员工通过这种方式到自己向往的国家和职位去工作了。

2. 培训课程网上寻

在微软公司的网站上，发布了各种培训课程，员工可根据自己的需求，找寻相应的课程。同时，网站也成为员工与人力资源部之间的桥梁，消息的更新、员工的意见，都能及时地反映出来。

3. 休假、报销网上批

哪位员工想休假了，可到网上申请，系统上有每位员工的可休天数、已休天数、未休天数等休假信息，获得批准后，数据就会自动更新。报销也摆脱了以往琐碎的票据，可直接到网上申请，省时省力。

4. 个人绩效网上评

微软公司的绩效考核半年进行一次，先由员工自己为这半年来的业绩做评估打一个分数，然后放到网上，等待部门经理签字、打分，没有经过部门经理打分、评估的信息呈红色。部门经理打完分后，如果员工认为经理的评价比较符合事实，再进行最后的确认，确认后信息变为绿色。此外，部门经理打分的同时还要为每位员工制定下半年的目标，这是业绩评估的整个过程。如果员工对部门经理的评价存有异议，可以拒绝确认，更高层经理及人力资源部的人员看到后，会与员工沟通，直至查到员工拒绝确认的原因为止。

5. 个人信息网上查

每位员工只要输入自己所持有的密码，就可以查到全方位的信息，包括职位、录用信息、升迁及调动信息、薪资福利状况等。不仅可以看到自己的，还能看到别人的，当然这是有访问权限约束的，也就是说，你仅可以看到比自己级别低的员工的信息。部门经理可以看到自己部门所有员工的个人信息，这样有助于对本部门的管理。

分析讨论：

（1）通过案例中微软公司人力资源管理 E 化内容的介绍，你有什么感受？

（2）你认为人力资源管理 E 化是大势所趋吗？其实质何在？为什么？

（3）本案例中的微软公司为一家 IT 企业，你认为非 IT 企业人力资源管理 E 化会有什么不同？

·本 章 小 结·

1. 职能层信息系统是与企业的功能领域相一致的。典型的职能层信息系统有生产制造信息系统、市场营销信息系统、财务管理信息系统、人力资源信息系统。

2. 职能管理信息系统模型中，有三个标准的输入子系统：事务处理子系统向所有的职能管理信息系统提供基础数据；主要业务研究子系统与职能管理信息系统的功能有关；情报子系统用来收集内部和外部环境中的各种相关数据和信息。

3. 在职能管理信息系统中，各个输出子系统一般是针对功能子系统的特殊要求而设计的，不同的职能信息系统会有不同的输出子系统。

总之，通过本章的学习，读者应对主要职能管理信息系统的基本知识有所了解。

·关 键 术 语·

生产制造信息系统　市场营销信息系统　财务管理信息系统　人力资源信息系统

复 习 思 考 题

一、填空题

1. 制造企业中典型的职能层信息系统包括_____、_____、_____、_____。

2. 生产制造信息系统的输入子系统包括_____、_____、_____。

3. 财务管理信息系统的输入子系统包括_____、_____、_____。

4. 在财务控制子系统中，通常可以利用_____和_____来了解经营状况。

5. 在财务控制子系统中，最常见的两个性能比是_____和_____。

二、名词解释

1. 生产制造信息系统

2. 市场营销信息系统

3. 财务管理信息系统

4. 人力资源信息系统

三、简答题

1. 为什么每个职能管理信息系统的输入子系统中都有事务处理子系统？

2. 财务管理信息系统中的输出子系统有哪些？各起什么作用？

3. 市场营销信息系统的输出子系统有哪些？

4. 生产制造信息系统中的输出子系统有哪些？各起什么作用？

5. 请说明人力资源管理的主要工作内容，并指出哪些工作可以使用计算机来处理。

实 践 训 练

一、案例搜集

请通过一定的渠道，搜集一些企业财务管理信息系统、人力资源信息系统、生产制造信息系统或市场营销信息系统建设与运用方面的案例，总结其成功经验或失败教训。

二、操作练习

根据学校管理信息系统软件的购置安装情况，自己上机练习它们的操作方法。如果学校没有类似软件，可以从网上下载一个免费的职能管理信息系统，练习其安装和操作。

三、观点分析

"按照企业业务管理的需要，每个职能管理信息系统均不是独立的。"你是如何理解这句话的？请举例说明财务管理信息系统和其他哪些系统有着密切的联系。

第4章 信息系统建设综述

 学习目标

通过本章的学习，读者应该能够：
● 熟悉诺兰阶段模型的六个阶段
● 理解管理信息系统开发的特点和条件，以及开发前的准备工作
● 理解管理信息系统开发的原则和策略
● 熟悉结构化系统开发方法的主要阶段
● 理解原型法的基本思想、工作步骤及优缺点
● 了解面向对象法和计算机辅助开发方法的相关知识
● 理解业务流程重组的基本概念、实现手段、管理原则及适用情况

 本章引例

快速原型法在深圳地铁 AFC 系统中的应用

自动售检票（Automatic Fare Collection，AFC）系统是综合技术性很强的一个专业系统，涉及机械、电子、微控、传感、计算机、网络、数据库和系统集成等多个方面，包括自动控制、计算机网络通信、现金自动识别、微电子计算、机电一体化、嵌入式系统和大型数据库管理等高新技术的运用，整个系统实现具有很大难度。AFC 应用系统软件是其中最具有代表性的，它不仅要集成所有售检票设备信息，还要对车票和现金等实物进行管理，涉及车站管理、收益管理和车票管理等各个环节，数据关系较为复杂，需求难以把握，开发具有一定的难度。在深圳地铁 AFC 系统开发中，采用快速原型法，取得了很好的成效。

1. AFC 应用系统在开发和应用中遇到的问题

深圳地铁 AFC 系统的建设是在探索中前进的，作为第一个具有自主知识产权的国产化 AFC 系统来讲，它要不断地根据实际情况做出改进。但对于这个涉及面广、层次多的庞大系统而言，达到应用系统的需求一步到位是不可能的。这就对 AFC 项目的使用维护方提出了较高的要求，要在掌握第一线的乘客需求、车站运作情况和目前应用系统软件所实现功能的前提下，提出 AFC 系统的改进方向。对项目的开发方而言，用户需求的多变是让开发人员非常头痛的问题，如何快速地根据用户需求改进软件，尽快拿出满足用户需求的软件更是

增加了开发的难度。通过深圳地铁 AFC 系统两年来的实际使用，其中存在的一些问题显现出来，如管理信息不完整、部分统计数据不能满足实际运营需要、系统功能待改进等，造成工作效率低下、人力资源浪费和运作成本提高。在此基础之上，经深入讨论研究后认为，使用快速原型法可以使实际和应用结合得较为紧密，是解决以上问题的有效方法。

2. 快速原型法技术介绍

快速原型法（Rapid Prototyping Method）是近年来提出的一种以计算机为基础的系统开发方法，其首先构造一个功能简单的原型系统，然后通过对原型系统逐步求精，不断扩充完善得到最终的软件系统。原型就是模型，而原型系统就是应用系统的模型。这个模型可在运行中被检查、测试和修改，直到其性能满足用户需求为止。因而，这个工作模型很快就能转换成原样的目标系统。

快速原型法主要包括两种开发方法：快速建立需求规格模型法和快速建立渐进原型法。

3. 快速原型法在优化 AFC 中的应用

AFC 应用系统是整个地铁自动售票检票系统的神经中枢，其实现系统运作、收益及设备维护集中管理功能，监控并管理车站 AFC 系统内的所有设备，采集并上传售检票设备的交易、工作状态等信息，储存并下载运营和设置参数，具备售检票设备及运营的收益管理功能，能统计、生成及打印地铁运营日的现金收益、车站管理和票卡管理等报表，具备辅助分析功能。

（1）通过快速建立需求规格模型法建立用户需求。深圳地铁 AFC 应用系统的优化和改进首先采用了"快速建立需求规格模型法"来确认用户需求。这种方法密切了用户和开发人员的关系，促进相互了解，因此，有助于获得更完整、精确的需求说明书。对深圳地铁 AFC 应用系统而言，采用快速原型法为 AFC 用户需求建立一个模型，该模型是系统功能的一个子集，开发人员测试通过后将这个模型提交给用户，通过用户的测试使用可以发现这个模型是否满足预想的需求，哪些功能冗余，哪些地方需要改进。

（2）通过快速建立渐进原型法逐步优化系统。待用户和开发人员逐步确定需求说明书之后，其后的开发工作采用"快速建立渐进原型法"来完成系统优化。"快速建立渐进原型法"采用循环进化的开发方式，对系统模型作连续的精化，将系统需具备的性质逐步添加上去，直到所有的性质全部满足，此时，模型也就成为用户所需的系统目标了。在 AFC 应用系统的优化过程中，用户提出一个更新或改进的书面报告，开发人员根据报告的描述，与用户讨论具体需求，设计出一个模型，通过开发人员的内部测试后，将提交模型给用户。在深圳地铁培训中心测试平台的支持下，用户严格测试系统的功能和各部件的接口，修改所发现的问题，直至模型测试通过。测试完后，用户和开发人员一起进行原型审查，确定正确无误后，就可让系统进入车站试用。开发人员也可以通过用户的使用加深对用户需求的了解，经过相互了解促进这样一个过程，直至模型确定。最后，将测试通过的模型转变成目标系统，小规模上线使用，观察一段时间，经过实地运作确保不产生其他影响后，才全线铺开实施。

4. 快速原型法在深圳地铁应用中的优点

通过不断跟进深圳地铁票务人员、车站人员和乘客使用 AFC 系统的情况和得到的反馈，快速原型法使用户在感性的层面上了解系统的概貌，通过与用户的交流，能很好地理解用户的意图与需求。在采用快速原型法的开发过程中，开发人员一直与用户密切联系，以少量代价快速地构造一个可执行的软件系统模型，使用户和开发人员可以较快地确定需求。在初步了解用户的基本需求后，开发人员建立一个他们认为符合用户要求的模型系统并交给用户检验，由于模型是可以执行的，所以为用户提供了获得感性认识的学习机会，增进了用户和开发人员之间的沟通交流，节省了开发时间，降低了开发强度，需求可以更快地得以确定，目标也能加快实现。

资料来源：刘乐、符翔：《快速原型法在深圳地铁 AFC 系统中的应用》，载《铁路计算机应用》，2006 (7)：52～53 页。

 点评

在本例中，深圳地铁 AFC 项目投入运营后，由于对软件应用系统的项目需求分析难以一次完成，而且时间非常紧迫，传统的结构化方法难以奏效，故采用快速原型法并取得了明显的效果。快速原型法既适用于系统的重新开发，又适用于对系统的修改，也可以与传统的生命周期方法相结合使用，这样会促进用户参与需求分析、初步设计及详细设计等阶段的活动，加深对系统的理解。在采用快速原型法设计的过程中，加入软件重用技术，采用快速原型法做需求分析，还可有效地降低开发成本，减少系统开发的风险。

4.1 信息系统建设规律模型

虽然一个组织在作管理信息系统建设规划的时间上没有统一的标准，但是管理信息系统的建设和发展还是有其一定的内在规律的。20 世纪 80 年代以来，相关专家不断研究这些内在规律，提出了许多有用的发展模型，如诺兰阶段模型、米歇尔模型、渐进式模型等，本节仅对诺兰阶段模型进行介绍。

4.1.1 诺兰阶段模型

将计算机应用到一个单位（企业、部门）的管理中去，一般要经历从初级到成熟的发展过程。美国信息管理专家诺兰通过对美国 80 多家组织的跟踪调查，总结了这一发展规律，于 1973 年首次提出了信息系统发展的阶段理论，称为诺兰阶段模型。到 1980 年，诺兰进一步完善该模型，把信息系统的成长过程划分为六个不同的阶段，如图 4—1 所示。

图 4—1　诺兰阶段模型

1. 初始阶段

初始阶段指一个组织（企业、政府等单位）购置第一台计算机并初步开发管理应用程序，一般发生在组织的财务部门或统计部门。在该阶段，计算机的作用被初步认识，个别人已经具有了使用和维护计算机的能力。

2. 膨胀阶段

计算机应用初见成效后，信息系统从少数部门扩展到多数部门，并开发了大量的应用程序，组织的事务处理效率有了提高，这便是所谓的膨胀阶段。

在此阶段，凡是能用计算机处理事务的部门，大多从人工处理转向机器处理。为了管理和协调各部门的应用，数据管理部门从原先隶属于某一职能部门（如财务处或计划处）独立出来，成为向高层管理者直接负责的职能部门。此时，一部分计算机的应用收到了实际的效益，但还是存在数据冗余量大、信息传递不一致、信息资源难以共享等问题。

3. 控制阶段

管理部门了解到计算机数量超出控制、预算增长较快而投资回报却不理想的情况，同时，随着应用经验逐渐丰富、应用项目不断积累，客观上要求加强组织协调，于是就出现了由组织领导和职能部门负责人参加的领导小组，针对各项已开发系统的不协调和数据冗余等问题，开始对整个组织的系统建设进行统筹规划，注重采用成本/效益分析去衡量应用系统的开发，特别是利用数据库技术解决数据共享问题。这时，严格的控制阶段便代替了膨胀阶段。该阶段是实现从计算机管理为主到以数据管理为主转换的关键，一般发展较慢。

4. 综合集成阶段

所谓集成，就是在控制的基础上，对子系统中的硬件进行重新连接，建立集中式的数据库及能够充分利用和管理各种信息的系统。

在经过控制阶段的全面分析、引入数据技术、建立数据通信网的条件下，在此阶段，数据处理系统又进入一个高速发展阶段，逐步地对原有系统进行改造、综合和一体化，建设一个更有效地为中、上层管理提供决策支持的系统，一个管理企业各种信息资源的系统。由于重新装备大量设备，此阶段预算费用又一次迅速增长。

5. 数据管理阶段

经过综合集成阶段之后，信息系统将进入数据管理阶段。此时，由于数据库技术的引进，促使支持单个应用的传统文件系统向支持多种应用逻辑结构数据库的文件系统转变。

6. 成熟阶段

在此阶段，信息系统可以满足组织中各管理层次（高层、中层、基层）的要求，从而真正实现信息资源的管理。信息系统的成熟主要表现在其与组织的目标完全一致，从操作层的事务处理到中层的管理控制及高层管理的战略计划、辅助决策等均能满足企业的要求。同时，系统还能适应任何管理和技术的新变化。

诺兰阶段模型还指明管理信息系统发展过程中的 6 种增长要素，分别是：

（1）计算机软硬件资源（从早期的磁带存储向新的分布式计算机系统方向发展）；

（2）应用方式（从批处理方式到联机处理方式）；

（3）计划控制（从短期的、随机的计划到长期的、战略的计划）；

（4）管理信息系统在组织中的地位（从附属于其他部门发展为独立的部门）；

（5）领导模式（开始时，技术领导是主要的，随着用户和管理人员越来越了解管理信息系统，上层管理部门开始与管理信息系统部门一起谋划发展战略）；

（6）用户意识（从作业管理级发展到中、上层管理级）。

4.1.2 信息系统建设时机的确定

信息系统发展规律模型较好地总结了发达国家信息系统发展的经验，其基本思想对于管理信息系统的规划和建设具有指导意义。一般认为，模型中的各阶段是不能跨越的。因此，在确定开发信息系统的策略或制定信息系统规划的时候，应首先明确组织当前处于哪一阶段，进而根据该阶段特征来指导信息系统建设。

这里仅以诺兰阶段模型为例，说明如何根据相关模型确定信息系统建设的时机。

在诺兰阶段模型中，膨胀阶段是数据处理发展最快的一个阶段，用户体会到了计算机在事务处理上的便利，计算机利用率不断提高。各部门都卷入这一潮流，开发了大量的应用程序。但这时还无法做到综合地开发系统，没有统一的规划，自然就产生了信息冗余、标准代码不一、数据难以共享等问题。由于对高层管理服务效果不佳，加上各部门独立开发的混乱局面，于是产生了危机。此外，由于企业各部门自行开发大量的应用程序，与企业目标联系不紧、效益不佳，互相争夺和浪费了信息系统的有限资源。

事实证明，组织在计算机应用发展到诺兰阶段模型的第二个阶段以后着手制定管理信息系统总体建设规划，往往会得到比较好的效果。这是因为，一方面，第二个阶段的自然发展为组织应用计算机提供了学习的机会，使组织获得了实际经验，对信息系统在管理中的作用和潜力有了感性的认识；另一方面，没有规划的各自开发所出现的投入大而效益低、数据不一致和重复开发等问题，使组织认识到了总体规划的必要性。在这样的情况下制定总体规划，容易得到组织管理部门和信息系统部门的支持，并对规划的内容能有较深的理解，也有利于规划实施的控制。

4.2 信息系统开发基本知识

信息系统开发是信息系统建设中最重要的、必不可少的工作，其任务是开发一个能满足用户需要、功能完整、高效运转，并有力支持管理决策目标的、具有先进技术的系统。

4.2.1 管理信息系统开发的特点

1. 开发的动力来自需求牵引

随着国内外市场竞争的加剧，信息必然成为组织的一种重要的战略资源，组织必须运用先进的手段、方法来获取和利用信息资源，以提高组织的竞争力。组织的这种潜在需求，必然推动和加速管理信息系统的开发。

2. 开发的前提是科学管理

管理信息系统的开发有"三分技术，七分管理，十二分数据"之称，可见管理工作的重要性。只有在合理的管理体制、完善的规章制度、稳定的生产秩序、配套的科学管理方法和完整准确的原始数据的基础上，才能有效地开发管理信息系统，很好地避免"Rubbish in，Rubbish out（进来的是垃圾，出去的也是垃圾）"的现象。

3. 开发的策略要因地制宜

管理信息系统的开发受到组织经营现状、管理基础、财力情况、管理模式、生产组织方式等多个因素的影响，不可能在短期内达到理想化水平，必须根据组织的实际情况，制定符合组织要求的开发策略。

4. 职能由管理模式、组织形式和运行机制所决定

不同的组织在不同的时期，其管理信息系统的具体形式及运行机制是不同的。例如：生产企业的职能可分为生产计划管理、材料计划管理、生产能力、财务管理、人事劳资管理、销售及客户管理、市场预测与决策支持等；娱乐休闲型酒店的功能分为接待登记、点单、餐

饮、财务、查询、部门及人员管理等。开发人员需要深入组织进行调查分析，系统地了解用户的需求，才能开发出符合用户预期目标的系统。

5. 开发的投资需求巨大

开发一个管理信息系统必须投入大量的资金，包括购买计算机、网络通信设备等硬件的费用，购买软件或开发系统软件的费用，以及人员费用、运行费用、维护费用和耗材费用等。所以，一个单位要开发大型的综合信息系统，动辄就是几十万、几百万，甚至上千万或者更多。对于这些资金的来源，必须事先做好认真的预算安排。

6. 开发的过程非常复杂

在管理信息系统的开发中，社会文化因素、科学理论因素、技术方法因素、领域知识因素、环境多变因素、组织管理因素、经济效益因素等都会对管理信息系统的建设产生重大影响，因此，其开发过程非常复杂，受多种因素的制约。正确把握这些因素，是成功建设企业管理信息系统的重要环节。

关于信息系统开发过程的复杂性，本书后续关于管理信息系统的项目管理章节中还将详细阐述。

4.2.2 管理信息系统开发的条件

1. 管理信息系统顺利开发应满足的基本条件

一个单位要想成功开发管理信息系统，需要满足以下基本条件：

（1）领导重视，业务人员积极性高。

（2）必须有建立管理信息系统的实际需求和迫切性。

（3）必须有一定的科学管理基础。

（4）有必要的投资保证，并能提供系统维护人员的编制和维护费用。

（5）管理人员知识结构应满足系统建设需要。

（6）管理中需要的各种基础数据要齐全、规范。

2. 管理信息系统开发前的准备工作

为了满足以上条件，单位在开发管理信息系统之前，首先需要做好以下准备工作：

（1）统一思想，达成共识。在管理信息系统建设中，很多单位不同层次的人员会对其产生各种各样的错误想法。如某些单位的高层领导，只是看到了管理信息系统带来的直接经济效益，而没有看到其带来的间接效益，结果就不太重视管理信息系统的开发；部分中层管理人员，担心管理信息系统应用后使得单位的组织机构进行调整，利益关系进行重新分配，甚至担心管理信息系统的应用会触及自身的既得利益，结果对管理信息系统开发产生抵触情绪；还有一些基层工作人员，已经长时间采用原来的管理方式和工作流程，现在如果让其利用计算机进行各项基础数据的处理，他们可能会担心自己技术水平不行或者系统出现错误，而不太愿意接受这些新事物，以至于对管理信息系统开发不很积极。

针对以上问题，在系统开发前，必须统一大家的思想，纠正各自的错误认识，做好系统开发前的动员工作，达成一定的共识。只有各有关人员对管理信息化有了正确的认识，管理信息系统开发工作才能顺利、健康地开展；只有企业的领导对管理信息系统的含义、必要性有了正确的认识，他们才会积极、主动地支持和参与这项工作。

（2）做好组织机构和技术人员的准备。为了顺利地进行系统开发，单位应设置系统开发领导小组，在领导小组下应设置几个专业组。系统开发领导小组和各个专业小组的成立为系统的顺利开发提供了组织保障。总体而言，管理信息系统开发与应用所需人员包括系统分析员、系统设计员、系统程序员、硬件维护人员、软件维护人员、数据录入员、系统操作员、系统管理员等。对一个基层企业来说，并不要求具备所有上述人才，企业可根据自身需要配备相应的人员。管理信息系统建设中各类人员的职责及知识结构见表4—1。

表4—1 管理信息系统建设中各类人员职责及知识结构

职 位	职 责	知识结构
系统分析员	确定可行方案；确定可行系统的需求及逻辑模型。	企业管理系统知识；系统分析和设计技术；计算机基础；数据处理理论。
系统设计员	设计系统逻辑模型。	数据结构；数据库理论；系统开发；系统软件；计算机语言；企业管理。
系统程序员	为物理模型编制正确的程序。	程序设计技术；数据结构；计算机知识；管理知识；系统开发及软件。
硬件维护人员	计算机机房、计算机及其辅助设备的维护与管理工作。	计算机原理；无线电基础；汇编语言操作系统。
软件维护人员	应用软件的维护。	企业管理知识；数据库技术；数据结构；系统开发与程序设计。
系统操作员	系统日常运行；打印输出；简单故障排除；数据录入。	汉字输入技术；计算机使用。
数据录入员	录入数据。	汉字输入技术；计算机使用。
系统管理员	参与系统开发；系统运行管理。	企业管理知识；系统开发；计算机知识；数据处理知识；项目管理。

（3）做好管理的各项基础工作。在系统开发前，要认真收集和整理各种管理的基础数据，对基础管理工作进行整顿，逐步做到管理工作程序化、管理业务标准化、数据完整代码化、报表文件统一化。

良好的基础工作是管理信息系统的保证。首先，管理信息系统处理生产、管理、销售业务是在预先编制好的程序指挥下进行的，要求管理工作规范化、标准化。其次，系统能否输出正确的结果，不仅取决于程序的正确与否，还取决于录入数据的正确与否，这就要求管理部门必须健全规章制度，保证数据的真实和准确。最后，如果系统不能取得其所需的录入数据，即录入数据不完整，则要么系统不能正常运行，要么不能提交正确的输出。

（4）做好开发方式的准备。根据系统特点和本单位的实际情况，选择合适的开发方式和策略，确定系统目标和投资金额，并借鉴同类系统的开发经验，做好开发前的各项准备。

关于各种开发方式及各自的特点、适用情况和选取方法等，将在本章4.3节进行介绍。

4.2.3 管理信息系统开发的原则

根据管理信息系统开发的任务和特点，在管理信息系统开发中应遵循以下原则。

1. "四个统一"原则

管理信息系统的开发要做到"四个统一"，即"统一领导、统一规则、统一目标规范、统一软硬件环境"。"四个统一"给系统开发的人员和系统管理人员提出了共同遵守的准则，加强了系统开发过程的管理和控制，对提高系统开发的质量和水平、缩短开发时间、减少开发费用、方便系统管理和维护等，都起到了重要的指导作用。

2. "一把手"原则

发达国家的经验和我国的实践证明，如果组织的"一把手"没有参加管理信息系统开发，而只是作为一个旁观者，那么管理信息系统的开发注定要失败。因为管理信息系统的开发与应用是一个技术性、政策性很强的系统工程，如系统开发目标、环境改造、管理体制变革、机构重组、设备配置、人员培训等一系列重大问题均需"一把手"的支持与参与。

"一把手"最清楚自己组织的问题，能合理地确定系统目标，拥有实现目标的人权、财权、指挥权，能够决定投资、调整机构、确定计算机平台等，这是任何人也不能替代的。因此，只有"一把手"亲自参与和支持管理信息系统的开发，才能使这项工作获得成功。

管理信息系统的开发过程也是加强基础管理和提高管理水平的过程。其中，加强基础管理、改变传统习惯、工作关系的重新组合、人事变动以及各开发阶段设计方案的批准、重大的进程安排、资金的筹集调用等都需"一把手"亲自参与和确定，这是成功开发管理信息系统的关键。因此，"一把手"要充分认识自己在管理信息系统开发中的地位和作用，积极参与，加强领导，以最少的投入开发出高效的、多功能的管理信息系统。

3. 用户至上原则

管理信息系统是为用户开发的，最终要交给用户使用，并由用户在使用后作出客观评价。因此，系统开发人员要使管理信息系统开发获得成功，必须坚持面向用户，树立"一切为了用户，用户利益至上"的思想。从总体规划到开发过程的每一个环节都必须站在用户的立场上，一切服务于用户。

4. 信息工程原则

管理信息系统的开发不仅涉及管理思想的转变、管理体制的变革、管理基础工作的健全，还涉及组织的整体状况、环境及经营管理和业务技术等许多方面，是一项内容繁多、覆盖面广、人机结合的系统工程。因此，必须要用信息工程原则来开发管理信息系统。

采用信息工程原则，必须从组织的全局和实际出发，制定管理信息系统开发的总体规划和设计，妥善处理当前和长远、实用性和科学性、现行管理和管理现代化三者之间的关系，统筹协调理想目标和实际可能、总体规划目标和子系统分目标、现行系统和目标系统之间的关系，从而保证管理信息系统开发的顺利进行。

5. 阶段性原则

要将管理信息系统开发过程划分为若干个工作阶段，明确规定各个阶段的任务和成果，制定各个阶段的目标和评价标准，由开发领导小组或技术负责人对阶段性成果进行评审，发现问题及时提出修改方案，保证系统开发质量。值得注意的是，不能混淆工作阶段，如系统开发人员热衷于编制程序，在没充分弄清系统需求之前就急于考虑机器的选型、网络的方案、系统软件的选择等，匆匆忙忙地购置、安装、调试后就开始了程序的编制工作，其结果必然造成各种资源的浪费，甚至导致整个系统开发失败。

6. 实用性和先进性原则

管理信息系统开发，既不能盲目追求技术的先进性而采取不成熟的技术，造成系统不能正常运行或运行不可靠、不稳定；也不能起点太低，采用过分落后的技术或简单地模仿手工，造成系统功能弱、性能差。因此，在管理信息系统开发中应注重实用性与先进性相结合，一方面，要把实用性放在第一位，满足现行管理的实际需求，尽快解决管理工作中的实际问题；另一方面，要采用先进的管理思想和先进的技术，开发出功能全、起点高的系统。

4.2.4　管理信息系统的开发策略

管理信息系统的开发策略具有方向性和战略性，它将直接影响系统建设的质量和速度，甚至影响系统的成败。策略的制定应由企业最高管理层的相关人员与开发人员在专家的指导下进行，并根据具体情况进行调整和充实。

1. 必须做好管理信息系统的总体规划

美国著名的计算机和信息科学家詹姆斯·马丁（James Martin）曾说过，要建造一艘战舰，不可能在没有总体设计的情况下，就着手各个零部件的设计和制造。而一项完整的管理信息系统工程，其复杂程度丝毫不亚于建造一艘战舰。一个完整的管理信息系统由多个模块组成，如果没有来自高层的总体规划作指导，要把这些分散的模块组合起来，构成一个有效的大系统是不可能的。因此，设计一个大系统必须有最高层的规划作为指导，以避免各子系统间产生矛盾、冲突和不协调。

2. "自上而下"总体规划与"自下而上"局部实施相结合

信息系统的开发有两种策略，即"自下而上"的策略和"自上而下"的策略。而对于建立大型的管理信息系统，不同于一般的软件系统或应用系统的建设，应当注重"自上而下"总体规划与"自下而上"局部实施相结合，以确保系统建设的顺利进行。

（1）"自上而下"的开发策略。"自上而下"的开发策略从整体上协调和规划，由全面到局部，由长远到近期，从探索合理的信息流出发来设计信息系统。这种开发策略要求有很强的逻辑性，因而难度较大，但是它是一种重要的策略，是信息系统走向集成和成熟的要求。因为，整体性是系统的基本特性，虽然一个系统由许多子系统组成，但是它们又是一个不可分割的整体。

（2）"自下而上"的开发策略。"自下而上"的开发策略就是从现行系统的业务状况出发，先实现一个个具体的功能，逐步地由低级到高级建立信息系统。此方法从研制各项数据处理应用开始，根据需要逐步增加有关管理控制方面的功能。

该策略对信息系统实行逐步发展，符合事物发展规律，可以避免大规模系统运行不协调的危险。但是由于没有整体规划，随着系统的进展，各个系统之间的不协调问题将会暴露，此时往往要作许多重大修改，甚至重新规划、设计。

通常情况下，"自下而上"的开发策略适用于小型系统的设计，适用于对开发工作缺乏经验的情况。在开发实践中，对于大型系统往往会把这两种方法结合起来使用，即先自上而下地作好信息系统的战略规划，再自下而上地逐步实现各系统的应用开发。这是建设管理信息系统的正确策略。

3. 加强数据处理部门与管理者之间的联系

企业数据处理部门与管理者，特别是与高层管理者之间的交流和联系是企业管理信息系统开发的有力保证。数据处理部门与管理者之间缺少交流和联系的原因是多方面的，如数据处理人员较少深入实际业务，经常使用数据处理术语；高层管理者尚未理解他们参与总体规划的必要性和迫切性；高层管理者把数据处理人员视为基层单位的普通技术人员等。正确安排数据处理人员在企业中的地位是系统建设中不容忽视的问题，它将直接影响管理信息系统在整个企业中所产生的作用。

4. 选择适当的系统开发方法

在管理信息系统应用的初级阶段，系统建设很大程度上依赖于开发人员个人的工作经验。随着应用向前发展，管理信息系统开发方法学作为计算机应用的一个重要研究领域日益发展和成熟。目前，针对不同的对象类型，形成了基于不同思路的开发方法，并得到了有效实践，如结构化方法、面向对象方法等。如何根据企业自身特点、系统的特点来选择开发方法，是一项重要决策。方法选择的失误，如方法不适应对象、方法所规定的技术步骤无法实施、不具备支持方法实施的工具和环境、实施人员没有具体的经验等，都会给系统建设带来困难。

5. 选择可行的系统设备、工具和环境

管理信息系统建设的主要投资是硬件系统、软件系统及必要的通信设备的购置费用。由于计算机硬件技术的发展十分迅速，技术更新较快，人们追求先进技术、担心设备落后的心理往往十分明显。一般来说，选择本行业中应用较为普遍、技术成熟、应用开发较为成功的计算机系统将有利于系统建设。

现代管理信息系统的开发追求高效率，必须借助于先进的、自动化的开发工具。当前，有利于应用开发的工具很多，其中较高层次的有应用生成工具和支持数据库的开发工具等，它们都能明显地提高开发效率。

系统开发和运行环境是更高层次的支持系统建设的软硬件，是指支持系统建设的设备和场地。完善的系统开发环境同时能够支持软件复用，甚至支持系统复用，可以大幅度地提高系统开发效率和质量。

6. 保持畅通的信息渠道

数据的收集和规范是整个管理信息系统建设的重要环节。数据的原始素材存在于各个业务部门中，因此，系统建设最重要的一步就是收集和整理作为系统输入的数据。从某种意义上讲，系统的数据工程是比计算机系统工程更为基础，甚至更为困难的工程，它需要各级管理人员相互配合，并受到外部条件的制约，是一项不易控制的工程。常常会出现计算机系统投入运行后等待数据输入的情况，形成数据库设计完成后仅有试验数据存入的尴尬局面。因此，疏通信息渠道是整个系统建设中具有战略意义的事情，它将直接影响系统建设速度、建设质量和应用效果，必须有重大的保证措施。除了具备一定条件的企业或存在特殊要求的企业外，数据的收集往往还需要依靠手工劳动，如录入凭单等，这一部分工作是十分繁重和易于出错的。在某种程度上，实行用户分析员制度是保证数据质量的一种有效措施。

7. 加强组织保证和人员培训

为了使管理信息系统建设工作得以顺利开展，应该建立合适的组织领导和工作机构，自上而下地全面规划信息资源。组织管理的优劣在很大程度上取决于机构是否健全、任务分工是否明确、组织的管理者是否明确自己的任务并有能力将所担负的工作做好。

管理信息系统建设是一项新型的、复杂的工程，其成败的关键因素是人才。因此，系统建设中各类人员的培养应该从一开始就作为一项战略性任务来安排，各层次的管理人员、各类技术人员以及其他层次的人员都需要进行相关的培训。

4.3 信息系统开发方式及其选择

信息系统开发方式是指企业获得应用系统服务的方式，主要解决由谁来承担系统开发任务，建设所需信息系统的问题。目前主要的开发方式有自行开发、委托开发、合作开发、购买现成应用软件包等。这几种开发方式各有优点和不足之处，需要根据使用单位的技术力量、资金情况、外部环境等各种因素进行综合考虑和选择。

4.3.1 自行开发

自行开发是指由使用单位依靠自己的力量独立完成系统开发的各项任务，具体包括：自行组织开发队伍，完成系统的分析和设计方案，组织实施，进行运行管理。一些有较强专业开发分析与设计队伍和程序设计人员的单位，如大学、研究所、计算机公司、高科技公司等，就可以自行开发，完成新系统的建设。

自行开发方式的优点是开发速度快，费用少，容易开发出适合本单位需要的系统，便于维护和扩展，有利于培养自己的系统开发人员。缺点是由于不是专业开发队伍，除缺少专业开发人员的经验和熟练水平外，还容易受业务工作的限制，系统整体优化不够，开发水平较低。同时，开发人员一般都是临时抽调出来的，他们都有自己的工作，精力有限，这样就会造成系统开发时间过长；开发人员调走后，系统维护工作也没有保障。

采用自行开发方式时，需要加强领导，切实实行"一把手"原则；同时要向专业开发人士或公司进行必要的技术咨询，或聘请他们作为开发顾问。

4.3.2 委托开发

委托开发就是指使用单位将系统开发的任务委托给富有开发经验的机构或专业开发人员。使用单位首先要明确自己的需求，然后选择委托单位，签订开发合同，并预付部分资金；开发方根据合同要求，独立地完成系统分析、设计、实施。系统经使用单位验收通过后直接投入运行。

采用委托开发方式，关键是要选择好委托单位，最好是对本行业的业务比较熟悉的、有成功经验的开发单位，并且使用单位的业务骨干要参与系统的论证工作，开发过程中双方要及时沟通，进行协调和检查。这种开发方式适用于使用单位没有开发队伍或开发队伍力量较弱、信息系统内容复杂、投资规模大，但资金较为充足的单位。

委托开发方式的优点是省时、省事，开发的系统技术水平较高。缺点是费用高，系统维护与扩展需要开发单位的长期支持，不利于本单位的人才培养。

4.3.3 合作开发

合作开发是指由使用单位和有丰富开发经验的机构或专业开发人员共同完成开发任务，双方共享开发成果，这实际上是一种半委托性质的开发工作。

合作开发一般是由使用单位负责开发投资，根据项目要求组建开发团队，建立必要的规则，分清各方的权责，以合同的方式确定下来，协作完成新系统的开发。这样可以利用使用单位的业务优势与合作方的信息技术优势，开发出适用性较强、技术水平较高的信息系统。但是，使用单位要选择有责任心、有经验的合作方，如专业性开发公司、科研机构等。

这种开发方式适用于有一定数量的信息系统分析、设计及软件开发人员，但开发队伍力量较弱，需要外援，希望通过信息系统的开发来建立、完善和提高自己的技术队伍，以便于系统维护工作的单位。

相对于委托开发，合作开发方式的优点是相对比较节约资金，可以培养、增强使用单位的技术力量，便于进行系统维护工作，系统的技术水平较高。其缺点是双方在合作中沟通容易出现问题，因此，需要双方及时达成共识，进行协调和检查。

4.3.4 购买现成的应用软件包

应用软件包是指预先编制好的、能完成一定功能的、供出售或出租的成套软件系统。它可以小到只有一项单一的功能，如打印邮签，也可以是功能复杂的运行在主机上的大型系统。信息技术的发展促使软件的开发向专业化方向发展，软件开发的标准化和商品化成为软件发展的趋势。一批专门从事管理信息系统开发的公司已经开发出一大批使用方便、功能强大的应用软件包。

为了避免重复劳动，提高系统开发的经济效益，可以购买现成的应用软件包或开发平台，如财务管理系统、小型企业管理信息系统、供销存管理信息系统等。这种开发方式对于功能单一的小系统的开发颇为有效，但不太适用于规模较大、功能复杂、需求量的不确定性程度比较高的系统的开发。

购买现成应用软件包这一方式的优点是能缩短开发时间，节省开发费用，技术水平比较高，系统可以得到较好的维护。缺点是功能比较简单，通用软件的专用性比较差，难以满足特殊要求，需要有一定的技术力量根据使用者的要求进行软件改善和编制必要的接口软件等二次开发工作。

4.3.5　开发方式的选择

不同的开发方式有不同的优点和缺点，信息系统四种开发方式的比较如表4—2所示。

表4—2　　　　　　　　　　　信息系统四种开发方式的比较

特点比较 ＼ 方式	自行开发	委托开发	合作开发	购买现成应用软件包
分析和设计能力的要求	较高	一般	逐渐培养	较低
编程能力的要求	较高	不需要	需要	较低
系统维护的难易程度	容易	较困难	较容易	较困难
开发费用	少	多	较少	较少

在实际开发中，需要根据使用单位的实际情况进行选择，也可以综合使用各种开发方式。

选择开发方式是一个复杂的决策过程，不能仅从经济效益原则来考虑，应当有一个正确的决策机制，对企业的实力、信息系统的地位和应用环境等进行综合考虑。另外，不论选择何种开发方式都需要使用单位的领导和业务人员参加，并在信息系统的开发过程中培养、锻炼、壮大使用单位的信息系统开发、设计与维护队伍。

4.4　管理信息系统的开发方法

管理信息系统的开发方法当前比较常见的有结构化系统开发方法、原型法、面向对象法等。本节对这几种方法作简单介绍，后续几章的讲解以结构化系统开发方法为主。

4.4.1　结构化系统开发方法

结构化系统开发方法产生于20世纪70年代，它是自顶向下的结构化方法、工程化的系统开发方法和生命周期方法的结合，是迄今为止开发方法中应用最广的一种开发方法。

1. 结构化系统开发方法的基本思想

结构化系统开发方法的基本思想是：将整个管理信息系统的开发划分成若干个相对比较独立的阶段，如系统规划、系统分析、系统设计、系统实施等。

在前三个阶段采用自顶向下的方法对系统进行结构化划分，从组织的最顶层入手，层层分解，逐步深入到最底层；先考虑系统整体的优化，再考虑局部的优化。

在系统实施阶段，采用自底向上的方法逐步实施，即按照前几个阶段设计的模块组织人员从最底层的模块做起（编程），然后按照系统设计的结构，将模块逐个拼接到一起进行调试，自底向上，逐渐地构成整体系统。

2. 结构化系统开发方法的工作阶段

结构化系统开发方法将整个开发过程划分为系统规划、系统分析、系统设计、系统实施、系统运行维护五个首尾相连的阶段，称为结构化系统开发的生命周期。在结构化系统开发的生命周期中，每个阶段都产生相应的文档资料。这些文档材料不仅是对本阶段工作的一个总结，而且也为下一步工作的开展指明了方向、提供了依据。结构化系统开发方法的生命周期如图4—2所示。

图4—2 结构化系统开发方法的生命周期

（1）系统规划阶段。首先，根据用户的系统开发请求，对企业的环境、目标、现行系统的状况进行初步调查；其次，依据企业目标和发展战略，确定管理信息系统的发展战略，研究建设新系统的必要性和可能性；最后，进行可行性分析，写出可行性分析报告，可行性分析报告审议通过后，将新系统建设方案及实施计划编成系统规划报告。

（2）系统分析阶段。根据系统规划报告所确定的范围，对现行系统进行详细调查，描述现行系统业务流程，分析数据与数据流程、功能与数据之间的关系，确定新系统的基本目标和逻辑功能，提出新系统逻辑模型，并把最后成果形成书面材料——系统分析报告。

（3）系统设计阶段。根据新系统的逻辑模型，设计实现逻辑模型的技术方案，即进行总体结构设计、代码设计、数据库/文件设计、输入/输出设计和模块结构与功能设计。

（4）系统实施阶段。根据系统设计报告，进行软件编程、程序调试和检错、硬件设备的购入和安装、人员的培训、数据的准备、系统的试运行以及系统切换等。

（5）系统运行维护阶段。在本阶段，需要进行系统的日常运行管理、维护和评价三方面的工作。如果运行结果良好，则送管理部门用以指导生产经营活动；如果存在一些小问题，则对系统进行修改、维护或局部调整等；若存在重大问题（这种情况一般是运行若干年之后，系统运行的环境已经发生了根本的改变时才可能出现），则用户将会进一步提出开发新系统的要求，这标志着旧系统生命的结束。

3. 结构化系统开发方法的特点

结构化系统开发方法是将制造业中的工程化方法移植到软件行业的结果，其主要特点是：

（1）树立面向用户的观点。系统开发是直接为用户服务的，因此，在开发的全过程中一切要从用户的利益出发。应尽量吸收用户单位的人员参与开发过程，加强与用户的联系，统一认识，加速工作进度，提高系统质量，减少系统开发的盲目性和失败的可能性。

（2）自顶向下的分析/设计和自底向上的系统实施结合使用。在系统分析与设计时要站在整体的角度，自顶向下地工作。但在系统实施时，要先对最底层的模块编程，然后一个模块、几个模块进行调试，最后自底向上逐步构建整个系统。

（3）严格按阶段进行。将整个管理信息系统开发过程划分为若干个工作阶段，每个阶段都有明确的任务和目标，各个阶段又可分为若干工作和步骤，逐一完成任务，从而实现预期目标。这种有条不紊的开发方法，便于计划和控制，基础扎实，不易返工。

（4）加强调查研究和系统分析。为了使系统更加满足用户要求，要对现行系统进行详细的调查研究，尽可能弄清现行系统业务处理的每一个细节，做好总体规划和系统分析，从而描述出符合用户实际需求的新系统逻辑模型。

（5）先逻辑设计，后物理设计。在进行充分的系统调查和分析论证的基础上，了解用户要做什么，并将其抽象为系统的逻辑模型，然后进入系统的物理设计与实施阶段，解决怎么做的问题。这种做法符合人们的认识规律，从而保证了系统开发工作的质量。

（6）工作文档资料规范化和标准化。结构化方法中各个阶段性的成果必须文档化，只有这样才能更好地实现用户与系统开发人员的交流，才能确保各个阶段的无缝连接。因此，必须充分重视文档资料的规范化、标准化工作，充分发挥文档资料的作用。

4. 结构化系统开发方法的优缺点

结构化系统开发方法强调将系统开发项目划分成不同的阶段，每个阶段都有明确的起始和完成的进度安排，对开发周期的各个阶段进行管理控制。

在结构化系统开发过程中，及时地建立了数据流程图、实体关系图以及编程技术要求等各种文档，这些文档对系统投入运行后的系统维护工作十分重要。

总之，采用结构化系统开发方法有利于系统结构的优化，设计出的系统比较容易实现而且具有较好的可维护性。但是这种方法开发过程过于繁琐，周期过长，工作量太大。正因为有以上的局限性，结构化系统开发方法主要适用于一些组织相对稳定、业务处理过程规范、需求明确且在一定时期内不会发生大的变化的大型复杂系统的开发。

4.4.2　原型法

原型法是 20 世纪 80 年代提出的一种新的系统开发方法。与结构化系统开发方法相比，原型法放弃了对现行系统的全面、系统的详细调查与分析，而是根据系统开发人员对用户需求的理解，在强有力的软件环境支持下，快速开发出一个实实在在的系统原型提供给用户，与用户一起反复协商修改，直到形成实际系统。

1. 原型法的基本思想

原型法在软件生产中，引进工业生产中试制样品的方法，解决需求规格确立困难的问题。首先，系统开发人员在初步了解用户需求的基础上，迅速地开发出一个实验型的系统，即原型；然后将其交给用户使用，通过使用，启发用户提出进一步的需求，并根据用户的意见对原型进行修改，用户使用修改后系统提出新的需求。这样不断反复修改，用户和开发人员共同探讨改进和完善，直至最后完成一个满足用户需求的系统。

2. 原型法系统开发的工作步骤

（1）确定用户的基本需求。系统开发人员对用户进行初步调查，与用户进行交流，收集各种信息，进行可行性分析，从而发现和确定用户的基本需求。用户的基本需求包括：系统的功能、人机界面、输入和输出要求、数据库基本结构、保密要求、应用范围、运行环境等，但基本不涉及编程规则、安全问题或期末的处理。

（2）开发一个初始原型。系统开发人员根据用户的基本需求，在强有力的软件环境支持下，迅速开发出一个初始原型，以便进行讨论，并从它开始迭代。

初始原型只包括用户界面，如数据输入屏幕和报表，但初始原型的质量对生成新的管理信息系统至关重要。如果一个初始原型存在明显缺陷，就会导致重新构造一个新原型。

（3）使用和评价系统原型。用户通过对原型的验收、检查、操作、测试和运行，获得对系统最直接的感受，不断发现原型中存在的问题，并对功能、界面（查询界面、屏幕显示、报告格式、报表内容）以及原型的各个方面进行评价，提出修改意见。

（4）修改原型。根据上一阶段所发现的问题，系统开发人员和用户共同修正、改进原型，得到最终原型。第三阶段和第四阶段需要多次反复，直至用户满意为止。

（5）判定原型完成。判定原型是否完成就是判断有关用户的各项需求是否已最终实现。如果已经实现，则进入整理原型、提供文档阶段；否则，继续修改。

（6）整理原型，提供文档。把原型进行整理，并将其写入系统文档中，以便为下一步的开发、运行服务。其中包括用户的需求说明、新系统的逻辑方案、系统设计报告、数据字典、系统使用说明书等。所开发出的系统和相应的文档必须得到用户的检验和认可。

原型法系统开发的工作步骤如图4—3所示。

图4—3 原型法系统开发的工作步骤

3.原型法的优点

由于原型法不需要对系统的需求进行完整的定义，而是根据用户的基本需求快速开发出系统原型，开发人员在与用户对原型的不断"使用—评价—修改"中，逐步完善对系统需求的认识和系统的设计，因而，它具有如下优点：

（1）符合人类认识事物的规律，容易使人接受。人们认识任何事物都不可能一次完全了解，认识和学习的过程都需要循序渐进，人们总是在环境的启发下不断完善对事物的描述。

（2）改进了开发人员与用户的信息交流方式。由于用户的直接参与，能及时发现问题并进行修改，这样就清除了歧义、改善了信息的沟通状况。它能提供良好的文档、项目说明和示范，增强了用户和开发人员的兴趣，从而大大减少了设计错误，降低开发风险。

（3）开发周期短、费用低。原型法充分利用了最新的软件工具，丢弃了手工方法，使系统开发的时间、费用大大减少，效率和技术等大大提高。

（4）应变能力强。开发周期短、使用灵活，对于管理体制和组织结构不稳定、有变化的系统比较适合。由于快速形成原型和修改严谨，因此系统可变性好，易于修改。

（5）用户满意程度提高。由于原型法以用户为中心来开发系统，加强了用户的参与和决策，向用户和开发人员提供了一个活灵活现的原型系统，实现了早期的人机结合测试，能在系统开发早期发现错误和遗漏，并及时予以修改，从而提高了用户的满意程度。

4. 原型法的缺点

尽管原型法有上述优点，但是它的运用仍有一定的适用范围和局限性，主要表现在：

（1）不适合开发大型管理信息系统。对于大型系统，如果不经过系统分析来进行整体性划分，很难直接构造一个模型供人评价。而且这种方法还容易使人们认为系统产生过快，开发人员可能忽略彻底的测试或文档不够健全。

（2）原型法建立的基础是最初的解决方案，以后的循环和重复都在以前原型的基础上进行，如果最初的原型不适合，则系统开发会遇到较大的困难。

（3）对于原基础管理不善、信息处理过程混乱的组织而言，构造原型有一定的困难，而且没有科学、合理的方法可依，系统开发容易走上机械地模拟原来手工系统的轨道。

（4）没有正规的分阶段评价，因而对原型的功能范围的掌握有困难。由于用户的需求总在改变，系统开发永远不能结束。

（5）原型法开发的系统不规范，容易忽略系统的备份、恢复及系统性能和安全问题。

4.4.3　面向对象法

面向对象法是一种认识客观世界，从结构组织模拟客观世界的方法。面向对象法产生于20世纪60年代，在20世纪80年代后获得广泛应用。面向对象法纠正了过去一些方法的弊端，如功能分解方法只能单纯反映管理功能的结构状态，数据流程模型只是侧重反映事物的信息特征和流程，信息模拟只能被动迎合实际问题需要。面向对象法从面向对象的角度为我们认识事物，进而为开发系统提供了一种全新的方法。这种方法以类、继承等概念描述客观事物及其联系，为管理信息系统的开发提供了全新思路。

1. 面向对象法的基本思想

面向对象法认为客观世界是由许多对象所组成的，每种对象都有各自的内部状态和运动规律，不同的对象之间的相互作用和联系就构成了各种不同的系统。设计和实现一个客观系统时，如果能在满足需求的条件下，把系统设计成由一些不可变的（相对固定）部分组成的最小集合，这个设计就是最好的。因为它把握了事物的本质，因而不再会被周围环境（物理环境和管理模式）的变化以及用户没完没了的变化需求所左右，而这些不可变的部分就是所谓的对象。客观事物都是由对象组成的，对象是在原来事物基础上抽象的结果。

2. 面向对象法各构成要素的基本概念

（1）对象。对象是指现实世界中具有相同属性、服从相同规则的一系列事物的抽象。任何事物在一定前提下都可以看成是对象。从计算机角度看，对象是把数据和对该数据的操作封装在一个计算单位中的运行实体；从程序设计者角度看，对象是一个高内聚的程序模块；从用户角度看，对象为他们提供所希望的行为。对象可以是具体的，如一个人、一张桌子、一辆轿车等；对象也可以是概念化的，如一种思路，一种方法等。

（2）对象的属性。对象的属性是指实体所具有的某个特性的抽象，它反映了对象的信息特征，而实体本身被抽象成对象。

（3）类。类是指具有相同属性和相同行为描述的一组对象，它为属于该类的全部对象提供了统一的抽象描述。如动物、人、高校、管理信息系统都是类。

（4）消息。消息是指向对象发出的服务请求。在面向对象法中，完成一件事情的方法就是向有关对象发送消息。对象间可以通过消息实现交互，模拟现实世界。

（5）行为。行为是指一个对象对于属性改变或消息收到后所进行的行动的反映。一个对象的行为完全取决于它的活动。

（6）操作。操作是指对象行为、动态功能或实现功能的具体方法。每一种操作都会改变对象的一个值或多个值。操作分为两类：对象自身承受的操作，操作结果改变了自身的属性；施加于其他对象的操作，操作结果作为消息发送出去。

（7）关系。关系是指现实世界中两个对象或多个对象之间的相互作用和影响。如师生关系、上下级关系、机器与配件的关系等。

（8）接口。接口是指对象受理外部消息所指定操作的名称或外部通讯协议。

（9）继承。继承是指一个类承袭另一个类的能力和特征的机制。继承的优点是避免了系统内部类或对象封闭而造成的数据与操作冗余现象，并保持接口的一致性。

3. 面向对象法的特点

面向对象法是以对象为中心的一种开发方法。具有以下特点：

（1）封装性。在面向对象法中，程序和数据是封装在一起的，对象作为一个实体，它隐藏在行为中，状态由对象的属性来描述，并且只能通过对象中的行为来改变。

（2）抽象性。在面向对象法中，把抽出实体本质和内在属性而忽略一些无关紧要的属性称为抽象。类是抽象的产物，对象是类的实体。同类的对象具有类中规定的属性和行为。

（3）继承性。是指子类共享父类的属性与操作的一种方式，是类特有的性质。类可以派生出子类，子类继承父类的属性与方法。可见，继承大大地提高了软件的可重用性。

（4）动态链接性。动态链接性是指各种对象间统一、方便、动态的消息传递机制。

4. 面向对象法的开发过程

利用面向对象法开发管理信息系统的主要步骤包括：

（1）系统调查和需求分析。即对系统要面临的具体管理问题及用户对系统开发的需求进行调查研究，以确定系统目标；对所要研究的系统进行系统需求调查分析，搞清楚系统要干什么。

（2）面向对象分析（OOA）。根据系统目标分析问题和求解问题，在众多的复杂现象中抽象地识别需要的对象，弄清对象的行为、结构、属性等；弄清可能施于对象的操作方法，为对象与操作的关系建立接口。

（3）面向对象设计（OOD）。对分析结果作进一步的抽象、归纳、整理，从而给出对象的实现描述，最后以用相关工具表达的系统设计范式的形式将它们确定下来。

（4）面向对象编程（OOP）。此阶段为程序实现阶段，即选用面向对象的程序设计语言实现设计阶段抽象整理出来的范式形式的对象，形成相应的应用程序软件。可面向对象法开发的系统有较强的应变能力，因而具有重用性好、可维护性好等特点。

5. 面向对象法的优缺点

面向对象法更接近于现实世界，可以限制由于不同的人对于系统的不同理解所造成的偏差；以对象为中心，利用特定的软件工具直接完成从对象客体的描述到软件结构间的转换，解决了从分析和设计到软件模块结构之间多次转换的繁杂过程，缩短了开发周期。在该方法中，系统模型的基本单元是对象，是客观事物的抽象，具有相对稳定性，因而面向对象法开发的系统有较强的应变能力，重用性好、维护性好，并能降低系统开发维护费用。面向对象法特别适用于多媒体和复杂系统。

面向对象法所面临的问题与不足之处和原型法一样，它需要有一定的软件基础支持才可应用。另外，对大型系统而言，采用自下向上的面向对象开发系统，易导致系统结构不合理、各部分关系失调等问题，使系统整体功能的协调性差、效率降低。

4.4.4 计算机辅助开发方法

1. 计算机辅助开发方法的思想

严格地讲，计算机辅助开发方法（Computer Aided Software Engineering，CASE）只是一种开发环境而不是一种开发方法。它是 20 世纪 80 年代末从计算机辅助编程工具、第四代语言及绘图工具发展而来的。目前，CASE 仍是一个发展中的概念，各种 CASE 软件也较多，没有统一的模式和标准。采用 CASE 工具进行系统开发，必须结合一种具体的开发方法，如结构化系统开发方法、面向对象法或原型法等，CASE 只是为具体的开发方法提供了支持每一过程的专门工具。因而，CASE 实际上是把原先由手工完成的开发过程转变为以自动化工具和支撑环境支持的自动化开发过程。

2. 计算机辅助开发方法的特点

CASE 方法具有下列特点：

（1）解决了从客观对象到软件系统的映射问题，支持系统开发的全过程。

（2）提高了软件质量和软件重用性。

（3）加快了软件开发速度。

（4）简化了软件开发的管理和维护。

（5）自动生成开发过程中的各种软件文档。

现在，CASE 中集成了多种工具，这些工具既可以单独使用，也可以组合使用。CASE 的概念也由一种具体的工具发展成为开发信息系统的方法学。

3. 计算机辅助开发方法的工具

为提高软件开发效率，减轻开发人员的劳动强度而设计的软件称为软件工具。软件工具是为支持计算机软件的开发、维护、模拟、移植或管理而研制的程序系统。

软件工具涉及的面很广，种类繁多，目前的分类方法也很多，较为流行的分类方法是按生存周期分类，通常分为如下五大类：

（1）软件需求分析工具，利用形式化语言描述，与自然语言相近，可产生需求分析的文档和相关的图形。如问题描述语言 PSL、问题分析器 PSA 都是需求分析工具。

（2）软件设计工具，主要包括两种：一种是图形、表格、语言的描述工具，如结构图、数据流程图、判断表、判断树、IPO 图等；另一种是转换与变换工具，如程序设计语言 PDL，可实现算法描述到接近可执行代码的描述转换。

（3）软件编码工具，是软件开发的主要工具，如各种高级语言编译器、解释器、编辑连接程序、汇编程序等。

（4）软件测试和验收工具，如静态分析程序 DAVE、程序评测系统 PET 等。

（5）软件维护工具，如 PERT，TSN，GANTT 图等。

另外，有些软件工具支持多个软件开发阶段，因此，难以明确将其归入上述五类中的某一类。对于依赖数据库技术的管理信息系统开发，目前主要采用面向对象的开发工具。很多数据库管理系统支持多个软件开发阶段,既作为系统开发平台,又作为系统开发编程工具。

4.5 业务流程重组

在手工管理方式下,企业已经形成了一个比较成型的企业流程和管理方法。信息技术的应用有可能改变原有的信息采集、加工和使用方式,甚至使信息的质量、获取途径和传递手段等都发生根本性的变化。

在管理信息系统建设之前,一项重要的工作就是重组企业流程,按现代化信息处理的特点对现有的企业流程进行重新设计,这已经成为提高企业运行效率的一种重要途径。

4.5.1 业务流程重组的基本概念

业务流程重组(Business Process Reengineering,BPR)是 20 世纪 80 年代初源于美国的一种企业变革模式,最初是由一些信息咨询公司为客户构建系统时积累起来的,其完整定义最早于 1993 年由美国学者哈默(Hammer)和杰姆培(Champy)给出:业务流程重组是以业务流程为改造对象和中心,以关心客户的需求和满意度为目标,对企业过程进行根本的再思考和彻底的再设计,以信息技术和组织调整为实现手段,以求达到企业关键性能指标(如成本、质量、服务和速度等)和业绩的巨大提高或改善,从而保证企业战略目标的实现。

这里描绘业务流程重组用了三个关键词:根本的、彻底的和巨大的提高。

"根本的"是指不是枝节的、表面的,而是本质的,是要对现存系统进行彻底的怀疑,用敏锐的眼光看出企业的问题,只有看出问题,才能更好地解决问题。

"彻底的"是指要动大手术,是要大破大立,不是一般性的修补。

"巨大的提高"是指要成十倍甚至成百倍提高,而不是改组了很长时间,才提高 20％～30％。如有的企业在 2～3 年内营业额由上亿元猛增到百亿元。这种巨大的增长是在原来线性增长的基础上实现的跳跃,是量变基础上的质变。抓住跃变点对于业务流程重组而言是十分关键的。

业务流程重组的目标在于实现管理的现代化。业务流程重组的成功也定会使企业朝着现代化的方向迈进一大步,其中包括:企业的组织更趋扁平化,工作方式也将改变;企业将更多地采用更大的团队工作方式,并且团队间的相互了解和主动协调将大大提高;公司的领导更像教练,而不像司令官;整个组织将更主动、更积极地面向客户,从而更好地达到管理过程化、职能综合化和组织扁平化的目标。

4.5.2 业务流程重组的实现手段

业务流程重组的实现主要有两个手段:一个是信息技术,另一个是组织变革。业务流程重组之所以能达到巨大的提高,就在于充分发挥 IT 的潜能,即利用 IT 改变企业的过程,并通过变革组织结构,使组织精简、效率提高。

除此之外,对业务流程重组更重要的是企业领导的抱负、知识、意识和艺术,没有企业领导的决心和能力,业务流程重组是不能成功的。企业领导的责任在于克服中层的阻力,改变传统。在当今飞速变化的世界中,经验往往成了负债,而不再是资产。在改变经验的培训上的投入越来越多,企业领导只有给业务流程重组创造一个好的环境,业务流程重组才能得以成功。

业务流程重组的主要技术在于简化和优化过程。总的来说,业务流程重组过程简化的主要思想是:战略上精简分散的过程;职能上纠正错位的过程;执行上删除冗余的过程。

企业流程与企业的运行方式、组织的协调合作、人员的组织管理、新技术的应用与融合等紧密相关，因此企业业务流程的重组不仅涉及技术，也涉及人文因素，包括观念的重组、流程的重组和组织的重组，以新型企业文化代替老的企业文化，以新的企业流程代替原有的企业流程，以扁平化的企业组织代替金字塔形的企业组织等。

业务流程重组在利用 IT 技术简化过程上有一些常见做法，详见表 4—3。

表 4—3　　　　　　　　　　　　　IT 技术简化过程的常见做法

序号	名　称	具体含义
1	横向集成	部门工作按流程压缩，如交易员代替定价员和核对员的工作。
2	纵向集成	权力下放，压缩层次。
3	事前监督	减少检查、校对和控制，变事后检查为事前管理。
4	单点对待顾客	用入口信息代替中间信息。
5	单库提供信息	建好统一共享数据库，把相互打交道变成对共享数据库打交道。
6	单路径到输出	不用许多路径均能走通，多路径会让人不知该走哪条。
7	并行工程	串行已不可能再压缩，可考虑把串行变为并行。
8	灵活选择连接	对于不同的输入，不一定需要全过程，可设置几个可选过程。

4.5.3　业务流程重组的管理原则

业务流程重组站在信息的高度，对业务流程进行重新思考和再设计，是一个系统工程。在进行管理信息系统建设时，要充分认识到信息作为战略性竞争资源的潜能，创造性地对现有业务流程进行分析，找出现有流程存在的问题及产生问题的原因，分析每一项活动的必要性，并根据企业的战略目标，采用关键成功因素法等，在信息技术的支持下，分析哪些活动可以合并、哪些管理层次可以减少、哪些审批检查可以取消等。

1. 业务流程重组的核心原则

流程设计变革中必须坚持以下三个核心原则：

（1）以流程为中心。业务流程重组不同于以往的任何企业变革，不仅企业的流程设计、组织机构、人事制度等发生根本变革，而且组织的出发点、领导和员工的思维方式、企业的日常运作方式、企业文化等都得再造，以使企业的经营业绩取得巨大的提高，最终使企业由过去的职能导向型转变为以顾客为中心的流程导向型。

（2）坚持以人为本的团队式管理。以流程为中心的企业必须坚持以人为本的新的发展观，既关心人，也关心流程。作为流程小组成员，他们共同关心的是流程的绩效；作为个人，他们需要学习，为以后的发展做好准备。

（3）以顾客为导向。在市场竞争中，一个企业要成功，必须得赢得顾客，因此，业务流程重组时必须以顾客为导向，站在顾客的角度考虑问题。

2. 业务流程重组的操作性原则

在实际操作中，业务流程重组需要遵循以下基本原则：

（1）围绕结果而不是围绕作业来设计组织。围绕结果就是围绕企业最终要为顾客提供的产品流程进行设计和组织，而不是依据以往的工作顺序进行。例如，一家公司由销售到安装以前按照如下装配线进行：第一部门处理顾客需求，第二部门把这些需求转换为内部产品代码，第三部门把信息传达到每个工厂和仓库，第四部门接收这些信息并组装产品，第五部门运送并安装。顾客订单信息按顺序移动，但这个流程却经常出现问题。因此，公司进行业务流程重组时，放弃原来的生产方式，将各部门的责任整合，并由一个顾客服务代表监督整个流程，顾客只需要跟这个代表联系就可知道订单进展状况。

（2）让使用作业结果的人执行作业。假设一个销售人员接到顾客，提出的改进产品的要求，如果能及时按要求改进，公司就会得到一大笔订单 。在传统企业里，销售人员只能把改进产品的具体要求交给开发部门，然后等待，他既不能对开发工作日程进行监督，也不能对开发中的问题提出建议。其实这位销售人员是公司里对这件事最清楚、最关心的，事件的处理结果直接影响他的销售业绩。这显然是一个既糟糕而我们又习以为常的流程。只有让使用作业结果的人执行作业，才能使责任和利益相统一，既调动作业实施者的积极性，又使流程成为有人负责的过程。

（3）把信息处理与信息生产合并。当前，一直困扰企业管理的一个问题是信息在传送过程中的缺失、曲解和失真，如果从信息产生的地方一次性采集信息，把信息处理与信息生产合并，避免重复输入，就可以解决这个问题。

（4）将地域上分散的资源加以整合。传统企业的资源被人为地分割，应该进行变革，但人们通常认为地域上分散的资源是无法变革的。分散的资源能为使用者提供更好的服务，却造成成本的浪费，可以利用 IT 技术，将地域上分散的资源加以整合，优化资源配置，获得规模经济。

（5）利用信息技术进行企业重组，而不是让旧的流程自动化。不少企业投入大量资金进行自动化建设，结果却令人失望，主要原因在于用新科技使老式的经营方法自动化，原封不动地保留原来的业务流程，计算机信息管理只是简单模拟原来的手工管理流程，只是加快了传统作业流程的速度，不能解决根本上的绩效不佳。因此，需要灵活运用现代信息技术再造流程，使绩效得到大幅提高。

（6）联系平行的活动过程，代替把各项活动的结果进行整合。企业再造的工程要求从一开始各环节就相互联系，不能指望在一个详尽的分析结果的基础上设计一个完美的新流程。因为太长的分析会使人们失去耐心，也会使小组成员失去对原有流程的客观判断能力，找不到再造的切入点。

（7）再造是以"再造"这一流程为中心的，成败的关键在于这一流程的结果，而不是再造的任务过程。再造是一个创造性的流程，无法规定和衡量再造的每一个任务的完成情况，决策只能在再造工作中逐渐形成，使行为者自我管理和自我控制。

（8）新流程应用之前应该进行可行性实验。新流程设计后，如果直接实施，可能会使顾客受到粗糙或不完善的流程的影响。而通过多次反复实验，可以使流程得到不断改进和完善。

4.5.4 业务流程重组的适用情况

业务流程重组使许多企业大大改善了营运的绩效，但是，业务流程重组并非灵丹妙药，不少企业对业务流程重组的应用效果不满意。美国在许多企业中推行了业务流程重组，有1/3 的企业效果十分显著，成倍甚至成百倍地提高了劳动生产率。未能得到成功的企业的主要问题在于管理，在于人员组织。业务流程重组和管理信息系统的应用是密不可分的。

一般来说，业务流程重组适用于以下几种情况：（1）企业濒临破产，不改只能倒闭；（2）企业竞争力下降，企业要调整战略；（3）企业领导认识到业务流程重组能大大提高企业竞争力，而企业又有扩张需要；（4）业务流程重组策略在相关企业获得成功，影响本企业。

其中有两类企业推行业务流程重组比较容易成功：一类是濒临破产的企业，由于不改只能倒闭，企业只好背水一战，将业务流程推倒重来，优化流程和组织结构，提高士气，从而使企业绩效取得巨大提高；另一类是企业管理水平较高又需要大发展的，业务流程重组作为助推器可极大地加速企业发展。

4.6 案例讨论

4.6.1 案例1：信息系统建设中"放心"的领导

某化工厂的王厂长对企业信息管理工作非常重视，他对刚进厂的企业信息系统开发技术人员说："我相信你们的能力和水平，放手让你们做，需要多少资金，你们尽管说。"

在系统分析完成时，请王厂长审查，他说："厂里工作太忙，实在没有时间，再说计算机我也不太懂，你们看着办就行了，我相信你们。"

在系统设计期间，参加系统开发的本厂的几个化工技术人员向他请示："我们是学化工的，不懂计算机，计算机技术人员说的话我们听不懂，也帮不上忙，还不如回本岗位工作，我们还有好多事情要做呢。"王厂长不假思索地说："也好，留在这里也是浪费力气，你们就回去吧。"

分析讨论：

（1）王厂长这样参与管理信息系统的建设，能够帮助项目取得成功吗？为什么？

（2）在管理信息系统建设中，我们常说"一把手"的重要性，这应该主要体现在哪些方面？

（3）在管理信息系统建设中，除了领导重视之外，还需要哪些人做好什么工作？

4.6.2 案例2：购置软件包，还是委托开发软件？

陈女士是某体育用品商店的经理，每天要跟各种各样的客户打交道。而这些客户根据自身的情况，对商品的要求各不相同，订货时间、付款方式、享受折扣的情况也不相同。最近，商店业务范围不断扩大，客户量也随之增加，造成商店在管理上出现问题。如经常无法及时查询客户信息，无法及时了解应收账款的情况。为此，陈女士决定建立一个应收账款管理信息系统来管理客户信息和应收账款。

陈女士希望该系统具有以下功能：建立和维护客户主文件；更新账户结余；生成每月总结报告；生成逾期账款通知。由于该体育用品商店自身不具备管理信息系统开发能力，所以陈女士有两种备选方案：购进应收账款软件包或委托软件公司进行开发。

分析讨论：

（1）通过图书、网络，查询该企业可选择的软件包类型。

（2）如果陈女士选择购买软件包，她应该如何选择？请说明理由。

（3）考查两种开发方案的优缺点，帮助陈女士做出正确的选择，并说明理由。

4.6.3 案例3：Ford公司采购付款业务流程重组

著名的Ford汽车公司是美国三大汽车巨头之一，20世纪80年代初，日本工业的发展延伸到美国，Ford等美国大企业面临着越来越强劲的日本竞争对手的挑战，开始试图通过削减管理费用和行政开支来应对。Ford公司设在北美的采购应付账款部门当时有500多名员工，过多的员工反而使得工作效率低下。为此，公司决定应用信息技术进行改革，裁员20%，以提高效率。Ford公司在同行Mazda公司参观时，惊讶地发现其应付账款部门仅有5名员工。Ford公司由此决定学习Mazda公司，重新设计应付账款部门的业务流程，对原流程做彻底的重组。

Ford公司应付账款部门原来的业务流程如图4—4所示，可以看出从采购部向供应商发出订单到最后的付款有许多环节，尤其是订单、验收单和发票三者一致时才能付款的条件引出了大量的单证核对，这不仅耗费了财务和仓库的大量人力、时间和资金，而且还常发生出差错和延误付款的事件。

图4—4　业务流程重组之前的采购付款流程

依照业务流程重组的思想，结合信息系统的系统分析，对企业的业务和数据作根本的再思考和彻底的再设计，提出了基于计算机网络信息系统的新采购付款业务流程，如图4—5所示。

图4—5　业务流程重组之后的采购付款流程

新的业务流程是一个无发票处理的流程，采购部向供应商发出订单的同时向数据库写入订单数据，仓库与数据库中的订单核对，正确就收货，无须供应商提供发票，计算机在线自动以电子方式或打印支票向供应商付款。这样的业务流程重组使Ford公司应付账款部门减少了75％的人员，并提高了正确率。

分析讨论：

（1）Ford公司应付账款部门业务流程重组成功的主要支持基础是什么？

（2）Ford公司应付账款部门的业务流程重组为什么要包括采购和仓库等其他部门？

（3）Ford公司应付账款部门的业务流程重组至少采用了哪些信息技术？

·本章小结·

1. 诺兰阶段模型把信息系统的成长过程分为六个阶段，即初始阶段、膨胀阶段、控制阶段、综合集成阶段、数据管理阶段和成熟阶段，该模型很好地说明了组织进行管理信息系统建设的时机。

2. 管理信息系统开发的任务就是开发一个能满足用户需要、高效运转并有力支持管理决策目标的、具有先进技术的系统。它有以下特点：开发动力来自需求牵引；开发的前提是科学管理；开发的策略要因地制宜；功能由管理模式、组织形式和运行机制所决定；开发的投资需求巨大；开发的过程非常复杂。

3. 在管理信息系统开发中应遵循"四个统一"原则、"一把手"原则、用户至上原则、信息工程原则、阶段性原则、实用性和先进性原则。信息系统的开发有"自下而上"的策略和"自上而下"的策略。在大型系统开发实践中，这两种策略需要结合使用。

4. 管理信息系统开发有自行开发、委托开发、合作开发、购买现成应用软件包等方式，它们各有优缺点，需要根据单位的技术力量、资金情况、外部环境等各种因素进行综合考虑。

5. 目前常见的管理信息系统开发方法有结构化系统开发方法、原型法、面向对象法、计算机辅助开发方法等。其中：结构化系统开发方法将整个开发过程划分为系统规划、系统分析、系统设计、系统实施、系统运行五个首尾相连的阶段，每个阶段都产生相应的文档资料。

6. 与结构化系统开发方法相比，原型法放弃了对现行系统的全面、系统的详细调查与分析，而是根据系统开发人员对用户需求的理解，在强有力的软件环境支持下，快速开发出一个实实在在的系统原型提供给用户，与用户一起反复协商修改，直到形成实际系统。

7. 计算机辅助开发方法是 20 世纪 80 年代末从计算机辅助编程工具、第四代语言及绘图工具发展而来的，它采用各种相关的 CASE 工具进行系统开发，把原先由手工完成的开发过程转变为以自动化工具和支撑环境支持的自动化开发过程。

8. 业务流程重组是管理信息系统建设前的一项重要工作，它是 20 世纪 80 年代初源于美国的一种企业变革模式，其完整定义最早于 1993 年由美国学者哈默和杰姆培给出：业务流程重组是以业务流程为改造对象和中心，以关心客户的需求和满意度为目标，对企业过程进行根本的再思考和彻底的再设计，以信息技术和组织调整为实现手段，以求达到企业关键性能指标（如成本、质量、服务和速度等）和业绩的巨大提高或改善，从而保证企业战略目标的实现。

·关键术语·

诺兰阶段模型　　"自上而下"的开发策略　　"自下而上"的开发策略　　自行开发　委托开发　合作开发　结构化系统开发方法　系统规划　系统分析　系统设计　系统实施　原型法　面向对象法　计算机辅助软件开发　业务流程重组

复习思考题

一、填空题

1. 1973 年，诺兰首次提出了信息系统发展的阶段理论，称为诺兰阶段模型。1980 年，诺兰进一步完善该模型，把信息系统的成长过程划分为六个不同的阶段，分别是＿＿＿＿、＿＿＿＿、＿＿＿＿、＿＿＿＿、＿＿＿＿和＿＿＿＿。

2. 一个组织（企业、政府等单位）购置第一台计算机并初步开发管理应用程序，一般发生在组织的_____部门或_____部门。

3. 信息系统开发方式主要有四种，分别是_____、_____、_____和_____。

4. 在结构化系统开发方法的生命周期中，将整个开发过程划分为五个首尾相连的阶段，这五个阶段分别是_____、_____、_____、_____和_____。

二、名词解释

1. 诺兰阶段模型

2. 结构化系统开发方法

3. 原型法

4. 计算机辅助开发方法

5. 业务流程重组

三、简答题

1. 什么是诺兰阶段模型？它对一个组织的信息化建设有什么指导意义？

2. 管理信息系统开发有哪些主要特点？开发前应该做好哪些准备工作？

3. 管理信息系统开发中需要的技术人员主要有哪几类？他们的职责是什么？

4. 管理信息系统开发需要遵循哪些原则？

5. 管理信息系统开发有哪些基本策略？

6. 请说明信息系统开发的方式及其特点。

7. 请说明结构化系统开发方法的主要工作阶段。

8. 请说明原型法的基本思想和工作步骤。

9. 什么叫业务流程重组？其管理原则有哪些？

实 践 训 练

一、问题讨论

通过实例，分析社会文化因素、科学理论因素、技术方法因素、领域知识因素、环境多变因素、组织管理因素、经济效益因素等对管理信息系统的开发所产生的影响。

二、观点分析

1. 本章中曾经提到：管理信息系统的开发有"三分技术，七分管理，十二分数据"之称。请你谈一下对这句话的理解。

2. 本章中曾经提到在信息系统建设和应用中有时可能会出现"Rubbish in，Rubbish out"（进来的是垃圾，出去的也是垃圾）的现象，请说明其内涵和产生原因。

3. 某公司决定采用软件外包方式开发本公司的一个管理信息系统，假设你是该公司的信息主管，你应该提醒公司管理层要注意哪些问题？

4. 如何理解"信息技术（IT）和组织调整是业务流程重组的主要实现手段"？

三、案例搜集

模仿本章前面所举的案例，通过一定的渠道（图书查阅、网络搜索、实地调查），收集一些企业通过建立管理信息系统提高管理效率、增强决策水平的实际例子。

四、实践调查

1. 通过一定的方式，调查几家不同单位管理信息系统建设的状况，然后分别选用相关的信息系统发展模型（如诺兰阶段模型），来分析这些企业管理信息系统建设的当前发展情况，并探索性地为其提出未来发展的战略规划。

2. 将全班同学按照 4～5 人的规模组成若干个小组，然后分组去联系一些已建成管理信息系统的单位，调查其管理信息系统的开发方式、方法、周期、费用、功能、开发经验与教训等，以加强对管理信息系统的感性认识。要求开展活动之前拟订调查提纲，活动结束后以小组为单位写出调查报告，并进行适当的交流和讨论。

五、实践应用

1. 阅读下述银行存取款流程的变化，阐述这种变化会带来什么效果。

原有的流程：由客户填写存款（或取款）单，签字后将单据和存折一起交给银行员工；银行员工将单据和存折输入计算机（若是取款，客户还需要输入密码），经验证核算处理后，银行员工将存折交还客户（若是取款，连同款项一起交还客户）。

改进后的流程：客户向银行员工提交存折并报存款（或取款）数额；银行员工将存款（或取款）数额和存折输入计算机（若是取款，客户还需要输入密码），计算机打印出单据，交给客户签字，与此同时，计算机验证核算；经计算机处理后，银行员工将存折交还客户（若是取款，连同款项一起交还客户）。

2. 阅读下面患者就医的基本流程，回答后面给出的相关问题。

患者去医院看门诊，一般要经历导医、挂号、医生问诊、医生对患者作体格检查、开检验单、检验划价、交检验费、检验医生填写检验单、患者取检验单、医生分析、医生诊断、医生开处方、处方划价、患者交费、患者取药等活动。

问题：

(1) 在分析其中相关的信息载体的基础上，分析医院门诊看病流程的特点。

(2) 若医院开发覆盖医院门诊业务的管理信息系统，则门诊看病可以进行哪些流程重组？可以改善门诊看病流程中的哪些行为？

3. 阅读案例，回答后面给出的相关问题。

某公司信贷营业部根据需要，对原有的业务流程进行了重新调整。具体内容如下：

在业务流程调整前，原来营业部分五个专业组，分别是：客户组，信用评审组，信贷利率组，合同组，财务组。每组 3 个人，工作地点分布在办公楼三到五层的几个房间中，各自完成自己的职责工作。在这种情况下，客户从申请贷款到取得贷款通常需要 1 周。

在业务流程调整后，该营业部重新组建了四个综合性小组，每个小组 2 个人，办公地点都搬到了办公楼的一楼大厅，采用柜员制工作方式，每个小组都全面负责从接受客户申请、进行信用评审、确定贷款利率、签订贷款合同、支付贷款金额一直到负责回收贷款的全过程。在这种方式下，客户从申请贷款到取得贷款仅需要 1 天时间。

问题：

(1) 本案例中，为什么业务流程重组会如此高效地提高工作效率？

(2) 讨论业务流程重组对企业组织结构的影响。

(3) 本案例中，新的综合性小组的成立对人员素质提出了哪些新的要求？

(4) 请分析说明本案例中业务流程重组后会产生哪些新的问题。

第5章　系统分析

学习目标

通过本章的学习，读者应该能够：
- 理解系统分析的内容和步骤
- 熟悉可行性分析的主要内容
- 熟悉详细调查的常用方法和内容
- 掌握业务流程及其调查方法
- 熟悉业务流程图及表格分配图
- 掌握数据流程图的绘制方法
- 理解数据字典的作用和内容
- 掌握处理逻辑的三种描述工具
- 熟悉系统分析说明书的内容和格式

本章引例

迅捷公司 CRM 系统分析的失误

迅捷公司是一个专门生产和销售手机、电话机等通讯终端设备的大型企业。最近，该公司的 CRM① 项目主管王飞宇非常郁闷。因为自从公司匆忙上了 CRM 系统之后，公司领导对其实施效果一直不满意，这套 CRM 系统的硬伤首先体现在需求方面：最初是市场部门提出要更快速地了解全国各地的市场信息、销售信息，更方便、快速地进行统计。IT 部门接到需求后，从长远考虑出发，推荐了 CRM 系统，希望第一期满足市场部信息需求，接着是客户管理……而不想简单地上一个数据收集系统，造成太多的信息孤岛。这种想法本身很好，但是项目实施之后的结果却是：CRM 系统并不擅长市场信息的收集和处理，需要大量的二次开发。勉强实现的功能扩展性也不好，不能适应公司不断增长的客户管理与服务需求。

更让王飞宇愤怒的是系统的开发。公司选择的 CRM 平台很好（据说在国际上名列前茅），但负责开发的人员却令人失望，技术和态度都很差，一点也不从操作者的角度考虑。

---

① CRM 是客户关系管理（Customer Relationship Management）的缩略词，具体内容将在第 10 章详述。

他们设计的数据录入界面十分烦琐，如输入销量时，要从每个零售店的界面中选择弹出一个窗口，然后再一个机型挨着一个机型地录入，假设一个分公司管理 200 个零售店、10 个机型，就意味着要进入 2 000 次界面。再如，报表输出部分，每种查询只能按固定的格式输出，如果公司要从机型、网型、分公司、零售店、促销员等多个角度来查询，开发人员说要开发数千个表。

最后，原 CRM 项目组主管找到一个解决方法：找一个编程高手另外编一个报表形成程序。这样，CRM 系统就分成了两部分：一部分是由原供应商提供的数据录入、原始数据管理系统，另一部分是编程高手开发的报表查询系统。

本来关系融洽的 IT 部和市场部也因为这个系统产生了一些冲突，IT 部责怪市场部需求变得太快、各地操作人员太笨，每天都要应对来自全国的大量很简单的操作问题。市场部责怪 IT 部不了解需求，不能耐心地提供服务，对新需求的开发进度太慢……一位参与实施的员工在多次申请，终于脱离苦海后抛下一句话："以后再也不跟 IT 人员打交道了！"

这一切让王飞宇陷入深深的焦虑。现在再埋怨当初系统选型、需求分析、项目实施中的种种失误，已经没有意义。他现在最想知道的是：这个令人气愤的如同鸡肋的 CRM 系统，是否有药可医？该如何医治？

🔍 点评

用户需求的准确界定是管理信息系统项目系统分析工作中的一项重要内容。据调查统计，在众多失败的信息系统项目中，由于需求原因而导致失败的几乎占到一半。因此，需求工作将对项目能否最终达到预期目标产生至关重要的影响，好的需求管理是成功的关键因素。

在本例中，迅捷公司在上马 CRM 系统之前，市场部等应用部门与负责技术和系统选型的 IT 部门对于系统的沟通不够，对系统需求的分析不很准确，造成了最后的被动局面。由此可见，信息化基础薄弱、业务流程不稳定的部门要开发一些管理信息系统时，系统分析人员必须要想方设法、积极引导、认真沟通，最终获得用户部门的真正需求，为后续工作的开展奠定坚实的基础。

5.1 系统分析工作概述

系统分析是管理信息系统结构化开发方法中的第一阶段，主要解决系统做什么的问题。

5.1.1 系统分析的工作任务

系统分析（System Analysis）一词于 1945 年由美国的兰德公司（Research and Development Corporation，RAND）首先提出。当时，该公司在研究与咨询活动中，以系统为中心，以系统结构、系统观点为主导，创立了一整套解决问题的有效方法，即系统分析方法。该方法主张从系统的观点出发，对事物进行分析与综合，找出各种可行方案，以供决策者选择。具体而言，就是系统分析人员利用科学的分析工具和方法，对系统的目标、功能、环境、费用、效益等进行充分的调查研究，并收集、处理和分析有关的数据，据此建立若干个替代方案和必要的模型进行仿真试验，整理出完整、可行的综合材料，提出可行性报告，写出系统分析说明书，送交主管人员判断、选择和审批。

管理信息系统的系统分析引用了上述系统分析法的思想，其工作状况直接关系到管理信息系统的设计质量和运行效果，因此系统开发者必须予以高度重视。系统分析的工作任务包括系统现状调查、用户需求分析和新系统逻辑模型设计。

1. 系统现状调查

系统现状调查用来分析现行系统的情况和具体结构，并用一定的工具对现行系统进行详尽描述，这是系统分析最基本的任务。在充分了解现行系统状况的基础上，进一步发现其存在的薄弱环节，并提出改进的设想，这是决定新系统功能强弱、质量高低的关键所在。

2. 用户需求分析

用户需求分析是指在对现行系统的调查基础上，以现代管理理论和方法为指导，对现行系统的经营管理目标、功能和信息流程进行分析和研究，指出存在的问题，提出改进的意见。这里的用户需求是指用户要求新系统应具有的全部功能和特性，主要包括：功能要求，性能要求，可靠性要求，安全、保密要求，开发费用和时间，资源方面的限制等。

3. 新系统逻辑模型设计

在系统现状调查和用户需求分析的基础上提出新系统的逻辑模型。逻辑模型是指在逻辑上确定的新系统模型，主要解决系统做什么，而不是如何做。逻辑模型由一组图表工具进行描述，用户可通过逻辑模型了解未来的新系统，并进行讨论和改进。

5.1.2 系统分析的内容和步骤

系统分析的内容和步骤如图5—1所示。

图5—1 系统分析的内容和步骤

1. 现行系统调查

通过多种途径对现行系统的组织结构、业务流程及其相互关系做全面、细致的调查研究，充分了解物流和信息流（包括各种输入、输出和处理），以获取有关现行系统运行的详细资料。调查完毕要绘制现行系统的组织结构图、业务流程图，并整理各种单据和报表。

2. 现行系统研究

全面分析现行系统的调查结果，找出存在的问题，特别是不合理的业务迂回和业务分解

101

应重点研究和诊断，提出新系统的目标，并结合系统规划阶段的可行性分析报告进行新系统目标实现的可行性审核，最后编写可行性审核报告供主管领导审阅。

3. 管理业务变革

依据完成审批的可行性审核报告，以企业整体为对象变革管理业务。首先，要全面制定业务流程重组的战略方案，重点阐明发生变革的关键性的业务流程；其次，根据业务流程重组的方案变革组织结构，建立横宽纵短的结构形式，提高管理的灵活性和有效性。

4. 新系统逻辑设计

在现行系统调查、现行系统研究以及管理业务变革的基础上，利用特定的图表工具（数据流程图、数据字典等）绘制新系统的逻辑模型，以便为新系统的全面设计提供蓝图。

5. 编写系统分析说明书

将系统分析阶段的成果按一定的格式编制系统分析说明书，这是系统分析阶段的主要成果，可以供系统设计员进行新系统物理设计之用。

5.1.3 系统分析的注意事项

1. 必须充分理解用户需求

管理信息系统的最终目的是满足用户管理上的各种功能需求，而信息技术是实现各种用户功能需求的手段。如果开发人员对需求理解错误，那么无论技术如何先进，其作用都是南辕北辙。因此，开发人员必须充分理解用户需求，准确确定用户需求。由于用户一般都缺乏相关的信息技术知识，无法确定计算机系统究竟能做什么、不能做什么，因此无法准确地表达自己的需求。同时，系统开发人员一般也不太熟悉用户所在的行业，对用户的管理运作不是非常了解，常常会根据自己的设想来臆造用户的需求，导致需求定义发生差错。需求定义发生的差错主要包括：不完全合乎实际需要、不容易使用、操作困难、容易出错等。

2. 由开发人员和用户共同进行

系统分析是围绕管理问题展开的，需要涉及现代信息技术的应用。只有在用户和开发方充分交流、合作的情况下，计算机技术才能被很好地应用到用户的管理工作中，开发出来的系统也才能既满足用户需求，又做到技术先进。但是，在缺乏计算机知识的用户和缺乏企业管理知识的计算机程序设计人员之间，要实现真正的沟通是很困难的。在这种情况下，就需要系统分析员作为两者之间的桥梁，其桥梁作用如图5—2所示。

图5—2　系统分析员的桥梁作用

 阅读材料

系统分析人员的工作职责和素质要求

系统分析人员是指在信息系统开发初期从事系统分析工作的开发人员。在国家软件职业资格考试中，有专门的、对应的相关资质——系统分析师，这是软件认证考试的最高级资质。他们的职责就是明确需求和资源限制因素，并将它们变成具体的实施方案。系统分析工作是由用户和系统分析人员协作完成的。系统分析人员是系统分析工作的主持者，在系统开发工作中是用户和计算机技术人员的桥梁。

系统分析人员必须具有多种才能，以便有效地工作。这些技能可以分成两类：处理人际关系方面的能力和解决有关技术问题的能力。具体地说，他们应具备以下基本素质：

（1）具有一定的理论水平，全面、系统掌握计算机系统开发的基本理论和有关标准。

（2）具有较全面的计算机专业知识和信息系统开发的经验。

（3）具有较强的在新的问题领域提取知识的能力。

（4）善于掌握非技术因素，如人员协调、团队管理、项目管理等。

3．充分了解原有系统的应用状况

信息技术在企业管理中的应用，并不是简单地用信息技术去模拟企业原有的业务流程。如果那样做的话，信息技术根本就没有发挥作用。例如，仅将会计和出纳面前的算盘换成计算机，计算机就只是起个算盘的作用。企业信息系统的开发应在总体规划的基础上，由开发方与用户密切配合，用系统工程的思想和方法，对用户的管理业务活动进行全面的调查分析，详细了解用户的各种管理业务流程，分析原有系统的局限性和不足，然后根据企业的条件和最新的计算机技术发展情况，确定新系统的逻辑方案。目前，随着企业信息化水平的提高，新系统的建立往往要求对老系统中的管理业务流程进行重新组织。

4．避免重复工作

系统分析工作的主要成果是各种文档资料，它们的表现形式是各种图表文件，这些文件一方面可以用来与用户进行交流，另一方面可以用来进行系统设计，这大大增强了系统开发的一致性。正确而规范的文档资料还可以提高系统的可修改性，当然其并不能保证系统分析无差错。实际上，系统分析阶段中的分析过程也是文档资料的编制过程，系统分析员在编制文档资料的过程中要相当仔细，尽量避免出现错误，特别是逻辑上的错误或矛盾。一旦发现错误需要及时更正，避免将错误带到下一阶段的开发工作之中。

5.1.4　系统分析的常用方法

结构化分析方法，是一种应用普遍的、简单实用的系统分析方法，适用于分析大型的管理信息系统。这种方法通常与系统设计阶段的结构化设计步骤配合使用。

结构化系统分析采用分解和抽象两个手段来分析复杂的系统。

分解是指自顶向下地对现有系统进行分解，把大问题分解为若干个小问题，对于每个小问题，再单独分析，直到细分的子系统足以清楚地被理解和表达为止。结构化系统分析方法的分解思想如图5—3所示。

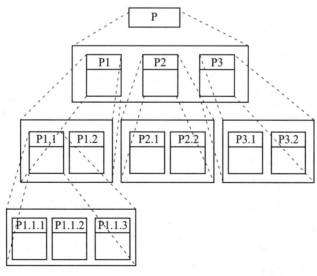

图5—3　结构化系统分析方法的分解思想

抽象是指在分析过程中，通过具体的事物看到问题的本质属性，并将所分析的问题实体转变为一般的概念。

结构化分析的图表工具主要由数据流程图、数据字典和数据处理说明组成。

5.2 初步调查与可行性分析

初步调查与可行性分析，是系统分析工作的第一步。其中，初步调查是系统可行性分析的前提，可行性分析是在初步调查的基础上进行的。通过可行性分析，才能进入后面的详细调查。

5.2.1 系统的初步调查

1. 初步调查的目的

系统初步调查的目的是明确系统目标，收集相关信息，用以进行可行性分析。初步调查根据企业内部对信息系统开发的实际需求，调查和研究企业基础数据管理工作对于支持将要开发的信息系统的可能性，企业管理现状和现代化管理的发展趋势，现有的物力、财力对新系统开发的承受能力，现有的技术条件以及开发新系统在技术上的可行性，管理人员对新系统的期望值以及对新系统运作模式的适应能力等。

2. 初步调查的内容

管理信息系统初步调查的基本内容包括如下几个方面：

（1）调查用户需求。从用户提出新系统开发的理由、用户对新系统的要求入手考察用户对新系统的需求及新系统预期要达到的目的。调查内容包括：用户对新系统开发的需求状况，对新系统的期望目标，是否愿意参加和配合系统开发；在新系统改革涉及用户业务范围和习惯做法时，用户是否能够根据系统分析和整体优化的需求，调整自己的职权范围和工作习惯；上一层管理者是否参与开发工作，协调下一级管理部门业务和职能关系等。

（2）调查现有企业的运行状况。调查内容包括：企业的目标和任务、企业概况（包括企业性质、人员、设备、资金、生产状况、组织机构、管理体制等）、企业的外部环境等。

（3）调查新系统的开发条件。初步调查不仅要为论证新系统的必要性收集材料，更要为论证新系统的可能性提供充分的依据。调查内容包括：企业内各类人员对开发新系统的态度（高层领导是否重视，中层人员是否积极，基层人员是否愿意参与）；目前的管理基础工作的机构是否健全，职责与分工是否明确、合理，规章制度是否齐全；各项主要管理业务是否科学合理，各种基础数据（如产品目录、材料目录、工时与材料消耗定额、设备档案等）是否完整、准确；可提供的资源情况（包括可投入系统开发的人力、物力和财力）；受到的约束条件（政策环境、行业支持、国家扶持、薄弱环节等）。

5.2.2 用户需求分析

用户需求来源于对用户的业务调查，是考虑用户自身的特性与要求，并参照行业规范进行业务分析的结果，是关于软件一系列想法的集中体现，涉及软件功能、操作方式、界面风格、报表格式、用户机构的业务范围、工作流程和用户对软件应用的展望等。

1. 用户需求的特点

用户需求也就是关于信息系统外界特征的规格表述，它具有以下基本特点：

（1）用户需求直接来源于用户。需求可以由用户主动提出，也可以通过与用户沟通、交流或者进行问卷调查等方式获得。由于用户对计算机系统认识不足，系统分析人员有义务帮助用户挖掘需求，如使用启发的方式激发用户的想法。

（2）用户需求需要以文档的形式提供给用户审查。因此，需要使用流畅的自然语言和简洁清晰的直观图表来表述，以便于用户理解与确认。

（3）可以把用户需求理解为用户对软件的合理请求。这就意味着，必须全面理解用户的各项要求，但同时又不能全盘接受所有的要求。因为用户提出的全部要求并非都是合理的。对其中模糊的要求还需要澄清，然后才能决定是否可以采纳。对于那些无法实现的要求，应向用户做充分的解释，以求得到用户的理解。

（4）用户需求文档主要是为用户方的管理层撰写的，但是用户方的技术代表、软件系统今后的操作者及开发方的高层技术人员，也有必要认真阅读用户需求文档。

某单位人事考勤系统的用户需求描述示例如表 5—1 所示。

表 5—1　　　　　　　　　　　　　　　用户需求的描述

系统名称	用户需求
人事考勤系统	提供员工考勤信息的录入和查询，能够产生相关报表，并提供打印功能。
	可以进行请假类别以及考勤扣款的设置，其结果可以反映到工资表中。

2. 用户需求的类型

用户需求可以从不同角度分类。从项目管理角度看，包括功能需求、性能需求、环境需求、资源需求、成本需求、进度需求、现实约束、预先估计系统以后可能达到的目标等。而从信息系统开发角度看，用户需求主要包括两大类型：功能需求、非功能性需求。

（1）功能需求。功能需求是信息系统最基本的需求表述，包括系统应该提供的服务，对输入做出的反应，以及系统在特定条件下的行为描述。在某些情况下，功能需求还必须明确系统不应该做什么。所以，它需要详细地描述系统功能特征、输入和输出接口、异常处理方法等。表 5—1 中的人事考勤系统的部分功能需求描述如表 5—2 所示。

表 5—2　　　　　　　　　　　　　　　功能需求的描述

系统名称	功能需求
人事考勤系统	通过指纹识别进行考勤信息的录入。
	提供考勤信息的多条件查询（姓名/日期/指定时间段/综合查询）。
	提供日报表、月报表、年报表的数据统计，并提供打印功能。
	输入假期类别，并设置扣款标准；扣款结果可以与工资系统连接。

（2）非功能性需求。非功能性需求是对功能需求的限制性要求，包括系统的性能需求（如"汇总统计分析必须在 1 分钟内生成"）、可靠性需求（如"系统应支持 7×24 小时提供服务的业务需要"）、可用性需求（如"在任何情况下，主机或备份系统应该至少有一个可用，而且在一年内，该系统的不可用时间不能超过总时间的 1%"）、安全需求，以及系统对开发过程、时间、资源等方面的约束和标准等。由此可见，非功能性需求一般关心信息系统的整体特性，而不是个别的系统特性。因此，非功能性需求比功能需求要求更严格，更不易满足。一个功能需求没有满足，可能降低系统的能力；而一个非功能性需求没有满足，则可能使整个系统无法使用。当然，非功能性需求还与系统的开发过程有关。表 5—1 中的人事考勤系统的部分性能需求描述如表 5—3 所示。

表 5—3	性能需求的描述
系统名称	**性能需求**
人事考勤系统	指纹识别系统的响应时间应该在 2 秒以内。
	人事考勤系统必须支持 100 个客户的同时访问。
	可以在 10 秒内从 10 000 个员工记录中检索出所需要员工的考勤信息。
	可以在 1 分钟内给出整个集团公司的月份考勤统计报告。

另外，在用户需求分析中还必须做好数据需求分析，包括对输入数据、输出数据、加工中的数据和保存在存储设备上的数据等进行的全方位分析。

在结构化方法中，可以使用数据字典（关于其内容，本章后面会介绍）对数据进行全面、准确的定义，如数据的名称、组成元素、出现的位置、数据的来源、数据的流向、数据出现的频率和存储的周期等。当所要开发的软件系统涉及数据库操作时，还可以使用数据关系模型图，对数据库中的数据实体及数据实体之间的关系进行描述。

3. 需求规格说明书

需求分析完成之后，系统需求分析人员需要将用户对信息系统的一系列要求、想法，编写为系统需求规格说明书（简称需求规格说明书），它详细地说明了信息系统"必须做什么"，"做成什么样"，以及对模糊的部分"不做什么"等。需求规格说明书对后面系统的开发、测试、质量保证，以及相关项目管理功能都将起到重要的作用。

编写需求规格说明书的目的是使用户和开发者双方对该系统有一个共同的理解，使之成为开发工作的基础，并为系统设计提供一个蓝图，给系统验收提供一个标准。

5.2.3 可行性分析的内容

可行性分析的任务是明确应用项目开发的必要性和可能性。必要性来自对待开发系统的迫切性，可能性则取决于实现应用系统的资源和条件是否具备。

可行性分析工作需要建立在初步调查的基础上。如果领导者或管理人员对信息系统的需求不迫切，或者条件尚不具备，就是不可行。具体来说，可行性分析的内容包括以下几方面。

1. 管理上的可行性

管理上的可行性是指管理人员对开发应用项目的态度和管理方面的条件。在开发应用项目的态度方面，主管领导不支持的项目肯定不行。同样，如果高中层管理人员的抵触情绪很大，就有必要等一等，积极做工作以创造条件。管理方面的条件主要指管理方法是否科学，相应管理制度改革的时机是否成熟，规章制度是否齐全以及原始数据是否正确等。

2. 技术上的可行性

技术上的可行性主要分析当前的软、硬件技术能否满足系统提出的要求。例如，对运行速度的要求，对存储能力的要求，对通信功能的要求等，都需要根据现有的技术水平进行认真的考虑。此外，还要考虑从事系统开发以及系统运行之后的维护管理人员的技术水平。在信息系统开发和运行维护的各个阶段，需要各类技术人员参与，如系统分析人员、系统设计人员、程序员、数据录入人员、硬件维护人员、软件维护人员等。如果能够投入的人员数量不够，或者所投入的人员技术水平不高，或者缺乏系统中要用到的某些知识（如网络知识），那么可以认定此系统的开发在技术力量方面是不可行的。

3. 经济上的可行性

经济上的可行性主要是预估费用支出和对项目的经济效益进行评价。在费用支出方面，不仅要考虑主机费用，而且要计算外围设备费用、软件开发费用、人员培训费用、管理咨询费用和将来系统投入运行后的经常费用（如管理、维护费用、人员工资费用）和备件费用、耗材费用。经济效益应从两方面综合考虑，一方面是可以用金钱直接衡量的效益，如加快流动资金周转、减少资金积压等；另一方面是难以用金钱直接表示的间接效益，如提供更多的更高质量的信息、提高取得信息的速度、提高企业的形象和品牌等。

4. 社会适应可行性

由于信息系统是在社会大环境中存在的，除了技术因素和经济因素之外，还有许多社会因素对于项目的开展起着制约作用。例如，与项目有直接关系的管理人员是否支持该项目，如果有各种误解甚至抱有抵触情绪，那应该说条件还不成熟。再如，有的企业管理制度正处于变动之中，这时信息系统的改善就应作为整个管理制度改革的一个部分，在系统总目标和总的管理方法制定后，项目才能有根本变化。如果这时考虑大范围地使用某些要求较高文化水平的新技术，显然是不现实的。所有这些社会因素、人为因素均必须考虑在内。

5.2.4 可行性分析报告

可行性分析工作结束后，要写出一个书面文档，即可行性分析报告，它是系统开发人员对现行系统进行初步调查和研究之后的结论，反映了系统开发人员对新系统开发的看法和设想。可行性分析报告一般要提交到有企业决策者、部门领导及业务骨干参加的正式会议上讨论。可行性分析报告一旦正式通过，并且经过有关领导审核批准，可行性分析即宣告结束。

可行性分析报告一般应包括以下内容。

1. 系统概述

简单地说明与系统开发有关的各种情况和因素，主要包括以下内容：

（1）引言。引言包括摘要、系统名称、功能、系统开发单位、系统服务对象，本系统和其他系统的关系，本报告的引用资料，本报告使用的专门术语及其定义、缩略语、全称等。

（2）系统的基本环境。如组织的地理位置及分布，发展历程，组织的机构、人员等。

（3）系统开发的背景、必要性和意义。

2. 系统目标

介绍系统的目标以及初步需求，主要包括：

（1）系统应达到的目标。

（2）系统的边界。

（3）系统的主要功能。

（4）系统的软、硬件配置。

（5）系统的大致投资。

（6）系统开发进度的安排。

3. 系统开发方案介绍

一般要求提出一个主方案和几个辅助方案，并对这几种方案进行比较分析。

4. 可行性研究

系统从管理上、技术上、经济上、社会上以及其他方面进行的可行性分析。

5. 可行性分析的结论

在可行性研究中，对可行性分析要有一个明确的结论，可以是以下几种中的某一项：

（1）可以立即开发。

（2）没有必要开发新系统，可以继续使用或者改进原系统。

（3）某些条件不具备，需要这些条件具备以后再进行开发。

可行性分析报告要尽量获得有关管理人员的一致认可，并经过主管领导批准。只有结论是可以立即开发，才能付诸实施，进入下面的详细调查阶段。

5.3 详细调查

当新系统通过可行性审核之后，系统的研制、开发工作就进入了实质性的阶段。此时的首要任务就是进行详细调查，深入了解系统的处理流程，完整掌握现行系统的状况，发现问题和薄弱环节，收集数据报表资料，最终确定用户需求，为下一步的系统化分析和新系统的逻辑设计做好准备。本节主要介绍详细调查的目的、原则、方法、内容和表达工具。

5.3.1 详细调查的目的与原则

详细调查的对象是现行系统（包括手工系统和已采用计算机的管理信息系统）。详细调查的目的是深入了解企业管理工作中信息处理的具体情况和存在的问题，为提出新系统的逻辑模型提供可靠的依据，因此，其细微程度要比初步调查高得多，工作量也要大得多。详细调查是系统分析与设计的基础，对系统开发起着决定性的作用。详细调查由使用部门的业务人员、主管人员和设计部门的分析人员、设计人员共同进行，并遵循以下基本原则。

1. 自顶向下全面展开

调查工作应严格按照自顶向下的系统化观点全面展开，从组织管理工作的最顶层开始，然后再调查第二层的管理工作，依次类推，直至摸清组织的全部管理工作。

2. 弄清各项管理工作存在的必要性

组织内的每一个管理部门和每一项管理工作，都是根据组织的具体情况和管理需要而设置的。调查工作的目的正是要弄清这些管理工作存在的客观条件、环境条件和工作的详细过程，然后通过系统分析，讨论其在新的信息系统支持下有无优化的可行性。

3. 工程化的工作方式

对于一个大型系统的调查，一般都要由多个系统分析人员共同完成。所谓工程化的工作方式，是指将每一步工作都事先计划好，对多个人的工作方法和调查所用的表格、图例都进行规范化处理，以使群体之间都能互相沟通、协调工作。另外，所有规范化调查结果（如表格、问题、图、所收集的报表等）都应整理后归档，以便进一步工作时使用。

4. 全面铺开与重点调查相结合

开发整个组织的综合性管理信息系统要开展全面的调查工作。但如果近期内只需开发组织内某一部分的信息系统，这就必须坚持全面铺开与重点调查相结合的方法，即自顶向下全面展开，但每次都只侧重于与局部相关的分支。

5. 主动沟通，亲和友善的工作方式

系统调查是一项涉及组织内部管理工作的各个方面、各种不同类型的人的工作，所以调查者主动地与被调查者进行业务上的沟通是十分重要的。创造出一种积极、主动、友善的工作环境和人际关系是调查工作顺利开展的基础，良好的人际关系可能帮助调查和系统开发工作事半功倍；反之，则可能根本进行不下去。

5.3.2 详细调查的常用方法

对于不同的系统或同一系统的不同部分，应分别采用不同的调查方法。系统详细调查的常用方法，除了通过搜集资料进行间接调查之外，还包括以下几种直接调查方法。

1. 个别访问法

个别访问法是指系统分析人员根据调查需要，有目的地直接访问组织中的各类业务人员，以了解组织的业务流程、数据流程和数据处理方法等。

2. 召开座谈会

召开座谈会是系统调查最常用，也很有效的一种方式。系统分析人员通过与用户单位领导、管理人员的直接接触，采用有目的的座谈方式获取所需资料，并尽可能使管理人员和系统开发人员在新系统的功能和与之联系的修改方案及措施方面取得一致。

座谈会一般分 3 个阶段。系统分析人员首先针对事先拟好的访谈提纲向被调查者提问，这个阶段主要是收集易于表达的结构化程度较高的定量信息；然后，与会人员自由交谈，此阶段可以了解结构化程度差、被调查者不能用书面方式确切表达的定性信息；最后阶段是系统分析人员针对座谈情况的总结，以便补充、修改所收集的信息。

座谈会应根据系统开发的进程来决定座谈的对象。系统开发之初，应召集企业的高层领导和各部门的主管，主要了解现行系统的总体状况以及对新系统的具体要求。随着调查的深入，应分部门进行座谈，以便了解各部门的业务流程和信息载体。

座谈会调查的方式能形成轻松、灵活、自由的气氛，有利于了解对方的观点和感觉，有助于联络感情，消除书面表达造成的误解和系统开发过程中可能遇到的阻力。但这种方式费时、费力，不仅要求座谈前准备充分，而且座谈中也要有一定的方法和艺术，以引导座谈对象积极、主动、客观、明确地表达出系统分析人员需要了解的内容。

3. 问卷调查法

问卷调查法就是系统分析人员将与系统开发有关的问题，以问卷的形式发给组织中的有关人员，通过回答问题的方式，了解系统现状和系统需求。一个详细的调查问卷提纲，其内容可根据实际情况修订，如表5—4所示。

表 5—4　　　　　　　　　　　　　　详细调查问卷提纲

序号	问　　题
1	你的工作岗位是什么？
2	你的工作任务是什么？哪些任务属于重点、难点？
3	你的工作性质、地位是什么？
4	你的工作有哪些考核指标？工作目标有哪些？
5	你的工作中要用到哪些单据、台账、统计报表、工作文件、工作标准和管理标准？
6	你工作中的哪些单据、台账、统计报表、工作文件、工作标准和管理标准可能会被修改？
7	你的工作与其他工作（部门、人员或岗位）之间有什么关系？
8	你的工作中有哪些流程？
9	你的工作要制定哪些计划？
10	你的工作需要向什么领导提供哪些统计数据？
11	你的工作存在哪些问题？在最近有哪些变革？你认为应该如何改进？
12	你认为自己的工作或其他相关的工作是否需要改进？如何改进？
13	你认为哪些统计指标（尤其是综合统计指标）能够反映你的工作及其他相关工作的情况？
14	你要做好你的工作和其他相关的工作，你认为应该收集哪些企业外部信息？
15	你所在部门的计算机应用情况如何？
16	你对使用计算机有何认识？你认为所在部门应该如何实施计算机辅助管理？

在进行问卷调查时，需要事先拟订调查提纲，并设计问卷调查表。需要注意的是，问卷

的信息量不要太大，问题要简单、明确、直接，突出主题和中心思想，并且要便于数据统计分析，切忌表述不清、措辞含糊、产生歧义。问卷方式可以采用自由式问卷或选择式问卷。

4．参加业务实践

参加业务实践是系统分析人员深入、准确、完整了解系统中的一些复杂环节的最佳方式。通过直接参加业务实践，分析人员可以更好地掌握系统的输入、处理、输出、传递、存储的具体过程和内容，并能体验和找出系统中的各种缺陷以及有可能出现的问题等。

5.3.3　详细调查的内容和表达工具

详细调查主要针对管理业务和数据流程进行，其内容包括：组织结构调查；功能体系调查；业务流程调查与分析；数据流程调查与分析；薄弱环节以及其他内容的调查。

在详细调查中，为了便于分析人员和管理人员之间进行业务交流和分析问题，应尽可能使用各种形象、直观的图表工具。例如：用组织结构图描述组织的结构；用功能体系图表示组织的整体管理功能；用业务流程图或表格分配图描述业务流程状况；用数据流程图描述业务过程中的数据流动情况等。

5.4　管理业务调查

开发和建立管理信息系统的目的主要在于提高管理水平。而新系统的产生，必须在对现行管理业务有充分了解的情况下才能真正把握。为此，对现行管理业务的调查非常重要，这包括组织结构调查、管理功能调查、业务流程调查、单据和报表的调整以及其他管理内容调查等。

5.4.1　组织结构调查

现行系统中的信息流动是以组织结构为背景得以体现的。在一个组织中，各部门之间存在着各种信息和物质的交换关系。物质材料由系统的外界流入，进入组织中的某一部分，进行加工或处理后，又流向组织中的另一部分，最终作为输出产品流出系统。企业的生产状况和物质流动本身产生各种数据，并通过一定的途径流向管理部门，按一定规则和意图加工所得的信息再流向相关部门和组织领导，组织领导按照上下级关系下达各种命令（信息）以控制和调节物质流动的数量、方向和速度，确保物质流动规则有序。

组织结构中的各种关系可以借助于组织结构图予以表示，部门间的层次关系即表示上下级的隶属关系（简化的组织结构图仅表示隶属关系）。某企业简化的组织结构图如图5—4所示。

图5—4　某企业简化的组织结构图

组织结构调查是系统分析人员了解现行系统的首要环节，其重点应放在调查各部门的职责以及部门之间的关系上。实际上，企业的组织结构往往较为复杂，组织结构图很难将部门间的所有关系都表达清楚。通常，组织结构图着重反映部门间的上下级隶属关系；各部门相互之间的其他传递关系可用特定设置的线条和符号表示。添加了这些线条后的某企业组织结构图如图5—5所示。

图5—5　附带多种关系说明的某企业组织结构图

另外，各个部门的职责可通过专门的表格详细阐述，从中可以了解各部门的主要职能；部门之间的其他关系还可以通过业务流程图详细表达。

总之，完整的组织结构图中应包含多种关系，概括起来主要为：上下级的领导关系、物质的流动关系、资金的传递关系、信息的传递关系等。一般情况下，物质的流动和资金的传递都伴随着信息的传递，而信息的传递关系是系统进一步设计的依据和对象。

5.4.2　管理功能调查

管理功能调查的任务是在掌握系统组织结构的基础上，以组织结构为线索，逐层了解各个部门的工作职责和内部分工，掌握组织的功能体系，并用功能体系图来表示。

功能体系图是一个完全以业务功能为主体的树形图，其目的在于描述组织内部各个组成部分的业务和功能。某企业销售部的功能体系图如图5—6所示。

图5—6　某企业销售部的功能体系图

111

5.4.3 业务流程调查

业务流程调查的主要目的是分析某项业务的具体处理过程，发现和处理系统调查工作中的错误和疏漏，修改和删除原系统中的不合理部分，在新系统基础上优化业务处理流程。

描述业务流程的图表有两种，分别是业务流程图和表格分配图。

1. 业务流程图

业务流程图是一种描述系统内各单位、人员之间业务关系、作业顺序和管理信息流向的图表，利用它可以帮助分析人员找出业务流程中的不合理流向。

业务流程图易于阅读和理解，是分析业务流程的重要工具。它用尽可能少的、规定的符号及连线来表示某个具体业务处理过程。业务流程图中常用的基本符号如图5—7所示。

图5—7 业务流程图的基本符号

某企业销售及库存子系统的管理业务流程图如图5—8所示。

图5—8 某企业销售及库存子系统的管理业务流程图

2. 表格分配图

为了传递信息，管理部门经常将某种单据复印多份，分发到多个部门。在这种情况下，一般采用表格分配图来描述有关业务，这可以帮助分析人员了解系统中各种单据和报告都与哪些部门发生了业务关系。描述物资采购业务的表格分配图如图5—9所示。

在图5—9中，每一列表示一个部门，箭头表示复制单据的流向，每张复制的单据上都标有号码，以便区别。从图中可以看出，由采购部门准备采购单一式四份，第一张给卖方；

图5—9 采购业务的表格分配图

第二张给收货部门，用于登入待收货登记表；第三张给财务部门，作应付款处理，记入应付账；第四张留在采购部门备查。到货时，收货部门按照待收货清单校对货物后，填写收货单四份，其中第一张给财务部门，作应付款处理，记入应付账；第二张给采购部门，用于其通知相关车间取货；第三张留在收货部门备查，第四张给卖方。

5.4.4 单据和报表的调查

业务流程图描述了系统内部各部门的业务处理过程以及部门间的信息传递关系，明确了系统中单据和报表的名称、数量以及它们的数据来源和产生途径。但是单据和报表的内容、数据项的构成等对系统进一步设计有重大影响的数据细节仍没有被描述出来，因此，需要对单据和报表这些数据载体做进一步的调查。

单据和报表的调查应分部门进行，即针对各部门业务流程图中反映的输出和存储载体，对其中各数据项的名称、类型、计算方法、宽度、小数位数等属性做详细描述，以便为数据分析和存储设计提供依据。单据和报表的调查可采用分发调查表的方式进行。单据或报表调查表的格式如表5—5所示。

表5—5　　　　　　　　　　　　　单据或报表调查表

部门名称：　　　　　　　部门编号：　　　　　　填表人：　　　　　　填表日期：

单据或报表名称				编号			
发生时间				发生周期			
序号	数据项名称	类型	取值范围	计算方法	宽度	小数位数	备注（计量单位等）

调查表中的"计算方法"一栏是指该数据项的具体算法。如果数据项是直接填写的原始数据，则"计算方法"一栏不用说明。如果该数据项是由本表的其他数据项或者其他表的数据项计算而得，则必须通过一定的引用和符号约定指明计算过程。例如公式"（03＋10×

08)/04"表示该数据项由第 3 项、第 8 项和第 4 项计算而得，而公式"02308＃08×（03＋06＋07＋08）"则表示该数据项是由编号为 02308 的报表中的第 8 项与本表的第 3 项、第 6 项、第 7 项、第 8 项之和的乘积进行综合计算的结果。

填写完的调查表经核实、整理后应按部门归类，并附原始单据或报表，最好是有实际数据的样品或复印件。单据或报表调查表中的编号必须与业务流程调查表中的编号一致。

5.4.5 其他管理内容调查

除了以上内容外，管理业务方面的详细调查内容还包括以下几点。

1. 薄弱环节的调查

现行系统中的各个薄弱环节应该引起足够注意，通常这些薄弱环节正是新系统中要解决和改进的主要问题，对它们的有效解决，可以极大地增加新系统的经济效益和社会效益，从而提高用户对新系统开发的兴趣和热情。

2. 资源状况的调查

管理信息系统的资源包括人、财、物等方面，具体是指用户人力资源的情况，开发人员的水平和经验，以及物资、设备和资金情况，特别是现有计算机设备的具体情况。

3. 环境及运行状况的调查

即对现行系统的运行环境及状况进行调查分析，掌握当前系统的运行效果、规模、业务处理情况以及其外部环境和接口。调查的同时应注意发现当前系统的不足和面临的问题。

5.5 数据流程调查

业务流程图形象地展现了管理中信息的流动和存储过程，但仍没有脱离一些物质要素（如货物、产品、人员等）。利用计算机进行信息管理，还必须进一步舍去物质要素，收集有关资料，分析数据流动情况，进一步绘制原系统的数据流程图，为下一步分析做好准备。

5.5.1 数据流程调查的内容

数据是信息的载体，是今后系统要处理的主要对象，因此必须对系统调查中所收集的数据以及处理数据的过程进行分析和整理，这是今后建立数据库系统和设计功能模块处理过程的基础。数据流程调查就是尽可能详细地收集组织的详细资料，这些资料包括：

（1）现行系统中全部输入单据（如入库单、收据、凭证）、输出报表和数据存储介质（如账本、清单）的典型格式。

（2）了解各环节的处理方法（如工资核算过程）和计算方法（如如何计算提成）。

（3）在上述各种单据、报表、账本的典型样品上用附页注明制作单位、报送单位、存放地点、发生频度（如每月制作几张）、发生的高峰时间及发生量等。

（4）在上述各种单据、报表、账册的典型样品上注明各项数据的类型（数字、字符）、长度、取值范围（指最大值和最小值）等指标。

5.5.2 数据流程图的绘制

1. 数据流程图的基本成分

数据流程图（Data Flow Diagram，DFD）从数据传递和加工的角度，以图形的方式刻画数据处理系统的工作情况。数据流程图是一种能全面描述信息系统逻辑模型的主要工具，它用少数几种符号综合地反映出信息在系统中的流动、处理和存储情况。

数据流程图具有抽象性和概括性。抽象性表现在它完全舍去了具体的物质，只剩下数据的流动、加工处理和存储；概括性表现在它可以把信息中的各种不同业务处理过程联系起来，形成一个整体。无论是手工操作部分还是计算机处理部分，都可以用它表达出来。因此，可以采用数据流程图这一工具来描述管理信息系统的各项业务处理过程。

数据流程图只有四种基本成分，其基本符号如图5—10所示。

外部实体　　　　数据流　　　　数据存储　　　处理逻辑（加工）

图5—10　数据流程图的基本符号

（1）外部实体。外部实体以方形框并在左上角加折线的方式表示图中出现数据的始发点或终止点。原则上讲，外部实体不属于数据流程图的核心部分，它表示与系统处理有关，同时又不属于系统内部的那些外围部分。在实际问题中，它可能是人员、计算机外设、系统外部文件等，如库存管理系统中的"车间"。在方形框中用文字注明外部实体的编码属性和名称。

（2）数据流。数据流以箭头线及其上的数据表示数据流动的方向，由一组数据项组成。例如"发票"数据流由品名、规格、单位、单价、数量等数据组成。数据流一般都是名词。

（3）数据存储。逻辑意义上的数据存储环节，即系统信息处理功能需要的，不考虑存储的物理介质和技术手段的数据存储环节。它可以用一个右边开口的长方形来表示，图形左边填写该数据存储的标志，右边填写存储的数据和数据集的名字。

（4）处理逻辑（加工）。处理逻辑（加工）也称为处理或功能，表示在业务流程中对数据进行的某种处理过程，它包括两方面的内容：一是改变数据的结构；二是在原有数据内容基础上增加新的内容，形成新的数据。处理逻辑的表示采用一个中间画线的长方形，上部填写唯一标识该处理的标志，下部填写处理的名字。加工的名字一般应该是动词，或者是动宾短语，如查阅、审批、检索库存、打印报表等。

图5—11所示的就是一个简单的数据流程图，它表示数据X从源S流出，经P1加工转换成Y，接着经P2加工转换为Z，将Z信息传递给T。在P2加工过程中还要从F中读取数据。

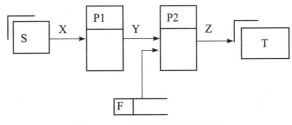

图5—11　简单的数据流程图

2. 数据流程图的绘制步骤

（1）确定与本系统有关的外部实体，即确定与本系统有关的单位、部门和人员。

（2）确定系统的处理单元，即确定系统中需要保存的文件和数据。

（3）确定系统的存储单元，即确定系统中需要存储的文件和数据。

（4）确定合理布局。数据流程图的各种符号要布局合理、分布均匀、整齐、清晰，使读者一目了然，以便于交流，消除误解。一般系统数据主要来源的外部实体尽量安排在左方，而数据主要去处的外部实体尽量安排在右边，数据流的线条尽量避免交叉或过长。

（5）自顶向下逐层扩展。管理信息系统庞大而复杂，具体的处理逻辑（加工）可能成百上千，关系错综复杂，不可能用一两张数据流程图明确、具体地描述整个系统的逻辑功能，自顶向下的原则为我们绘制数据流程图提供了一个清晰的思路和标准化的步骤。

（6）组织用户领导、管理人员和业务人员等各方代表反复讨论、分析、比较，直到得到一个用户和开发人员都能理解的、满意的数据流程图。

绘制数据流程图的过程是系统分析的主要过程，同时也是一个多次反复的过程。一个数据流程图往往需要经过多次修改和讨论，才能最终确定。下面以绘制一个订货处理系统的数据流程图为例，说明绘制数据流程图的具体方法。

按照上面的步骤，首先确定与本系统有关的外部实体——用户。绘制顶层的数据流程图，表示销售部门接到用户的订单后，根据库存情况决定向用户发货，如图 5—12 所示。

图 5—12 订货处理系统的顶层数据流程图

然后，绘制下一层的数据流程图。对顶层数据流程图的分解从处理逻辑（加工）开始，将订货处理分解为五个处理逻辑，得到第一层的数据流程图，如图 5—13 所示。

图 5—13 订货处理系统的第一层数据流程图

此外，根据具体情况还应对低层数据流程图再进行细分，并考虑处理中的例外情况。

5.6 数据字典

数据字典是以特定格式记录下来的，对系统数据流程图中各个基本要素的内容和特征所作的定义和说明。它是结构化系统分析的重要工具之一，是对数据流程图的重要补充。

5.6.1 数据字典的作用

数据流程图只给出了系统组成及相互关系，但没说明各部分的含义。为使数据流程图上的数据流、数据存储和文件等具有确切的解释，就需要编写数据字典。也就是说，数据字典就是对数据流程图中出现的各个部分给出详细说明的一个整体。数据流程图配以数据字典，就可以从图形和文字两方面完整描述系统逻辑模型，清楚地表达数据处理的要求。

5.6.2 数据字典的内容

数据字典的内容包括数据项、数据结构、数据流、处理逻辑、数据存储和外部实体六个方面。

1. 数据项的描述

数据项是不可再分的、最基本的数据单位，如学号、姓名、成绩等。分析数据特性应从静态和动态两个方面去进行。但在数据字典中，仅定义数据的静态特性，具体包括：名称；编号；别名；简述；数据项的取值范围；数据项的长度；数据类型。

表 5—6 所示的就是一个对"库存量"数据项的定义。

表 5—6 　　　　　　　　　　　　"库存量"数据项的定义

数据项编号	名称	别名	简述	类型	长度	取值范围
A03—04	库存量	数量	某零件的库存数量	字符	6 Byte	0～999 999

2. 数据结构的描述

数据结构描述某些数据项之间的关系。一个数据结构既可以由若干个数据项组成，也可以由若干个数据结构组成，还可以由若干个数据项和数据结构组成。在数据字典中对其定义包括：名称；编号；简述；组成。

表 5—7 所示的就是一个"用户订货单"数据结构的定义。

表 5—7 　　　　　　　　　　　　"用户订货单"数据结构的定义

DS03—01：用户订货单		
DS03—02：订货单标识	DS03—03：用户情况	DS03—04：配件情况
I1：订货单编号	I3：用户代码	I10：配件代码
I2：日期	I4：用户名称	I11：配件名称
	I5：用户地址	I12：配件规格
	I6：用户姓名	I13：订货数量
	I7：电话	
	I8：开户银行	
	I9：账号	

3. 数据流的描述

数据流由一个或一组固定的数据项组成。定义数据流时，不仅要说明数据流的名称、组成等，还应指明其来源、去向和数据流量等。在数据字典中对数据流的定义包括：名称；编号；简述；数据流的来源；数据流的去向；数据流的组成；数据流的流通量；高峰期流通量。

表 5—8 所示的就是一个对"领料单"数据流的定义。

表 5—8 "领料单"数据流的定义

数据流编号	名称	简述	数据流来源	数据流去向	数据流组成	数据流流通量	高峰期流通量
F03—08	领料单	车间开出的领料单	车间	发料处理模块	材料编号＋材料名称＋领用数量＋日期＋领用单位	10 份/时	20 份/时（上午9:00～11:00）

4. 处理逻辑的描述

这里仅指对数据流程图中最底层的处理逻辑加以说明。在数据字典中对其定义包括：处理逻辑名称；编号；简述；输入；处理过程；输出；处理频率。

表 5—9 所示的就是一个对"计算电费"处理逻辑的定义。

表 5—9 "计算电费"处理逻辑的定义

名称	编号	简述	输入的数据流	处理	输出的数据流	处理频率
计算电费	P02—03	计算应交纳的电费	数据流电费价格，来源于数据存储文件价格表；数据流电量和用户类别，来源于处理逻辑"读电表数字处理"和数据存储"用户文件"。	确定该用户类别；确定该用户的收费标准，得到单价；单价和用电量相乘得到该用户应交纳的电费。	一是外部实体用户；二是写入数据存储用户电费账目文件。	对每个用户每月处理一次。

5. 数据存储的描述

数据存储在数据字典中只描述数据的逻辑存储结构，而不涉及它的物理组织。在数据字典中对其定义包括：数据存储的编号；名称；简述；组成；关键字；相关的处理。

表 5—10 所示的就是一个对"库存账"数据存储的定义。

表 5—10 "库存账"数据存储的定义

编号	名称	简述	组成	关键字	相关的处理
F03—08	库存账	存放配件的库存量和单价	配件编号＋配件名称＋单价＋库存量＋备注	配件编号	P03

6. 外部实体的描述

外部实体的描述内容包括：外部实体编号、名称、简述及有关数据流的输入和输出。在数据字典中对其定义包括：外部实体编号；外部实体名称；简述；输入的数据流；输出的数据流。

表 5—11 所示的就是一个对"用户"外部实体的定义。

表 5—11 "用户"外部实体的定义

编号	名称	简述	输入的数据流	输出的数据流
S03—01	用户	购置本单位配件的用户	D03—06，D03—08	D03—01

5.6.3 数据字典的管理

数据字典的管理方法有两种：手工编制数据字典与利用计算机管理数据字典。

手工编制数据字典，是指将数据字典中的各个项目制作成专门的卡片，让专人管理。

手工编制数据字典工作量极大，并且也容易出错。为了便于管理，可借助计算机工具，利用数据库管理系统来辅助建立和管理数据字典。

编写数据字典是系统开发的一项重要的基础工作。一旦建立，并按编号排序之后，就是一本可供查阅的关于数据的字典，从系统分析一直到系统设计和实施都要使用该字典。在数据字典的建立、修正和补充过程中，始终要注意保证数据的一致性、完整性和可用性。

5.7 处理逻辑的描述工具

数据流程图中比较简单的计算性的处理逻辑可以在数据字典中直接给出定义，但还有不少在逻辑上比较复杂的处理，有必要运用一些描述处理逻辑的工具来加以说明。

例如，某公司的订货折扣政策如下：

（1）年交易额在 500 万元或 500 万元以下，则不给予折扣；

（2）年交易额在 500 万元以上时：

如果无欠款，则给予 15％的折扣；

如果有欠款，而且与本公司的交易关系在 10 年以上，则折扣为 10％；

如果有欠款，而且与本公司的交易关系在 10 年及以下，则折扣为 5％。

问题：如何用简便的工具描述该政策？

下面介绍能简洁地描述上述逻辑判断功能的三种工具：判断树、判断表、结构化语言。

5.7.1 判断树

判断树是指用树形分叉图来表示处理逻辑的一种图形工具，它可以直观、清晰地表达加工中具有多个策略，而每个策略又和若干条件有关的逻辑功能。

判断树的组成形式为：左边节点为树根，称为决策节点；与决策节点相连的称为方案枝；最右方的方案枝端点表示决策结果，即所采用的策略；中间各节点为分段决策节点。

上文所述的某公司订货折扣政策的判断树样式如图 5—14 所示。

图 5—14 "订货折扣政策"判断树

这个判断树清晰地表达了在什么情况下应采取什么策略，不易产生逻辑上的混乱。因而，判断树是描述基本加工逻辑功能的有效工具。

5.7.2 判断表

如果判断的条件较多，各条件又相互结合，在相应的决策方案较多的情形下用判断树来描述，树的结构会比较复杂，图中各项注释也会比较烦琐，这时用判断表就更为合适。

判断表为表格形状，上文所述的某公司订货折扣政策的判断表样式如图5—15所示。

条件及行动		1	2	3	4	5	6	7	8
条件组合	C1:交易额500万元以上	Y	Y	Y	Y	N	N	N	N
	C2:无欠款	Y	Y	N	N	Y	Y	N	N
	C3:交易10年以上	Y	N	Y	N	Y	N	Y	N
行动	A1:折扣率15%	✔	✔						
	A2:折扣率10%			✔					
	A3:折扣率5%				✔				
	A4:折扣率0%					✔	✔	✔	✔

图5—15 "订货折扣政策"判断表

判断表由四个部分组成。在图5—15中，用粗虚线分割了这四个部分，其中，左上部分表示条件，列出了所有可能的条件；左下部分表示行动，列出了所有可能的行动方案；右上部分是各种条件的不同组合；右下部分是各种条件组合下应该采用的相应行动。

在实际应用判断表时，常常需要先进行化简。一般通过分析、归纳，将在实际中不合理的、无意义的条件组合剔除，合并具有相同操作的条件组合。

对于图5—15所示的判断表，有些条件组合是可以合并的，如1、2列可以合并，5、6、7、8列可以合并，详见表5—16。

条件及行动		1	2	3	4	5	6	7	8
条件组合	C1:交易额500万元以上	Y	Y	Y	Y	N	N	N	N
	C2:无欠款	Y	Y	N	N	Y	Y	N	N
	C3:交易10年以上	Y	N	Y	N	Y	N	Y	N
行动	A1:折扣率15%	✔	✔						
	A2:折扣率10%			✔					
	A3:折扣率5%				✔				
	A4:折扣率0%					✔	✔	✔	✔

图5—16 "订货折扣政策"判断表中可以合并的部分

1、2列以及5、6、7、8列合并后的判断表如图5—17所示。

条件及行动		1	2	3	4
条件组合	C1:交易额500万元以上	Y	Y	Y	N
	C2:无欠款	Y	N	N	
	C3:交易10年以上		Y	N	
行动	A1:折扣率15%	✓			
	A2:折扣率10%		✓		
	A3:折扣率5%			✓	
	A4:折扣率0%				✓

图5—17　合并后的"订货折扣政策"判断表

5.7.3　结构化语言

结构化语言介于自然语言和计算机语言之间，虽然其没有严格的语法规定，使用的词汇也比形式化的计算机语言广泛，但使用的语句类型很少，结构规范，表达的内容清晰、准确，易理解，不易产生歧义，适于表达数据加工的处理功能和处理过程。

1. 结构化语言中使用的主要词汇

结构化语言中使用的主要词汇包括以下几类：

（1）关键字：if，then，else，select case …case，otherwise，while，until，so 等。

（2）关系运算词汇，如＞、＜、＞＝、＜＝、！＝、＝、＝＝、＜＞等。

（3）逻辑运算词汇，如 and、or、not 等。

（4）祈使语句中的动词，如计算、汇总、查询、获取、核对、统计、打印等。

（5）数据词典中的名词，如姓名、学号、成绩、销售额、工资表、库存报表等。

2. 结构化语言使用的语句类型

结构化语言使用的语句类型只有以下三种：

（1）祈使语句：说明要做的事情，一般用动词加上宾语构成。动词表示要执行的功能，宾语表示工作的对象。如计算总销售额、获取收发数据、计算补充订货量等。

（2）条件语句：说明在满足一定条件下要做的事情，类似于结构化程序中的判断语句。例如：

```
    IF  成绩＞＝60分
  THEN  将及格人数加1
  ELSE  将不及格人数加1
```

（3）循环语句：说明在满足某种条件下反复要做的事情，类似于结构化程序中的循环语句。它由循环条件和重复执行语句构成。例如：

```
    对于每个库存项目（循环条件）
      获取收入数据
    将在库数加上收入数据，更新在库数
      获取发出数据
    将在库数减去发出数据，更新在库数
```

如果在库数小于或等于临界库存数

则发出补充订货信号

上述语句类型可以嵌套，句中可使用逻辑关系式与数学公式。

3. 结构化语言的应用实例

上述描述折扣政策的文字可以用结构化语言描述如下：

```
IF   交易额 ＞＝ 500 万元
THEN  IF  无欠款
         THEN  折扣率＝15％
         ELSE
            IF  交易时间 ＞＝ 10 年
            THEN  折扣率＝10％
            ELSE  折扣率＝5％
ELSE  折扣率＝0％
```

5.8 系统分析的成果

系统分析的成果，一是确定新系统的逻辑方案，二是形成书面材料——系统分析说明书。

5.8.1 逻辑方案的确定

新系统逻辑方案的内容包括：新系统的目标、新系统的业务流程、新系统的数据流程、新系统的逻辑结构、新系统中数据资源的分布以及新系统中的管理模型。

1. 确定新系统的目标

在系统详细调查的基础上，结合系统可行性报告中提出的系统目标以及系统建设的环境和条件重新核查新系统的目标。新系统目标要从功能、技术和经济三个方面进行核查。

2. 确定新系统的业务流程

新系统的业务流程是业务流程分析和优化重组后的结果，包括以下内容：原系统的业务流程的不足及优化过程；新系统的业务流程；新系统业务流程中哪些由计算机系统来完成、哪些由用户来完成。

3. 确定新系统的数据流程

新系统的数据流程是数据流程分析的结果，包括下列内容：原数据流程的不合理之处；新系统的数据流程；新系统的数据流程中哪些由计算机来完成、哪些由用户来实现。

4. 确定新系统的逻辑结构

确定新系统的逻辑结构，即新系统中的子系统划分。

5. 确定新系统中数据资源的分布

确定新系统中数据资源的分布，即确定数据资源如何分布在服务器或主机中。

6. 确定新系统中的管理模型

确定新系统在每个具体管理环节上所采用的管理模型和管理方法。

5.8.2 系统分析说明书

系统分析结束后，需要写出一份分析资料，即系统分析说明书，又称为系统分析报告。

用户可以通过系统分析说明书来验证和认可新系统的开发策略和开发方案，而系统设计人员可以用它来指导系统设计工作和以后的系统实施。此外，系统分析说明书还可以用来作为评价项目成功与否的标准。系统分析说明书主要包括以下内容。

1. 概述

说明新系统的名称、目标、功能、开发背景，以及新系统与现行系统之间的主要差别。

2. 现行系统概况

用组织结构图、功能体系图、业务流程图、数据流程图、数据字典等，详细描述现行组织的目标，现行组织中信息系统的目标，系统的主要功能、组织结构、业务流程等。另外，各个主要环节对业务的处理量、总的数据存储量、处理速度要求、处理方式和现有的各种技术手段等，都应作一个扼要的说明。

3. 系统需求说明

在掌握了现行系统真实情况的基础上，针对系统存在的问题，全面了解组织中各层次的用户就新系统对信息的各种需求，包括：对功能的规定；对性能（如精度、时间特性要求、灵活性等）的规定；输入输出要求；数据管理能力要求；故障处理要求以及其他专门要求。同时还要对系统运行环境（如设备、支持软件、接口、控制等）作出规定。

4. 新系统的逻辑方案

根据原有系统存在的问题，明确提出更加具体的新系统目标。围绕新系统的目标，确定新系统的主要功能划分，并绘制新系统的各个层次数据流程图，编制新系统的数据字典、加工说明等，确定数据的组织形式，同时还要确定输入和输出的要求。

5. 系统开发资源、开发费用与进度估计

为了使有关高层管理人员获得更多的关于开发费用、开发工作量以及所需开发资源的信息，同时也便于对系统开发工作进行管理，要在当前基础上，对开发所需费用、资源和时间作进一步的估算。系统分析说明书一旦被审核通过，它就是一个具有约束力的指导性文件，要作为下一步系统设计的依据，用户和系统开发人员都不能随意修改。

5.9 案例讨论

5.9.1 案例 1：某 ERP 项目用户需求的获取方法

T 市精威仪器仪表有限责任公司（以下简称精威仪表）获得了市工业和信息产业局下达的一笔技术改造无息贷款，要求其专门用于进行企业信息化建设。为此，公司老总责成信息部经理雷霆华牵头，要求今年必须上马 ERP 软件。经过一段时间的选型，精威仪表最终与北京的一家 ERP 软件公司——腾佳软件公司签订了 ERP 软件的集成开发合同。按照合同要求，最后开发的系统必须将 ERP 的管理思想融系统之中，内容模块要覆盖企业的人财物、产供销、设计、研发、质量、工艺等所有内容，并且要实现与条形码的集成，技术架构上采用 C/S 模式，网络操作系统采用 Windows NT，数据库系统采用 SQL Server。

腾佳软件公司立马筹建项目组，并进驻精威仪表，开始该项目的用户需求分析。调研工作刚一开始，项目组就发现在他们面前存在着两个主要的问题，这些问题很可能会影响用户需求的获取。

一个主要问题是项目组发现该企业的信息化基础非常薄弱。一个在职人员有 900 多人、年销售额超 100 亿元的企业，目前应用计算机信息管理系统的部门和人员很少。常用的计算机软件只有一个非常简易的内部 OA 系统，一套税务局制定的财务管理系统，以及研发部门的一套三维 CAD 辅助设计软件，而销售管理、采购管理、人事管理、库存管理等都还是利用 Office 中的 Excel 进行相关的数据处理和分析。这种情况使腾佳软件公司原来已经制定好的项目实施计划受到了很大的影响。因为他们原先制定的主要步骤包括：调研、分析、设计、分批编码、试运行、分批系统切换、总体集成、验收。但是，由于企业的基础较差，调研工作进展不理想，已经直接影响到其他工作。项目组经过研究，决定从培训、考察、宣传入手，在企业各个层面组织各类培训，如 ERP 基本知识的普及培训、先进管理思想的培训、企业流程的培训等，并组织精威仪表的相关人员到其他企业学习、考察，亲身感受信息化应用的效果。

另一个主要问题是精威仪表尚处于快速发展的阶段，组织机构和管理流程还在不断变化之中。这种情况下，有可能出现软件的开发速度赶不上企业的发展变化。有经验的人员都知道，这样的系统将会陷入没完没了的修改之中。针对此问题，腾佳软件公司的开发人员从管理入手，通过企业调研，对企业流程进行了分类：第一类，可以确定下来的流程；第二类，可以变通的流程；第三类，有可能变化的流程，但变化的情况可以列举；第四类，肯定会变，但不知道怎么变的流程。不同的流程在软件设计中采用不同的解决办法：第一、二类按正常的方法设计；第三类采用参数控制法；第四类细分业务单元，采用用户流程自定义。

之后，腾佳软件公司建立了一套科学的需求管理工作机制。具体内容如下：

（1）首先抓住决策者最迫切和最关心的问题，引起重视。例如，在整个 ERP 系统开发初期，库存管理是企业管理的重要组成部分，库存的主要功能是在供给和需求之间建立缓冲，减缓供需矛盾。库存作为生产、采购、物料需求计划、销售、成本的依据，保证库存数据的准确性、完整性与及时性，是保证生产、财务、成本、销售、采购等其他系统顺利上线的关键，也是整个系统成功与否的关键。开发人员在开发过程中利用一切机会了解决策者关心的问题，同时也让他们了解项目的情况。在专题汇报、协调会议、领导视察、阶段性成果演示等过程中，用简短、明确的语言或文字抓住决策者最关心的问题，引导他们了解和重视项目的开发。当决策者认识到项目的重要性时，需求分析工作在人力、物力、时间上就有了保障。

（2）建立组织保障，明确责任分工。腾佳软件公司成立了相应的项目组，包括：产品管理组、程序管理组、质量与测试组、程序开发组、用户代表组和后勤保障组。产品管理组负责确定和设置项目目标，根据需求的优先级确定功能规范，向相关人员通报项目进展。程序管理组负责系统分析，根据软件开发标准协调日常开发工作，确保及时交付开发任务，控制项目进度。程序开发组负责按照功能规范要求交付软件系统。质量与测试组负责保证系统符合功能规范的要求，测试工作与开发工作是独立并行的。用户代表组负责代表用户方提出需求，负责软件的用户方测试。后勤保障组负责确保项目顺利进行的后勤保障工作。

（3）建立良好的沟通环境和氛围。分析人员与用户沟通的程度关系到需求分析的质量，因此，建立一个良好的沟通氛围、处理好分析人员与用户之间的关系显得尤其重要。针对用户作为投资方会有一些心理优势，希望他们的意见能得到足够重视的特点，腾佳软件公司的分析人员充分认识到这一点，做好了心理准备，对待用户提出的各种问题都认真倾听，对无法实现的需求都耐心解释，并积极引导、帮助用户说出他们的最终需要，尽量避免与他们发生争执。在沟通时，分析人员注意做到了以下几点：第一，在态度上尊重对方；第二，努力适应不同用户的语言表达方式和语言风格，理解他们的意思；第三，善于表达自己，善于提问，决不"不懂装懂"；第四，利用工作之外的交流来增进理解，加强沟通。

在需求调研及流程梳理顺利结束后，腾佳软件公司的开发人员按计划完成了需求分析的任务，圆满地得到了系统需求规格说明书，并得到了精威仪表高层领导的签字确认，使工作顺利进入系统设计阶段。

分析讨论：

（1）为了获取精威仪器仪表有限责任公司的 ERP 软件需求，腾佳软件公司做了哪些工作？

（2）在本案例中，造成用户需求分析工作困难的因素有哪些？

（3）根据本案例内容，总结一下在获取用户需求方面应注意什么问题。

5.9.2 案例2：用户需求分析中的沟通问题

"软件工程师毫无用处，我宁愿雇佣雷达专家教会他如何编程，也不愿意雇佣程序员来教会他雷达信号流程。"这段措辞严厉的声明来自于一位大型项目经理，他所在部门的计算机系统曾经错误地发出了 ICBM 导弹来袭的警报。更令他不能忍受的是，程序员拒绝对此错误功能承担任何责任。程序员抱怨说这是由于系统说明不够全面造成的，而并非自己的过错。

这位经理意识到，需求文档未能指出特定的环境会导致错误的警报，但他仍然认为他所在部门的编程人员应该具备这样的基本知识。"没有任何雷达专家会犯如此低级的错误"，他坚持说。

分析讨论：

（1）如何理解该项目经理的抱怨？

（2）在一个项目的需求调研过程中，系统分析人员发现对用户进行简单的培训，他们做出的系统分析说明要更加准确，你觉得这种现象正常吗？

·本章小结·

1. 系统分析主要解决系统做什么的问题，常用的方法是结构化系统分析方法。

2. 系统分析工作的第一步是初步调查和可行性分析。其中可行性分析是在初步调查的基础上进行的。可行性分析要从管理可行性、经济可行性、技术可行性以及社会适应可行性几个方面展开。可行性分析结束后，要编写可行性分析报告，明确项目开发是否切实可行。

3. 当新系统确定可行后，就需要进行详细调查，内容包括：组织结构调查；功能体系调查；业务流程调查与分析；数据流程调查与分析等。调查方法有个别访问法、问卷调查法、召开座谈会和参加业务实践，其中，参加业务实践是系统分析人员了解系统现状的最佳方法。

4. 通过详细调查，系统分析人员深入了解系统的处理流程，掌握现行系统状况，发现问题和薄弱环节，收集相关资料，最终确定用户需求。详细调查的结果用图表工具表达——用组织结构图描述组织结构，用功能体系图表示组织整体功能，用业务流程图或表格分配图描述业务流程状况，用数据流程图描述业务过程中的数据流动情况，用数据字典对数据流程图中的各种要素进行详细定义和说明，用判断树或判断表等描述具体逻辑处理功能等。

5. 系统分析阶段的成果有两个，一是确定新系统的逻辑方案（内容包括新系统的目标、业务流程、数据流程、逻辑结构、数据资源分布以及管理模型），二是形成书面材料——系统分析说明书。用户可以通过系统分析说明书来验证和认可新系统的开发策略和开发方案，而系统设计人员可以用它来指导系统设计工作和以后的系统实施。

·关 键 术 语·

结构化分析　初步调查　用户需求　功能需求　非功能性需求　可行性分析　详细调查
业务流程图　表格分配图　数据流程图　数据字典　判断树　判断表　结构化语言
系统分析说明书

复 习 思 考 题

一、填空题

1. 结构化系统分析方法采用了两种基本手段，分别是_____和_____。
2. 从信息系统开发的角度来看，用户需求主要包括_____和_____两种类型。
3. 可行性分析要从_____、_____、_____和_____四个方面进行展开。
4. 描述业务流程调查结果的工具有两种，分别是_____和_____。
5. 数据流程图中包含四个基本成分，分别是_____、_____、_____和_____。
6. 数据字典的内容包括六个方面，分别是_____、_____、_____、_____、_____和_____。
7. 处理逻辑的描述工具有三种，分别是_____、_____和_____。

二、名词解释

1. 用户需求
2. 业务流程图
3. 数据流程图
4. 数据字典
5. 判断树

三、简答题

1. 简述系统分析阶段的主要任务。
2. 开发管理信息系统之前，为什么要进行可行性分析？应该从哪几个方面进行分析？
3. 系统分析阶段的详细调查包括哪些项目和内容？
4. 需求分析应遵循哪些原则？需求分析通常调查哪些内容？采用哪些方式调查？
5. 某IT公司要招聘系统分析员，试写出要求应聘者回答的3个专业问题。
6. 业务流程调查对系统分析的作用是什么？业务流程分析的任务和内容是什么？
7. 什么是数据流程图？其主要刻画了系统哪个方面的特征？
8. 请说明数据流程图与业务流程图的联系和区别。
9. 什么是数据字典？为什么要建立数据字典？在数据字典中如何表示数据的层次关系？
10. 系统分析说明书的作用是什么？其应该包括哪些主要内容？

实 践 训 练

一、绘制结构图

请深入实际进行企业调查分析，然后绘制大型连锁商业企业的组织结构图和功能结构图。

二、问题讨论

1. 某软件公司要求系统分析员应具备以下素质，你认为哪些素质最重要？如何才能做到？

（1）善于搜集和运用数据；

（2）具有分析数据、解决问题的能力；

（3）具有相关的专业知识；

（4）具有良好的沟通和表达能力；

（5）具有和谐的人际关系和优雅的仪态；

（6）精于组织的运作和计划的推行；

（7）对周围环境有敏锐的洞察力；

（8）具有高度的调节与自我适应能力。

2. 下列用户需求中，哪些不够精确？对于不精确的需求，给出相应的修改建议。

（1）系统必须采用菜单来驱动；

（2）系统能够进行模糊查询；

（3）系统运行时所占用的内存空间不能超过64MB；

（4）系统要有一定的安全保障措施；

（5）系统崩溃时不能破坏用户数据；

（6）系统的响应速度要快。

三、绘制业务流程图

某银行储蓄所存（取）款过程如下，请根据该过程画出对应的业务流程图。

储户将填好的存（取）款单及存折送交分类处理处。分类处理处按三种不同情况分别处理。如果存折不符或存（取）款单不合格，则将存折及存（取）款单直接退还储户重新填写；如果是存款，则将存折及存款单送交存款处处理，存款处取出底账登记后，将存折退还给储户；如果是取款，则将存折和取款单送交取款处处理，取款处取出底账及现金，记账后将存折与现金退给储户，从而完成存（取）款处理过程。

四、绘制数据流程图

1. 某工厂采购部门的订货过程如下，请按该业务过程画出对应的数据流程图。

采购部门收到仓库的采购单后，先查阅订货合同单，若已订货，则向供货单位发出催货单；否则，填写订货单发给供货单位。

采购部门收到供货单位的到货通知后，立即进行验收。若货物验收不合格，则将其退回；货物验收合格后，填写入库单，将货物送往仓库。

2. 下图为配件公司业务流程简图，请据此画出配件公司管理信息系统的数据流程图。

配件公司业务流程简图

五、绘制判断树

1. 试用判断树描述下列情况。

某公司规定推销员的工资与经济效益挂钩，按推销的产品收入提成，多劳多得，上不封顶，下不保底，费用自理。具体规定如下：

每月推销额在 10 万元以上（含 10 万元，下同），付款比例在 80% 以上且新产品在 5 成以上者，按推销额 6% 提成；付款比例在 80% 以上，新产品不足 5 成则按 5% 提成；付款比例在 40%～80%，新产品 5 成以上按 5% 提成；付款比例在 40%～80%，新产品不足 5 成则按 4% 提成；付款比例低于 40%，则按 3% 提成。

推销额不足 10 万元，付款比例在 80% 以上则按 4% 提成；付款比例在 40%～80% 则按 3% 提成，不足 40% 则按 2% 提成。

2. 请绘制判断树，用来表示某翻译公司的英文笔译收费标准。

翻译的文档字数≤2 000，类型为一般读物的，每千字 180 元；类型为专业文章的，每千字 220 元。

翻译的文档字数＞2 000，但是≤8 000，类型为一般读物的，每千字 160 元；类型为专业文章的，每千字 200 元。

翻译的文档字数＞8 000，无论什么类型的文档，每千字均为 150 元。

六、绘制判断表

邮寄包裹的收费标准如下，请用判断表描述下列情况（重量用 W 表示）。

收件地点在 1 000 千米及以内，普通件每千克 2 元，挂号件每千克 3 元；收件地点在 1 000 千米以上，普通件每千克 2.5 元，挂号件每千克 3.5 元。若重量大于 30 千克，超重部分每千克加收 0.5 元。

七、实践应用

阅读以下内容，回答后面给出的问题。

某邮局的报刊订阅流程如下：订户根据所需报刊填写订单，邮局将订单的内容记入报刊明细表，并向订户出具回执。订报期截止后，邮局每天要做以下工作：

(1) 产生本邮局各报刊的订数统计表，并交给报刊分发中心。

(2) 产生投递分发表，并交给投递组。

部分数据存储和数据流的说明如下：

(1) 报刊分类表：报刊号、报刊名称。

(2) 订单：姓名、邮编、街道名称、门牌号、报刊名称、份数、起订日期、终止日期。

(3) 报刊明细表：订户编号、订户姓名、邮政编码、街道名称、门牌号、报刊名称、份数、起订日期、终止日期。

(4) 订数统计表：报刊号、报刊名称、数量。

(5) 投递分发表：姓名、邮政编码、街道名称、门牌号、报刊名称、份数。

报刊订阅的数据流程图如下图所示。

问题：

(1) A 处需要进行哪些逻辑处理？能够发现什么错误？

(2) 如果同一个订户订阅多种报刊，为了减少数据冗余，可将报刊明细表分成订户表和订报表。试设计这两张表中的项目，并修改数据流程图。

报刊订阅数据流程图

第 6 章　系统设计

学习目标

通过本章的学习，读者应该能够：
- 理解系统设计的内容和原则
- 熟悉总体设计具体工作内容
- 掌握代码设计的原则和步骤
- 掌握代码校验位的计算方法
- 了解数据库设计的方法步骤
- 掌握输出/输入与人机界面的设计
- 熟悉处理过程设计的四种主要工具
- 了解系统设计说明书的主要项目和内容

本章引例

SAP 助海尔物流信息系统建设

为了与国际接轨，建立起高效、迅速的现代物流系统，海尔集团采用了 SAP 公司的 ERP 系统（企业资源计划）和 BBP 系统（原材料网上采购系统），对企业进行流程改造。经过近两年的实施，海尔的现代物流管理系统不仅很好地提高了物流效率，而且将海尔的电子商务平台扩展到包括客户和供应商在内的整个供应链管理，极大地推动了海尔电子商务的发展。

1. 需求分析

海尔认为，现代企业运作的驱动力只有一个：订单。没有订单，现代企业就不可能运作。围绕订单而进行的采购、设计、制造、销售等一系列工作，最重要的一个流程就是物流。离开物流的支持，企业的采购、制造与销售等行为就会带有一定的盲目性和不可预知性。

建立高效、迅速的现代物流系统，才能建立企业的核心竞争力。海尔需要一套这样的信息系统，使其能够在物流方面一只手抓住用户的需求，另一只手抓住可以满足用户需求的全球供应链。海尔实施信息化管理的目的主要有以下两个方面：第一，现代物流区别于传统物流的主要特征是速度，而海尔物流信息化建设需要以订单信息流为中心，使供应链上的信息同步传递，能够实现以速度取胜；第二，海尔物流需要以信息技术为基础，能够向客户提供竞争对手所不能给予的增值服务，使海尔顺利从企业物流向物流企业转变。

2. 解决方案

海尔采用了 SAP 公司提供的 ERP 系统和 BBP 系统，组建自己的物流管理系统。

（1）ERP 系统。

海尔物流的 ERP 系统共包括五大模块，即 MM（物料管理）、PP（制造与计划）、SD（销售与订单管理）、FI（财务管理）、CO（成本管理）。

ERP 系统实施后，打破了原有的"信息孤岛"，使信息同步集成，提高了信息的实时性与准确性，加快了对供应链的响应速度。例如，原来订单由客户下达传递到供应商需要 10 天以上的时间，而且准确率低，实施 ERP 系统后订单不但 1 天内完成"客户—商流—工厂计划—仓库—采购—供应商"的过程，而且准确率极高。

另外，对于每笔收货，扫描系统能够自动检验采购订单，防止暗箱收货，而财务在收货的同时自动生成入库凭证，使财务人员从繁重的记账工作中解放出来，发挥出真正的财务管理与财务监督职能，大大提高效率与准确性。

（2）BBP 系统。

BBP 系统主要是建立了海尔与供应商之间基于互联网的业务和信息协同平台。该平台的主要功能包括两个方面：第一，借助平台的业务协同功能，既可以通过互联网进行招投标，又可以通过互联网将所有与供应商相关的物流管理业务信息，如采购计划、采购订单、库存信息、供应商供货清单、配额、采购价格和计划交货时间等发布给供应商，使供应商可以足不出户就全面了解与自己相关的物流管理信息。第二，对于非业务信息的协同，SAP 使用构架于 BBP 系统采购平台上的信息中心为海尔与供应商之间进行沟通提供集成环境。信息中心以浏览器和互联网为中介整合了海尔过去通过纸张、传真、电话和电子邮件等手段才能完成的信息交互方式，实现了非业务数据的集中存储和网上发布。

3. "一流三网"

实施和完善后的海尔物流管理系统，可以用"一流三网"来概括，这充分体现了现代物流的特征："一流"是指以订单信息流为中心；"三网"分别是全球供应链资源网络、全球用户资源网络和计算机信息网络。整个系统围绕订单信息流这一中心，将海尔遍布全球的分支机构整合之后，使供应商和客户、企业内部信息网络这"三网"同时执行、同步运动，为订单信息流的增值提供支持。

4. 经验总结

（1）准确选择软件厂商。海尔选择了 SAP 公司成熟的 ERP 系统，而不是请软件公司根据海尔物流的现状进行开发，主要目的是借助成熟的先进流程提升自己的管理水平。选用的系统是在 SAP 系统基础上开发而成的，所开发的 ERP 系统和 BBP 系统具有典型的企业标准化的特征，覆盖了集团原材料的集中采购、库存和立体仓库的管理、19 个事业部的生产计划、事业部原料配送、成品下线的原料消耗倒冲以及物流本部零部件采购公司的财务等业务，建立了海尔集团的内部标准供应链。

（2）实施"一把手"工程与全员参与，有效推进信息系统的执行。海尔物流所有信息化建设均是基于流程的优化，通过提高对客户的响应速度来进行的，所以应用面涉及海尔物流内部与外部很多部门，有时打破旧的管理办法、推行新流程的阻力非常巨大。海尔物流的信息化建设一直是部门一把手亲自抓的工作，亲自抓、亲自在现场发现问题、亲自推动，保证了信息化实施的效果。如在 ERP 系统上线初期，BOM 与数据不准确是困扰系统正常运转的瓶颈，其牵扯到企业的基础管理工作与长期工作习惯的改变。物流推进本部部长发现问题后，亲自推动，制定出有效的管理模式，不但提高了系统的执行率，而且规范并提升了企业的基础管理，保证了信息系统作用的发挥。

（3）培训工作同步进行，保证信息系统的实施效果。由于信息化工作的不断推进，原有的手工管理变为计算机操作，这对物流的基层工作者，如保管员、司机、年纪较大的采购员等均是挑战。在实施 ERP 系统时，海尔物流开展了全员培训，并对操作人员进行严格的技能考试，考试通过后才能获得上岗证书。物流信息中心也开通了内部培训网站，详细介绍系统的基础知识、业务操作指导书，对操作的问题进行答疑，这些均保证了信息系统的使用效果。

目前，海尔已实现了即时采购、即时配送和即时分拨物流的同步流程。采购订单 100%从网上下达，大大提高了劳动效率；以信息代替库存商品，使采购成本降低，库存资金周转从 30 天降低到 12 天，呆滞物资降低 73.8%，库存面积减少 50%，节约资金 7 亿元，同比减少 67%。

资料来源：http：//www.chinacpx.com/zixun/95042.html 。

点评

本例中，海尔集团认真分析自身需求，合理确定系统的功能模块，然后准确地选择合适的软件厂商，以"通过业务流程的再造，建立现代物流"为理念，选用了 SAP 公司的协同化电子商务解决方案，成功地将海尔的电子商务平台扩展到包括客户和供应商在内的整个供应链管理，有效地提高了采购效率，大大降低了供应链的成本，使设计的系统获得了预期效果。海尔物流系统不仅实现了零库存、零距离和零营运资本，而且整合了内部资源，协同了供应商，提高了企业效益和生产力，方便了使用者。

6.1 系统设计工作概述

系统设计是管理信息系统结构化开发方法中的第二阶段，主要解决系统"如何做"的问题。其核心任务是在科学、合理的设计和总体模型基础上，提高系统的运行效率、可靠性、安全性和工作质量，合理投入并充分利用人、财、物等资源，以获得较高的综合效益。

6.1.1 系统设计的内容

系统设计可以分为两个阶段：首先是总体设计，也就是设计系统总体框架；然后是详细设计，也就是对总体框架中的每个具体模块进行详细的输出、输入、内部处理流程设计。除此之外，还有系统安全性、保密性、与其他应用系统接口等其他设计。系统设计各个阶段所包含的具体工作内容如表 6—1 所示。

表 6—1　　　　　　　　　　　　　　　　系统设计的工作内容

设计项目	主要内容
系统总体设计	将系统进行模块化分解，绘制系统的模块结构图。
	决定每个模块的功能和模块间的调用关系及数据传递关系。
	设计信息系统流程图，并决定主要模块的工作界面。
	物理配置方案设计（包括计算机软硬件设备的配置，计算机通信网络的选择和设计，数据库管理系统的选择，以及信息系统的总体布局设计等）。
系统详细设计	代码设计，数据库设计。
	输出设计、输入设计和人机界面设计。
	模块内部的处理过程设计。
	系统可靠性、安全性和保密性设计。
	制定系统设计规范。
	编写系统设计说明书。
其他设计	系统断电应急措施，防火、防雷击等保护措施，系统与外部信息网络的连接。

6.1.2　系统设计的原则

系统设计工作的优劣直接影响新系统的质量和经济效益。为提高系统设计工作的质量，在具体开展设计工作时应该遵循以下几个基本原则。

1. 完整性原则

一个好的系统设计首先必须保证系统功能的完整，如系统是否解决了用户所希望解决的问题，是否能够进行所需要的各种运算，是否能够提供符合用户需要的信息输出等。

2. 简单性原则

在系统达到预定目标、完成规定功能的前提下，应该尽量简单。具体来说，在设计过程中，要设法减少数据输入的次数和数量，提高数据的共享性；要使操作简单化，使用户容易理解操作的步骤和要求；增强系统的防错和纠错能力，确保用户的主动地位；系统结构清晰合理，易于理解和维护。

3. 系统性原则

要从系统角度考虑系统设计：代码设计要合理；设计规范要标准；程序语言要一致；用户界面要统一；对数据采集要做到数出一处、全局共享，使一次输入得到多次利用。

4. 适应性原则

系统要具有很强的适应性，要容易修改。为此，系统应具有较好的开放性和结构可变性，应尽量采用模块化结构，提高各模块的独立性。另外，系统软硬件平台和环境支持应选用开放的系统，以便于不同机型、网络以及网络平台的互联，满足用户的开发和使用要求。

5. 可靠性原则

可靠性是指管理信息系统保证提供正确的管理、决策和经营信息的能力。一个成功的管理信息系统必须具有较高的可靠性。

6. 安全性原则

安全性是指系统设置安全保护措施，防止信息被泄露和破坏。安全性和可靠性既有联系又有区别，联系是二者都是系统中的一些设置，防止信息被泄露和破坏；区别是可靠性主要防止系统产生不准确的信息，安全性是防止已生成的信息被泄露和破坏。

7. 经济性原则

经济性是指在满足系统需求的前提下，尽可能减少系统的开销。一方面，在硬件投资上不能盲目追求技术上的先进，而应以满足应用需要为前提；另一方面，系统设计中应尽量避免不必要的复杂化，各模块应尽量简洁，以缩短处理流程、减少处理费用。

8. 高效性原则

高效性是指系统的运行效率，系统的运行效率包括：吞吐能力，就是单位时间内能处理的事务的个数；处理速度，就是处理单个事务的平均时间；响应时间，就是从发出处理请求到给出应答结果所需要的时间。

9. 合法性原则

合法性是指系统设计应符合现行的企业管理制度和其他相关法规的规定。它包含两层含义：一是企业管理制度等微观法律、法规的要求；二是符合国家宏观管理的需求。

6.1.3 系统设计的方法与思想

目前，系统设计常用的方法是自顶向下的结构化系统设计方法。这种方法在设计系统时重视系统结构分析，强调系统模块、数据、功能结构以及它们之间的数据接口，运用一套标准的设计准则和工具，采用模块化的方法进行系统结构设计。

结构化系统设计方法适用于管理信息系统的总体设计，在实际应用中常把系统分析阶段的结构化分析与实施阶段的结构化程序设计方法衔接起来使用。

结构化系统设计方法的基本思想是采用分解的方法，以系统的逻辑功能和数据流关系为基础，根据流程图和数据字典，采用标准的设计准则和图表工具，通过自上而下和自下而上的反复，把系统划分成多个大小适当、功能明确、目标单一、具有独立性的模块，从而把复杂系统的设计转变为对多个简单模块的设计。

6.2 总体设计

总体设计是指对新系统总体结构和可供利用的资源进行设计，内容包括：子系统的划分、系统功能结构设计、系统模块结构设计、系统流程设计以及系统物理配置方案设计。

6.2.1 子系统的划分

子系统的划分就是对系统进行分解，将一个复杂系统转化为若干个子系统和一系列基本模块的设计，并通过模块结构图把分解的子系统和一个个模块按层次结构联系起来。

一个合理的子系统，应该是内部联系紧密，子系统间尽可能独立，接口明确、简单，适应用户的组织体系，有一定的公用性。

1. 子系统划分的原则

（1）子系统要具有相对独立性。子系统的内部功能、信息传递等各方面必须凝聚性较好，每个子系统相对独立，尽量减少各种不必要的数据、调用和控制联系，并将联系比较密切、功能近似的模块相对集中，便于以后搜索、查询、调试、调用。

（2）要使子系统之间数据的依赖性尽量小，接口简单、明确。一个内部联系很强的子系统与外部的联系必然相对较弱。所以划分时应将联系较多的都划入子系统内部。这样划分的子系统，将来调试、维护、运行都会非常方便。

（3）子系统划分的结果应使数据冗余最小。如果忽视这个问题，则可能使相关的功能数据分布在各个不同的子系统中，大量的原始数据需要调用，大量的中间结果需要保存和传递，大量的计算工作将要重复进行，从而使得程序结构紊乱，降低了系统的工作效率。

（4）子系统的设置应考虑今后管理发展的需要。现存的系统由于各种原因，很可能都没有考虑到一些高层次管理决策的要求。为了适应现代管理的发展，对于旧系统的这些缺陷，在新系统的研制过程中应设法弥补。只有这样才能使新系统实现以后不但能够更准确、更合理地完成现存系统的业务，而且可以支持更高层次、更深一步的管理决策。

（5）子系统的划分应便于系统分阶段实现。信息系统的开发一般都要分期、分步进行，子系统的划分应该考虑到这种分期、分步的实施要求。另外，子系统的划分还必须兼顾组织机构的要求，以便系统实现后能够符合现有的情况和人们的习惯，更好地运行。

（6）子系统的划分应该考虑到各类资源的充分利用。一个适当的系统划分应该既考虑到各种设备、资源在开发过程中的搭配使用，又考虑到各类信息资源的合理分布和充分利用，以减少系统对网络资源的过分依赖，减少输入、输出、通信等设备压力。

2. 子系统划分的方法

按照结构化设计的思想，对子系统进行划分的方法通常有以下几种：

（1）按职能划分，是目前最常用的一种划分方法，这种方法就是按管理的功能划分子系统。例如，把企业信息系统分为财务、物资、销售、人力、采购等子系统。

（2）按逻辑划分，把类似的处理逻辑功能放在一个子系统里。例如，把"对所有业务输入数据进行编辑"的功能放在一个子系统里，那么不管是库存还是财务，只要有业务输入数据就都由这个子系统来校错、编辑。

（3）按时间划分，把要在同一时间段内执行的各种处理结合成一个子系统。

（4）按过程划分，即按工作流程划分。从控制流程的角度看，同一子系统的许多功能都应该是相关的。

（5）按通信划分，把相互间需要较多通信的处理结合成一个子系统或模块，这样可减少子系统间或模块间的通信，使接口简单。

一般来说，按职能与按逻辑划分子系统的方式是比较合理和方便的。

6.2.2　系统功能结构设计

系统功能结构的设计就是从系统整体功能出发，逐步进行功能分解的过程，其主要目的在于描述系统内各个组成部分的结构及相互关系，其结果描述工具是功能结构图。

所谓系统功能结构图，就是按照系统的功能从属关系，描述系统各个组成部分功能的一种图表，图中每一个框表示一个功能，各层功能模块与数据流程图中的加工相对应。一个商业企业管理信息系统的功能结构图如图6—1所示。

图6—1　商业企业管理信息系统的功能结构图

6.2.3　系统模块结构设计

系统模块结构设计就是将系统合理地划分成若干个模块，并画出模块结构图。

1. 模块的概念

模块是组成目标系统逻辑模型和物理模型的基本单位，它的特点是可以组合、分解和更换。系统中任何一个处理功能都可以看成是一个模块。一个模块应具备以下四个要素：

（1）输入输出；模块的输入来源和输出去向在正常情况下都是同一个调用者，即一个模块从调用者那里取得输入，进行加工后再把输出返回调用者。

（2）逻辑处理功能；指模块把输入转换成输出所做的工作。

（3）内部数据；指仅供该模块本身引用的数据。

（4）程序代码；指用来实现模块功能的程序。

前两个要素是模块的外部特性，反映了模块的外貌；后两个要素是模块的内部特性。在结构化设计中，主要考虑的是模块的外部特性，其内部特性只做必要了解，具体的实现将在系统实施阶段完成。

2. 模块结构图

模块结构图是用于描述系统模块结构的图形工具，它不仅描述了系统的子系统结构与分层的模块结构，还清楚地表示了每个模块的功能。

模块结构图由模块、调用、数据、控制信息和转接符号五种基本符号组成，如图6—2所示。

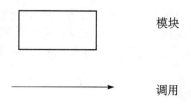

（1）模块。这里所说的模块通常是指用一个名字就可以调用的一段程序语句。在模块结构图中，用长方形框表示一个模块，长方形中间标上能反映模块处理功能的模块名字。模块名字通常由一个动词和一个作为宾语的名词组成。

（2）调用。在模块结构图中，用连接两个模块的箭头表示调用，箭头总是由调用模块指向被调用模块，但是应理解成被调用模块执行后又返回到调用模块。多层的模块调用自然形成了多层的模块结构图。模块间的调用关系有三种：直接调用、选择调用、循环调用。

直接调用，即一个模块无条件地调用另一模块。图6—3所示的是模块A直接调用模块B。

选择调用，也称为条件调用，是指一个模块是否调用另一个模块，取决于模块内某个先置条件。用菱形符号表示根据条件满足情况来决定调用哪一个模块，如图6—4所示。

图 6—2　模块结构图的五种基本符号

循环调用，也称重复调用。如果一个模块内部存在一个循环过程，每次循环过程均需调用一个或几个模块，则称这种调用为循环调用。图 6—5 表示模块 A 对模块 B、C、D 的多次反复调用，而不是只调用一次。

图 6—3　模块间直接调用　　　图 6—4　模块间选择调用　　　图 6—5　模块间循环调用

（3）数据。当一个模块调用另一个模块时，调用模块可以把数据传送到被调用模块处供其处理，而被调用模块又可以将处理的结果数据送回到调用模块。在模块之间传送的数据，使用与调用箭头平行的带空心圆的箭头表示，并在旁边标上数据名。图6—6（a）表示模块

A 调用模块 B 时，A 将数据 x、y 传送给 B，B 将处理结果数据 z 返回给 A。

（4）控制信息。为了指导程序下一步的执行，模块间有时还必须传送某些控制信息，如数据输入完成后给出的结束标志、文件读到末尾所产生的文件结束标志等。控制信息与数据的区别是前者只反映数据的某种状态，不进行处理。在模块结构图中，用带实心圆点的箭头表示控制信息。图 6—6（b）中的"无此职工"就是表示职工号有误的控制信息。

（5）转接符号。当模块结构图在一张图面上画不下，需要转接到另外一张纸上，或为了避免图上线条交叉时，都可使用转接符号，在圆圈内加上标号，如图 6—7 所示。

图 6—6　模块调用中的数据传递和控制信息

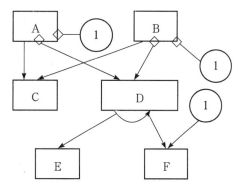

图 6—7　转接符号的使用

3. 模块调用和通信规则

在模块结构图中，模块之间的相互调用和通信过程需要遵循如下规则：

（1）上层模块可以有一个或多个直属下层模块；

（2）下层模块可以有一个或多个直属上层模块；

（3）同一层模块不能相互调用；

（4）每个模块只能调用其直属的下层模块，不能调用非直属的下层模块；

（5）模块间通信只限于直属上下层模块之间进行，可以是单向或双向，但不能越层。

6.2.4　系统流程设计

系统流程设计是用来描述系统的物理模型，也就是抽象地描述系统内部的主要成分（如硬设备、程序、文字及各类人工过程等）以及信息在各个成分之间流动的情况。信息系统流程图是用来进行系统流程设计的常用工具。它以新系统的数据流程图和模块结构图为基础，首先找出数据之间的关系，即由什么输入数据，产生什么中间输出数据，最后又得到什么输出信息，然后把各个处理功能与数据关系结合起来，就形成整个系统的信息系统流程图。绘制信息系统流程图应当使用统一的符号。目前国际上所用的符号日趋统一，常用的符号如图 6—8 所示。

某图书管理系统的系统流程图如图 6—9 所示，从图中可以看出，该系统由图书证注册与注销、借书、还书、图书查询、借阅查询、图书证挂失和图书统计等部分组成。

6.2.5　系统物理配置方案设计

系统物理配置方案设计包括系统软、硬件配置的设计、系统总体布局设计以及网络结构的设计。随着信息技术的发展，多种多样的计算机以及网络技术产品为信息系统的建设提供了极大的便利，可以根据应用的需要选择性能各异的计算机软、硬件及网络产品。

1. 设计依据

（1）系统吞吐量。每秒钟执行的作业数，称为系统的吞吐量。系统吞吐量越大，则系

137

图 6—8 绘制系统流程图的常用符号

图 6—9 某图书管理系统的系统流程图

138

的处理能力就越强。系统吞吐量与系统硬、软件的选择有着直接的关系，如果要求系统具有较大的吞吐量，就应当选择具有较高性能的计算机和网络系统。

（2）系统响应时间。从用户向系统发出一个作业请求开始，经系统处理后给出应答结果的时间，称为系统的响应时间。如果要求系统具有较短的响应时间，就应当选择运算速度较快的 CPU 及具有较高传递速率的通讯线路，如实时应用系统。

（3）系统可靠性。系统可靠性可以用连续工作的时间来表示。例如，对于每天需要 24 小时连续工作的系统，其可靠性要求就应该很高，这时可以采用双机双工结构方式。

（4）集中式还是分布式。如果一个系统采用集中式的处理方式，则信息系统既可以是主机系统，也可以是网络系统；若系统处理方式是分布式的，则应采用微机网络。

（5）地域范围。对于分布式系统，要根据系统覆盖范围决定采用广域网还是局域网。

2. 设计方法

开发人员在设计系统物理配置方案时，可采用以下方法：

（1）信息调查法。信息调查法又称类似系统法，适用于较小型的信息系统。该方法要求开发人员从要解决的实际问题出发，进行调查，找出成功解决同样问题的用户，吸取别人的成功经验。该方法具有时间短、见效快、花费少的特点。

（2）方案征集法。方案征集法又称建议书法。通常由用户向厂商提出要求，厂商根据要求提出计算机物理系统配置建议书，供用户评价和选择。

（3）招标法。招标法类似于其他工程项目的招标形式，要求"标书"撰写严密，工作程序严格，组成专家组等。对大型管理信息系统常采用此法。

（4）试用法。试用法要求参与竞争的厂商进行现场试验演示，使用户得到实际的、直观的感受。通过商议的试用办法，用户在产品试用一段时间后选择最满意的计算机系统。

3. 设计的内容

（1）处理方式的选择。可以根据系统功能、业务处理的特点、性价比等因素，选择批处理、联机实时处理、联机成批处理、分布式处理等方式，也可以混合使用各种方式。

（2）计算机硬件的选择。主要取决于数据处理方式和运行的软件系统。对计算机的基本要求是速度快、容量大、通道能力强、操作灵活方便，但计算机的性能越高，价格就越昂贵。硬件的选择原则是：技术上成熟、可靠的系列机型；处理速度快；数据存储容量大；具有良好的兼容性与可扩充性、可维护性；有良好的性价比；售后服务与技术服务好；操作方便；在一定时间内保持一定的先进性。

（3）计算机网络的选择。主要考虑以下几个方面：第一，网络拓扑结构（有总线型、星型、环形、混合型等）应根据应用系统的地域分布、信息流量进行综合考虑，一般来说，应尽量使信息流量最大的应用放在同一网段上；第二，网络的逻辑设计，通常首先按软件将系统从逻辑上分为各个子系统，然后按需要配备设备，如主服务器、主交换机、分系统交换机、子系统集线器、通讯服务器、路由器和调制解调器等，并考虑各设备之间的连接结构；第三，网络操作系统，主要有 UNIX、Netware、Windows NT 等。

（4）数据库管理系统的选择。主要考虑以下几个方面：第一，数据库的性能；第二，数据库管理系统的系统平台；第三，数据库管理系统的安全保密性能；第四，数据的类型。目前，市场上流行的有 Oracle 、Sybase、SQL Server、Informix、Visual FoxPro 等，Oracle 、Sybase 内置有大型数据库管理系统运行于客户/服务器等模式，是开发大型管理信息系统的首选，Informix 则适用于中型管理信息系统，Visual FoxPro 在小型管理信息系统开发中得以大量应用。

4. 设计时应注意的问题

在设计系统物理配置方案时，应该注意以下几个问题：

（1）必须要满足新系统的应用需求。在新系统的设计中，提出了新系统的目标、处理功能、存储容量、信息交互方式等。这就要求所选择的计算机系统能够满足它的需求，以新系统的处理功能为准则，从而减少不必要的投资。同时，兼顾购置的设备能被充分地利用，并且留有扩充的余地。在进行计算机物理系统配置时要注意避免如下倾向：以价格为依据，认为价格越高性能越好；以计算机系统性能指标为依据，认为计算机性能指标越高越好；以计算机类型大小为依据，认为越大越好，外设和系统软件越多越好等。

（2）实用性能强。可从以下几方面来体现：第一，易于开发，方便使用；第二，选择的机型具有较强的生命力；第三，有较强的通信能力；第四，有较高的性价比。

（3）可扩充性。通常，新系统都是采用"统一规划，分步实施"的方案。开始建立的系统规模不可能很大，随着应用需求的扩大，需逐步增添设备、扩充功能，这就要求所选择的计算机系统具有灵活的扩充能力，使得先期购置的设备和开发的应用软件不被浪费。

6.3 代码设计

代码设计是信息系统开发中的一项重要内容，是实现计算机管理的一个前提条件。一套好的代码系统，将会使信息系统的输入、输出、统计、查询等工作变得非常方便。

6.3.1 代码的含义与作用

代码是代表事物名称、属性、状态等的符号，为了便于计算机处理，一般用数字、字母或它们的组合来表示。现实生活中有很多代码的例子，如准考证号、学生学号、汽车牌照、商品编码、职工编号等。代码在信息管理方面具有以下重要作用：

（1）代码缩短了事物的名称，可以节省时间和空间，并便于数据的存储和检索。

（2）使用代码，按规定算法，可以提高排序、统计、汇总等信息处理的效率和精度。

（3）代码提高了数据的全局一致性，减少了因数据不一致而造成的错误。

（4）代码是人和计算机之间的共同语言，是两者交换信息的工具。

6.3.2 代码设计的原则

1. 适用性

设计的代码在逻辑上必须能满足用户的功能需要，在结构上应当与系统的处理方法相一致。例如：在设计用于统计的代码时，为了提高处理速度，往往使其能够在不需要调出有关数据文件的情况下，直接根据代码的结构进行统计。

2. 单义性

每个代码必须具有单义性，即每个代码应该唯一标志它所代表的某一种事物或属性；每一种材料、物资、设备等只能有一个代码，不能重复，必须保持代码单义性。

3. 可扩充性

代码设计时，要预留足够的位置，以适应不断变化的需要。否则，在短时间内随便改变代码结构对设计工作来说是一种严重浪费。一般来说，代码愈短，分类、准备、存储和传送的开销愈低；代码愈长，对数据检索、统计分析和满足多样化的处理要求就愈高。但代码太长，留空太多，多年用不上，也是一种浪费。

4. 规范性

代码要系统化,代码的编制应尽量标准化,尽量使代码结构对事物的表示具有实际意义,以便于理解及交流。

5. 明义性

要注意避免引起误解,不要使用易于混淆的字符。如 O、Z、I、S、V 与 0、2、1、5、U 易混;不要使用空格作代码;要使用 24 小时制表示时间等。

6. 合理性

要注意尽量采用不易出错的代码结构,例如:"字母-字母-数字"的结构(如 WW2)比"字母-数字-字母"的结构(如 W2W)发生错误的机会要少一些;当代码长于 4 个字母或 5 个数字字符时,应分成小段。这样人们读写时不易发生错误。如 726 - 499 - 6135 比 7264996135 易于记忆,并能更精确地记录下来。

6.3.3 代码的种类

代码可按文字种类或功能类别进行分类。按文字种类来分,可分为数字代码、字母代码(英语字母或汉语拼音字母)和数字字母混合码。按功能类别,则可以分成以下几类。

1. 顺序码

顺序码是一种用连续数字代表编码对象的码,通常从 1 开始编码。如中国民族代码的表示:用 01 代表汉族,02 代表藏族,03 代表回族,等等。

顺序码的优点是短而简单,易于管理。但这种码没有逻辑基础,不适宜分类,本身也不能说明任何信息的特征,在项目比较多的时候,编码的组织性和体系性较差。此外,追加编码只能在连续号的最后添加一个号,删除则造成空码。

分区顺序码是顺序码的特例,它将顺序码分为若干区,如按 100 个号码分区,并赋予每个区特定意义。这样就可作简单分类,又可在每个区插入号码。如职工代码设计:

0001 为张三,0002 为李四,0001~0009 的代码还表示为厂部人员;

1001 为王五,1002 为赵六,1001~1999 的代码还可以表示为第一车间职工。

2. 区间码

区间码把数据项分成若干组,每一区间代表一个组,码中数字的值和位置都代表一定的意义。我国公民身份证号码就是典型的区间码,其编码规则如图 6—10 所示。

图 6—10　我国公民身份证代码的编码规则

141

下面根据图6—10，对我国公民身份证代码的编码规则进行分析。

我国公民身份证代码共有18位，全部采用数字编码，各位数字的含义请参见图中说明。其中第17位数字是表示在前16位数字完全相同时，某个公民的顺序号，并且奇数用于男性，偶数用于女性。如果前16位数字均相同的同性别的公民超过5人，则可以"进位"到第16位。如：有6位女性公民前16位数字均相同，并假设第16位数是7，则这些女性公民的末两位编号分别为72，74，76，78，80，82。另外，还特别规定，最后三位数为996、997、998、999的4个号码为百岁老人的代码，这4个号码将不再分配给任何派出所。第18位数字为检验位，其具体设置方法后面将进行介绍。

区间码的优点是：信息处理比较可靠，排序、分类、检索等操作易于进行。但这种码的长度与它分类属性的数量有关，有时可能造成很长的码。在许多情况下，码有多余的数。同时，这种码的修改也比较困难。

3. 表意码

表意码把表示编码对象属性的文字、数字等作为编码。如国际民航系统中，用3个字母代码表示飞机场地点，如PEK表示北京，SHA表示上海，SFO表示旧金山等。

表意码还可以用于表示物资的性能、尺码、重量、容积、面积和距离等。例如：用TV—B—17代表17英寸黑白电视机，用TV—C—29代表29英寸彩色电视机，用DFI 1×8×20表示规格1"×8"×20"的国产热轧平板钢。在有些表格中，性别输入时，用M表示男性，F表示女性。

表意码可通过联想记忆，容易理解。但随着编码数量的增加，其位数也要增加，给处理带来不便。因此，表意码适用于数据项数目较少的情况，否则可能引起联想出错。

4. 十进制码

十进制码是世界各地图书馆常用的分类法。它先把整体分成十份，然后把每一份再分成十份，这样持续不断。该分类对于那些事先不清楚产生什么结果的情况是十分有效的。

例如：

500·自然科学

 510·数学

 520·天文学

 530·物理学

  531·机构

   531·1机械

    531·11杠杆和平衡

5. 合成码

合成码是指把编码对象用两种以上的编码进行组合，可以从两个以上的角度来识别、处理的一种编码。合成码的特点是容易进行大的分类，增加编码层次，做各种分类统计也很容易。缺点是位数和数据项目个数比较多。

6.3.4　代码的校验

代码输入的正确性将直接影响整个系统处理工作的正确性。当人们重复抄写代码或将代码通过人工输入计算机时，发生错误的可能性更大。为了保证代码的正确输入，人们有意识地在编码设计结构中原有代码的基础上，另外增加一个校验位，使其事实上变成代码的一个组成部分。其中，代码校验位要事先通过规定的算法计算出来。

代码一旦输入，计算机会用同样的数学运算方法，按输入的代码数字计算出校验位，并将它与输入的校验位进行比较，以证实输入是否有错。

校验位可以发现以下各种错误：

（1）抄写错误，如将 1 写成 7；

（2）易位错误，如将 1234 写成 1324；

（3）双易错误，如将 26919 写成 21969；

（4）随机错误，包括以上两种或三种综合性错误或其他错误。

产生校验值的方法很多，下面介绍适用于管理信息系统的"加权取余"方法。其步骤如下：

第一步：对原代码中的每一位加权求和 S。

假设 n 位代码为：C_1、C_2、C_3 … C_n

取权因子为：P_1、P_2、P_3 … P_n

则加权和为：$C_1 \times P_1 + C_2 \times P_2 + C_3 \times P_3 + \ldots + C_n \times P_n = S$

即 $C_1 \times P_1 + C_2 \times P_2 + C_3 \times P_3 + \ldots + C_n \times P_n = \sum_{n-1}^{n} C_i \times P_i = S$

其中，权因子的选取以提高错误发生率为基础。常用的取法有：算术级数 2，3，4，5，6，…；几何级数 2，4，8，16，32，…；质数级数 2，3，5，7，11，13，…等。

第二步：求余数 R。

用加权和 S 除以模数 M 可得余数 R。

即 S/M＝Q……R（其中 Q 为商数，R 为余数）

其中，模数 M 的选取，同样以提高错误发生率为基础。常用的模数为 10 和 11。

第三步，选择校验值。

可选用下述方法中的一种获得校验值：余数 R 直接作为校验值，或把模数 M 和余数 R 之差作为校验值。

把获得的校验值放在原代码的最后，作为整个代码的一部分。

例如：为原代码 5186 生成一校验值。

校验值生成过程为：

1）选取质数级数为权因子，即 2，3，5，7。

2）求加权和 S。S＝5×2＋1×3＋8×5＋6×7＝95。

3）选取 M＝11 作为模数。

4）求余数 R：S/M＝95/11＝8……7（R）。

5）取上述余数作为校验值。

最后，加上校验值 7 以后的代码为：5186⎡7⎤。

6.3.5 代码设计的步骤

1. 代码设计中的分类方法

目前代码设计中常用的分类方案有两种：线分类方法和面分类方法。

（1）线分类方法。线分类方法中，首先给定分类的母项，然后下分若干子项，由对象的母项分大集合，由大集合确定小集合，最后落实到具体对象。例如一所大学中，专职授课教师的教师编号，可以先按照学院编码，然后每一个学院再按照系编码，每一个系再按照教研室编码。线分类方法的特点是结构清晰，容易识别和记忆，易于查找，适用于手工系统；其缺点是结构不灵活，柔性差。线分类时要注意必须做到唯一性和不交叉性。

（2）面分类方法。面分类方法主要从面的角度来考虑分类，将需要编码的对象从几个方面进行总体分类，每一个类别的内容单独编号，然后综合各个方面的编号，最后得到编码对象的编码。表6—2是某机械厂螺钉代码的设计方案。从表中可以看出：代码为2342的就是材料为黄铜、直径为1.5厘米、钉头为方形、表面镀铬的螺钉。

表6—2　　　　　　　　　　　　　　　　　螺钉代码设计举例

材料	螺钉直径	螺钉头形状	表面处理
1—不锈钢 2—黄铜 3—钢	1—$\phi 0.5$ 2—$\phi 1.0$ 3—$\phi 1.5$	1—圆头 2—平头 3—六角形状 4—方形头	1—未处理 2—镀铬 3—镀锌 4—上漆

面分类方法还可以用于对服装厂的服装，鞋帽厂的鞋帽等进行编码。例如：一家鞋厂生产各种各样的鞋，对它们编码时，可以按鞋的用料、尺寸、性别、用途、样式进行不同的分类，每类均给出一个序号，组合到一起则可以对每个类型的鞋给出唯一的编码。

面分类方法的特点是柔性好，面上的增加、删减、修改很容易，可实现按任意组配面的信息检索，对机器处理有良好的适应性；其缺点是不易直观识别，不便于记忆。

在实际应用中，要根据具体情况选择以上两种不同的分类方法。

2. 代码个数的计算

若已知码的位数为P，每一位上可用字符数为S_i，则可以组成码的总数为：

$$C = \prod_{i=1}^{P} S_i$$

例如对每位字符为0～9的三位码，共可组成C＝10×10×10＝1 000种代码。

3. 代码设计的步骤

在代码设计中，一般按照如下步骤进行：

（1）确定代码对象。在调查分析的基础上，确定需要编码的项目，确定编码的名称。

（2）考查是否已有标准代码。如果已有就必须遵循，以便满足系统标准化的需要。

（3）确定代码的使用范围。代码的设计不应该局限于某一企业或某一部门，它应该具有广泛的适用性。不仅能在本单位使用，还能在外单位使用。

（4）确定代码的使用时间。如无特殊情况，代码应可永久使用。

（5）决定编码方法。根据编码的对象、目的、使用范围、使用期限等特性，选定合适的代码种类及校验方式。

（6）编写代码表，对代码做详细的说明并通知有关部门，以便正确使用代码。

（7）编写相应的代码使用管理制度，保证代码的正确使用。

代码使用时应尽量减少传抄以避免人为造成的错误，在输入代码时，建议用缩写形式输入，然后由系统自动生成相应正确的代码。

4. 代码设计书

确定了代码的类型及校验方法后，需要编写代码设计书，样式如图6—11所示。

144

代码对象名	厂内部门				
代码类型	层次码	位数	4	校验位	1
代码数量	200	使用期限	一	使用范围	本厂内
代码结构	厂部分　车间　科室　班组				
代码示例：1024 企业管理部管理办公室下的计算机组					
备注：					
设计人		审核人		年　月　日	

图 6—11　代码设计书

6.4　用户界面设计

在管理信息系统中，人机界面好比商店的橱窗布置，会给用户一个直观印象。人机界面设计的好坏，关系到系统的应用和推广。人机界面设计包括用户界面设计、输出设计和输入设计三个方面。本节讲述第一项，后两项在后面将单独讲解。

用户界面设计，也称为人机对话设计，是指人通过屏幕、键盘等设备，与计算机进行信息交换，控制系统的运行进程。这里的人机对话是指在系统应用中，人与信息系统之间进行信息交流和结果反馈的各种方式。操作菜单、导航按钮、输入表单、输出报表、屏幕提示、警告信息等都是人机对话。

6.4.1　用户界面设计的原则

用户界面设计的基本原则应是为用户操作着想，而不应从设计人员设计方便来考虑。因此，用户界面设计应注意以下几点：

（1）要首选图形化用户界面，整体设置要清楚、简单，用词要符合用户习惯。

（2）用户界面要适应不同操作水平的用户，便于维护和修改。用户在刚开始使用时，要让他觉得系统在教他如何使用，鼓励他使用。随着用户对系统的熟悉，又会觉得太详细的说明、复杂的屏幕格式太啰唆。为适应不同水平的用户，操作方式应可以选择。

（3）错误信息设计要有建设性。用户判断用户界面是否友好，其第一印象往往来自于错误发生时，系统有什么样的反应。在一个好的错误信息设计中，用词应当友善，并要有建设性，即应尽可能告知使用者可能产生错误的原因。

（4）关键操作要有强调和警告。对于某些要害操作，无论操作人员是否有误操作，系统应进一步确认，进行强制发问，甚至警告，而不能一接到命令立即处理，导致恶劣的后果。这种警告，由于能预防错误，所以更具有积极意义。

6.4.2　用户界面的常用方式

用户界面主要有以下几种形式：

（1）菜单式。通过屏幕显示出可选择的功能代码，由用户进行选择，它适用于同一界面中功能较多的情形。目前常用的菜单主要有：平铺式菜单、下拉式菜单、快捷菜单、级联式菜单等。设计菜单时，有两点必须特别注意：菜单的深度和菜单中各选择项的安排。前者指选单的层次。如果选单过深，用户选择一个指令必须通过好几个层次，显然会影响系统运行效率。层次过浅，选单又可能太长。因此，要合理设计选单的深度。一个选单中的选择项，一般可以按字母顺序、习惯顺序、类别、使用频率等进行排列。具体采用哪种排列方法，要从用户心理、选单的长短、是否有习惯顺序等因素进行考虑。

（2）填表式。填表式一般用于通过终端向系统输入数据，系统将要输入的项目显示在屏幕上，然后由用户逐项填入有关数据。另外，填表式界面设计常用于系统的输出。如果要查询系统中的某些数据时，可以将数据的名称按一定的方式排列在屏幕上，然后由计算机将数据的内容自动填写在相应的位置上。由于这种方法简便易读，并且不容易出错，所以它是通过屏幕进行输入、输出的主要形式。

（3）回答式。当系统运行到某一阶段时，屏幕上显示问题和提示，等待用户回答，系统根据用户的回答决定下一步执行什么操作。这种方法通常可以用在提示操作人员确认输入数据的正确性，或者询问用户是否继续某项处理等方面。

（4）提问式。这种方式主要用于用户查询。例如，要查询某学生的基本情况，屏幕上提示："请输入学号"，用户回答之后屏幕上显示有关内容。

（5）按钮式。在软件的主界面上用不同的导航按钮表示系统的执行功能，单击按钮即可执行该操作。按钮的表面可写上功能的名称，也可用能反映该功能的图形加文字说明。使用按钮可使界面显得美观，使系统看起来更简单、好用，操作更方便、灵活。

（6）操作权限管理方式。为了保证系统的安全性，可以控制用户对系统的访问权限。可以设置用户登录界面，通过用户名和口令及使用权限来控制用户对数据的访问。

6.4.3 图形用户界面的设计

图形用户界面（Graphic User Interface，GUI）已成为流行的界面设计技术，并将成为信息系统中用户界面的主流。

1. 图形用户界面的优缺点

图形用户界面具有以下优点：容易学习使用，使用菜单而不必记忆指令名称，大大减少了键盘输入的数量与错误；具有高度的图形功能，直观生动，如采用线条图、趋势图、动画等多角度的表达方式。图形用户界面的缺点是：与文字指令界面相比，图形形式的指令不能表达复杂的复合指令；指令数目太大时，不容易在屏幕上安排菜单；对于熟练的用户而言，键盘输入的速度要快于鼠标选项的输入。

2. 图形用户界面设计的原则

图形用户界面的设计，要注意遵循以下基本原则：

第一，各个画面设计在整体上应保持相同或相似的外观，风格要一致。例如，按钮和选择项应尽可能安排在同样的地方，便于用户熟练掌握屏幕上的信息。

第二，使用的词汇、图示、颜色、选取方式、交流顺序，其意义与效果前后一致。

第三，正确使用图形的表达能力。图形适用于表达整体性、印象感和关联性的信息，文字适用于表达单一的、精确的、不具关联性的一般资料，要根据需要选取。

3. 图形用户界面的内容

在管理信息系统的应用中，图形用户界面越来越受到用户的欢迎。从用户的角度来看，它比基于字符的界面更容易使用。设计图形用户界面时要体现出如下内容：

（1）实时反馈。实时反馈是指随时将正在做什么的信息告知用户，尤其是在响应时间较长的情况下。否则，用户就不知道是计算机存在问题还是应用系统存在问题。

（2）系统消息显示。系统消息显示是指随时将系统交给用户的信息用图标或声音的形式反馈给用户。系统要及时向用户提供反馈信息，使用户知道下一步该做什么。反馈是指计算机信息系统对用户的操作所采取的响应。通过及时反馈处理信息，可以避免用户产生系统处理错误的错觉。例如，在屏幕上显示消息"请输入数据："，提示用户输入数据，并告诉用户数据已被正确地输入系统中；自动将光标移至表单的下一个数据域，或者显示"输入正确"等信息；对于所需时间较长的处理过程，需要及时给出提示信息，在屏幕上显示"系统正在处理，请稍候……"等，使用户不致焦急地等待或不知所措；告诉用户某一任务或处理是否已经完成或失败，在屏幕上显示"统计结束"、"打印机未准备好"等信息。信息、指令应在屏幕上停留适当的一段时间，从而使用户能够完整阅读所显示的信息。

（3）状态。状态是指提供信息告诉用户他们正处于系统的什么状态。在大型系统中，用户可能忘记他们正在使用什么工具。实际中往往会有这种情况，虽然用户给出了语法正确的命令，但却是在错误的环境下执行的。

（4）跳出。跳出是指允许用户终止某种操作，并从该选择中跳出。许多操作是偶然被选中的，而一个不良的界面设计往往会使系统死锁在某种不想要的选择中。

（5）最少工作。最少工作是指进行界面操作时应尽量减轻用户的工作量。相关办法包括使用最少的对话步骤及使用缩略语和代码来减少用户的阅读量和击键次数。冗长的对话开始时可能是方便的，但用户在熟悉对话之后，这种缓慢的、多步骤的对话就变得令人厌烦了。

（6）默认值。默认值也称缺省值，是指只要预知答案，就设置默认值，这样加快了用户工作。

（7）在线帮助。对于那些不愿翻阅纸质操作手册的用户而言，在线帮助是学习上的辅导；对于有经验的用户而言，在线帮助是一个助手，可以帮助用户肯定一个操作的细节问题。在线帮助应该分层或嵌套，以使其信息直接针对用户想了解的那些选择或工具。

（8）复原。用户在操作过程中可能会出错，想退回并重新开始。用户界面应提供返回原先状态的复原能力。另外，系统应该具有较高的容错能力。即使用户某一操作失误，也不应对系统产生致命的、不可恢复的影响。所以系统应该具有允许用户出错并恢复至系统发生错误之前的状态的能力。对于一些具有破坏性的操作，如删除等，系统应该给予用户一次确认机会，防止由于误操作对系统造成破坏。

（9）一致性。人机界面的一致性主要体现在输入、输出方面的一致性，具体是指在应用程序的不同部分，甚至不同应用程序之间，具有相似的界面外观与布局，具有相似的人机交互方式以及相似的信息显示格式等。一致性将有助于用户学习，减少用户的学习量和记忆量。例如，各级跳出命令应使用同一代码，且应有相同的效果。

6.5 输出设计

输出就是管理信息系统运行产生的结果，或者是提供给用户工作所需的信息。判断一个系统的好坏就是看其输出结果在多大程度上能帮助用户完成自己的工作。

输出设计是为了正确、及时地反映和组成用于生产和服务部门的有用信息。系统设计过程与实施过程相反，即先确定要得到哪些信息，再考虑为了得到这些信息，需要准备哪些原始资料作为输入，因此需要先进行输出设计，然后再进行输入设计。

6.5.1 输出设计的内容和要求

1. 输出设计的内容

输出设计的内容包括以下几点：

（1）输出信息使用方面的内容，包括信息的使用者、使用目的、报告量、使用周期、有效期、保管方法和复写份数等。

（2）输出信息的内容，包括输出项目、位数、数据形式（文字、数字）。

（3）输出格式，如输出格式是文字还是表格、图形。

（4）输出设备，如显示器、打印机、磁盘、网络、缩微胶片或其他专用设备。

（5）输出介质，如输出到磁盘还是磁带上，输出用纸是专用纸还是普通白纸等。

2. 输出设计的要求

输出信息的使用者是用户，其内容与格式等是用户最关心的问题之一。对输出信息的基本要求是：全面、准确、及时、适用。为此，在设计过程中，开发人员必须做到：

（1）详细分析现行系统的输出报表和内容，如哪些报表是真正需要的、哪些是重复或可以合并的、各份报表的输出周期等。

（2）深入了解并与用户充分讨论、协商，实际了解用户的真正输出需求。

（3）参考同类型企业或部门的情况，借鉴业务性质类似的其他管理信息系统的经验。

6.5.2 输出设计方式的选取

根据需要，可以设计不同的输出方式，下面简单介绍常用的输出方式。

（1）屏幕显示输出。就是将输出结果直接在屏幕上显示，它通常在功能选择、数据查询、信息检索时采用。这种方式的优点是快速直观、实时性强，但输出的信息不能保存。

（2）打印机输出。一般用于输出报表、发票等，输出介质主要是各种规格的打印用纸，包括通用打印纸和专用纸。通用打印纸用于一般打印机，输出内容全部需打印。专用纸是事先印刷好的报表或票据，输出时只要打印有关的数据即可，不需要打印表格框架等。打印输出方式输出的信息可以长期保存和传递，但它也有不足之处：一是购买、打印、储存和处理纸张的成本很高；二是打印的信息生命期较短，可能会很快过期。

（3）磁盘输出。就是将产生的结果信息，输出到磁盘中。如果信息交换的双方都有计算机但还没有联网，磁盘输出方式是一个很好的选择，它减少了键盘输入可能导致的差错，特别是当前普遍使用的U盘和移动硬盘在信息传递中非常实用。磁盘文件输出方式是下级部门向上级部门报送资料的一种主要方式，也是数据备份的一种主要方式。

（4）网络输出。通过网络传送，可以使发送方所发出的信息直接转换为接收方的输入数据，减少了不必要的重复输入，有效地提高了信息的传送效率，降低信息的传输成本，进而提高信息的利用率。网络输出同时支持多种媒体（文本、图形、声音、视频等）的传输。由于网络传输的一系列优越性，这种输出方式将逐步成为今后主要的输出形式。

（5）专门输出形式。一些特殊的单位和部门还有一些专门的输出形式，例如商场的POS机就是能够处理信用卡交易、打印详细收据、改变存货记录的一种计算机终端；银行的ATM机能够处理银行转账、打印存款单据和提现收据；另外在企业中，一个系统的输出经常成为另一系统的输入，如应收账款系统的支付数据为总账系统的输入。

（6）其他输出方式。其他输出方式包括：音频输出，是指使用自动电话应答系统来处理电话业务并为客户提供信息，例如通过使用声讯电话可以核实考试成绩、检查电话卡账户余额、查询股票价格等；自动传真和回传系统，一些企业通过使用自动传真和回传系统，传真会在几秒钟内传到用户的传真机上，用户能够以传真的方式打印输出，如计算机企业允许用户通过传真索取产品数据、关于新驱动设备的信息或技术支持。

虽然从社会可持续性发展的要求来看，未来的发展趋势是企业普遍采用屏幕显示或网络输出方式以达到无纸化办公，但目前大部分企业在日常工作中仍然主要依靠打印输出方式。因为大多数人在处理信息时还是习惯于看纸上的内容，而不愿去读屏幕上的文档。

6.5.3 输出格式的类型及设置

1. 输出格式的设计

在系统设计阶段，设计人员应该给出系统输出的说明，这个说明既是将来编程人员在软件开发时进行实际输出设计的依据，也是用户评价系统实用性的依据。因此，设计人员要选择合适的输出方式，并以清楚的格式表达出来。常见的输出格式有以下两种：

（1）报表输出。这是输出格式中最常见的一种，一般用来表示详细的信息。报表输出的关键在于如何根据信息使用者的具体要求和使用习惯来编排报表内容。常见的有两种编排形式：二维报表形式和自由编排形式。好的输出设计应给予信息使用者一定的选择权，使其能在权限范围内自由选择、组织、编排、显示所需信息。

（2）图形输出。管理信息系统用到的图形信息主要有直方图、圆饼图、曲线图、地图等，图形信息在表示事物的趋势、多方面的比较等方面有较大的优势，表示方式直观。

究竟应该采用报表输出还是图形输出，应根据系统分析和管理业务的要求而定。一般来说，对于基层或职能部门的管理者而言，应采用报表方式给出详细的记录数据；而对于高层领导或综合管理部门而言，则应该采用图形方式给出数据统计分析结果或综合发展趋势。

2. 输出格式的注意事项

输出设计时，要注意以下问题：

（1）使用方便，符合用户的习惯。

（2）规格标准化，文字和术语统一。

（3）屏幕输出要合理安排数据项的显示位置，并注意适当的色彩搭配。

（4）输出的表格要考虑系统未来发展的需要。

（5）在设计纸质报表的格式和大小时，要先了解打印机的工作特性和相关指标。

（6）为了便于编写输出程序，设计输出格式时，最好先拟出草图。

3. 报表格式的设计

报表是系统内部数据经处理后的一种具体表现形式，它用简单明了、美观、易于理解的形式反映用户所要得到的信息。设计报表格式时，除了要注意数据的正确性外，还要精心安排数据的输出位置，以合乎用户的阅读习惯。

根据报表内容的性质和用途，报表可分为明细表、业务文件、管理报表等。明细表主要记录企业或组织某一时期内往来的数据内容或某一类数据的明细，如进出货物交易明细报表、员工基本信息清单等；业务文件主要是企业或组织的正式交易文件，如职工工资单、各种收据和发票等；管理报表主要是用于管理的统计报表，既可以是摘要的统计报表，也可以是统计图形，如业务状况统计图、生产情况统计表等。

报表主要分为表头、内容明细、表底、备注4个部分。

（1）表头。表头（Heading）位于报表的最上端，主要由报表名称、使用单位名称、报表的印制时间、报表的页次、报表的编号所组成。

（2）内容明细。内容明细（Detail）位于报表的表头与表底之间，主要叙述此报表的详细内容，如交易明细、统计结果等。内容明细是一份报表的主体。

（3）表底。表底（Footing）位于报表的底部，主要由一些总结性的数据所组成，如总计、合计等数据项，有时页码也可放置于此。

（4）备注。备注（Note）一般位于报表的表底之下，主要针对这份报表内的数据来源及其意义做一些说明，如报表数据的计算方式、各数据项的含义等。

6.6　输入设计

输出设计完成以后，就可进行输入设计。输入设计对系统的质量有着决定性的影响，输入设计还是信息系统与用户之间交互的纽带，决定着人机交互的效率。

6.6.1　输入设计的原则

输入设计要在保证向信息系统提供正确信息和满足需要的前提下，尽可能做到输入方法的简单、迅速、经济，并方便用户操作，也就是要达到"使用方便，操作简单，便于录入，数据准确"的目标，并遵循如下原则：

（1）控制输入量。输入量应保持在能满足处理要求的最低限度，避免不必要的重复与冗余。输入量越少，错误率越小，数据准备时间也越少。

（2）减少输入延迟。输入数据的速度往往成为提高信息系统运行效率的瓶颈，为减少延迟，可采用周转文件、批量输入等方式。

（3）减少输入错误。输入的准备及输入过程应尽量简易、方便，并有适当查错、防错、纠错措施，从而减少错误的发生。

（4）避免额外步骤。在输入设计时，应尽量避免不必要的输入步骤，当步骤不能省略时，应仔细验证现有步骤是否完备、高效。

（5）尽早保存。输入数据应尽早地用其处理所需的形式记录下来，以避免数据由一种介质转换到另一种介质时需要转录及可能发生错误。

（6）及时检查。应尽早对输入数据进行检查，以使错误及时得到改正。

6.6.2　输入设备的选择

输入设计时，首先要确定输入设备的类型，目前常用的输入设备有以下几种：

（1）读卡机。在计算机应用的早期，读卡机是最常用的输入设备。这种方法把源文件转换成编码形式，由穿孔机在穿孔卡片上打孔，再经验证、纠错，然后输入计算机。这种方法成本较低，但速度慢，且使用不方便，已被键盘—磁盘输入装置取代。

（2）键盘—磁盘输入装置。由数据录入人员通过工作站录入，经拼写检查、可靠性验证后存入磁记录介质（如磁带、磁盘等）。这种方法成本低、速度快，易于携带，适用于大量数据输入。

（3）光电阅读器。采用光笔读入光学标记条形码或用扫描仪录入纸上文字。光电阅读器适用于自选商场、借书处等只需少量数据录入的场合。而纸上文字的扫描录入尚处于试用阶段，读错率和拒读率较高，价格较贵、速度慢，但无疑具有较好的发展前景。

（4）终端输入。终端一般是一台联网微机，操作人员直接通过键盘键入数据，终端可以以在线方式与主机联系，并及时返回处理结果。

6.6.3 输入数据的获得

在管理信息系统中，最主要的输入是向计算机输送原始数据，如仓库入库单、领料单、财务记账凭证等。因此在输入的前期，应详细了解这些数据的产生部门、输入周期、输入信息的平均发生量和最大量，并研究、计划今后这些数据的收集时间和收集方法等。

原始数据通常通过人机交互方式输入，为了提高输入速度并减少出错，可设计专门供输入数据用的记录单；在输入数据时，屏幕上的格式与输入记录单应保持一致。

输入记录单的设计原则是：易使用，减少填写量，便于阅读，易于分类、整理和装订保存。有时也可以不专门填写输入记录单，而只在原始票据上框出一个区域，用来填写需特别指明的向计算机输入的数据。此方法容易为业务人员所接受，因为他们可减少填写记录单的工作量，但对输入操作不一定有利。

对于某些数据，最好的方法是结合计算机处理和人工处理的特点，重新设计一种新的人机共用的格式。如入库单和领料单，可在原有人工使用的单据格式上增加材料代码、经手人员的职工号等栏目，业务部门和计算机操作员都可直接使用该单据，这样既可减少填写输入记录单的工作量，又方便了输入操作。当然，对于单据中的代码填写，业务人员仍需经过一段时间的使用才能适应。

6.6.4 输入数据的校验

输入设计的目标是要尽可能减少数据输入中的错误。在输入设计中，要对全部输入数据设想其可能发生的错误，对其进行校验。

1. 常见的输入错误类型

常见的输入错误主要有以下三种类型：

（1）数据本身错误。指由于原始数据填写错误或书写出错等原因引起的输入数据错误。

（2）数据多余或不足。这是在数据收集过程中产生的差错，如数据（单据、卡片等）的散失、遗漏或重复等原因引起的数据错误。

（3）数据的延误。数据延误也是数据收集过程中所产生的差错，不过它的内容和数据量都是正确的，只是由于时间上的延误而产生差错。这种差错多由开票、传送等环节的延误而引起，严重时会导致输出信息无利用价值。因此，数据的收集与运行必须具有一定的时间性，并要事先确定数据延迟时的处理对策。

2. 数据出错的校验方法

数据的校验方法有人工直接检查、计算机程序校验以及人与计算机两者分别处理后再相互查对校验等多种方法。这些方法可单独使用，也可组合使用。

（1）静态检验。静态检验即人工校验。这种方法一般是在输入之前，由人工对数据进行检查。也可在数据输入之后，由计算机将输入的有关数据重新打印输出，然后由人工将计算机输出的数据与原始数据逐个核对，检查它们是否一致。例如，用户有若干张原始单据输入计算机，计算机通过输出模块将用户输入的原始数据打成"汇总明细单"输出，用户用"原始单据"与"汇总明细单"逐笔核对，进行静态检验。

（2）屏幕显示检验。通过屏幕将输入数据显示出来，进行人工检验。例如，录入员将凭证输入计算机后，审核员调用"审核模块"将凭证一一显示在屏幕上进行人工检验。

（3）重复输入校验。对同一张单据，由两个操作员各输入一次，或者同一个操作员先后输入两次，然后由计算机程序自动给予校对。如果不相同，则打印或显示出错误信息。

（4）逻辑检验。逻辑检验是对输入的数据是否符合逻辑性、有关数据的值是否合理的一种校验方法。一般是将逻辑检验方法设计在输入程序中，由计算机自动检验。例如输入日期时，计算机马上进行逻辑性检查：月份是否在 1 至 12 之间，日期是否在 1 至 31 之间等。

（5）界限检验。界限检验检查某项输入数据的内容是否位于规定的范围之内。例如，某单位职工的基本工资在 500 元至 5 000 元之间，如果输入的数据不在此范围内，则认为数据输入错误。这可以防止将 800 元误录为 8 000 元。

（6）平衡检验。平衡检验的目的在于检查相关数据项之间是否平衡。例如，会计工作中采用借贷记账法，其记账规则是"有借必有贷，借贷必相等"。利用这种平衡关系，可在每张凭证数据输入时，由计算机程序自动进行借贷金额平衡检验。借方金额等于贷方金额，方可进行下一步处理；否则，输出错误信息。

（7）校验位校验。根据已编好的数码，通过一定的数学模型，求得一位数字加在代码后面作为校验位，以验证输入的代码的正确性。

（8）控制总数校验。采用控制总数校验时，工作人员先用手工求出数据的总值，然后在数据的输入过程中由计算机程序累计总值，将两者对比校验。

（9）格式校验。即校验数据记录中各数据项的位数和位置是否符合预先规定的格式。例如，身份证号按规定应该为 18 位，如果输入的身份证号只有 17 位，则认为该数据出错。

（10）顺序校验。即检查记录的顺序。例如，要求输的数据无缺号时，通过顺序校验，可以发现被遗漏的记录；要求记录的序号不得重复时，即可查出有无重复的记录。

3. 出错的纠正方法

在错误校验系统中，错误的纠正比校验更困难，应根据出错的类型和原因，进行纠错。如果发现原始数据有错时，应将原始单据送交填写单据的原单位修改，不应由键盘输入操作员或原始数据检查员等想当然地予以修改。

当由机器自动检错时，出错的纠正方法有以下几种：

（1）待输入数据全部校验并改正后，再进行下一步处理。

（2）舍弃出错数据，只处理正确的数据。这种方法适用于作动态调查分析的情况，这时不需要太精确的输出数据，如统计项目的百分比、进行数据抽样调查分析等。

（3）只处理正确的数据，出错数据待修正后再进行同法处理。

（4）剔除出错数据，继续进行处理，出错数据留待下一运行周期再一并处理。此种方法适用于运行周期短而剔除错误不致引起输出信息准确性显著下降的情况。

6.6.5　输入格式的设计

输入格式应该针对输入设备的特点进行设计。若选用键盘方式，人机交互输入数据，则输入格式的编排应尽量做到计算机屏幕显示格式与单据格式一致。

输入数据的形式一般可采用"填表式"，由用户逐项输入数据，输入完毕后系统应具有要求"确认"输入数据是否正确无误的功能。当前，基于图形化用户界面的输入设计是输入设计中常用的方法，通常采用面向对象法来进行。在这种方法中，通过输入控件实现简化用户输入操作、减少输入错误的目的。常见的输入控件包括文本框、列表框、复选框、单选按钮等。

（1）文本框。文本框没有大小限制，因此可以作为应用程序（如字处理程序或 Web 浏览器）的主要显示区域，用户可在其中输入文本。

（2）列表框。使用列表框可以表示一系列选项或设置，列表框可以一次显示多个备选项，并允许用户同时选择两个或更多的值。

（3）复选框。如果用户需要从一组选项中选择不止一个选项，则可使用复选框输入控件，使用复选框可以分别表示多个选项的选中或清除、启用或禁用。如果各个选项只有两种状态，则可使用复选框。

（4）单选按钮。单选按钮是用户从一组选项中选中某一个选项的输入控件，使用单选按钮可以表示某选项的选中或清除、启用或禁用。如果待选项数目有限，则可使用单选按钮。单选按钮也可用于一次在用户界面上显示所有可能的选项的情况。一组单选按钮选项表明若干个不同的、互斥的可用状态。

6.7 数据库的设计

数据库设计是指在确定的数据库管理系统环境下，从整个管理信息系统数据输入、输出的特点和要求出发，设计最优的数据模型和处理模式，构建既能满足系统数据需求和处理需求，又能安全、有效、可靠地存取数据的数据库。本节只是简单说明一下管理信息系统中数据库设计的工作流程。该流程共分为四个步骤：用户数据需求分析、数据库概念结构设计、数据库逻辑结构设计、数据库物理结构设计。这四个步骤与管理信息系统开发的各个阶段相对应，用户数据需求分析和数据库概念结构设计在系统分析阶段进行，数据库逻辑结构设计和数据库物理结构设计在系统设计阶段进行。

6.7.1 用户数据需求分析

在进行数据库设计时，首先要调查用户的需求，包括用户的数据要求、加工要求和对数据安全性、完整性的要求。然后在系统详细调查的基础上，确定各个用户对数据的使用要求，主要包括如下内容：

（1）分析用户希望从数据库中获得哪些有用的信息，从而可以推导出数据库中应该存储哪些有用的信息，并由此得到数据类型、数据长度、数据量等。

（2）分析用户对数据需要完成哪些加工处理，有哪些查询要求和响应时间要求，以及对数据库保密性、安全性、完整性等方面的要求。

（3）分析现有系统的规模、结构、资源和地理分布等限制条件，了解所选用的数据库管理系统的技术指标。例如，选用了 Microsoft SQL Server 2010，则必须了解 SQL Server 2010 的最多字段数、最大记录数、最大记录长度、文件大小和系统所允许的数据库容量等。

6.7.2 数据库概念结构设计

数据库概念结构设计的主要工作是根据用户需求设计概念性数据模型。概念模型是一个面向问题的模型，它独立于具体的数据库管理系统，从用户的角度看待数据库，反映用户的现实环境，与将来数据库如何实现无关。概念模型设计的典型方法是 E-R 方法（Entity-Relationship Approach），即用"实体-联系"模型表示。E-R 方法使用 E-R 图来描述现实世界，E-R 图包含三个基本成分：实体、联系、属性。E-R 图直观易懂，能够比较准确地反映现实世界的信息联系，且从概念上表示一个数据库的信息组织情况。

（1）实体。实现是指客观世界存在的事物，可以是人或物，也可以是抽象的概念。如学校中的教师、学生、课程都是实体。在 E-R 图中用矩形框表示实体。

（2）联系。联系是指客观世界中实体与实体之间的联系，联系的类型有一对一、一对多和多对多三种。例如，学校与校长为一对一的关系；学校与学生为一对多的关系；学生与课程之间为多对多的关系。在 E-R 图中用菱形框表示实体间的联系。

（3）属性。属性是指实体或联系所具有的性质。例如，学生实体可由学号、姓名、性别、出生日期等属性来表示。在 E-R 图中用椭圆表示实体的属性。

6.7.3 数据库逻辑结构设计

数据库逻辑结构设计的任务是设计数据的结构，将概念模型转换成所选用的数据库管理系统（Data Base Management System，DBMS）支持的数据模型。在由概念结构向逻辑结构的转换中，必须考虑到数据的逻辑结构是否包括了处理所要求的所有关键字段，所有数据项和数据项之间的相互关系，数据项与实体之间的相互关系，实体与实体之间的相互关系，以及各个数据项的使用频率等问题，以便确定各个数据项在逻辑结构中的地位。

6.7.4 数据库物理结构设计

数据库物理结构设计是指在逻辑结构设计的基础上，进一步设计数据模型的一些物理细节，为数据模型在设备上确定合适的存储结构和存取方法。其出发点是如何提高数据库系统的效率。物理结构设计的主要内容如下。

1. 确定数据的存储结构

根据数据库中数据的使用情况，从数据库管理系统提供的各种存储结构中选取适合应用环境的结构加以实现。确定存储结构的主要因素是用户的数据要求和处理要求、存取数据的时间、空间利用率和对存储结构的维护代价等。

2. 选择和调整存取路径

数据库必须支持多个用户的不同应用要求，因此应对同一数据提供多条存取路径。

3. 确定数据的存放介质和存储位置

根据数据的具体应用情况确定数据的存储位置、存储设备、备份方式以及区域划分。将数据库按不同的情况划分为若干个组，把存取频率和存取速度要求高的数据存在高速存储器上，把存取频率低和存取速度要求较低的数据存在低速存储器上。

4. 确定存储分配的参数

许多数据库管理系统提供了一些存储分配参数，如缓冲区的大小和个数、溢出空间的大小和分布、数据块的尺寸等，这些参数的设置将影响数据存取的时间和存储分配的策略，设计人员应全面考虑。

5. 确定数据的恢复方案

对数据恢复问题应予以考虑，如采取双硬盘、多处理器并行工作、数据备份等有效措施，一旦发生故障，系统可以继续运行，数据可以及时恢复。

6.8 处理过程设计

在获得了一个合理的模块划分即模块结构图以后，就可以进一步设计各模块的处理过程了，这就是处理过程设计。它将为程序员编写程序做好准备，是编程工作的依据。

处理过程设计的关键是用合适的工具描述每个模块的执行过程，这种工具应该简单、精确、方便、实用，并能直接导出用编程语言表示的程序。下面介绍几种主要描述工具。

6.8.1 流程图

流程图（Flow Chart），又称框图，它有三种基本符号，如图 6—12 所示：用矩形框表示处理步骤；用菱形框表示条件判断；用箭头表示控制流。

(1) 处理   (2) 逻辑条件   (3) 控制流

图 6—12　流程图的基本符号

可以用这三种基本符号表示顺序、选择和循环这三种基本程序结构，如图 6—13 所示。还可以把它们再进行组合和嵌套，建立各种复杂的框图以表示程序的复杂逻辑关系。

(a)顺序结构   (b)选择结构   (c)循环结构

图 6—13　流程图的三种基本结构

图 6—13 只是给出了流程图的三种基本结构，图 6—14 给出了流程图的五种控制结构（其中选择结构和循环结构都有两种不同的变化形式）。

(a) 顺序型   (b) 选择型   (c) 多分支选择型

(d) 先判定型循环   (e) 后判定型循环

图 6—14　流程图的五种控制结构

图 6—15 所示的就是一个由上面 5 种不同控制结构嵌套而成的程序流程图示例。

图 6—15   嵌套的流程图示例

6.8.2   N-S 图

N-S 图,又称为盒图,是 Nassi 和 Shneiderman 提出的一种符合结构化程序设计原则的图形描述工具,它采用了一种直观描述模块处理过程的自上而下的积木式表示方法。

N-S 图的 5 种控制结构如图 6—16 所示,其比流程图紧凑、易画,取消了控制线,限制了随意的控制转移,保证了良好的控制结构。可以看出,N-S 图中的上下顺序就是程序实际执行的顺序。

图 6—16   N-S 图的 5 种控制结构

图 6—17 所示的就是一个由上面 5 种不同控制结构嵌套而成的 N-S 图示例。

图 6—17　嵌套的 N-S 图示例

6.8.3　PAD 图

PAD 图（Problem Analysis Diagram），又称问题分析图，由日本日立公司于 1979 年提出，其 5 种控制结构的表示如图 6—18 所示。PAD 图具有逻辑结构清晰、图形标准化等优点。

（a）顺序结构　　　　（b）选择结构　　　　（c）多分支选择结构

（d）先判定型循环结构　　　　（e）后判定型循环结构

图 6—18　PAD 图的 5 种控制结构

6.8.4　IPO 图

IPO（Input Process Output）图是由 IBM 公司发起并逐步完善起来的一种工具，用来表述每个模块的输入、输出和数据加工。在由系统分析阶段产生数据流程图，经转换和优化形成系统模块结构图的过程中，将产生大量的模块，IPO 图可以帮助开发者为每个模块写出一份说明。

IPO 图的设计必须包括输入、处理、输出，以及与之相对应的数据库或文件在系统总体结构中所处的位置等信息。

IPO 图的主体是处理过程说明。为简明、准确地描述模块的执行细节，可以用任何一种设计工具来描述，如判断树、判断表，以及问题分析图、程序流程图等工具。IPO 图是系统设计中一种重要的文档资料。

图 6—19 所示的就是一个固定资产管理系统中"固定资产增加"模块的 IPO 图。

图 6—19　"固定资产增加"模块的 IPO 图

6.9　系统设计说明书

系统设计阶段的最终结果是系统设计说明书，它由各种设计方案和设计图表组成，是下一阶段工作——系统实施的基础。系统设计说明书的主要项目和内容如表 6—3 所示。

表 6—3　　　　　　　　　　　　　　系统设计说明书的主要项目和内容

项目	内容
概述	系统名称、设计目标、主要功能、项目开发者、用户、与其他系统的联系； 本系统在硬件、软件和运行环境方面的限制，保密和安全方面的限制； 参考资料和系统中专门术语说明。
系统总体设计	总体结构、模块结构图、子系统结构图、计算机流程图等； 各个模块的 IPO 图（名称、功能、调用关系、局部数据项和算法说明等）。
物理系统配置	系统总体模式，计算机系统的地理分布，计算机系统图，机房配置设计； 设备配置图：各种设备在各岗位的分布图，主机、网络、终端联系图等； 硬件配置：包括主机、外设、终端、辅助设备和网络结构等； 软件配置：包括操作系统、数据库管理系统、软件开发工具等； 网络配置：包括网络组成、网络拓扑结构等。
代码设计方案	代码设计原则和设计方案； 各类代码的类型、名称、功能、使用范围和使用要求等的设计说明书。
数据库设计	数据库设计的目标、功能要求、性能规定（精度、有效性及其他专门要求）； 数据库的总体结构（主要指表与表之间的关联关系结构以及表内部的结构）； 逻辑设计方案、物理设计方案、运行环境要求（支撑软件，安全保密等要求）。
人机对话设计	输出设计：输出项目，输出接受者，输出要求（设备、介质、格式等）； 输入设计：输入人员，主要功能要求，输入校验； 用户界面设计：主要界面的风格、样式、色彩、对话语句。
系统实施方案	实施计划（包括工作任务的分解、进度安排和经费预算）； 实施方案的审批（说明经过审批的实施方案概况和审批人员的姓名）。
其他内容	安全保密设计；系统故障对策；系统投运计划及人员上岗培训计划等。

系统设计说明书编写完成后，需要组织系统开发人员，并邀请有关专家和管理人员参加评审工作。系统设计说明书经过评审并获得通过，最后经有关领导批准后才能生效，系统开发便进入下一个阶段——系统实施阶段。

6.10 案例讨论

6.10.1 案例1：某管理信息系统的安全设计

某开发小组正在为某公司开发一个销售管理信息系统。对于这个系统来说，如果因为偶然或人为因素导致数据丢失或信息泄露，将带来难以估量的损失。因此，系统的安全性和可靠性设计是非常重要的。

该开发小组针对如下两种类型的隐患采取了不同的措施。

第一种措施是突发性物理破坏的应急处理。主机以及核心设备采用双机热备份方式，一套为生产机，另一套为备份机。每隔一定的时间，生产机就自检一次，若出现异常，系统将立刻切换到备份机继续工作，而不会影响系统运行。

第二种措施是防范人为的作弊与蓄意破坏。要求采用多种方法防范蓄意破坏，主要利用操作系统的安全性，防止对数据库进行非法访问。对于数据库的安全，在前、后台都有日志记载，使得系统发生故障后能够提供数据动态恢复或向前恢复的功能，确保主机数据的正确性。对于通信安全，采用通信加密的方式。对于前台安全，采用终端进行控制，只有经过授权的终端才能访问数据库，以达到在地域上限制用户操作的目的。对于系统安全，采用加强用户授权控制及口令管理等措施。

分析讨论：

（1）试分析上述系统安全设计的特点。

（2）系统安全性主要体现在哪些方面？你对上面的设计还有什么补充？

6.10.2 案例2：现行报表系统的变更方法

据资深信息系统开发专家介绍，虽然现行报表系统经过长时间的使用，历经几批用户的修改和完善，但是并非无懈可击的。从信息系统分析的结果出发，该信息系统开发专家在新信息系统中有意取消了自认为是多余的报表及报表中的若干个栏目，新系统投入使用一年后未被用户发现问题，可见他的分析和设计是正确的。

然而当初他在征求用户意见时，管理人员坚称现有的报表、报表栏目一个也不能少。由于长期与报表为伴的管理人员先入为主，未深入分析现有报表及其相互关系，故不易发现现行报表系统中存在的问题。

分析讨论：

（1）该资深信息系统开发专家的发现证明了什么？

（2）在变更现行的报表系统时，为什么要与系统分析人员协商？

（3）变更现行的报表系统时，是否要获得用户及有关部门的批准？

·本 章 小 结·

1. 系统设计阶段着重解决系统"如何做"的问题，也就是在逻辑模型的基础上构建系统的物理模型。其核心任务是在科学、合理的设计和逻辑模型基础上，提高系统的行效率、可靠性、安全性和工作质量，合理投入并充分利用人、财、物等资源，以获得较高的效益。

2. 为提高系统设计工作的质量，在开展设计工作时应该遵循一些基本原则，具体包括：完整性、简单性、系统性、适应性、可靠性、安全性、经济性、高效性和合法性。

3. 系统设计可以分为总体设计和详细设计两个阶段。其中在总体设计部分，主要完成的任务包括：子系统的划分，系统功能结构设计，系统模块结构设计，系统流程设计以及系统物理配置方案设计。其中要重点掌握模块的概念，模块结构图中模块之间的三种调用关系以及数据和控制信息的使用等。

4. 要掌握代码设计的相关知识，包括代码设计的原则、代码的种类、代码校验方法。

5. 在详细设计阶段，人机界面设计非常重要，要掌握用户界面设计、输出和输入设计的相关知识；简单了解数据库设计的步骤；还要熟悉处理过程设计的描述工具等相关内容。

6. 系统设计阶段的最终结果是系统设计说明书，它由各种设计方案和设计图表组成，是下一阶段工作——系统实施的基础。要熟悉系统设计说明书的内容和编写要求。

·关键术语·

系统设计　总体设计　详细设计　模块　模块结构图　信息系统流程图　系统吞吐量
系统响应时间　代码　代码设计　顺序码　区间码　表意码　代码校验位　线分类方法
面分类方法　输出设计　输入设计　流程图　N-S图　PAD图　IPO图　系统设计说明书

复习思考题

一、填空题

1. 在进行系统总体设计时候，需要对子系统进行划分，常用的方法主要有五种，分别是按_____划分，按_____划分，按_____划分，按_____划分和按_____划分。

2. 一个模块应该具备四个组成要素，分别是_____、_____、_____和_____。

3. 组成模块结构图的五种基本符号分别是_____、_____、_____、_____和_____。

4. 模块结构图中，模块之间的调用关系有三种，分别是_____、_____和_____。

5. 设计系统物理配置方案的方法有四种，分别是_____、_____、_____和_____。

6. 目前代码设计中常用的分类方案主要有两种，分别是_____和_____。

7. 输出设计的方式最常用的四种是_____、_____、_____和_____。

8. 输入设计的目标可描述为16个字，即_____。

9. 处理过程设计的描述工具有_____、_____、_____和_____。

二、名词解释

1. 模块
2. 系统可靠性
3. 模块结构图
4. 系统吞吐量
5. 系统响应时间

6. 代码设计

7. 区间码

8. 代码校验位

9. 面分类方法

10. PAD 图

三、简答题

1. 简述系统设计阶段的任务和工作内容。

2. 系统设计要遵循哪些基本原则？

3. 总体设计的任务是什么？主要包括哪些内容？

4. 什么是模块？包括哪些基本要素？

5. 什么是代码设计？代码设计要遵循哪些原则？

6. 请说明数据库设计的主要工作步骤。

7. 请说明输出设计的要求以及主要设计内容。

8. 为什么需要进行输入数据校验？主要有哪些校验方式？

9. 图形用户界面设计主要有哪些方式？请分别举例说明。

10. 简述系统设计说明书的主要内容。

实 践 训 练

一、实践调查

请调查贵校学生的学号、借书证号的代码系统的构成，并分析其优点或缺点。

二、代码设计

1. 代码校验的方案如下：原代码 4 位，从左到右取权 16、8、4、2，对各位原代码及其权值的乘积之和以 11 为模取余数作为校验码。请问：代码 6137 的校验码应是多少？

2. 某校师资管理信息系统中，教师编号的设置方案为：代码整体为 5 位数字组成的层次代码。其中，前两位数字表示系部，第三位数字表示教研室，最后两位数字表示序列号。如 03202 中 03 表示建筑系，2 表示装潢设计教研室，02 表示该教研室副主任张西景。

问题：

（1）该代码属于什么类型代码？它具有什么优点？

（2）为了保证原代码输入的正确性，现欲在原代码后再添加一个检验位，方案是：取 2，4，8，16，32 为权数，10 为模数，模数与余数之差（若为 10，取罗马数字 X 代替）作为校验位。那么，原代码为 12307 的校验位应是多少？

（3）按照上面（2）中方案设置校验位后，若输入带校验位的代码 072146，计算机系统是否会提示"代码出错"？

3. 某企业设计了职工代码，其设计原则如下图所示。

职工代码设计原则

根据代码设计原则，分析该代码系统设计的正确性，并给予适当的解释。

三、实践应用

请绘制一个人力资源管理信息系统的功能结构图，并为相关人员设计一套代码体系。

第7章 系统实施与维护

学习目标

通过本章的学习，读者应该能够：

- 理解系统实施的任务
- 熟悉系统实施的工作步骤
- 掌握程序设计的基本要求
- 理解系统测试工作的含义、步骤及方法
- 掌握系统切换的四种方式
- 熟悉系统维护的内容和类型

本章引例

P公司管理信息系统的实施过程

P公司是一个生产化肥的中型国有企业。自改革开放以来，经济效益显著增长。早在20世纪90年代初，为了进一步提高企业管理水平，决定以委托开发方式开发管理信息系统。整个项目的研制工作开展得较有条理。

首先是系统调研，规划了管理信息系统的总体设计方案，并购置了所需的计算机设备。

在系统分析和系统设计阶段绘制数据流程图和管理信息系统流程图时，项目组和主要科室人员在公司经理的支持下多次进行关于改革管理制度和方法的讨论，重新设计全公司管理数据采集系统的输入表格。整个系统由生产管理、供销存管理、成本管理、综合统计和网络公用数据库5个子系统组成。项目组夜以继日地工作，软件设计在延迟5个月后进入系统转换阶段。

系统转换阶段是系统开发过程中最为艰难的一个阶段。许多问题在这个阶段逐步暴露出来。手工系统和计算机应用系统同时运行，管理人员要参与大量原始数据的输入和计算机结果的校核，加重了管理人员的工作负担，引起了管理人员的极大不满；仓库保管员不愿意为每一种材料填写代码，认为这样做太麻烦。经过努力沟通，问题逐一得到解决，但系统拖了很长时间才投入正常运行。

后来，根据公司管理形势的变化，领导层决定对系统进行升级改造，并组织项目组开发新的系统。

项目组吸取上次的教训，系统转换采用直接方式。但新的问题又出现了，由于新旧系统的功能不同，系统管理出现不衔接的状况，严重影响了公司的正常生产。

 点评

系统实施就是将新系统的设计方案转换为能够实际运行的系统。在此期间，开发商和用户都将投入大量的人力、物力，占用很长时间，用户单位将发生组织机构、人员、设备、工作流程的重大变革，所以系统实施是系统开发的关键阶段，必须高度重视。

7.1 系统实施工作概述

7.1.1 系统实施的任务

开发一个管理信息系统就像盖一栋大楼，系统分析、系统设计就是根据大楼的要求画出各种蓝图；系统实施是调集各类人员、设备、材料，在现场根据图纸按实施方案的要求把大楼建起来。完成了系统分析、系统设计之后，如何将原来纸面上类似于设计图的新系统方案转换成可执行的实际系统，就是系统实施阶段的主要工作。

也就是说，系统实施就是将新系统的设计方案转换为能够实际运行的系统。在此期间，开发方和用户单位都将投入大量的人力、物力，占用很长时间，用户单位将发生组织机构、人员、设备、工作流程的重大变革，所以系统实施是系统开发的关键阶段。

7.1.2 系统实施的工作步骤

系统实施的工作步骤如图7—1所示，其内容包括硬件获取、软件获取、用户准备、人员聘用和培训、场所和数据准备、安装、测试、试运行以及用户验收等。

图7—1 系统实施阶段的工作步骤

具体工作包括：

（1）建立硬、软件环境，实现物理系统并选择开发环境和工具；

（2）进行程序设计和系统测试，排除错误并完善功能；

（3）装载数据，系统试运行，并做局部功能调整；

（4）对用户单位相关人员进行全员培训；

（5）进行系统转换，用新系统取代旧系统。

7.1.3 系统实施的成功因素

系统实施是一项十分复杂的工作，许多因素都会影响系统实施的进程和质量。

1. 管理因素

系统实施要涉及开发人员、测试人员、各级管理人员，涉及大量的物资、设备、资金和场地，涉及各个部门及应用环境，执行过程中情况十分复杂，如果没有强有力的管理措施，系统实施工作将无法进行。

实施管理的第一步就是要建立一个由企业主要领导挂帅的领导班子。第二步是要注意各部门人员之间的协同工作，这种协同包括行动上和思想上两个方面。第三步，各类相关人员的培训也是系统实施中的一项重要工作，培训质量的好坏直接关系到系统未来的效益。

2. 技术因素

影响系统实施的技术因素，主要包括以下三个方面：

（1）数据整理与规范化。信息系统的成功实施，依赖于准确、全面、规范化的基础数据。如果没有高质量的数据原材料，信息系统就不可能生成高质量的信息产品。

（2）软硬件及网络环境的建设。建设信息系统的软件、硬件及网络环境是一项技术性高、工作量大的任务。它是信息系统运行的基础设施和平台，如果它不能很好地工作，信息系统就不可能很好地工作，因此，软硬件及网络环境的建设是企业应用信息系统的前提和基石。

（3）开发技术选择和使用。要想快速、高效地实现信息系统，一个根本途径就是使用合适的系统开发工具，它是直接影响信息系统实施的最重要的技术因素。

7.2 系统运行环境实施

信息系统运行环境的实施是指计算机系统配置、网络系统实施等一系列活动的总和。

7.2.1 计算机系统的配置

信息时代，计算机技术的发展日新月异，不同厂家、型号的计算机产品为信息系统的应用提供了广阔的舞台，但也给系统的实施带来了一定的复杂性，必须从这些计算机产品中选择最适合应用需要的品牌。购置计算机硬件系统的基本原则是：

（1）能够满足管理信息系统的设计要求；

（2）计算机系统是否具有合理的性价比；

（3）计算机系统是不是具有良好的可扩充性；

（4）能否得到来自供应商的售后服务和技术支持等。

计算机对周围环境比较敏感，尤其在安全性较高的应用场合，对机房的温度、湿度等都有特殊的要求。通常，机房要安装双层玻璃门窗，并且要求无尘。硬件通过电缆线连接至电源，电缆走线要安放在防止静电感应的耐压有脚的活动地板下面。

另外，为了防止突然停电造成损失，应安装备用电源设备，如功率足够的不间断电源。

计算机设备到货后，应该按照合同进行开箱验收。安装与调试工作主要应由供应商负责完成，系统运行用的常规诊断校验系统也应该由供应商提供，并负责操作人员的培训。

7.2.2 网络系统的实施

在信息系统建设中，网络系统的实施就是用通信线路把各种设备连接起来组成网络系统，其主要工作包括：网络产品的选型、网络结构的选择、通信设备的安装、通讯介质的选择、电缆线的铺设以及网络性能的调试等工作。

网络产品的选型包括服务器的选择，路由器、交换机等设备的选用。选择时要根据管理信息系统的实际需要和企业自身的经济实力进行选择，同时必须保证所选择的产品性能要稳定、可靠，售后服务要好，还要注意经济性、实用性和先进性的完美统一。

管理信息系统中的网络有局域网和广域网两种。局域网通常指一定范围内的网络，可以实现楼宇内部和邻近的几座大楼之间的内部联系。广域网设备之间的通信，通常利用公共电信网络，实现远程设备之间的通信。

常用的通信线路有双绞线、同轴电缆、光纤电缆以及微波和卫星通信等。

7.3 程序设计

程序设计是指根据系统设计说明书中有关模块的处理过程描述，选择合适的计算机程序语言，编制出正确、清晰、健壮，易维护、易理解、工作效率高的程序。

7.3.1 程序设计的基本要求

要设计出性能优良的程序，除了要正确实现程序说明书所规定的各项功能外，还要特别遵循以下几项基本要求。

1. 可靠性

系统的可靠性是指编制的程序能够正确地完成系统的功能，保证系统的安全以及运行的可靠。可靠性在任何时候都是系统质量的首要指标。可靠性指标可分解为两个方面：一方面是指程序或系统的安全可靠性，如数据存取的安全可靠性，通信的安全可靠性，操作权限的安全可靠性，这些工作一般都要在系统分析和设计时来严格定义；另一方面是指程序运行的可靠性，这一点只能通过调试时的严格把关来保证编程工作的质量。

2. 可维护性

系统在其运行期间，逐步暴露出的隐含错误需要及时排错；同时，用户新增的要求也需要对程序进行修改或扩充；此外，计算机软硬件的更新换代也要求应用程序作相应的调整或移植。所以说，由于排错、改正、改进的需要，系统的可维护性是必要的，是对程序设计的一项基本要求。考虑到管理信息系统一般要运行 3～8 年的时间，因而系统维护的工作量是相当大的。一个不易维护的程序，用不了多久就会因为不能满足应用需要而被淘汰。

3. 可理解性

系统的可理解性是指程序结构清晰、易于理解，没有太多繁杂的技巧，能够让他人比较容易地了解和掌握。可理解性对于大规模工程化地开发软件非常重要，这是因为程序的维护工作量很大，程序维护人员经常要维护他人编写的程序。如果程序不便于阅读，会给程序检查与维护工作带来极大的困难。无法修改的程序是没有生命力的程序。

4. 健壮性

系统的健壮性是指系统对错误操作、错误数据输入能予以识别与禁止的能力，避免因错误操作、错误数据输入及硬件故障而造成系统崩溃。这是系统可以长期平稳运行的基本前提。

5. 效率

系统的效率是指程序能否有效地利用计算机资源（如时间和空间），也就是指系统运行时应尽量占用较少的空间，却能用较快的速度完成规定的功能。近年来，硬件价格大幅度下降，而其性能却不断完善和提高，所以效率已经不像以前那样重要了。相反，程序设计人员的工作效率则日益重要。提高程序设计人员工作效率，不仅能降低软件开发成本，而且可明显降低程序的出错率，进而减轻维护人员的工作负担。

7.3.2 结构化程序设计方法

结构化程序设计方法由荷兰的艾兹格·W·迪科斯彻（Edsger Wybe Dijkstra）等人于

1972年提出，用于详细设计和程序设计阶段，是一种指导人们用良好的思想方法，开发出易于理解又正确的程序的程序设计方法。

1. 结构化程序设计的三种基本结构

（1）顺序结构。顺序结构是一种线性有序的结构，按语句的自然顺序从上到下逐条地执行，如图7—2所示。几乎所有的高级语言都具有这种特征，如赋值语句、输入/输出语句等。

图7—2　顺序结构

（2）选择结构。选择结构是一种双向或多向语句，它根据表达式（Exp）条件成立与否或根据不同情况（CASE）选择程序执行路径的结构。当执行完被选择语句后，程序将控制转向后续语句。

选择结构有三种。

选择结构1：如图7—3所示。

     IF ＜条件＞
     ＜命令组1＞
     ELSE
     ＜命令组2＞
     ENDIF

选择结构2：如图7—4所示。

     IF ＜条件＞
      ＜命令组1＞
     ENDIF

图7—3　选择结构1

图7—4　选择结构2

选择结构 3：如图 7—5 所示。

```
DOCASE
CASE <条件 1>
    <命令组 1>
CASE <条件 2>
    <命令组 2>
......
CASE <条件 n>
    <命令组 n>
ENDCASE
```

图 7—5　选择结构 3

（3）循环结构。循环结构由一个或几个模块构成，程序运行时重复执行，重复执行的次数根据问题的要求，由相应的条件式来控制，其中被重复执行的部分称为循环体。所有的程序设计语言都提供一条或几条循环语句，形式大同小异。循环结构可分为两种，如图 7—6 所示。

图 7—6　循环结构

DO WHILE—ENDDO 型循环，如图 7—6（a）所示，若表达式（Exp）的值为真，就重复执行语句 A，否则转入后续语句；DO UNTIL 型循环结构，如图 7—6（b）所示，先执行语句 A，然后根据表达式（Exp）的值，判断是否结束循环。

7.3.3 编程工具的选择

目前市场上供选用的编程工具非常多，这些工具不仅在数量和功能上突飞猛进，而且在内涵和拓展上也日新月异。这既给人们开发系统提供了越来越多、越来越方便的手段，同时也要求我们了解和选用恰当的编程工具，以保证实现这一环节的质量和效率。

1. 常用编程语言类

常用编程语言包括 Visual Basic、Visual C、Visual C++、Delphi 等。

2. 数据库类

目前市场上提供的数据库软件工具产品主要有两类，一类是以微机关系数据库为基础的小型数据库系统，另一类是大型数据库系统。前者以 Access、Visual FoxPro 的各种版本为典型产品；后者以 SQL Server、ORACLE、SYBASE、INFORMAX、DB2 等最为典型。

3. 程序生成类工具

程序生成类工具又称为第四代生成语言（Fourth-Generation Language，4GL），是一种基于常用数据处理功能和程序之间对应关系的自动编程工具。

4. 系统开发类工具

系统开发类工具是在第四代程序生成工具基础上发展起来的，它不仅具备 4GL 的各种功能，而且更加综合化、图形化、可视化。目前，系统开发类工具主要有两类，即专用开发工具类（常见的如 SQL、SDK 等）和综合开发工具类（常见的如 Visual-FoxPro、Visual Basic、Visual C++、CASE、Team Enterprise Developer）组成。

5. 客户/服务器工具类

客户/服务器工具类是当今软件工具发展过程中出现的一类新的系统开发工具，常见的如：基于 Windows 系统下的 FoxPro，Visual BASIC，Visual C++以及 Borland International 公司的 Delphi Client/Server，Powersoft 公司的 PowerBuilder Enterprise 等。此类开发工具所开发出来的应用软件系统对硬件的要求较高。

7.4 系统测试

7.4.1 系统测试的含义

系统测试是管理信息系统开发过程中十分重要的环节。尽管在系统开发周期的各个阶段均采取了严格的技术审查，但依然无法避免出现差错，这些差错如果没有在投入运行前的系统测试阶段及时得到发现并予以纠正，问题迟早会在运行中暴露出来，那时将会付出更大的代价来纠正错误。

系统测试需要在计算机上以各种可能的数据和操作条件反复地对程序进行试验，发现存在的错误并及时加以修改，使其完全符合设计要求。

与测试类似的还有一个术语，叫调试，二者实际上是有区别的。一般认为，调试是程序设计人员对所编程序的一种调整、检查，而测试则是指非程序设计人员对系统的检查。严格来讲，程序调试之前是程序测试。程序测试的目的是发现尽可能多的错误；程序调试的任务则是根据测试时发现的错误，找出原因和具体位置，并进行改正。程序测试是程序调试的基础，有效的测试才能找出问题，并对程序进行调试以解决问题。测试与调试是系统实施中非常重要的环节，也是系统实施成功的重要保证。

需要注意的是，测试只能证明程序有错误而不能证明程序没有错误。人们经常会认为，测试是为了说明软件是没有问题的，因此程序编完后，只要找几个数据，使程序能够走通就完成了测试任务。这种认识不仅不正确，而且十分有害。因为出于这个目的，人们会自觉或不自觉地寻找容易使程序通过的测试数据，回避那些易于暴露软件错误的测试数据，致使隐藏的错误不被发现。恰恰相反，系统测试是以查找错误为目的的，不是要证明程序无错，而是要精心选取那些易于发生错误的测试数据，要以十分挑剔的态度去寻找程序的错误。这种关于测试目的的观念对于测试工作是有很大影响的。实践证明，由于人类思维的严密性是有限的，加上开发人员主观、心理、经验等方面的因素，一般大型的软件在测试前是不可能没有错误的，测试的目的就是发现程序的错误。

7.4.2 系统测试的步骤

根据信息系统的开发周期，系统测试可以分为五个步骤，分别为：单元测试、组装测试、确认测试、系统测试和验收测试。

1. 单元测试

单元测试主要以模块为单位进行测试，即测试已设计出的单个模块的正确性。单元测试的主要内容包括：

（1）模块接口：测试模块之间的信息能否正确地流入流出。

（2）数据结构：测试模块内部数据的内容、形式及相互关系是否正确。

（3）边界条件：为限制数据加工而设置的边界处模块能否正确执行。

（4）覆盖条件：模块的运行能否满足特定的逻辑覆盖。

（5）出错处理：模块工作中出现问题时，出错处理措施是否有效。

2. 组装测试

在每个模块完成单元测试后，需按照设计时做出的结构图，把它们连接起来，进行组装测试。组装测试的内容包括：

（1）各模块是否无错误地连接。

（2）能否保证数据有效传输及数据的完整性和一致性。

（3）人机界面及各种通信接口能否满足设计要求。

（4）能否与硬件系统的所有设备正确连接。

3. 确认测试

组装测试完成后，在各模块接口无错误并满足软件设计要求的基础上，还需进行确认测试。确认测试的内容包括：

（1）功能方面测试：测试系统输入、处理、输出是否满足要求。

（2）性能方面测试：测试系统的数据精确度、时间特性（如响应、更新处理、数据转换及传输、运行时间等）、适应性（如操作方式、运行环境、应变能力等）是否满足设计要求。

（3）其他限制条件的测试，如可使用性、安全保密性、可维护性、可移植性、故障处理能力等。

4. 系统测试

在软件完成确认测试后，对它与其他相关的部分或全部软硬件组成的系统进行综合测试。系统测试的内容包括：

（1）恢复测试：使软件出错，测试其恢复的能力及时间。

（2）安全测试：测试其是否有安全保密的漏洞。

（3）强度测试：测试系统的极限能力。

（4）性能测试：与强度测试结合，检验安装在系统内的软件运行性能。

5. 验收测试

系统测试完成，且系统试运行了预定的时间后，企业应进行实际工作环境下的验收测试，以确认软件能否达到验收标准。验收测试的内容包括：

（1）文档资料的审查验收。各种文档资料是否编写齐全，并得到分类编目。

（2）余量要求。必须实际考察计算机存储空间，输入、输出通道和批处理时间的使用情况等，要保证它们都至少有 20％ 的余量。

（3）按照实施方案的规定，严格进行系统的性能测试、功能测试和强化测试。开发单位必须设计强化测试用例，其中包括典型运行环境、所有运行方式以及在系统运行期间可能发生的其他情况。

7.4.3 系统测试的方法

系统测试的常用方法有三种，即静态测试、动态测试、程序正确性证明。

1. 静态测试

静态测试又称代码复审，是指通过人工方式评审系统文档和程序，目的在于检查程序的静态结构，找出编译不能发现的错误。这种方法手续简单，行之有效。经验表明，组织良好的静态测试可以发现程序中 30％～70％ 的编码和逻辑设计错误。静态测试有下列三种方法：

（1）个人复查。源程序编完以后，直接由程序员自己进行检查。由于对自己的错误不易发现，如果对功能理解有误，自己也不易纠正，所以这是针对小规模程序常用的方法，效率不是很高。

（2）走查。走查一般是指由三至五人组成测试小组，测试小组成员应是从未介入过该软件设计工作的有经验的程序设计人员。测试在预先阅读过该软件资料和源程序的前提下，由测试人员扮演计算机的角色，用人工方法将测试数据输入被测程序，并在纸上跟踪监视程序的执行情况，让人代替机器沿着程序的逻辑走一遍，发现程序中的错误。由于人工运行很慢，因此走查只能使用少量简单的测试用例，实际上走查只是个手段，是在"走"的进程中不断从程序中发现错误。

（3）会审。会审的测试小组构成与走查相似，要求测试成员在会审前仔细阅读软件有关资料，根据错误类型清单（从以往经验看一般容易发生的错误）填写检测表。会审时，由程序作者逐个阅读和讲解程序，测试人员逐个审查、提问，讨论可能会产生的错误。会审要对程序的功能、结构及风格等全面进行审定。

2. 动态测试

动态测试是指运用事先设计好的测试用例，有控制地运行程序，从多种角度观察程序运行时的行为，对比运行结果与预期结果的差别以发现错误。也就是说，动态测试是为了发现错误而执行程序。一般来说，源程序通过编译后，要先经过静态测试，然后再进行动态测试。

动态测试的方法有两种：白箱法和黑箱法。

（1）白箱法。白箱法是指将被测试的程序看成是一个透明的箱子，对系统内部过程性细节做细致的检查。它以程序内部的逻辑结构及相关信息来设计或选择测试用例，使测试数据覆盖被测试程序的所有逻辑路径。因此，白箱法又称为结构测试法或逻辑驱动测试法。白箱法主要用来发现模块内部的逻辑错误。

（2）黑箱法。黑箱法是指将被测试的程序看成是一个黑箱子，完全不考虑程序的内部结构和处理过程，只用测试数据来验证被测程序的功能，看其是否满足需求分析的要求，是否会发生异常情况。因此，黑箱法又称为功能测试法或数据驱动测试法。黑箱法主要是为了发现以下错误：功能上，是否有不正确的功能；接口上，是否能正确接受输入，并输出正确的结果；性能上，是否能满足要求，是否有数据结构错误或外部信息访问错误，是否有初始化或终止性错误。

3. 程序正确性证明

程序正确性证明技术目前还处于初始阶段。在使用这种测试技术时必须提供实现程序功能的严格数学模型，然后根据程序代码来确定能实现它的功能说明。证明程序正确性，对于评价小程序可能有一些价值，但是在证明大型软件系统正确性时，由于工作量巨大，而且在证明过程中很容易包含错误，因此是不实用的。

7.4.4　测试用例的设计原则

动态测试时，在理论上只需用各种可能的输入数据运行程序，通过输出的结果来判断程序是否正确。但实际上，这是不可能的，即使一个很简单的程序，也无法穷尽所有可能的输入数据。这就要求测试人员从可能的输入数据中找出一组最具代表性、最有可能发现程序中错误的数据进行测试，这就是测试用例设计。

实际上，动态测试的关键问题就是如何设计测试用例，即设计一批测试数据，通过有限的测试用例，在有限的研制时间、研制经费的约束下，尽可能多地发现程序中的错误。

测试用例包括要测试的功能、应该输入的测试数据和预期结果。不同的测试数据发现程序错误的能力差别很大，因此，为了提高测试效率，应该选用高效的测试数据。

测试用例的设计，一般要遵循以下原则：

（1）设计测试用例时，应同时确定程序的预期结果；

（2）要选择合理的数据及不合理的数据；

（3）检查程序应做的事情及是否做了不应做的事；

（4）千万不能幻想程序是正确的；

（5）保留有用的测试用例，以便再测试时使用；

（6）测试用例要系统地进行设计，不可随意拼凑。

7.5　系统切换

在系统测试完成后，即可将其交付使用。所谓交付使用，即新旧系统的交替，旧系统停止使用，新系统投入运行。整个交付过程可以称为系统切换过程，也称为系统上线。

7.5.1　系统切换的准备工作

在完成系统切换任务之前，需要做很多项准备工作，主要包括以下几项。

1. 数据的整理与录入

数据整理就是按照新系统对数据要求的格式和内容统一进行收集、分类和编码。录入就是将整理好的数据送入计算机，并存入相应的文件中，作为新系统的操作文件。另外，还要完成运行环境的初始化工作（如权限设置等）。数据的整理与录入是关系到新系统成功与否的重要工作，绝不能低估它的作用。

新系统的数据整理与录入工作量特别庞大，而给定的完成时间又很短，所以要集中一定的人力和设备，争取在尽可能短的时间内完成这项任务。为了保证录入数据的正确，首先数据整理要正确，其次应尽量利用各种输入检验措施保证录入数据的质量。

2. 文档的准备

在系统开发结束后，应有一套完整的系统开发文档资料，它记录了开发过程中的开发轨迹，这是开发人员工作的依据，也是用户运行系统、维护系统的依据。文档资料要与开发方法相一致，且符合一定的规范。在系统运行之前要准备齐全，形成正规的文件。

3. 用户培训

系统切换必须切实重视人的因素，需要对有关人员，包括基础操作人员、业务管理人员、系统管理人员，进行系统知识和技能培训，同时还要注意进行信息管理规则的培训。为增强培训效果，通常对各层次人员实施不同内容的培训。具体如下：

（1）操作人员：培训专门的操作和管理技能。

（2）业务用户：了解系统原理和岗位职责，掌握系统使用方法，熟练进行业务操作。

（3）知识型用户：掌握信息系统资源的使用方法，能够使信息系统与桌面系统有效地集成。

（4）管理人员：理解如何利用系统分析数据来辅助决策和管理工作，了解数据来源和分布情况，掌握必要的数据查询和分析方法。

各层次人员培训内容还应包括系统规则、管理制度、行为规范与防范措施等。

人员培训的方式可以根据实际需要灵活设置，通常采用的方式有集中授课、模拟演练、实习操作、上机帮助、在使用中进行指导等。无论采用哪种方式，一般都要求培训工作要有充分的提前量，这不仅是为了在系统完成之后就可以立即投入使用，也可以对硬件和软件进行及时的检验和进一步的修改、完善。

7.5.2　系统切换的方式

系统切换的方式有四种，分别为：直接切换、并行切换、阶段切换和试点切换。

1. 直接切换

直接切换如图7—7所示，是指在某一特定时刻，旧系统停止使用，同时新系统立即投入运行。例如电话号码升位，采用的就是这种方式，它规定在某年某月某日的某一时刻，旧系统停止使用，新系统开始交割。这种方式操作简单、费用节省，但是风险较大。

图7—7　直接转换

对于信息系统来说，如果要采用直接切换方式，则先要经过详细的测试和模拟运行，系统切换后，由于风险大，还应具有一定的保护措施，否则一旦运行失败，旧的系统已被弃之不用，新系统又不能正常运转，将直接影响这个组织或企业的日常工作秩序，严重的可能会导致企业或组织瘫痪，所以这种方式通常是不采用的。

直接切换方式适用于小型的不太复杂的系统，或者信息时效性要求不是很高的系统。一些比较重要的大型系统则不宜采用这种切换方式。

173

2. 并行切换

并行切换如图 7—8 所示，是指在一段时间内新旧系统并存，各自完成相应的工作，并互相对比、审核。这种方式在一定时期内，需要双倍的人员、设备，其费用是比较高的，但是可保证系统的延续性，可进行新旧系统的比较，能保证平稳可靠的过渡，风险小，系统切换成功率高。银行、财务和一些企业的核心系统常采用这种切换方式。

图 7—8 并行切换

3. 阶段切换

阶段切换如图 7—9 所示，是指分阶段、按部分地完成新旧系统的交替过程，开发完一部分则在某一时间段就平行运行一部分。这种方式既可避免直接切换的风险，又可避免并行切换的双倍费用，但这种方式的不足之处是接口多，有时会出现接口问题。

图 7—9 阶段切换

阶段切换方式可保证系统平稳、可靠，适用于大型系统，是目前许多组织选择的方式。

4. 试点切换

试点转换如图 7—10 所示，是指先在一个试点安装运行新系统，如果试点成功，可以采取上述三种切换方式中的一种继续逐渐推广新系统。试点是一个执行了所有操作的试验系统，如一个部门或地区分部。这种切换方式时间短、费用低，通过试点的成功切换，可大大增强系统用户或管理者对新系统的信心。

图 7—10 试点切换

7.5.3 系统切换应注意的问题

在实际的系统切换工作中，并行切换方式使用较多，因为该方式既安全，技术上也简单。当然，也有为数不少的系统是将这四种切换方式结合起来使用，如在某些部分采用直接切换，其他部分采用并行切换。

无论一个系统采用何种切换方式，都应该保持系统的完整性，或者说，系统的切换结果应当是可靠的。因此，系统切换也存在一个控制问题。在新旧系统交替前，必须为系统建立验证控制。例如，用户应掌握新旧系统处理的全部控制数字记录，用此来验证系统切换是否破坏了系统的完整性。

7.6 系统维护

系统刚建成时所编制的程序和数据很少能一字不改的沿用下去。系统人员应根据系统运行的外部环境的变更和业务量的改变，及时对系统进行维护。

7.6.1 系统维护的内容

1. 硬件的维护

硬件的维护是指对主机以及外设的维护和管理，主要包括突发性故障维护和定期预防性维护。前者对于突发性的故障集中人力检修或更换；后者按照一定的设备维护理论，定期对系统设备进行检查和保养，如机器部件的清洗、润滑，易损部件的更换等。

2. 应用程序的维护

应用程序的维护是指根据需求变化或者硬件环境的变化对程序进行部分或者全部修改。系统业务处理过程是通过应用程序的运行实现的，一旦程序发生问题或者业务发生变化，就必然引起程序的修改和调整。因此，系统维护的主要活动是对程序进行维护。

3. 数据文件的维护

数据文件的维护包括数据备份和存储空间整理，前者要求经常或定期对重要数据进行备份；后者要求对系统运行过程中产生的各种临时文件等进行清理，以减少存储空间的占用，提高系统运行效率。

4. 代码的维护

随着系统应用范围的扩大、应用环境的变化，系统中各种代码都需要进行一定程度的增加、修改、删除以及编写新的代码。

7.6.2 系统维护的类型

系统维护的主要工作是系统的软件维护工作，系统维护可以划分为下面四种类型。

1. 更正性维护

由于在系统测试阶段往往不能暴露出系统中所有的错误，因此，在系统投入实际运行后，就有可能暴露出系统内隐藏的错误，用户会发现这些错误并将这些问题报告给维护人员。对这类问题的诊断和改正过程．就是更正性维护，也叫改正性维护。

2. 适应性维护

计算机技术发展迅速，操作系统的新版本不断推出，功能更加强大的硬件的出现，必然要求信息系统能够适应新的软硬件环境的变化，以提高系统的性能和运行效率。为了使系统适应环境（包括硬件环境和软件环境）的变化而进行的维护工作，就是适应性维护。

3. 完善性维护

在系统的使用过程中，用户往往要求修改或增加原有系统的功能，提高其性能。为满足这些要求而进行的系统维护工作，就是完善性维护。完善性维护是系统维护工作最主要的部分。

4. 预防性维护

预防性维护是指为了提高软件未来的可维护性、可靠性，或为未来的修改与调整奠定更好的基础而修改软件的过程。目前这类维护活动相对较少。

根据对多种维护工作的分布情况的统计，结果显示：一般更正性维护占全部维护活动的 $17\%\sim21\%$，适应性维护占 $18\%\sim25\%$，完善性维护达到 $50\%\sim66\%$，而预防性维护仅占 4% 左右。可见在系统维护工作中，一半以上的工作是完善性维护。

7.6.3 系统维护过程的管理

在系统维护过程中，无论是程序、文件还是代码的局部修改，都会影响系统的其他部分。因此，系统的维护工作一定要特别慎重，必须做好合理的组织与管理。通常，对于一些重大的修改项目还要填写变更申请表，由审批人正式批准后才能进行工作。

为了减少系统维护过程中的混乱，明确职责，非常有必要成立一个维护机构，该机构由维护管理员、系统管理员和修改负责人组成，他们的职责范围各不相同。在这种组织方式下，维护管理员负责接受维护申请，然后把维护申请交给某个系统管理员去评价；系统管理员作为一名技术人员，他必须熟悉软件产品的某一部分；系统管理员对申请做出评价，然后与修改负责人确定如何进行修改。

综上所述，从维护申请的提出，到维护工作的执行包含如下几个步骤。

1. 提出申请

由系统操作的各类人员或业务领导提出对系统某项工作的维护申请，申请形式可以是书面报告，也可以填写专门申请表。

2. 领导批准

维护管理员接受维护申请，系统管理员对申请做出评价，由系统维护小组的领导负责审批申请。审批工作也要进行一定的调查研究，在取得比较充分的第一手资料后，对各种申请作不同的批示。

3. 分配任务

修改负责人根据维护的内容向程序员或系统的硬件、软件人员分配任务，并确定完成期限和其他有关要求。

4. 验收成果

当有关人员完成维护修改任务后，由维护小组和用户人员验收成果，并将新的成果正式投入使用。同时，也要验收有关的文档资料。

5. 登记维护情况

登记所作的修改，作为新的版本通报有关用户和操作人员，指明系统新的功能和修改的地方。

在进行系统维护时，对于某些重大的修改，可以看做是一个小型信息系统的开发项目，因此，需要按照系统开发的步骤进行。

 阅读材料

一些实用的系统维护策略

下面是运用软件工程原理和维护管理技术，并结合本书作者信息系统维护工作的实践经验，而提出的一些系统维护策略。合理运用这些策略可以降低系统维护成本，保障维护质量，延长软件的生存期。

1. 为维护工作制定流程。系统维护活动一旦失控就有可能导致整个系统报废，因此系统维护活动必须在一定流程的监控下进行。可结合前面给出的系统维护过程描述制定合理的维护流程。

2. 系统维护必须先提交申请，维护申请必须规范。维护申请可以由用户提出，也可以由系统维护员提出，申请中应填写维护的原因、缓急程度。如果是更正性维护，用户必须完整地说明错误的情况，包括输入数据、输出信息、错误清单以及其他相关信息；如果是适应性维护，用户还要说明软件要适应的新环境；如果是完善性维护，用户必须详细说明需求变化和性能要求，对于新增加的需求，仍然要进行需求分析、设计、编码和测试，相当于是一个二次开发的工程。

3. 系统维护需要有计划和维护记录。修改时，必须要制定维护方案和维护计划，维护过程中要认真写好维护修改报告。系统修改报告应记录维护时对系统所做的每一次修改，包括问题来源、错误类型、修改内容、资源耗用、修改人等，以便跟踪系统的修改过程。维护记录可以检查维护计划完成情况、监督维护过程。

4. 源程序修改策略。系统维护最终是落实在修改源程序和文档上的。为了正确、有效地修改源程序，通常要先理解和分析源程序，然后再修改，最后对整个程序进行重审和验证。阅读、理解他人的源程序一般来说是较为困难的，需要掌握一些技巧，以下几项技巧有助于快速、准确地理解源程序。

（1）在阅读源程序之前，首先应该阅读与源程序相关的说明性文档。这些文档包括程序功能、数据结构、输入输出格式、文件格式、程序使用说明等。

（2）在精读源程序之前先要泛读源程序。

（3）根据程序的处理流程画出数据流程图，这对于维护人员判断问题、理解程序非常有用。

（4）如果能够分析出程序中涉及的数据库表、数据文件结构及数据项的含义，就立刻写出。

（5）仔细阅读源程序的每个过程。比较有效的方法是画出每个过程的程序流程图，分析过程中定义的局部数据结构，必要时可以建一张过程引用全局数据结构表，以便于维护人员清晰地了解程序中对全局数据结构的访问情况。

（6）经过以上工作基本上能够理解源程序的功能和结构，然后就开始对源程序进行修改。修改前需要先做好源程序的备份工作，以便于将来的恢复和结果对照。另一个重要的工作是将修改的部分和受修改影响的部分与程序的其他部分隔离开来。

（7）程序员修改源程序时应该尽量保持程序的原有风格，在程序清单上标注改动的代码。在修改程序时，建议将原有代码格式和修改的代码在字体格式上能有所区别，同时，在修改模块的头部简单注明修改原因和日期。

（8）修改源程序时要特别注意，不要共用原来程序中已经定义的临时变量或工作区。为了减少修改带来的副作用，修改者最好定义自己的变量，并且在源程序中适当地插入错误检测语句。

开发人员编程时应遵循以下编码规范来提高程序的可读性：尽量使用简单的算法和结构；代码合理分段，并用有意义的注释为代码加说明；命名应该有含义，其中的数字应放在末端；避免使用相似的变量名；过程/函数之间用参数传递数据；用于程序标号的数字应该按顺序给出；一个模块只完成一个功能，并保证遵循"单入口、单出口"、"高内聚、低耦合"的原则；开发人员应养成良好的软件工作习惯，做好程序修改记录。

5. 修改验证。由于在修改过程中可能会引入新的错误，影响系统原来的功能，所以，测试时不但要检查修改的部分，还要检查未修改的部分。验证时，先对修改的部分进行测试，然后隔离修改部分，测试未修改部分，最后对整个系统进行测试。另外，源程序修改后，相应的文档也应该修改。

6. 保持系统文档的完整性和一致性。在系统日常的运行和维护过程中会生成一些历史文档，对将来的系统维护非常有利。比较重要的历史文档有三种：

（1）系统开发日志。系统开发日志记录了系统开发原则、目标、系统功能的优先次序、系统设计方案、系统测试过程和工具，以及开发过程中出现的重大问题。

（2）错误记载。错误记载记录了出错的历史，对于预测今后可能发生的错误类型及出错频率有很大帮助，可以更合理地评价系统质量。

（3）系统维护日志。系统维护日志记录了在维护阶段的修改信息，包括修改目的和策略、修改内容和位置、注意事项、新版本说明等。

7. 从系统开发阶段入手，考虑系统的可维护性。除了在维护阶段采取必要的维护策略外，还应该在开发的各个阶段充分考虑提高系统的可维护性。

8. 利用新的系统开发技术和开发平台，提高系统的质量，减少开发中引进的错误，尽可能充分利用成熟的软件包。

9. 在系统设计时，把软硬件、操作系统、其他外部设备以及其他可能变化的相关因素考虑在内，并归到特定的程序模块中，可以减少某些适应性维护。一旦需要适应新的环境时，只要修改相关模块即可。

7.7 系统实施文档

系统实施文档包括程序设计报告、系统测试报告和系统使用说明书，其内容和作用如表7—1所示。

表7—1 系统实施文档的作用和内容

文档名称	具体作用	包含的内容
程序设计报告	对程序设计过程的总结	（1）程序设计的工具和环境概述； （2）系统程序模块的组成及总体结构描述； （3）程序之间的控制关系及其描述； （4）各程序模块中采用的算法及其描述； （5）各程序流程及其描述； （6）系统程序的源代码清单及有关注释的说明。
系统测试报告	对系统测试过程的总结	（1）系统测试的环境； （2）系统测试方法； （3）系统测试用例； （4）系统测试的步骤； （5）系统测试的结果及其分析。
系统使用说明书	提供给用户的操作指南	（1）系统运行环境介绍； （2）系统安装说明； （3）操作步骤、操作方法和数据的输入输出方式等。

7.8 案例讨论

7.8.1 案例1：某开发小组的软件测试工作

某应用系统开发小组完成系统的软件编程后，进入测试阶段。在确定测试用例的设计目标时，项目经理强调测试用例"越详细越好"。具体要求：尽可能设计足够多的测试用例，测试用例应尽可能包括测试执行的详细步骤，达到"任何人都可以根据测试用例执行测试"的目的。所以开发小组以极大的热情进行测试用例的设计，并按照项目管理的规则，进行严格的评审。可是等到测试用例设计、评审完成后，留给实际执行测试的时间已所剩无几。

分析讨论：

(1) 系统开发中测试工作具有什么作用？在测试中，测试用例是否"越详细越好"？

(2) 你认为本案例中某开发小组的软件测试存在哪些问题？应该如何改进这些问题？

7.8.2 案例2：联想公司ERP实施经验总结

联想公司从1998年11月9日ERP项目正式启动到2000年1月5日成功上线，400多个日日夜夜，公司员工经历了一次深刻的磨炼，逐步掌握了ERP的实施规律。但是，联想公司ERP的实施并不是一帆风顺的，是从痛苦和教训中走出来的。

1. 真正的"一把手工程"

一把手工程的落实取决于认识过程。在ERP项目前期，高层领导就表示出"要人给人，要钱给钱"的积极支持态度。直至项目后期，高层领导的作用随着对项目目标、实施难度、谁是实施主体、需要什么资源等认识上的逐步清晰化、具体化，落实在从何角度、如何入手、如何组织等一系列可操作的措施上。

一把手要在关键的时刻起到关键的作用。一把手是项目的主人，需要在项目的不同阶段，确定不同的介入程度。ERP项目进入集成测试阶段，上线的最后期限是硬指标，测试的巨大工作量必须完成，只有调动全公司的资源全力投入，才能确保项目顺利完成。在这个非常关键的阶段，公司召开了集团执行委员会（简称执委会）所有成员及子公司主要领导参加的执委会扩大会议，形成一系列重要的决议，保证各方资源全力以赴地投入项目中去。例如，每周一次的ERP项目核心领导小组例会，效果就特别明显。一把手主持例会的主要意义在于：一是使高层真正成为项目的拥有者，并落实到各级业务负责人的具体工作中；二是通过制度化的落实措施，帮助一把手不断加深对项目的认识，便于更好地介入项目中；三是通过一把手的绝对权威，监督各块业务的积极投入，确保业务部门的有效参与，以及协调和决策，解决关键和棘手的实际问题。

"一把手工程"具体可以概括为以下三个方面：一是一旦出了问题，追究各级一把手的责任；二是项目组每一位负责人都要承担责任；三是领导主持实施的全过程。

2. 业务管理部门做主导

把ERP的实施仅仅当成一个技术项目是不妥当的，其中还需要考虑很多其他因素，如人为因素、社会因素、管理因素等。事实证明，信息系统的建设要结合公司业务发展的需求做出前瞻性规划，应是企业发展战略和核心竞争力的重要组成部分。

信息技术是进行业务流程重组的必要手段，因为业务流程必须用信息流来统一规划和传递，但是信息技术人员无法决策流程的规范化和优化是否适合业务发展需要，他们不是也不可能成为项目推进的主导力量。业务部门应成为项目推进的主导者，要有熟悉全局业务、拥有决策能力且有权威性的业务骨干积极参与。

3. 培训、培训、再培训

知识转移和使用者全方位的培训，是 ERP 取得实效的保障。技术人员非常了解 ERP 系统，但不懂专项领域业务，必须将系统的语言转化过来，讲给业务人员听，才能把握什么样的系统配置才是最合理的。

4. "有话好好说"

ERP 项目组曾有这样一副对联："不见不散项目组，没完没了 ERP"，横批是"有话好好说"。联想公司 ERP 实施是对项目组成员的精神、意志乃至体力的考验，有效的项目管理和激励方法，是 ERP 项目取得成功的基本保障。ERP 项目管理结合联想公司的文化和管理思想，形成了独具特色的 ERP 项目管理方法。

5. "十二分"的数据

对信息系统一般有这样的描述：三分技术、七分管理、十二分数据。数据的规范化和标准化是应用系统成功上线的前提。ERP 系统中包含很多数据，有几十万种静态数据，几万种动态数据。静态数据在任何时间点都是保持不变的，如客户信息；动态数据就是订单，在各个业务进程切换点，已被完成的订单有哪些，已被完成的采购订单有哪些，存货有哪些，应收账、应付账有哪些等。如果这些数据不在事前准确地处理好，即使系统功能再好，也不可能起到真正的作用。

6. 梳理、优化与变革

联想公司通过 ERP 项目的实施逐步认识到，业务流程重组是对管理基础的变革，是企业需要长期不懈进行的工作。要做好业务流程的优化和重组，不历经几次变革是不可能的。当现有的内部管理基础与目标之间存在较大差距时，需要把现实性放在第一位，通过设定更多的阶段性目标来完成。

分析讨论：

（1）你看了联想公司 ERP 实施的上述经验总结之后，得到了什么启示？

（2）ERP 等管理信息系统的实施是一个"一把手工程"，对此你是如何理解的？

（3）除了上面提到的经验之外，还有哪些因素对于 ERP 实施也很重要？请举例说明。

7.8.3 案例 3：信息系统灾难带来的启示

美国"9·11"事件、东南亚海啸、日本大地震、中国银行收付系统突然死机、北京首都机场系统瘫痪致 6 000 人误机、花旗银行丢失 390 万客户信息的"数据门事件"、北京某证券公司股票交易系统出现故障迫使股民望"红"兴叹……在这个复杂性和不确定性不断增强的信息化时代，不期而至的"天灾人祸"不仅给政府、商业机构甚至个人造成巨大的生命财产损失，也对各类组织机构赖以生存和运转的信息系统带来毁灭性打击。高德纳公司的调查数据显示，在经历大型灾难事件而导致系统停运的公司中，有 2/5 左右的公司再也没有恢复运营，剩下的公司中也有接近 1/3 在两年内破产了。

不过，"9·11"事件不但没能让摩根士丹利公司消失，就是业务正常运营的恢复，也只用了短短的两天时间。其主要原因是该公司具有一整套合理、完善的系统维护管理策略，设于美国新泽西州的完整业务备份及恢复系统发挥了关键作用。相比之下，我国金融机构的预防灾害意识不强，能力也很脆弱，有时整个系统仅因一人之力就被彻底破坏。如 2000 年 8

月，就发生了一起令中国银行刻骨铭心的事件：中国银行利川支行的营业部主任对银行信息系统进行毁灭性破坏后，携款潜逃，导致银行数据丢失，业务陷入瘫痪状态。

企业要想在管理信息系统遭受灾难性打击之后及时恢复并维持业务的正常运转，应建立完善、健全的系统维护和运营管理体制，包括人员、流程、组织等非技术性的业务连续管理。

分析讨论：

（1）案例中的信息系统出现重大问题，有天灾也有人祸，哪些是可以避免的？哪些是可以预防的？

（2）系统维护在企业管理信息系统运行中有何意义和作用？谈谈你的体会。

·本 章 小 结·

1. 系统实施是系统开发的最后阶段，它是将系统设计的结果最终在计算机系统上实现的阶段。

2. 在程序设计中，应注意提高程序的可靠性、可维护性、可理解性、健壮性和效率。

3. 系统测试就是要在计算机上以各种可能的数据和操作条件反复地对程序进行试验。

4. 系统切换就是实现新旧系统的交替，其方式有四种：直接切换、并行切换、阶段切换和试点切换。每种方式有各自的优点、缺点和适用对象，不同情况下要慎重选择。

5. 系统维护的内容包括对硬件、程序、数据和代码的维护，系统维护的类型分为更正性维护、适应性维护、完善性维护和预防性维护。

6. 系统实施阶段成的文档包括：程序设计报告、系统测试报告和系统使用说明书。

通过本章的学习，应熟悉对系统实施的整体流程，并熟练掌握系统测试、系统切换、系统维护等相关活动的含义、内容、类型、流程与方法等知识点。

·关 键 术 语·

系统实施　可靠性　可维护性　健壮性　程序调试　系统测试　更正性维护　适应性维护完善性维护　预防性维护　直接切换　并行切换　阶段切换　试点切换

复 习 思 考 题

一、填空题

1. 程序设计要遵循五个基本原则，分别是_____、_____、_____、_____和_____。

2. 结构化程序设计方法中，任何程序在逻辑上都可以用_____、_____、_____三种基本结构来表示。

3. 系统测试可以分为五个步骤，分别是_____、_____、_____、_____和_____。

4. 系统测试的常用方法有三种，分别是_____、_____和_____。

5. 系统切换的方式有四种，分别是_____、_____、_____和_____。

二、名词解释

1. 系统实施

2. 程序调试

3. 系统测试

4. 系统维护（更正性维护/适应性维护/完善性维护/预防性维护）

5. 系统切换（直接切换/并行切换/阶段切换/试点切换）

三、简答题

1. 简述系统实施阶段的工作任务和内容。

2. 画图描述系统实施阶段的工作步骤。

3. 程序设计的基本要求是什么？

4. 请说明系统测试与系统调试的区别。

5. 系统测试包括哪些步骤？每个阶段的任务分别是什么？

6. 请简述系统测试的常用方法。

7. 什么是系统切换？有哪些主要方式？它们各有什么特点？

8. 为什么要做系统维护工作？系统维护的内容包括哪些方面？

9. 系统维护有哪些类型？请说明每种方法的具体含义。

10. 系统实施阶段最后形成的文档有哪些？

实 践 训 练

一、问题讨论

1. 系统实施过程中有哪些主要困难？为什么说系统实施不当也会导致系统失败？

2. 在系统正常运行时，系统中哪一部分的破坏对于企业而言是致命的？为什么？

3. 当软件维护量急剧增长时，说明系统出现了什么问题？

二、观点分析

一个项目组开发库存管理信息系统，项目现处于应用程序开发阶段，单元测试已经完成，正在进行最后几步的集成测试。主管领导希望能提前完成应用程序的开发，并提出是否可以将两周的系统测试缩减至三天。作为一名系统分析员，你对此有什么看法。

三、实践应用

实际上，软件开发者要提前预见到用户是如何实际操作软件几乎是不可能的。为此，大多数软件开发商采用一种称之为 α 测试和 β 测试的方法，以发现只有最终用户才能发现的错误。请查询相关资料，说明 α 测试和 β 测试的含义和作用。

第8章 信息系统的管理

学习目标

通过本章的学习，读者应该能够：
- 了解信息系统项目管理的内容
- 熟悉信息系统运行的管理制度
- 理解信息系统安全与保密管理
- 了解信息系统的评价内容、评价体系及评价指标

本章引例

大型酒店信息部经理的十大职责

大型酒店信息部经理在酒店运营中承担着非常大的压力，这主要是由其工作性质所决定的。酒店是一个24小时不间断的运营企业，对客人提供服务的品质是酒店的生命。酒店的IT部门提供的技术支持，是酒店服务的基础环节。酒店的运营对酒店系统的依赖可以说是必不可少的。任何系统的故障对于酒店来说都会造成致命的、灾难性的和无法挽回的损失。因此，保障系统运转、提供技术服务、培训酒店职工、监督操作过程是酒店IT部门责无旁贷的任务。酒店信息部经理的职责就是通过平时的工作使酒店的信息系统正常运行，保障酒店业务的有序进行。下面从十个方面进行说明。

1. 信息系统方案论证

酒店的更新改造、信息系统的更新换代、酒店业务的发展、客人服务的需求，涉及信息系统的方案论证。在方案论证阶段，理念要领先，思路要清晰。

在方案论证时，既要选择先进性，又要兼顾适用性；既要想到安装调试的可行性，又要考虑运行维护的方便性。鉴于酒店系统在酒店运营中的重要作用，首先要确定软件。在软件选择时，不能因为系统而影响业务，不能在确定软件之前确定硬件。IT经理需要综合方案、软件、硬件、性价比，确定最适合的方案。

2. 信息系统工程实施

信息系统的实施是在方案确定之后进行的，通过实施将方案变成现实。对于方案的审查，要结合酒店的具体情况，需要注意既不能影响酒店的正常营业，又要保证项目实施

的进度。高层的重视、统一的指挥、认真的态度、丰富的经验是项目顺利完成的保证。信息系统使用前的培训，是系统能够发挥效能的必要前提，也是酒店系统应用的标准之一。协调项目实施中各个供应商之间的关系，是提高项目效率的重要方法。对于项目实施后的验收，是保证项目质量必不可少的环节。

3. 外包服务合同签订

IT外包服务是一条酒店IT的必由之路，这首先源于外包服务的服务品质。专业化的服务体系是IT外包服务商最有力的法宝，也是酒店选择外包服务商最重要的标准。在合同中的服务条款的重要元素包括响应时间、服务质量、价格、违约处理和付款条件等。服务期间内的检查及沟通是保证合同执行的有力手段。部门内员工对于合同的理解，也是一个不可缺少的环节。同时，IT部门的设备普查计划、设备保养计划、预防维修计划和安全检查计划也要与外包服务合同有机结合，共同完成酒店IT部门的运行、维护。

4. 设备采购技术审定

酒店在运营中，除了有大工程改造和系统更新需要进行采购外，还有许多小规模或零散的IT方面的采购。这些采购工作通常由IT经理负责。掌握IT产业的技术动态、了解行业的发展趋势、学习流行的技术和交流工作经验，是IT经理的技术不断更新的手段。现代化的酒店管理的一个重要标志是专业分工，通常是酒店的IT部门提出计算机设备的技术方案，采购部门负责计算机设备的采购工作，财务部门审核计算机设备的价格。因此，与有关部门的协调配合也是一项重要的工作。

5. 信息系统培训体系

IT行业的发展遵从摩尔定律，即每18个月技术水平提高一倍。这样的发展速度决定了IT行业自身培训的重要性。定期安排酒店IT部门员工培训，提高他们的技术水平是必不可少的。酒店员工的流动性非常高，对新员工的培训是保证酒店信息系统正常运转的重要手段。对于操作人员的培训，重点是建立起一个自我学习的体系。培养、选拔操作人员中的骨干，给他们提供必要的学习环境，给予他们不同的权限，安排他们相应的工作，是建立该体系的重要环节。

6. 信息系统权限设定

信息系统权限的设定，源于业务管理的需求。业务管理要求不同的部门管理不同的业务，不同的人员行使不同的权利。信息系统的管理人员需要依据管理的范围不同、管理的深度有别，分别给系统的使用人员分配不同的权限。同时，出于对系统的安全考虑，监控系统使用人员的权限使用状况是IT部门的应尽职责。权限的设定是对酒店信息系统全局的理解，是对管理责任的体现。酒店的IT经理对于权限设定应有一个完整的方案。

7. 系统业务代码核定

酒店的系统业务代码是酒店业务的核心，是一套科学的代码体系，它的分类、名称、位长、类型、排列、范围均关系到系统的使用效率。酒店IT经理对于这套系统业务代码应有非常清楚的认识，它是酒店信息系统管理的对象。在一个酒店管理集团内，由于业主不同，可能选用不同的酒店管理系统管理这些业务代码，但系统业务代码应是相同的。

8. 系统维护预算编制

预算的编制是由于酒店经营管理的需要及财务监督控制、财务核算、酒店发展的需要。同时，酒店IT部门的系统维护预算编制、执行和决算，也反映了IT部门对IT运营的控制能力和管理水平。预算的编制是从经验到科学必要的控制方法，是对未来的运营提前的反映。IT 部门在未来的一年中，对系统的更新投入、外包的费用支出、修理费用的使用、紧急方案费用的支出、临时费用的使用，都是预算的管理范围。它使得 IT 部门的工作更有预见性，减少盲目性并提高工作效率。

9. 信息系统安全保护

保护信息系统的安全是系统管理人员最重要的工作之一。首先是系统信息的备份工作。冗余备份、复制备份是 IT 部门经常使用的技术手段。其次是信息系统的信息保护工作。包括将丢失的数据进行恢复、避免信息系统的灾难性事故、监督系统避免未授权的进入者进入、IT 资产监督、及时检查和纠正系统错误等工作。最后就是反病毒的工作。酒店一般情况下都会购买反病毒软件，在购买反病毒软件时，要考虑防病毒引擎的工作效率、系统的易管理性和对病毒的防护能力。

10. 信息系统日常维护

酒店的信息系统有每天必做的日常维护项目，这些项目有一个日程表记录完成情况。IT 的维护人员要经常到设备使用地进行巡视，了解计算机系统在使用中发生的问题。机房的安全与卫生对 IT 人员来说非常重要，这不仅关系到系统的安全，也关系到 IT 人员的工作环境。对于信息系统需要有一个事故应急方案，在事故发生时能够从容应对。

资料来源：http://tech.ccidnet.com/art/1163/20050706/281301_3.html。

点评

在现代化的大型酒店企业中，各类管理信息系统对于其正常运转和稳健发展具有重要的支撑作用。很多酒店在这方面都投入了大量资金进行硬件安装、软件实施以及信息系统集成。除此之外，在部门设置和人员安排方面，也要非常重视。上述引例中对酒店信息部经理在酒店信息化管理工作中的重要职责进行了较详细的说明，相关企业可参照对比。

8.1 信息系统开发项目管理

信息系统的开发是一项费时费力、艰巨复杂的系统工程。为了尽可能经济有效、保质按时开发好信息系统，应将信息系统的开发工作作为一个工程项目来管理。

8.1.1 项目管理的基本概念

"项目"一词，在两千多年前就已存在。埃及金字塔、中国长城都是国际上众人称颂的典型项目。但是，直到第二次世界大战爆发，战争需要新武器，探测需要雷达设备，这些从未做过的项目接踵而至，不但技术复杂、参与人员众多，时间又非常紧迫。此时，人们开始关注如何有效地实行项目管理来实现既定目标，"项目管理"一词由此产生。

1. 项目的定义

一般认为，项目是一个特殊的将被完成的有限任务，它是在一定时间内，满足一系列特定目标的多项相关工作的总称。在现实生活中，项目应用的例子比比皆是，例如：个人写一本书、进行一次旅行、解决某个研究课题；公司开发一个软件、研制一个新产品；政府部门建造一座桥梁或进行一个组织的规划、实施一项大型活动等。

项目的定义实际上包含三层含义：第一，项目是一项有待完成的任务，且有特定的环境与要求；第二，在一定的组织机构内，利用有限资源（人力、物力、财力等）在规定的时间内完成任务；第三，任务要满足一定性能、质量、数量、技术指标等要求。这三层含义对应着项目的三重约束——时间、费用和性能。项目的目标就是满足客户、管理层和供应商在时间、费用和性能（质量）上的不同要求。

2. 项目管理的定义

项目管理是指通过项目经理和项目组织的努力，运用系统理论和方法对项目及其资源进行计划、组织、协调、控制，旨在实现项目的特定目标的管理方法体系。

项目管理首先是管理，只不过管理的对象很专一，就是项目；管理的方式是目标管理；项目的组织通常是临时性、柔性、扁平化的组织；管理过程贯穿着系统工程的思想；管理的方法工具和手段具有先进性和开放性，用到多学科的知识和工具。

8.1.2 信息系统项目管理的必要性

近几年，项目管理在信息系统建设中得到普遍重视，究其原因，主要基于以下几点考虑。

1. 项目管理是信息系统建设的保护神

对于以往信息系统的建设，业界有两个 80/20 的估计：一是 80% 的项目都失败了，只有 20% 是成功的；二是在那些失败的项目中，80% 的原因是非技术因素导致的，只有 20% 是由技术因素导致的失败。在这里，非技术因素包括企业业务流程与组织结构的改造问题、企业领导的观念问题、企业员工的素质问题、项目管理问题等。

在绝大多数情况下，信息系统项目的失败最终表现为费用超支和进度拖延。不能保证有了项目管理，信息系统建设就一定能成功，但项目管理不当或根本就没有项目管理意识，信息系统建设必然会失败。由此可见，项目管理是信息系统建设成功的必要条件。

 阅读材料

某知名 IT 企业缺乏项目管理经验造成的失败

尽管项目管理失误造成信息系统建设失败的现象在 IT 行业中尤为突出，但在相当一段时期内却并未受到重视。其原因在于 IT 行业平均利润率远远高出传统行业，因此，即使内部存在很大的问题，却仍能盈利，从而造成众多 IT 企业忽视了项目管理的作用。

"中青在线"曾登载过一个例子：某家知名 IT 企业的市场部接到一个老客户的项目，由该客户支付 1 亿元人民币开发该项目。承接项目时计算出的理论利润相当高，但当项目结束后进行财务结算时，却发现该项目居然亏损。财务部对该项目进行了严格的审查，结果发现，亏损的主要原因是客户多次更改需求，而项目小组始终认为还有足够的利润，因而并未对客户提出的变更收取相应的更改费用，同时客户部花费了大量资金用于宴请或赠送礼品以维系客户关系。这个例子说明该企业在项目管理上存在着严重的问题，可以说是项目管理上的疏忽导致该项目的失败。

2. 信息系统开发本身非常复杂

信息系统开发牵涉到很多技术因素和社会因素，本身的过程非常复杂。具体表现为：

（1）技术手段复杂。信息系统建设试图用先进的技术手段解决社会经济问题，而计算机硬件和软件、数据通信与网络技术、人工智能技术、各种决策模型都是当今发展最快的技术，是信息系统借以实现各种功能的手段。所有这些都决定了信息系统建设的技术手段非常复杂。

（2）内容复杂，目标多样。信息系统面向管理，需要的信息量大面广、形式多样、来源复杂，综合性的信息系统还要支持各级部门的管理。由于组织各部门和管理人员的信息需求不尽相同，甚至相互冲突，很难让各方面都满意。另外，有些需求是模糊的，不易表达清楚，不容易通过模型进行实验。

（3）投资密度大，效益难以计算。信息系统建设是一种高智力、劳动密集型项目，需投入大量的人力做系统分析、设计和编程，开发费用较大。同时，信息系统给组织带来的效益主要是间接效益，不好衡量。

（4）环境复杂多变。信息系统的开发必须适应组织的竞争环境，系统建造者需要深刻理解组织面临的内外环境及发展趋势，同时要考虑到管理体制、管理思想、管理方法和手段，考虑到人的习惯、心理状态以及现行的制度、惯例等诸多因素。

由于信息系统的目标、功能既要适应组织当前的发展水平和能力，又要有足够的适应性，可以在一定范围内适应规章制度的变化。所以，给其开发单位提出了很高的要求。

（5）用户的参与与否影响系统的开发。信息系统开发不仅仅是技术人员的工作，用户在系统分析、实施前期培训、系统转换等环节也必须积极参与；同时，在系统分析中，用户也不仅仅是陈述需求，还要参与系统功能的分析，否则将造成误解，延误开发。

（6）信息系统建设受社会人文因素影响。信息系统开发、维护均离不开人的参与，信息系统开发过程本质上是一个社会过程。用户、系统管理者、系统分析员、技术专家、程序员等参与者相互联系、相互影响，他们相互间的沟通效果影响系统成败。同时，信息系统建设要改变某些业务流程乃至组织机构，引起部门之间、人员之间的利益冲突，也对信息系统成败有很大的影响。

（7）信息系统建设可能会遇到阻力。信息系统的开发是一种变革，常常会遇到单位各层人员的不同阻力。例如：基层人员担心自己的工作被计算机替代或由于难以改变自己的工作方式而采取不合作的态度；中层人员担心新的信息系统会使管理方式发生变化，从而影响自己原有的地位；高层人员则由于没有真正了解信息系统及其作用，不重视、不亲自参与而造成对系统开发不支持。

3. 信息系统项目的特殊性

信息系统建设作为一类项目，具有三个鲜明的特点：

（1）目标不精确，任务边界模糊，质量要求主要由项目团队定义。

在信息系统开发中，客户常常在项目开始时只有一些初步的功能要求，没有明确的想法，也提不出确切的需求，因此，信息系统项目的任务范围很大程度上取决于项目组所做的系统规划和需求分析。由于客户对信息技术的各种性能指标并不熟悉，所以，信息系统项目所应达到的质量要求也更多地由项目组定义，客户则担负起审查任务。为了更好地定义或审查信息系统项目的任务范围和质量要求，客户可以聘请信息系统项目监理或咨询机构来监督项目的实施情况。

（2）用户需求随项目进展而变，导致项目进度、费用等不断变更。

信息系统开发前，尽管已经做好了系统规划、可行性研究，签订了较明确的技术合同，然而随着系统分析、设计和实施的进展，客户的需求不断地被激发，导致程序、界面以及相关文档需要经常修改。而且在修改过程中又可能产生新的问题，这些问题很可能经过相当长的时间后才会被发现，所以项目经理要不断监控和调整项目的计划执行情况。

（3）信息系统项目是智力密集、劳动密集型项目，受人力资源影响最大，项目成员的结构、责任心、能力和稳定性对信息系统项目的质量以及是否成功有决定性的影响。

信息系统项目工作的技术性很强，需要大量高强度的脑力劳动。尽管近年来信息系统辅助开发工具的应用越来越多，但是项目各阶段还是需要大量的手工劳动。这些劳动十分细致、复杂并容易出错，因而，信息系统项目既是智力密集型项目，又是劳动密集型项目。

此外，由于信息系统开发的核心成果——应用软件是不可见的逻辑实体，如果人员发生流动，对于没有深入掌握软件知识或缺乏信息系统开发实践经验的人来说，很难在短时间里做到无缝承接信息系统的后续开发工作。信息系统的开发特别是软件开发的过程中渗透了人为因素，带有较强的个人风格。为高质量地完成项目，必须充分发掘项目成员的智力才能和创造精神，不仅要求他们具有一定的技术水平和工作经验，而且要求他们具有良好的心理素质和责任心。与其他行业相比，在信息系统开发中，人力资源的作用更为突出，必须在人才激励和团队管理问题上给予足够的重视。

8.1.3 信息系统项目管理的内容

信息系统项目管理内容很多，受篇幅所限，下面仅从任务划分、机构管理、人员管理、质量管理、进度管理、合同管理等方面，介绍一下信息系统项目管理的基本知识。

1. 任务划分

项目管理中首先要进行任务划分，内容包括任务设置、资金划分、编制任务计划时间表以及设置协同过程与保证完成性。所用方法包括：按系统开发项目的结构和功能划分；按系统开发阶段划分；将上述两种方法结合起来进行划分。在任务划分时，还要注意以下几点：

（1）任务划分的数量不宜过多，否则将加大项目管理的复杂性与系统集成的难度；但也不能太少，否则对项目组成员特别是项目负责人有较高的要求，而影响整个开发。

（2）在任务划分后应该给任务负责人赋予一定的职权，明确负责人的任务、界限、对其他任务的依赖程度，确定约束机制和管理机制。

（3）任务划分完成后，为了便于进行进度控制，需要应用甘特图、网络计划技术等方法来描述工作计划进度。

2. 机构管理

在对信息系统进行项目管理中，必须成立项目管理机构。机构管理的工作主要有专业要求与人员的确定、开发组织的建立、任务的分工及开发工作的协调等。

一个信息系统要成立一个项目组，项目组由一个项目经理直接领导和负责。必要时，可按专业或子项目再分设若干开发小组。项目组一般包括：过程管理小组、项目支持小组、质量保证小组、系统工程小组、开发测试小组和系统集成测试小组等。各自的职责如下：

（1）项目经理：保证整个开发项目的顺利进行，负责协调开发人员之间、各级最终用户之间、开发人员和广大用户之间的关系，拥有资金的支配权。

（2）过程管理小组：负责整个项目的进度控制，进行配置管理、安装调试、技术报告的出版、培训支持等任务，是一个综合性的机构，用以保证整个开发项目的顺利进行。

（3）项目支持小组：属于后勤支持，负责及时提供系统开发所需要的设备、材料；负责进行项目开发的成本核算；负责合同管理、安全保证等。

（4）质量保证小组：负责及时发现影响系统开发质量的问题并及时给予解决。

（5）系统工程小组：利用系统的观点制定出系统开发各个阶段的任务，将整个开发过程按阶段划分出各项任务，规定好每项任务的负责人、任务的目标、检验标准、完成任务的时间等。只有明确每一项任务的责、权、利，才能使开发工作顺利进行。

（6）开发与测试小组：充分利用系统开发的一些关键技术、开发模型以及一些成熟的商品软件从事各子系统的开发与集成，并对各子系统进行测试。项目的关键在于组织好该小组成员，并采用统一的方法和标准进行工作。

（7）系统集成测试小组：系统集成是对整个信息系统进行综合的过程，该小组成员在充分注意软件、硬件产品与所开发的信息系统之间的结合、注意最大限度地保证系统可靠性及发挥系统的最高效率的前提下，完成软件、硬件等各方面的集成，并做好测试工作。

3. 人员管理

（1）Brooks 定律。对于小型软件开发项目来说，一个人即可完成需求分析、设计、编码以及测试等一系列工作。但是大型项目就不会采取让一个人单独搞十几年的办法，而是让一群人一起来共同参与开发工作，而这些人员之间需要合理分工、积极协调。一般来说，两个人合作开发一个软件项目总比一个人单独开发所需时间要少，但是不能依此得出结论：如果开发进度落后了，只要增配程序员，总可以赶上进度。曾在美国 IBM 公司任职的 F. P. 布鲁克斯（Frederick P. Brooks）从大量的系统开发实践中得出一个结论："向一个进度已经落后的项目增派开发人员，可能使它完成得更晚！"鉴于这一发现的重要性，许多文献将其称为 Brooks 定律。Brooks 定律说明了"时间与人员未必能互换"这一原则。对此的合理解释是：当开发人员以算术级数增长时，这些人员之间交换意见的路径数将以几何级数增长，从而可能导致"得不偿失"。所以，在许多场合，开发时间宁可长一点，开发人员宁可少一点。

（2）合理管理人员。信息系统的开发需要多种专业知识的人员。从所涉及的学科及已有的经验可知，系统开发人员在知识构成上需要具备管理科学、计算机技术、通信技术、运筹学及系统工程等学科的知识；在人员配备上，系统开发需要系统分析员、系统设计员、系统硬件与系统软件人员、程序员、数据员、管理模型设计人员及项目管理人员等多种技术人员。另外，专业人员的配备要强调重点在于信息与管理，而不是计算机。开发人员的组织还要特别注意的是系统用户或企业管理人员，尤其是企业各部门中熟悉具体业务的管理人员或主管应作为开发组的协助人员，共同参与项目的开发。这不仅是增强开发力量，也是项目成败的关键因素之一。项目负责人的物色与确定对项目的成功也是至关重要的，他不仅在技术上要作总体把关，还要承担许多诸如人员协调等非技术性工作。项目领导小组的主要工作是负责有关项目开发过程中出现的涉及面较广的重大问题的决策与解决。

（3）信息系统开发人员之间的协调。信息系统开发人员之间的协调也是开发人员组织的重要工作之一，一般由项目负责人承担。信息系统的开发是一项复杂的系统工程，涉及各种不同背景的人员、多种用途不同的设备与软件，所要建立的系统由多个相对独立的分系统有机组成，因此在开发人员之间、用户与开发人员之间、系统各组成部分之间都有许多协调工作要做。开发人员之间的协调主要通过系统的总体规划、总体结构、开发规范、接口约定等来实现，项目负责人对各开发人员作具体的分工，并指导他们遵照总体要求开展各自的工作。当开发人员之间或各自的工作之间产生不一致或矛盾时，要及时进行分析，寻求解决的方法。如果是由于总体要求不明确所致，应对原定要求作进一步的细化与明确，甚至修改；如果是由于开发人员理解或观点的不同所导致的，则可通过讨论澄清问题，克服认识差别。当然，协调的最好办法是事先明确要求与规则，并在开发过程中多沟通、多交流，尽量减少冲突的产生。

4. 质量管理

目前人们对信息系统项目提出的要求，往往只强调系统必须完成的功能和应该遵循的进度计划以及开发这个系统花费的成本，却很少注意在整个生命周期中信息系统应该具备的质量标准。这种做法的后果是：许多相同的维护费用非常高，为了把系统移植到另外的环境中，或者使系统和其他系统配合使用，都必须付出很高的代价。

信息系统的质量管理不仅是项目开发后的最终评价，而且信息系统开发过程中的全面质量管理。一般来说，在信息系统质量的指标体系中，可以把影响软件质量的因素分为三组，分别反映用户在使用软件产品时的三种不同观点：系统的可修改性、系统的可转移性和系统的可运行性。其中，系统的可修改性包括可理解性、可维护性、可测试性以及灵活性；系统的可转移性包括可移植性、可重用性和互运行性（衡量将该系统与另一个系统结合起来所需工作量的大小）；系统的可运行性包括正确性、健壮性、完整性、可用性、效率和风险性等。

5. 进度管理

在实际中，几乎没有一个信息系统开发项目能按计划进度完成，由此造成的损失也是很大的，因此信息系统开发项目的进度控制显得尤为重要。进度控制通过计划执行的监督和检查、计划延误的分析和解决等活动实现。

对于计划发生延误，要进行具体原因的分析，除了与其他工程项目同样存在的环境变化、资金不到位、人员变动等原因外，还有一些特殊的原因，它们主要是：

（1）开发活动的工作量是凭经验估计的，实际工作量与预计数量存在较大的差别。

（2）开发过程中产生不少事先没有估计到的活动，致使工作量增加。

（3）由于需求或其他情况发生变化，使已完成的成果要作局部修改，造成返工现象。

针对不同的延误原因，应采取不同的解决措施，主要有：

（1）开发中的不确定性问题，可事先在工作计划中留有一定的宽裕度，如工作量取上限、预设机动时间等。

（2）开发过程中经常性地与用户交换意见，随时掌握企业的发展动向，及时明确遗留的不确定问题，以减少返工现象。

（3）当关键路线上的活动延误时，需要调配现有开发人员，或加班加点，或集中人力予以重点解决。

（4）增加开发人员，充实薄弱环节。但如前所述，开发人员并不能与时间成正比，即开发人员的增加对延误问题的解决能力是很有限的。

（5）在上述措施难以有效解决延误问题时，应对原定计划作调整。

信息系统是一个复杂的人机系统，开发项目工作计划进度的控制也必然是一项难度极大的工作，目前已有的方法并不是很成熟。从根本上说，信息系统开发进度问题的解决还有赖于企业管理模式的规范化、系统开发的标准化。

6. 合同管理

前面讲过，企业开发信息系统有委托开发、自行开发和合作开发等方式，委托合同和合作合同在必须明确各方权利和义务方面没有本质的区别，但从信息系统开发的不确定性考虑，一般最好采用合作开发的方式，并且在合同管理中要注意以下事项：

（1）系统开发一般是分步实施的，前期投运与最后完成会有一个较长的周期，因此合同要包括阶段要求的条款，也可采用一次签约分段生效的方式。

（2）要附有足够的与合同同样有法律效用的附件，以说明委托或合作细节，以及具体的技术要求。

（3）要由企业负责合同的专业人员或法律顾问审阅合同，保证合同基本条款的规范性，避免潜在的风险。

（4）各方在签订合同时不仅要注意开发要求和条件，也要考虑开发成功后的成果归属权问题，这是常遇到的纠纷焦点，应该事先予以明确。

8.2 信息系统运行机制管理

信息系统运行管理的内容包括日常操作、数据整理、系统维护、文档管理等。运行管理的目的是使信息系统在一个预期时间内能正常地发挥其应有的作用，产生应有的效益。

8.2.1 信息系统运行的组织机构

1. 信息系统管理机构的职责

信息系统的运行管理必须设置相应机构，一般应命名为信息管理部、信息管理中心等，其主要职责是信息的管理与信息系统的管理。根据其所涉及的部门范围及信息的重要性，在企业中的地位应高于其他部门。信息系统管理机构除了负责系统的运行管理外，还要承担信息系统的长远发展建设，通过信息的开发与利用推动企业各方面的变革工作。

2. 信息系统组织机构的形式

从信息系统在企业中的地位来看，目前我国各企业中负责信息系统运行的组织机构有四种形式，分别如图 8—1 中各子图所示。

图 8—1 信息系统组织机构的四种形式

下面对这四种形式分别进行对比分析：

图 8—1(a)是信息系统管理机构的一种早期零散式的组织形式，各部门拥有自己独立的信息系统，系统内资源不能为企业的其他部门所共享。部门管理的局限性制约了系统整体资源的调配与利用，使系统的效率大受影响。

图 8—1(b)将信息系统的管理机构独立出来，与企业内部的其他部门平行，享有同等的

权利。这种方式改善了第一种模式下各部门信息系统各自为政的情况，能够有效地集成企业的信息资源。但信息系统管理部门的决策能力较弱，系统开发、建立、运行中有关的协调和决策工作会受到一定程度的影响。

图8—1(c)是由最高层直接领导，信息系统作为企业的信息中心和参谋中心而存在。这种方式有利于集中管理、资源共享，能充分发挥领导的指挥作用及信息系统向领导提供的决策支持作用，但容易造成脱离业务部门或服务较差的现象。

图8—1(d)是第三种方式的改进。由于目前计算机、网络、通信等各项技术的发展及客户机/服务器体系结构的运用，一方面，企业信息系统管理部门以信息中心的名义独立存在于各业务部门之外；另一方面，各业务部门也设立自己的信息处理室（IS室），更多的情况是业务部门的处理流程计算机化。各业务部门配有专人负责该业务部门的信息系统业务，该专人或 IS 室在业务上同时又归信息中心领导。这样就形成了一个矩阵结构，信息中心既能站在企业的高度研究信息系统的发展，又能深入了解并满足各业务部门的需要，有利于加强企业的信息资源综合管理。

3. CIO 职位的设置

目前，越来越多的企业设立了首席信息官（Chief Information Officer，CIO）一职。CIO 往往由组织的高层决策人士担任，其地位如同公司的副总经理，有的甚至更高。CIO 并不是传统的信息中心主任，并不负责服务性、辅助性部门的工作，其承担的主要任务包括：在企业整体战略框架下负责企业信息管理战略规划的制定，积极参与单位的预测、决策、控制等管理活动，领导、指挥信息管理部门管理多种形式的企业运行信息、外部行业信息、国家性的经济政策，协助首席执行官（Chief Executive Officer，CEO）有效利用信息技术所提供的信息确定企业战略目标和实施策略，当好领导参谋，并且在实施当中及时获得反馈，迅速调整战略规划。

 阅读材料

以 CIO 为首的信息系统部门的主要职责

（1）制定系统规划。加强理论应用研究，负责管理信息系统规划、实施和更新换代，管理、运行和维护系统，制定资金需求计划、人员安排和培训等。

（2）负责信息的处理全过程。与企业领导和相关职能管理部门一起，确定合理、统一的信息流程，按照流程协调各个相关部门在信息处理方面的关系；制定各项管理信息系统制度，同时对各个部门每时每刻产生的信息进行收集、整理、加工和存储，确保信息的准确性和一致性。

（3）信息的综合开发。对各方面的信息进行综合处理和分析，得到对全局更为重要的信息，提供给各个管理部门，尤其是决策层，并由系统以适当的形式发布。

（4）做好信息标准化等基础管理。和有关管理部门一起，共同做好系统运行中的基础管理工作，主要是信息编码等标准化、规范化工作。

（5）负责系统的运行和维护。作为系统主要的日常技术性工作，包括系统硬件、软件维护；数据库管理；机房日常管理；用户服务等。其中，软件维护是最主要的工作。

8.2.2　信息系统运行的管理制度

企业实现管理信息化后，需要制定一系列管理规章制度。

1. 各类机房安全运行管理制度

设立机房主要有两个目的：一是给计算机设备创造一个良好的运行环境，保护计算机设备；二是防止各种非法人员进入机房，保护机房内的设备、电脑内的程序和数据的安全。机房安全运行是通过制定与贯彻执行机房管理制度来实施的。机房管理的内容包括：

（1）有权进入机房人员的资格审查。一般来说，系统管理员、操作员、录入员、审核员以及其他系统管理员批准的有关人员可进入机房，系统维护员不能单独进入机房。

（2）机房内的各种环境要求，如机房的卫生要求、防水要求等。

（3）机房内的各种环境设备的管理要求。

（4）机房中禁止的活动或行为，如严禁吸烟、喝水等。

（5）设备和材料进出机房的管理要求等。

2. 信息系统的其他管理制度

（1）必须有重要系统软件、应用软件的管理制度。

（2）必须有数据管理制度，如重要输入数据的审核、输出数据备份保管等制度。

（3）必须有权限管理制度，实行密码专管专用，定期更改并在失控后立即报告。

（4）必须有网络通信安全管理制度。

（5）必须有防病毒的管理制度，及时查、杀计算机病毒，并备有检测、清除的记录。

（6）必须有人员调离的安全管理制度。人员调离的同时马上收回钥匙、移交工作、更换口令、取消账号，并向被调离的工作人员申明其保密义务。人员的录用、调入必须经过人事组织技术部门的考核并接受相应的安全教育。

除了以上内容之外，还必须有系统定期维护制度、系统运行操作规程、用户使用规程、系统信息的安全保密制度、系统修改规程以及系统运行日志及填写规定等。

8.2.3 信息系统日常运行的管理

1. 系统运行情况的记录

在系统运行中，必须对系统软、硬件及数据等的运作情况作记录。运行情况有正常、不正常与无法运行等，后两种情况应将所见的现象、发生的时间及可能的原因作尽量详细的记录。运行情况的记录对系统问题的分析与解决有重要的参考价值。严格地说，从每天工作站点计算机的打开、应用系统的进入、功能项的选择与执行，到下班前的数据备份、存档、关机等，按要求都要对系统软硬件及数据等的运作情况作记录。由于该项工作较烦琐，在实际操作中往往会流于形式，因此一般应在系统中设置自动记录功能。

系统运行情况的记录应事先制定尽可能详尽的规章制度，具体工作由使用人员完成。系统运行情况无论是自动记录还是人工记录，都应作为基本的系统文档长期保管。

2. 系统运行的日常维护

在数据或信息方面，需日常加以维护的有备份、存档、整理及初始化等。

大部分的日常维护应该由专门的软件来处理，但处理功能的选择与控制一般还是由使用人员来完成的。出于安全考虑，每天操作完毕后，都要对变更过的或新增加的数据作备份。

一般来讲，工作站点上的或独享的数据由使用人员备份，服务器上的或多项功能共享的数据由专业人员备份。除正本数据外，至少要求有两个以上的备份。正本数据与备份应分别存于不同的磁盘上或其他存储介质上，甚至放置到不同楼层或不同的建筑物里面。

当工作数据积累到一定数量或经过一定时间间隔后应转入档案数据库，作为档案存储的数据成为历史数据。为防万一，档案数据也应有两份以上。

数据的整理是指对数据文件或数据表的索引、记录顺序等进行调整，数据整理可使数据的查询与引用更为快捷与方便，对数据的完整性与正确性也很有好处。

在系统正常运行后，数据的初始化主要是指以月度或年度为时间单位的数据文件或数据表的切换与结转数等的预置。

在硬件方面，日常维护主要有各种设备的保养与安全管理、简易故障的诊断与排除、易耗品的更换与安装等。硬件的维护应由专人负责。

日常维护的管理工作主要是通过制定维护管理制度和组织实施来实现的。维护管理制度主要包括以下内容：系统维护的任务、维护工作的承担人员、软件维护的内容、硬件维护的内容、系统维护的操作权限、软件修改的手续等。

3. 对信息系统运行中一些突发事件的处理

信息系统运行中的突发事件一般是由于操作不当、计算机病毒、突然停电等引起的。当发生突发事件时，轻则影响系统的运行，重则破坏数据，甚至导致整个系统瘫痪。突发事件应由企业信息管理机构的专业人员处理，有时需要原系统开发人员或软硬件供应商来解决。对发生的现象、造成的损失、引起的原因及解决的方法等必须作详细的记录。

4. 系统的适应性维护

企业是社会环境的子系统，企业为适应环境，也必然要作相应的变革。为适应环境的变化而对系统作调整、修改与扩充即为系统的适应性维护。系统的适应性维护是一项长期的、有计划的工作，并以系统运行情况记录与日常维护记录为基础，其内容包括：

（1）系统发展规划的研究、制定与调整。

（2）系统缺陷的记录、分析与解决方案的设计。

（3）系统结构的调整、更新与扩充。

（4）系统功能的增设、修改。

（5）系统数据结构的调整与扩充。

（6）各工作站点应用系统的功能重组。

（7）系统硬件的维修、更新与添置。

（8）系统维护的记录及维护手册的修订等。

8.2.4　信息系统的文档管理

1. 系统文档的作用

信息系统的文档是描述系统从无到有整个发展与演变过程及各个状态的文字资料，是系统开发过程的记录，是系统维护人员的指南，是开发人员与用户交流的工具。

规范的文档意味着系统是工程化、规范化开发的，意味着系统的质量有了程序上的保障。文档的欠缺、文档的随意性和文档的不规范，极有可能导致原来的系统开发人员流动后，系统难以维护、难以升级，变成一个没有扩展性、没有生命力的系统。

2. 系统文档的种类

系统文档不是事先一次性形成的，它是在系统开发、运行与维护过程中不断地按阶段依次推进编写、修改、完善与积累而形成的。

系统文档有不同的分类方法，按照产生的频率可划分为一次性文档和非一次性文档；按照信息系统生命周期的阶段不同，可以划分为系统规划阶段文档、系统分析阶段文档、系统设计阶段文档、系统实现阶段文档和系统运行与维护阶段文档；按照文档服务目的的不同，可划分为技术文档、管理文档与记录文档等。

主要的信息系统文档名称及产生阶段如表8—1所示。

表8—1   信息系统文档名称及产生阶段

分类	文档名称	产生阶段	备注
技术文档	系统总体规划报告	系统规划	
	系统分析报告	系统分析	
	系统设计说明书	系统设计	
	程序设计说明书	系统设计	
	数据设计说明书	系统设计	
	系统测试说明书	系统设计	
	系统使用说明书	系统实施	
	系统测试报告	系统实施	
	系统维护手册	系统实施	运行中继续完善
管理文档	系统需求报告	系统开发前	
	系统开发计划	系统规划	
	系统开发合同书	系统规划	委托或合作开发时
	系统总体规划评审意见	系统规划	
	系统分析审批意见	系统分析	
	系统实施计划	系统设计	
	系统设计审核报告	系统设计	
	系统试运行报告	系统实施	
	系统维护计划	系统实施	
	系统运行报告	系统运行与维护	
	系统开发总结报告	系统运行与维护	
	系统评价报告	系统运行与维护	
	系统维护报告	系统运行与维护	
记录文档	会议记录	各阶段	
	调查记录	各阶段	
	系统运行情况记录	系统运行与维护	
	系统日常维护记录	系统运行与维护	
	系统适应性维护记录	系统运行与维护	

3. 系统文档的管理

文档管理是有序、规范地开发与运行信息系统必须要做好的重要工作。为了建立一个良好的管理信息系统，不仅需要充分利用各种现代化信息技术和正确的系统开发方法，而且要做好文档的管理工作。系统文档的管理工作主要包括：

（1）文档管理的制度化、标准化。其中包括文档标准与格式规范的制定；明确文档的制定、修改和审核权限；制定文档管理制度，如文档的收存、保管与借用手续的办理等。

（2）维护文档的一致性。一旦需要对某一程序进行修改，需要及时、准确地修改与之相关的文档，否则将会引起系统开发工作的混乱，而这一过程又必须有相应的制度来保证。

（3）维护文档的可追踪性。为保持文档的可追踪性，所有文档都要收全，集中统一保管。

8.3　信息系统安全与保密管理

在当前网络化背景下，信息系统容易受到攻击和破坏（如遭到非法人员、黑客和病毒的入侵，传输数据被截取、篡改、删除）。因此，加强系统安全与保密管理显得非常重要。

8.3.1　信息系统安全与保密的含义

信息系统的安全与保密是两个不同的概念，信息系统安全是指为防止有意或无意的破坏系统软硬件及信息资源行为的发生，避免企业遭受损失所采取的措施，包括硬件安全、软件安全、数据安全和运行安全；信息系统保密是指为防止有意窃取信息资源行为的发生，使企业免受损失而采取的措施。下面介绍几种信息系统可能面临的安全和保密威胁：

（1）系统穿透。系统穿透是指未授权人通过一定手段对认证性进行攻击，假冒合法人接入系统，对文件进行篡改、窃取机密信息、非法使用资源等。

（2）违反授权原则。一个授权进入系统做某件事的用户，他在系统中进行未经授权的其他事情。表面看来，这是系统内部的误用或滥用问题，但这种威胁与外部穿透有关联。

（3）植入。一般在系统穿透或违反授权攻击成功后，入侵者常要在系统中植入一种能力，为以后攻击提供方便条件。如向系统中植入病毒、蛀虫、特洛伊木马、陷阱、逻辑炸弹等来破坏系统正常工作。

（4）通信监视。通信监视是一种在通信过程中从信道进行搭线窃听的方式。

（5）通信窜扰。攻击者对通信数据或通信过程进行干预，对完整性进行攻击，篡改系统中数据的内容，修正消息次序、时间（延时和重放），注入伪造消息。

（6）中断。中断主要对可用性进行攻击，破坏系统中的硬件、硬盘、线路、文件系统等，使系统不能正常工作，破坏信息和网络资源。

（7）拒绝服务。指合法接入信息、业务或其他资源受阻，例如：一个业务口被精心地策划进行滥用而使其他用户不能正常接入；互联网的一个地址被大量信息垃圾阻塞。

8.3.2　影响信息系统安全与保密的因素

影响信息系统安全和保密的因素是多方面的，归纳起来，有以下三大类。

1. 人为因素

人为因素是指系统运行中由人的行为造成的不利因素，主要有两类：一类是系统的合法使用者失误造成的损失，如操作失误、管理不善、录入错误、应急措施不足等；另一类是故意制造的损失，即各种类型的计算机犯罪、计算机病毒制造和信息窃取、篡改等。在信息系统的安全控制中，故意或者恶意的人为破坏可能会极大地危害信息系统，甚至危害国家利益，必须予以注意。但是，操作失误对信息系统的危害是每时每刻都有可能发生的，其造成的损失同样是不可估量的。

2. 自然因素

自然因素是指系统运行中由自然界、外部环境等造成的不利因素，如水灾、火灾、雷电、地震以及环境空间中存在的电磁波等。这一类因素的危害主要是针对系统设备、存储介质、通信线路等。

3. 技术因素

技术因素主要涉及三个方面：一是物理方面，主要是指计算机系统及各种附加设备的管理与维护，包括主计算机系统的可靠与稳定、存储介质的保管、网络结构的合理与适用、电源电压的变化或中断故障处理以及是否有电磁泄漏抑制措施等；二是软件方面，主要是指软件（包括系统软件、支撑软件和应用软件）是否有重大缺陷，软件在发生故障或者遭受破坏后是否具有自恢复能力等；三是数据方面，主要指系统的数据保护能力，如能否限制、制止数据的恶意或无意修改、窃取和非法使用，是否对系统安全性、正确性、有效性、相容性等进行检查与控制等。

8.3.3 加强信息系统安全与保密的主要措施

为了确保信息系统的安全，可以在系统安全管理和保密控制方面采取以下几类措施。

1. 严格制度管理

加强管理可以从制度上对信息系统的安全起保护作用，它是信息系统安全最主要的一道防线。在实际业务中，可以考虑制定如下具体管理制度：

（1）建立计算机管理和监察机构，制定系统安全目标和具体的管理制度。

（2）对计算机系统的关键场所，如主机房、网络控制室、数据介质库房和终端室，应视不同情况进行安全保护，重要部位应安装电视监视设备，有的区域应设置报警系统。

（3）计算机系统启用前进行安全性检查，重要部门的计算机在启用前要报请有关部门进行安全保密检查，如有否计算机病毒或逻辑炸弹等非法程序侵入等。

（4）执行主要任务的机构应该做到专机、专盘、专用；重要数据应定时、及时备份。

（5）采用口令识别、分级授权、存取控制等成熟的安全技术。

（6）进行安全审计，掌握非法用户访问或合法用户的非法操作，以便发现潜在的问题，及时制止非法活动或者对刚出现的问题采取补救措施。

（7）禁止使用来历不明的磁盘，严禁玩游戏；慎重使用共享软件，尽量不从网上下载软件，来历不明的电子邮件不要随便查阅。

（8）完整地制作系统软件和应用软件的备份，并结合系统的日常运行管理与系统维护，做好数据的备份及备份的保管工作。

（9）敏感数据尽可能以隔离方式存放，由专人保管。

2. 加速法制建设

建立完善的计算机信息系统安全法律体系是系统安全的法律基石，主要包括两个方面：一是由国家最高领导部门组织制定计算机安全方针、政策、颁布法令；二是建立计算机安全法律体系，加快信息系统法制化的进程。1994 年 2 月 18 日，国务院颁布了《中华人民共和国计算机信息系统安全保护条例》，这标志着我国信息安全工作进入有法可依的阶段。该条例规定，由公安部主管全国计算机信息系统安全保护工作，其重点是维护国家事务、经济建设、国防建设、尖端科学技术等重要领域的计算机信息系统的安全。

1997 年 3 月 14 日修订的《刑法》中增加了 3 项关于计算机犯罪的罪名：非法侵入计算机信息系统罪，破坏计算机信息系统罪（包括破坏计算机信息系统功能罪、破坏计算机信息系统数据和应用程序罪、制作和传播计算机病毒罪），利用计算机进行传统犯罪。2009 年刑法修正案在《刑法》第 285 条中增加了非法获取计算机信息系统数据、非法控制计算机信息系统罪和提供侵入、非法控制计算机信息系统程序、工具罪。

1997 年 12 月 16 日，由国务院批准、公安部发布了《计算机信息网络国际联网安全保护管理办法》等一系列法规、条例，用来加强对互联网的管理。

3. 加强宣传教育

开展计算机信息系统安全的宣传和教育工作，使社会全体人员了解计算机信息系统安全的重要性，提高个人修养，加强职业道德，是保障信息系统安全、杜绝隐患的重要工作内容。当人们对于计算机安全问题有了明确的了解，并加以警惕以后，一切针对信息系统的影响、干扰与破坏就会得到有力的控制。

4. 开展技术研究

加强信息系统安全和保密方面的技术研究工作，选择其中的关键性技术，有计划、分层次地研究防护措施，是确保系统安全保密的重要途径。这包括：进行信息系统有关风险分析，确定影响系统安全的各个要素；研究系统安全理论与有关政策，以建立完整、有效的计算机安全体系；加强信息系统安全的具体技术研究；加强计算机安全产品的设计与应用。

8.3.4 保证信息系统安全的常用技术对策

1. 实体安全防范

一是必须对自然灾害加强防护，防火、防水、防雷击；二是采取必要的措施防止计算机设备被盗，如固定件、添加锁、设置警铃、购置机柜等；三是尽量减少对硬件的损害。

2. 安全监视技术

安全监视技术是一种采用监视程序对用户登记及存取状况进行自动记录以保护系统安全的方法。用户登记包括对用户进入系统的时间、终端号、用户回答口令的时间与次数等情况的自动记录。为了防止非法者进入，监视系统将对口令出错达到规定次数的用户报警并拒绝其进入。对用户存取状况的监视是指系统将自动记录下用户操作运行的程序、所使用的数据文件名称、增删情况、越权行为和次数等，形成用户使用日志，还将记录对被保护的信息的维护状况，特别是违反保密规定的行为。

3. 防火墙技术

防火墙技术是运行特定安全软件的计算机系统，它在内部网与外部网之间构成一个保护层，使得只有被授权的通信才能通过保护层，从而阻止未经授权的访问、非法入侵和破坏行为。

4. 终端识别

终端识别也称为回叫保护，在通信网络中广泛应用。计算机除了对用户身份进行识别外，还对终端联机的用户终端位置进行核定，如果罪犯窃取了用户口令字在非法地点联机，系统将会立即切断联络并对非法者的地点、时间、电话号码加以记录以便追踪罪犯。

5. 计算机安全加权

计算机安全加权是指通过对用户、设备和数据文件授予不同级别的权限，以防止非法应用。用户权限，是对具有进入系统资格的合法用户，根据不同情况划分不同类别，使其对不同的数据对象和设备所享有的操作被授予不同的使用权限。设备权限，用于对设备（特别是终端和输出设备）能否进入系统的某一层次、部分以及能否输出和拷贝系统程序、运行程序或数据的规定。数据的存取控制，包括对数据的只读、读/写、打开、运行、删除、查找、修改等不同级别操作权限的规定。

6. 计算机反病毒技术

计算机病毒是具有自我复制能力的计算机程序，它能够影响和破坏正常程序的执行和数据的安全，具有传染性、寄生性、潜伏性、可触发性和可衍生性，并具有广泛的破坏性。目前的反病毒技术主要为杀毒软件和硬件防病毒产品两大类。其中杀毒软件是由查毒和杀毒功能组成的软件，当用户使用其查毒时，它将计算机文档与已知病毒的特征值作比较，一旦相同便认定感染病毒并报告用户执行杀毒程序，清除被感染的文档使之恢复原样；硬件防病毒产品是以动态防御为主的反病毒模式，系统随时或在计算机和程序启动时自动激活监控和阻止病毒的传染与破坏，可预防未知病毒，可查杀磁盘上的已知病毒。对于无法查杀的未知病毒可准确得知其宿主文件，便于报给杀毒软件公司，升级杀毒软件。

8.3.5 加强信息系统保密的常用技术对策

1. 用户认证技术

用户认证技术是一种由计算机验证回答身份是否合法的保密技术。一般有以下几种：一是利用用户的专有信息，采用口令字、密码保密，其缺点是失窃后不留痕迹；二是利用用户的专用物品，如钥匙、磁卡或 IC 卡插入计算机的识别器以验证身份；三是利用保密算法，用户采用某一过程或函数对某些数据进行计算，计算机根据其结果以验证身份；四是利用用户的生理特征测定，如采用指纹、声音、视网膜等由计算机识别以验证身份。

2. 计算机数据加密技术

计算机数据加密技术是一种为防止数据在传输过程或计算机存储系统中被非法获得或篡改而采用的技术。具体做法是将原始的数据（明文）按照某些特定的复杂规律（算法）转变成难以辨认的数据（密码）。这样即使第三者非法窃取了数据，因不能理解信息内容，也无法使用，而合法用户可按照规定方法将其译为明文。数据加密是应对机密性丧失和正确性丧失两种威胁的有效手段。

3. 数字签名技术

数字签名是一种利用电子方式对网上文档资料进行身份验证的技术。它能够实现在网上传输的文件具有一定的身份保证，接收者能够核实发送者对报文的签名，发送者事后不能抵赖对报文的签名，接收者不能伪造对报文的签名。《中华人民共和国电子签名法》已经于2005 年 4 月 1 日起正式颁布实施。

4. 用户的自我保护

对于用户来说，要避免使用"脆弱的口令"，即很容易被入侵者破解的口令。可采取以下一些方法：使用数字或者加入特殊字符作为口令字，用很长的缩写名作口令字，如一首歌或一个短语的首字母缩写，最好是个人化词语的缩写。

 阅读材料

典型的信息系统安全保密对策方案

各个单位要根据自身经济状况以及保密的要求等级，立足现有技术条件，根据系统实际需要，以数据加密为基础，采用防火墙、用户认证、数字签名、存取控制等不同手段，对信息系统中的敏感数据进行保护。为保证信息系统的安全，一般单位采用的安全措施主要有：

（1）加强系统安全制度建设，进行安全知识宣传，加强系统使用人员的安全意识。

（2）利用操作系统、数据库、电子邮件及应用系统提供的安全机制，对用户权限进行控制和管理。

（3）在网络内的桌面工作站上安装防病毒软件，加强病毒防范。

（4）在 Intranet 与 Internet 的连接处加装防火墙和隔离设备。

（5）对重要信息的传输采用加密技术和数字签名技术。

另外，对于处理秘密、机密甚至绝密信息的系统而言，这些安全措施远远不足，系统还很容易遭到黑客和病毒的入侵，传输的数据也可能被截取、篡改，因此，多数的信息系统，如政府、银行、保险、电信、民航等行业的信息系统还需要建立自己独立的 Intranet，必要时并在物理上与外部网络世界隔离。

8.4 信息系统的评价

信息系统投入运行后，要在运行管理基础上对其进行评价，检查新系统是否达到预期目标，是否充分利用各种资源，管理工作是否完善，并指出系统改进和扩展的方向等。

8.4.1 信息系统的评价内容

信息系统的评价，主要从技术与经济两方面进行。

1. 技术上的评价内容

技术上的评价内容主要是系统性能，具体包括：

(1) 信息系统的总体水平，如系统的总体结构、网络的规模、采用技术的先进性等。

(2) 系统功能的范围与层次，如功能的多少与难易程度或对应管理层次的高低等。

(3) 信息资源利用范围与深度，如企业内、外部信息比例，外部信息的利用率等。

(4) 系统的质量，如系统的可使用性、正确性、可扩展性、可维护性、通用性等。

(5) 系统安全与保密性，系统文档的完备性等。

2. 经济上的评价内容

经济上的评价内容，主要是系统的效果和效益，包括直接的与间接的两个方面。

直接的评价内容包括：系统的投资额，系统运行费用，系统运行所带来的新增效益。

间接的评价内容包括：对企业形象的改观、员工素质的提高所起的作用；对企业的体制与组织机构的改革、管理流程的优化所起的作用；对企业各部门间、人员间协作精神的加强所起的作用。

8.4.2 信息系统的评价体系

除了上面提到的从技术上和经济上进行系统评价外，还可以将系统评价体系分解为系统建设、系统性能、系统应用三个方面，这也是常用的一种系统评价体系。

1. 系统建设评价

系统建设评价包括以下几项内容：

(1) 系统规划目标的科学性：分析管理信息系统规划目标的科学性，并考虑经济上、技术上、管理上和法律上的可行性。

(2) 规划目标的实现程度：分析管理信息系统是否达到规划阶段提出的规划目标。

(3) 先进性：满足用户的需求，充分利用资源，融合先进管理知识，设计的科学性、适应性。

(4) 经济性：投资与所实现的功能的相适应程度。

(5) 资源利用率：对计算机、外部设备、各种硬软件、系统资源的利用程度。

(6) 规范性：系统建设遵循相关的国际标准、国家标准和行业标准，有关文档资料全面、规范。

2. 系统性能评价

系统建设评价包括以下几项内容：

(1) 可靠性：系统所涉及硬件系统和软件系统的可靠性。

(2) 系统效率：系统完成各项功能所需要的资源，通常以时间衡量，包括周转时间、响应时间、吞吐量等。

（3）可维护性：确定系统中的错误，修改错误所需做出努力的大小，通常以系统的模块化程度、简明性及一致性衡量。

（4）可扩充性：系统的处理能力和功能的可扩充程度，分为系统结构、硬件设备、软件功能的可扩充性等。

（5）可移植性：系统移至其他硬件环境下所需做出努力的程度。

（6）安全保密性：系统抵御硬件设备、软件系统、用户误操作、自然灾害及敌对者采取的窃取或破坏的能力，系统采取的安全保密措施。

3．系统应用评价

系统建设评价包括以下几项内容：

（1）经济效益：系统所产生的经济效益，如降低成本、提高竞争力、改进服务质量、获得更多利润等。通常以货币化指标衡量。

（2）社会效益：系统对国家、地区和民众的公共利益所做出的贡献，不能仅仅用货币化指标来衡量。如思想观念的转变、技术水平的提高、促进经济社会协调发展、决策科学化、生产力水平的提高、公共信息服务、合理利用资源、改变工作方式等。

（3）用户满意程度：用户对系统的功能、性能、用户界面的满意程度。通常以人机界面友好、操作方便、容错性强、系统易用性、界面设计清晰合理、帮助系统完整等来衡量。

（4）系统功能应用程度：系统的目标和功能实现了多少，用户应用到什么程度，是否达到预期的目标和技术指标。

8.4.3 信息系统的评价指标

1．系统性能指标

系统性能指标主要包括以下几项内容：

（1）人机交互的灵活性与方便性。

（2）系统响应时间与信息处理速度满足管理办公业务需求的程度。

（3）输出信息的正确性与精确度。

（4）单位时间内的故障次数与故障时间在工作时间中的比例。

（5）系统结构与功能的调整、改进及扩展，与其他系统交互或集成的难易程度。

（6）系统故障诊断、排除、恢复的难易程度。

（7）系统安全保密措施的完整性、规范性与有效性。

（8）系统文档资料的规范、完备与正确程度。

2．直接经济效益指标

主要是分析系统投资额、系统运行费用与系统运行新增效益之间的综合比较。

（1）系统投资额：包括系统硬件、系统软件的购置、安装费用；应用系统的开发或购置所投入的资金；企业内部投入的人力、材料费用；系统维护所投入的资金费用。

（2）系统运行费用：包括存储介质、纸张与打印油墨等耗料费用，系统投资折旧费（由于信息系统的技术成分较高，更新换代快，一般折旧年限为5～8年），硬件日常维护费，系统所耗用的电费、系统管理人员费用等。

（3）系统运行新增加的效益：包括成本的降低、库存积压的减少、流动资金周转的加快与占用额的减少、销售利润的增加及人力的减少等方面。

3. 间接经济效益指标

间接经济效益也称为定性效益，是指通过改进办公业务流程、组织结构、运作方式以及提高人员素质等途径，促使办公效率提高、审批手续精简而逐渐地间接获得的效益，包括：

（1）对组织为适应环境所作的结构、管理制度与管理模式等的变革会起巨大的推动作用，这种作用一般无法用其他方法实现。

（2）能显著地改善单位形象，对外可提高客户对单位的信任程度，对内可提高全体员工的自信心与自豪感。

（3）可使办公管理人员获得许多新知识、新技术与新方法，进而提高他们的技能素质，拓宽思路，进入学习与掌握新知识的良性循环。

（4）系统信息的共享与交互使部门之间、管理人员之间的联系更紧密，这可加强他们的协作精神，提高单位的凝聚力。

（5）对单位的规章制度、工作规范、办事流程、计量与代码等的基础管理产生很大的促进作用，为其他管理工作提供有利的条件。

需要说明的是，信息系统在运行与维护过程中不断地发生变化，因此评价工作不是一项一次性的工作，系统评价应定期进行或每当系统有较大改进后进行。

信息系统的第一次评价一般安排在开发完成并投运一段时间，进入相对稳定状态后，通常第一次评价的结论将作为系统验收的主要依据。

8.5 案例讨论

8.5.1 案例1：某饭店信息系统项目管理的失误

某饭店投资50万元用于管理信息系统的建设，系统开发者是某校计算机科学与技术专业的师生。

在系统开发前期的需求分析阶段，该专业的教师组织学生在饭店设备处计算机室负责人的陪同下对各业务部门进行走访，在此基础上，根据各业务部门的功能模块要求，编制按业务部门划分的系统需求说明书。然后，再将学生分成若干个软件开发小组，分别负责各个功能模块的开发。

两年后，大部分功能模块开发完毕，但发现各模块之间的数据不能很好地共享和传递，系统相关单证的录入、校对和流转比原来的手工处理过程更为复杂，且随着饭店经营规模的扩大和经营方式的转变，原有的业务部门也做了一定的调整，所开发的功能模块只有30%可以勉强使用。目前，由于大部分学生都已毕业离校，各模块的开发文档资料也已无法获得。

分析讨论：

（1）从项目管理的角度，分析导致该项目失败的主要原因有哪些。

（2）下一步的工作应该如何开展？

8.5.2 案例2：项目经理面对进度拖延怎么办

某信息系统集成公司现有员工50多人，业务部门分为财务部、销售部、行政部、人力资源部、项目管理部、软件开发部、系统集成部、网络管理部以及客户服务部等。

经过近半年的多次沟通和商务谈判，在2012年1月，公司销售部直接与某制造业企业签订了一个网络化的应用软件集成化应用系统，整个项目包括网络组建、软件开发与系统集成，应用系统牵涉到销售、财务、人事、采购、库存等多个部门。合同规定，7月1日之前，整个系统必须投入试运行。

在合同签订之后，销售部将此项目移交给了项目管理部。项目管理部很快就开始组建项目部，由项目部经理小王负责对整个项目实施管理。项目经理小王做过5年的系统分析和设计工作，这是他第一次担任项目经理，并且小王还兼任系统分析工作。此外，项目还有3名有1年工作经验的程序员，2名测试人员，2名负责组网和布线的系统工程师。项目组成员均全程参加项目。

在承担项目之后，小王组织大家制定了项目的工作分解进度表，并依照以往的项目经验，制定了本项目的进度计划，简单描述如下：

1. 应用软件子系统

(1) 1月5日～2月5日，需求分析。

(2) 2月6日～3月6日，总体设计。

(3) 3月7日～3月26日，详细设计。

(4) 3月27日～5月10日，程序编码。

(5) 5月11日～5月30日，系统内部测试。

2. 综合布线

2月20日～4月20日，完成调研和布线。

3. 网络子系统

4月21日～5月21日，设备安装、联调。

4. 用户培训

6月1日～6月10日，用户培训。

5. 系统内部调试、验收

(1) 6月1日～6月10日，系统调试。

(2) 6月11日～6月20日，数据录入。

(3) 6月21日～6月29日，试运行。

(4) 6月30日系统验收。

项目开始后，小王一直忙于系统分析，因为与客户沟通存在问题，部分需求的确认一再修改，以至于到了2月25日，需求分析才得以最终完成；需求规格说明书经过审核之后，已经到3月2号了。之后很快进入总体设计阶段，此时小王发现总体设计才刚刚开始，由此推测3月6日根本无法完成总体设计，那么3月26日要想完成详细设计也就非常困难，甚至有可能后续工作都会受到影响。

分析讨论：

(1) 请分析造成项目进度拖延的可能原因。

(2) 从技术人员转为管理人员，作为项目经理应该特别注意哪些事项？

(3) 小王应该怎样控制进度计划？

(4) 小王应采用哪些管理措施来保证后期的项目整体进度不被拖延？

·本 章 小 结·

1. 信息系统开发过程非常复杂，在其中引入项目管理非常必要。项目管理是信息系统建设的保护神，内容包括任务划分、机构管理、人员管理、质量管理、进度管理、合同管理等方面。

2. 系统运行机制管理包括日常操作、数据整理、系统维护等，其目的是使信息系统在一个预期时间内能正常地发挥作用、产生效益。

3. 加强系统安全与保密管理工作非常重要。各个单位一定要根据自身经济状况以及安全、保密的要求等级，立足现有技术条件，根据系统实际需要，以数据加密为基础，采用防火墙、用户认证、数字签名、存取控制等不同手段，对信息系统中的敏感数据进行保护。

总之，通过本章内容的学习，读者应该掌握信息系统的项目管理、运行管理、安全管理、保密管理和信息系统评价等知识点。

·关 键 术 语·

系统运行管理　首席信息官　系统文档管理　项目管理　Brooks 定律　信息系统安全
信息系统保密　安全监视技术　用户认证技术　计算机数据加密技术　数字签名技术
信息系统评价　直接经济效益指标　间接经济效益指标

复习思考题

一、填空题

1. 任何一个项目均受 _____、_____ 和_____ 三个因素的制约。

2. 在绝大多数情况下，信息系统项目的失败最终表现为_____ 和_____。

3. 系统文档按服务目的不同，可以分为_____文档、_____文档与_____文档三类。

4. 影响信息系统安全与保密的三类因素分别是_____、_____ 和_____。

5. 保证信息系统安全的常用技术对策有实体安全防范、安全监视技术、防火墙技术、_____、_____ 和_____ 等。

6. 用户认证常用方法有四种。一是利用用户的_____，如采用口令字、密码保密；二是利用用户的_____，如钥匙、磁卡或 IC 卡；三是利用_____，也就是用户采用某一过程或函数对某些数据进行计算，计算机根据其结果以验证身份；四是利用用户的_____测定，如采用指纹、声音、视网膜等由计算机识别以验证身份。

7. 信息系统的评价，主要从_____和_____两个方面进行。

8. 信息系统直接经济效益指标是进行_____、_____ 和_____ 之间的综合比较。

二、名词解释

1. 首席信息官

2. Brooks 定律

3. 用户认证技术

三、简答题

1. 请说明信息系统运行管理中的注意事项。

2. 什么是项目？信息系统项目有什么特点？

3. 信息系统开发中的项目管理的内容包括哪些？

4. 影响信息系统安全和保密的因素有哪些？

5. 加强信息系统安全和保密的主要措施和技术对策有哪些？

6. 信息系统评价的内容有哪些？

7. 信息系统评价的指标体系包括哪些方面？

实 践 训 练

一、案例搜集

每个同学先自己通过图书、杂志、网络等，搜寻尽可能多的信息系统开发的失败案例，然后同学之间进行交流学习，最后对信息系统失败的原因进行归纳分类。

二、论文撰写

请搜集相关材料，写一篇有关信息系统安全和保密管理的小论文，2 000字以上。

三、观点分析

1. 项目管理向人们提供一种解决问题的思路和方法。

2. 优秀的项目经理是实干出来的，不是学出来的；是带出来的，不是教出来的。

3. 项目开发的组织机构通常有基于职能和基于任务两种组织结构。

4. 项目开发中对工作效果影响最大的是人为因素。

5. 质量保证措施应以提前预防和实时跟踪为主，以事后测试和纠错为辅。

四、实践应用

在你负责的一个信息系统开发项目中，客户在项目开发进程中，总是不断对移交的系统提出修改意见，更可气的是，有些问题刚刚开始提出更改，客户突然发现情况不对，又要求你马上给改回来。

问题：

你作为本信息系统开发项目的项目经理，该如何应对这种令人沮丧的局面？

第9章 信息系统与决策支持

学习目标

通过本章的学习，读者应该能够：

- 熟悉决策的含义及制定过程
- 理解决策问题的类型
- 理解决策支持系统的概念、特征及功能
- 理解群体决策支持系统的类型和组成结构
- 熟悉战略信息系统的概念、结构及特点
- 掌握经理信息系统含义、功能特征

本章引例

广东省国税局税务分析与决策支持系统应用案例

1. 建设背景

随着电子政务系统的发展以及税务信息化程度的不断提高，在税务决策支持方面不断吸纳新的信息处理技术，提高决策的科学性和规范性，已成为提高税务机关行政办公效率、促进经济发展的关键所在。

广东省国税局自"科技兴税"战略实施以来，信息化工作在网络建设、设备配置、应用系统开发应用等方面已逐步得到完善；金税工程、统一征管软件、出口退税、公文管理、人事管理等应用系统都已推广应用多年，具备一定的应用规模和应用深度，并取得了较好的应用效果。

广东省国税局的业务系统在满足日常税收业务需求的同时也采集了大量的业务数据。例如，每年采集2 000多万份申报数据和2 000多万份税票数据，其中出口专用税票数据达100多万份，专用发票数据5 000多万份。这些业务数据的背后隐含了丰富的信息和规律，也给税务信息化建设带来一些问题，主要体现在：业务数据分散在不同的应用系统中，数据共享度低且格式不统一；数据太多而信息太少；缺乏快速、高效、便捷的获取信息的工具；基层单位的管理手段日益先进，而上级管理机关却仍然停留在以汇报和检查为主的传统的管理模式上；上级管理部门没有信息或信息很少，上下级税务机关信息不对称等。

为进一步加强税务信息化建设，实现对税收业务和纳税人的纳税情况的科学分析，为管理决策提供及时、准确的信息，以进一步加强税收管理、加强业务监控、促进依法治税，广东省国税局提出建设税务分析与决策支持系统。该系统作为国家税务总局关于税务信息化"一个网络，一个平台，四个系统"的总体规划的重要组成部分，其目标在于建立规范统一、高度共享的综合性主题数据库，并在此基础上，建设一个能够对税收收入的规模、构成、分布、发展速度、平均水平、平衡程度等特征与增长变化规律、发展趋势，以及事物之间（如GDP与税收收入）的相关关系、强度、均衡性等问题进行分析的平台。

2. 系统选型

广东省国税局经过市场调查，最终选用了菲奈特软件公司的税务分析与决策支持系统，该系统能全面满足广东省国税局的需求，它建立在商业智能平台（BI. Office）上，应用了数据仓库、OLAP分析和数据挖掘等技术，能够同时适应省局和各市局的要求。广东省国税局相关负责人认为：菲奈特软件公司的税务分析与决策支持系统将全面提高税务决策的科学性和规范性，增强税收对国民经济的杠杆作用，并加强业务监管力度，有效地打击偷漏税违法行为，从而极大地提高广东省国税局的税收管理水平。

3. 应用环境

在应用环境上，该税务分析与决策支持系统可以应用于税务局税务分析的各个领域。

商业智能平台是菲奈特软件公司成功自主开发的基于企业业务数据库的商业智能应用开发平台。商业智能平台建立在传统的业务系统上，面向企业决策层和综合管理层，提供综合决策支持、风险评估、预警系统和相关企业事务管理系统，是企业信息化的高层应用；同时，它可以全面地分析企业信息，为企业发现潜在的商机，寻找隐藏的客户消费规律，监控企业潜在的风险。

4. 应用效果

该税收决策支持系统提供的查询统计、综合分析、业务预警、税收预测四大业务功能，以查询、分析、报表三位为一体，不断循环深入为手段，可提供多角度的税收数据查询、分析、预警、预测功能，实现税收宏观分析、税收收入分析、税收征管分析、出口退税分析、专用发票分析、纳税人分析、纳税人审计分析等功能。它可以对经济和税收综合数据进行科学分析，研究经济与税收增长的弹性、发展的均衡性等数量关系，揭示税收收入和税收负担等重大指标的长期增长趋势、波动规律、发展速度、地区分布、行业分布、所有制分布和月度时序特征；运用对比分析方法揭示事物之间的关系、强度及均衡性；对税收收入、出口及出口退税等重大税收指标进行精确监控和科学预测；根据纳税人的生产经营情况和纳税情况对其申报的真实性进行量化评测和科学分类。

🖋 **点评**

从本例可以看出，广东省国税局采用菲奈特软件公司的商业智能系统平台，为广东省国税打造了一个税务分析与决策支持系统。这是广东省国税局在"科技兴税"战略实施上的又一个进步，同时也是税务信息化发展到一定阶段的必然产物。其他系统和行业与税务系统一样，在信息系统发展到一定程度后，都必须建立决策支持系统，以便辅助领导决策。

9.1 管理决策的信息需求

决策贯穿于管理过程的各个环节，管理工作的好坏取决于决策的正确与否，而决策的质量则取决于信息的质与量。正确、及时、适量的信息是减少不确定因素的根本所在。

9.1.1 决策的含义与制定过程

1. 决策的含义

简单地说，决策是人们为达到一定目的而进行的有意识、有选择的活动。

作为个人，我们每天都要做许多决策，有简单的也有复杂的。简单的如下班后路过服装店时决定要不要买一件正在降价促销的时装；复杂的如决定今天是否应该买进某只股票。显然，买股票要比买服装的决策要复杂得多，因为它有太多的选择，而且不是所有的选择都能量化。因此，在买进股票的可选方案中选出"最好"的方案就显得困难得多。

企业与人一样，每天都面临许多决策，对一位有绩效的管理人员来说，必须对大量的问题做出决策。例如：是否要裁员，是否采用新的原材料，是否有必要再上一条生产线等。决策科学先驱西蒙教授甚至强调，管理就是决策，决策充满了整个管理过程。确定目标、制定计划、选择方案是经营目标决策；机构设计、生产单位组织、权限分配是组织决策；计划执行情况检查、在制品控制及控制手段的选择是控制决策。

2. 决策的制定过程

在一定的制约条件下，人们为了实现特定目标，可从多种可供选择的策略中做出决断，以求得最优或较好效果的过程就是决策过程。西蒙教授指出：任何决策过程活动都可以分为情报收集、方案设计、方案选择、决策实施四个阶段。

（1）情报收集阶段。情报收集就是决策者确定要解决的问题，包括诊断和解释，表明问题存在的现象。决策的问题可能是企业所面临的困难、难题以及企业的需求或者企业发展的新机遇。在任何情况下，现存状况和期望状况之间的差异是决策问题存在的必要条件。问题的现象可能有多种表现形式，从现象发现问题可能需要管理人员付出很多的努力。例如：A企业的次品率高，这是一个现象。真正的问题是什么？可能是采购的原材料质量差，可能是生产设备老化需要更新，也可能是员工的能力无法胜任生产活动。在诊断阶段，重要的是通过现象发现问题的本质，在充分收集了相关信息和分析的基础上确定问题是什么。A企业经过调查发现次品率高的主要原因是员工的能力无法胜任生产活动。

（2）方案设计阶段。该阶段重点是找出所有可能的、满足需要、抓住竞争机遇的解决问题的方案，不要有遗漏。例如上述A企业至少可以设计出三种方案：第一，更新设备，企业购买操作更方便的设备，以降低次品率；第二，培训企业现有员工，让他们掌握降低次品发生的方法；第三，雇用更好的、具有生产合格产品技能的员工。

（3）方案选择阶段。在该阶段，检查各种解决问题方案，评价其优劣，估计各种方案可能产生的后果，根据后果选择最优方案。结果可能是效益最高、速度更快、成本最低、最容易使用、最节约时间等。例如A企业在对上述三种不同方案所需要的成本进行比较之后，认为对现有员工进行培训成本最低，所以选择第三种方案。

（4）决策实施阶段。该阶段要具体去实施方案选择阶段确定的方案，检查方案执行的结果；如果需要，还要对方案进行调整。大部分方案在实施过程中都要进行细微的调整，对选择的方案不进行任何调整是不可能的。

图 9—1 反映了决策过程的四个阶段,可以看出这四个阶段不是完全的线形顺序,如在选择阶段可能发现问题并没有得到完全理解,需要重新定义,仍然可以回到情报阶段。

图 9—1 决策过程的四个阶段

3. 决策科学化的要求

传统决策依靠决策者的个人经验,凭直觉判断,因而决策被认为是一种艺术和技巧。在当前的管理环境下,以决策者的艺术、洞察力、理智和经验为基础的传统决策方法已经远远不能满足日益复杂的管理决策的需要,决策科学化被提上了日程。

决策活动的科学化,一方面是实际管理活动提出的要求,另一方面是计算机和近代数学的发展,为它提供了实现的可能性。目前,决策科学化需要满足以下一些基本要求:

(1)用信息系统支持和辅助决策。20世纪80年代初,计算机辅助管理的重点逐渐由事务性处理转向高层辅助决策,国内外相继出现了多种通用和专用的决策支持系统。

(2)定性决策向定量与定性相结合的决策发展。这是当代决策活动发展的必然趋势。现代科学中的系统工程学、仿真技术、计算机理论、科学学、预测学,特别是运筹学、布尔代数、模糊数学、泛函分析等引进决策活动,为决策的定量化奠定了基础。但是,决策的本质是人的主观认识能力,因此它就不能不受人的主观认识能力的限制。近代决策活动的实践表明,尽管定量的数学方法与信息技术相结合,能够进行比人脑更精密、更高速的逻辑推理、分析、归纳、综合与论证,但它绝不能代替人的创造性思维。

(3)单目标决策向多目标综合决策发展。现代决策活动的目标不是单一的,不仅包括以经济利益为核心的目标,而且包括更广阔的社会的和非经济领域的目标,如社会价值、生态效益、资源节省、健康环保等。

(4)战略决策向更远的未来决策发展。决策是对未来实践的方向、原则、目标和方法等所作的决定,所以决策从本质上说是对应于未来的。为了避免远期可能出现的破坏造成的亏损抵消甚至超过近期的利益,要求战略决策在时域上向更遥远的未来延伸。

9.1.2 决策问题的类型

按照决策问题的结构化程度不同,决策问题可分为三种类型:结构化决策问题,非结构化决策问题,半结构化决策问题。对应不同管理层的不同结构化程度的决策问题如表 9—1所示。

表 9—1		不同结构化程度的决策问题	
	结构化———————→	半结构化———————→	非结构化
战略性	厂址选择	资金分配计划	管理体制确定
战术性	作业计划	作业调度	广告部署
业务性	库存补充	奖金分配	选择销售对象

1. 结构化决策问题

结构化决策问题是指那些重复的、日常性的、有一定的步骤和方法可以遵循的问题。这类决策问题相对比较简单、直接，我们往往可以找到最好的决策方案。例如：一家企业给员工发多少工资的决策，就可以用员工的基本工资加上员工加班时间乘以每小时加班费来计算员工的应发工资，这样的决策就是一个结构化决策；一家生产制造企业的采购部通过公开招标采购原料，会选择同样品质但报价最低的供应商，这也是一个结构化决策。早期的多数管理信息系统，都能够很好地求解这类结构化决策问题，如应用数据解析方法、运筹学方法等求解资源优化问题。

2. 非结构化决策问题

非结构化决策问题是指那些新的、太复杂的、结果无法预计的，可能有几个正确的答案，也可能没有什么方法能够保证一定可以找到正确答案的那些决策。例如企业决定是否新建一个流水线、是否公开选拔干部、商品是否需要降价促销等，这些都是非结构化决策。非结构化决策问题没有固定的决策规则和通用模型可依，决策者的主观行为（如学识、经验、直觉、判断力、洞察力、个人偏好等）对各阶段的决策效果有相当大的影响。

3. 半结构化决策问题

半结构化决策问题就是介于上述两者之间，其决策过程和决策方法有一定规律可以遵循，但又不能完全确定，即有所了解但又不全面，有所分析但又不确切，有所估计但又不确定。这样的决策问题一般可适当建立模型，但无法确定最优方案。例如，股票市场的投资就是一个半结构化决策问题，因为某只股票过去在股市的表现是结构化的问题，而未来的收益、银行利率、失业率、新竞争对手的出现等都是非结构化的问题。

决策问题的结构化程度并非一成不变，当人们掌握了足够的信息和知识时，非结构化问题有可能转化为半结构化问题，半结构化问题也有可能转化为结构化问题。因此，决策问题的转化过程是人们对客观事物不断提高认识的过程。通常认为，管理信息系统主要解决结构化的决策问题，而下面介绍的决策支持系统则以支持半结构化和非结构化问题为目的。

9.1.3 信息系统对决策活动的支持

任何企业都需要决策者经常做出各种各样的决策，信息技术可以在决策过程中提供辅助。对当今的决策者来说，在决策过程中应广泛采用现代化的手段和规范化的程序，应以系统理论、运筹学和电子计算机为工具，并辅之以行为科学的有关理论。

当代决策理论把行为决策理论和古典决策理论有机地结合起来，它所概括的一套科学行为和工作程序，既重视科学的理论、方法和手段的应用，又重视人的积极性。常用的计算机辅助决策有决策支持和人工智能两种形式，如图 9—2 所示。

1. 决策支持系统

决策支持系统是指一种利用计算机强大的信息处理能力和人的灵活判断能力，以交互

决策支持	人工智能
◇ 决策支持系统	◇ 专家系统
◇ 协作系统	◇ 神经网络
◇ 地理信息系统	◇ 遗传算法
	◇ 智能代理

图 9—2　计算机辅助决策的两种形式

方式支持决策者解决半结构化和非结构化决策问题的系统。典型的决策支持系统由用户界面管理、数据管理和模型管理 3 个模块组成。其详细知识将在本章 9.2 节具体介绍。

2.协作系统

协作系统是指一种通过支持一个组织中信息的流动和共享，为提高工作组的工作绩效而特别设计的软件。例如当前比较流行的协同办公系统，其核心思想是在计算机支持协同工作（Computer-Supported Cooperative Work，CSCW）的理念和计算机支持的环境中，一个群体协同完成一项共同的任务，其基本内涵是计算机支持通信、合作和协调。CSCW 这个概念是 1984 年美国麻省理工学院的依瑞·格里夫和 DEC 公司的保尔·喀什曼等人在讲述他们所组织的有关如何用计算机支持来自不同领域与学科的人们共同工作时提出的。

目前计算机支持协同工作的应用领域很广，例如：用于远程教育，可以实现网络环境下的协作学习，使学生、教师和专家等从网上获取丰富的资源；用于科学研究，通过计算机支持协同工作提供的信息交换、会议系统、合作协作系统等手段，可以很好地实现科学家之间的科研合作；用于医疗领域，可实现远程专家会诊、远程指导手术等应用；另外，计算机支持协同工作还可以实现电子商务在商业、贸易、金融中的应用，以及电子政务与各级政府部门的协调和决策支持。

3.地理信息系统

地理信息系统（Geographic Information System，GIS），有时又称为地学信息系统或资源与环境信息系统，是指一种特定的、十分重要的空间信息系统，是在计算机硬件、软件系统支持下，对整个或部分地球表层（包括大气层）空间中的有关地理分布数据进行采集、储存、管理、运算、分析、显示和描述的技术系统。地理信息系统处理、管理的对象是多种地理空间实体数据及其关系，包括空间定位数据、图形数据、遥感图像数据、属性数据等，用于分析和处理在一定地理区域内分布的各种现象和过程，解决复杂的规划、决策和管理问题。地理信息系统由复杂的图形和数据库结合而成，将空间信息和文字信息结合在一起，产生一种新的信息，以支持企业决策。目前，地理信息系统已经发展为一个独立的课程、学科和专业。

4.专家系统

专家系统可以通过对问题进行推理而得出相应结论。

5.神经网络

神经网络可以通过训练学会识别模式。

6.遗传算法

遗传算法首先产生大量的解，然后选择其中一些最好解，利用选出来的解产生更好的解。依此类推，可以为具体问题产生逐渐改进的解决方案。

7. 智能代理

它是一种适应系统，可以独立工作，执行特定的、重复的以及预先设定好的任务。

9.2 决策支持系统

9.2.1 决策支持系统的产生与发展

20 世纪 60 年代末 70 年代初出现了管理信息系统，这使企业的信息获得了系统的开发与利用，从而将企业的管理水平提高到一个新的层次，但这仅解决了组织中的一些结构化问题。虽然事务处理系统和管理信息系统对管理人员是有帮助的，但是管理人员，特别是高层管理人员非常希望通过操作和分析现有的数据库，来获得他们所需要的信息，以便支持重大决策任务。在此背景下，人们开始寻求能有效解决半结构化、非结构化问题的新方法。20 世纪 70 年代起开始不断推出的用来支持决策的各种系统呼应了管理人员的新的决策需求。于是，决策支持系统（Decision Support System，DSS）便应运而生。

20 世纪 70 年代中期，美国的彼德·G·W·基思（Peter G. W. Keen）和米切尔·S·斯科特·莫顿（Michael S. Scott Morton）首次提出了"决策支持系统"一词，这标志着利用计算机与信息支持决策的研究与应用进入了一个新的阶段，并形成了决策支持系统新学科。在整个 20 世纪 70 年代，产业界和学术界的许多专家研究开发出了许多较有代表性的决策支持系统。例如：支持投资者对顾客证券管理日常决策的 Portfolio Management；用于产品推销、定价和广告决策的 Brand Aid；用以支持企业短期规划的 Projector 及适用于大型卡车生产企业生产计划决策的 Capacity Information System 等。

到 20 世纪 70 年代末，决策支持系统一词已经非常流行。决策支持系统是一个利用计算机强大的信息处理能力和人的灵活判断能力，以交互方式支持决策者解决半结构化和非结构化决策问题的系统。当时，决策支持系统大都由模型库、数据库及人机交互系统三个部件组成，称为初级决策支持系统。20 世纪 80 年代初，决策支持系统增加了知识库与方法库，构成了三库系统或四库系统。

近年来，决策支持系统又获得了长足的发展，主要表现为：

（1）专家系统与决策支持系统相结合，充分利用专家系统定性分析与决策支持系统定量分析的优点，形成了智能决策支持系统，提高了决策支持系统支持非结构化决策问题的能力。

（2）决策支持系统与计算机网络技术结合，构成了新型的能供异地决策者共同参与进行决策的群体决策支持系统，支持了范围更广的群体决策。

（3）在 GDSS 的基础上，为了支持范围更广的群体，包括个人与组织共同参与的大规模复杂决策，人们又将分布式的数据库、模型库与知识库等决策资源有机地集成，构建为分布式决策支持系统。

（4）1985 年美国的 Owen 等人提出了由专业人员组成的，支持决策者使用决策支持系统解决决策问题的决策支持中心（Decision Support Center，DSC）的概念。决策支持中心既容易实现，也能明显改进决策环境。

（5）在新型框架方面，近年来还推出了智能型、交互型与集成化的决策支持系统，它以面向决策者、面向决策过程、综合各种方法与工具为特色，适用面更广泛。

决策支持系统的概念是 20 世纪 80 年代末引入我国的，但在此之前有关辅助决策的研究早就有所开展。目前，我国在决策支持系统领域的研究已有不少成果，决策支持系统已逐步推广应用到大、中、小型企业中的预算分析、预算与计划、生产与销售、研究与开发等智能部门，并开始应用于军事决策、工程决策、区域开发等方面。

9.2.2 决策支持系统的概念、特征与功能

1. 决策支持系统的概念

决策支持系统是一种具有高度灵活性和交互性的信息系统，它专门用以支持非结构化问题的决策制定。其中：高度的灵活性是指决策支持系统能对不同的管理问题有一定的适应性；高度的交互性是指决策支持系统在管理人员使用系统过程中可以与系统进行对话，系统根据用户的不同输入得出不同的结果。

决策是人们在改造客观世界中为实现主观目的而进行策略或方案选择的一种行为，它必然带有决策者的大量主观因素。现实中更多的决策问题，如维系企业生存与发展的战略规划的制定、投资方向的选择等半结构化或非结构化决策问题的解决，主要依赖于决策者经验的分析与判断，因此所选的方案往往因人而异，难免反映出个人的风格和意志。

2. 决策支持系统的特征

（1）决策支持系统辅助管理人员完成半结构化和非结构化的决策问题。这些问题很少或得不到管理信息系统的支持，而决策支持系统可以解决一部分分析工作的系统化问题，但这一过程的控制还需要依靠决策者的洞察力和判断力。

（2）决策支持系统必须是辅助和支持管理人员的，因此，计算机既不应该试图提供最终答案，也不应该强加给决策者一套预先规定的分析顺序。

（3）决策支持系统是通过它的人机交互接口为决策者提供辅助功能的。决策支持系统的人机接口注重用户的学习、创造和审核，即让决策者在依据自己经验和洞察力的基础上，主动利用各种支持功能，在人机交互过程中反复地学习和探索，最后根据自己的判断选取一个合适方案。

（4）决策支持系统的目标是辅助人的决策过程，以改进决策制定的效能，因而它不会也不可能取代以提高管理效率为目标的电子数据处理和管理信息系统。

3. 决策支持系统的功能

决策支持系统的目标要通过所提供的功能来实现。在总体上，决策支持系统的功能可归纳为：

（1）管理并随时提供与决策问题有关的组织内部信息，如订单要求、库存状况、生产能力与财务报表等。

（2）收集、管理并提供与决策问题有关的组织外部信息，如政策法规、经济统计、市场行情、同行动态与科技进展等。

（3）收集、管理并提供各项决策方案执行情况的反馈信息，如订单或合同执行进程、物料供应计划落实情况、生产计划完成情况等。

（4）能以一定的方式存储和管理与决策问题有关的各种数学模型，如定价模型、库存控制模型与生产调度模型等。

（5）能够存储并提供常用的数学算法，如回归分析、线性规划、最短路径算法等。

（6）上述数据、模型与方法能容易地修改和添加，如数据模式的变更、模型的连接或修

改、各种方法的修改等。

（7）能灵活地运用模型与方法对数据进行加工、汇总、分析、预测，得出所需的综合信息与预测信息。

（8）具有方便的人机对话和图像输出功能，能满足随机的数据查询要求，回答"What…if…"之类的问题。

（9）提供良好的数据通信功能，保证及时收集所需数据，并将加工结果传送给使用者。

（10）具有使用者能忍受的加工速度与响应时间，不影响使用者的情绪。

9.2.3　群体决策支持系统及其组成结构

随着计算机技术特别是网络通信技术的发展，现在出现了群体决策支持系统（Group Decision Support System，GDSS），它是一种支持多个群体成员完成一项任务或目标，并为一个共享的环境提供用户界面的基于计算机的信息系统。

1. 群体决策支持系统的含义与特点

群体决策支持系统是在决策支持系统的基础上发展起来的。决策支持系统对支持个人（如决策者）决策是很有成效的，随着社会和科学的进步，个人决策逐步向群体决策发展。如对长远发展的重大决策，个人决策局限很大，需要群体决策来解决，支持群体决策的群体决策支持系统随之得到发展。一般情况下，群体的成员大多分布在较远的地方，这需要利用计算机分布式网络来连接他们，因此分布式网络对群体决策支持系统而言是不可缺少的。群体决策支持系统是一种在决策支持系统基础上利用计算机网络与通信技术，供多个决策者为了一个共同的目标，集成多个决策者的智慧、经验以及相应的决策支持系统，通过某种规程相互协作地探寻半结构化或非结构化决策问题解决方案的信息系统。从理论上讲，群体决策支持系统对群体决策是非常有益的手段，但它涉及的面很广，要面对不同风格与偏好的个人，要综合决策科学、人工智能、计算机网络、运筹学、数据库技术、心理学及行为科学等多种学科的理论、方法与技术，系统研究与开发的难度非常大。

 阅读材料

群体决策支持系统的四大优势

第一，通过提高交流质量来提高决策的质量。提高交流质量主要通过让与会者把讨论焦点集中在问题上，减少游离主题所浪费的时间来实现的。节约的时间可以更好地对问题进行讨论，可以对更多的决策方案进行比较，增大了挑选最佳方案的可能性。

第二，可以实现并行交流。并行交流让与会者可以同时发表自己的想法和意见，而不需要像传统的会议那样要每个人轮流发言，更节约会议时间。

第三，可以实现匿名交流。匿名是指与会者在将自己的想法和意见输入计算机时不必具名，这样就不会产生盲从，其他与会者会针对想法和意见发表看法，而不是根据提出想法和意见的人。

第四，会议记录的自动化。群体决策支持系统自动地将与会者的言论、表决和其他共享信息的记录、存储到一个磁盘文件中去。这种自动记录会议讨论的方法可以免去人工记录的烦琐与差错，为会议的总结分析提供详尽的第一手材料，也使今后的查阅变得十分方便。在传统会议上，可能会因为发言者的语速、用语等方面的原因而影响其他与会者的理解，降低群体决策的效果。而使用 GDSS，与会者可花更多的时间来阅读现成的屏幕动态记录，更好地理解会议内容，并作出相应的反应，从而可采集到更多建设性观点，供决策时选用。

与传统的会议决策或传递式群体决策相比，GDSS 具有以下一些特点：

(1) 不受时间与空间的限制。

(2) 能让决策者相互之间便捷地交流与共享信息，减少片面性。

(3) 决策者可克服消极的心理影响，毫无保留地发表自己的意见。

(4) 能集思广益，激发决策者思路，使问题的方案尽可能趋于完美。

(5) 可防止小集体主义及个性对决策结果的影响。

(6) 可提高决策群体成员对决策结果的满意程度。

(7) 群体越大效果越显著。

2. 群体决策支持系统的四种类型

根据决策问题所在组织的环境、群体成员的大小、成员的空间位置分布、决策周期的长短等因素，群体决策支持系统大致可以分成如下四种类型：

(1) 决策室。决策室可以让小群体召开面对面的会议，它像一个传统的会议室，在主持人旁边配有计算机和投影仪，每个与会者也都配有计算机。与会者可以直接相互交流，也可以利用计算机进行交流，投影仪用来展示想法和分析被选方案。在决策室中间一般放一个支持人员的控制台，控制台负责随着会议的进程为与会者提供技术上的支持。

决策室相对简单，只适用于决策者面对面集于一室在同一时间进行群体决策的情况。

(2) 局域决策网。局域决策网是建立在计算机局域网基础上的，用于多位决策者在近距离内的不同房间（一般是自己的办公室）里定时或者不定时作群体决策的一种系统。在无法让一个群体的人集中在同一个会议室进行面对面的会议时，如果与会者是在同一个局域网内，例如在一个公司的同一栋楼里或者相邻的几栋楼里，他们可以通过局域网相互交流。与会者在各自办公室的计算机输入对会议问题的看法，他们也可以通过自己的计算机屏幕看到其他与会者的意见。

局域决策网克服了定时决策的限制，决策者可以在决策周期内时间分散地参与决策。

(3) 远程电子会议。远程电子会议利用远距离通信网络，使在地理位置上相距比较远的、分设在不同城市的、两个或两个以上决策室的与会者能够以不见面的方式进行集中决策。例如，将位于中国深圳的沃尔玛中国区董事会议室和美国沃尔玛总部决策室通过网络连接，两个会议室可以看到对方会场的情况，与会者就不必飞过半个地球去参加一个 2 个小时的会议，可以大大节约高层管理人员的会议时间。

远程电子会议在实质上与决策室相同，它的优点是可以克服空间距离的限制。

(4) 异步会议。分布在不同地方的与会者（如美洲和亚洲的与会者），因为存在时差可能很难找到一个共同的时间来参加会议，有的时候在同一个城市中的与会者也难以找到一个共同的时间来开会。这种情况下就可以召开异步会议。异步会议就是与会者可以不在同一个时间参加会议。这样的会议可能持续很长的时间，从几天到几个月。这类会议可以使用电子公告板、集中数据库和电子邮件来完成。例如，负责召开会议的人把议事日程通过电子邮件发给与会者，与会者将意见、建议通过电子邮件发送给会议召集人，然后会议召集人负责把收集、整理、分类过的意见、建议发布在电子公告板上，当然也可以把这些意见、建议通过电子邮件发给其他与会者。会议召集人可以在一段时间之后再次收集、整理意见、建议，交给大家讨论，最终得出多数人的意见。这类会议成功的关键是会议的召集人，需要有合适的召集人，可以把职责分散给与会者。这样的会议形式适合那些时间不紧迫的议题。

异步会议充分利用广域网等信息技术来支持群体决策，它综合了局域决策网与远程电子会议的优点，可使决策参与者异时异地共同对同一问题作出决策。

3. 群体决策支持系统的组成

群体决策支持系统在计算机网络的基础上，由私有决策支持系统、规程库子系统、通信库子系统、共享的数据库、模型库及方法库、公共显示设备等部件组成。典型的群体决策支持系统的系统结构图如图9—3所示。

图9—3　群体决策支持系统的系统结构图

与个人决策支持系统相比，群体决策支持系统必须建立在一个局域网或广域网上，在构件上增设了规程库、通信库、共享的公共数据库、模型库及方法库等。

群体决策支持系统一般以一定的规程展开，如以正式会议或虚拟会议的方式运行，会议由一个主持人及多个与会者围绕一个称为"主题"的决策问题，按照某种规程展开。

在图9—3中，几个主要组成部件的功能介绍如下：

（1）人机接口：接收决策群体的各种请求，这些请求包括主持人关于会议要求与安排的发布请求，与会者对数据、模型、方法等决策资源的请求等。

（2）规程库子系统：存储与管理群体决策支持的运作规则及会议、事件流程规则等。例如：决策者请求的优先级别规则、决策意见发送优先级别规则及各种协调规则等。

（3）公共显示设备：通过其屏幕，将会议的一些公共信息传送至各参会者的站点。

（4）通信库子系统：相当于会议的秘书处，是系统的核心，它存储与管理主题信息、会议进程信息及与会者的往来信息，负责这些信息的收发，沟通与会者之间及与会者与公共数据库、模型库、方法库之间的通信。

9.3　战略信息系统

随着信息技术和计算机网络的发展，信息系统对于企业的生存发展至关重要，其中能帮助企业成功地实施发展战略，出色地开展战略活动，保持其竞争优势的信息系统，称为战略信息系统（Strategic Information System，SIS）。它通常随着组织的生产、服务、内部业务过程的变化来改变组织，并驱动其产生新的行为模式和竞争力。

战略信息系统是一种重要的战略资源，是保证企业获得竞争优势的基础。

9.3.1　战略信息系统的概念

过去大多数企业机构的高级主管，都认为信息系统只是支持组织活动，使组织作业顺利推动，而很少有企业将信息系统与盈利、市场占有率、新产品等相联系。其实，目前新的科技与竞争环境，已改变了信息系统的角色，信息系统会影响企业的盈利、新产品与新市场。也就是说，信息系统已不单纯与组织的内部活动有关，它甚至能够影响或改变组织外部的竞争环境。

20 世纪 80 年代中期，信息技术在一些企业的应用取得了巨大的成功，为这些企业带来了明显的竞争优势，极大地促进了这些企业的发展。此时，人们开始关注如何从战略上应用信息技术，战略信息系统的概念开始出现，并引起人们的高度兴趣和重视，得到广泛的研究。战略信息系统中的"战略"是指这些信息系统的功能、作用是战略性的，它能支持企业的竞争战略，为企业带来竞争优势，能够与企业的经营战略形成协同效应。

1988 年，美国的查尔斯·惠兹曼（Charles Wiseman）为战略信息系统下了一个较有代表性的定义："一个成功的战略信息系统，是指运用信息技术来支持或体现企业竞争战略和企业计划，使企业获得或维持竞争优势，或削弱对手的竞争优势。"之后，劳顿（Laudon）夫妇对战略信息系统所下的定义更加具体："战略信息系统是通过生成新产品和服务，改变与客户和供应商的关系，或者通过改变公司内部的运作方式，以使公司具有竞争优势的信息系统。"1992 年，Liang 和 Tang 提出，一个战略信息系统必须至少具备三个特点：第一，系统连接多个实体，能给这些实体带来直接效益，并促进竞争；第二，系统能带来明显的效益，这种效益并不一定是战略性的；第三，系统能影响企业间的竞争，可能会给行业以及产业结构带来一定程度的影响。

当今市场变化频繁，竞争日益激烈，企业在发展方向上的决策稍有失误就会蒙受巨大的损失，甚至被淘汰。因此人们对战略规划的重要性有了新的认识，企业不能仅考虑眼前利益，而更应着眼于未来长远的发展。在此背景下产生的战略信息系统能为企业的经营战略的分析与决策提供有力的支持。

9.3.2　战略信息系统的结构

战略信息系统是一种支持企业赢得或保持竞争优势，制定企业中长期战略规划的信息系统。因此，发掘战略信息系统的重点，是要知道作什么改变，以及如何去改变。

战略信息系统利用反映环境和竞争对手状况的企业外部信息及企业内部关键因素信息，借助市场分析预测、战略决策等模型，以人机对话的方式在计算机上做出供高层管理者决断的企业中长期战略发展方案。战略信息系统逻辑结构如图 9—4 所示。

9.3.3　战略信息系统的特点

1. 战略信息系统能支持公司的经营战略

战略信息系统是信息技术的战略应用，它不同于过去人们应用信息技术的简单模式，如提高效率、减轻人的劳动、辅助决策等，而是将信息技术与公司的经营战略结合在一起，直接辅助经营战略的实现，或者为经营战略的实施提供新的方案。例如，20 世纪 80 年代，美国花旗银行为实施其"改善客户服务、降低业务成本"的经营战略，率先在纽约建立起包括800 多台自动提款机（ATM）的网络系统，自动提款机 24 小时为客户提供更加及时和快捷

图9—4　战略信息系统逻辑结构

的服务，使客户在任何需要的时间都能提取现金。显然，这一以自动提款机网络应用为代表的战略信息系统，为花旗银行经营战略的实施提供了全新的解决方案，有力地促进了其战略目标的实现。

2.战略信息系统能极大地改变企业的管理和运作方式

战略信息系统能极大地改变企业的管理和运作方式，并为企业带来竞争优势，或削弱竞争对手的优势。许多战略信息系统的实施，如管理信息系统、办公自动化系统、企业资源规划系统、客户关系管理系统等，往往会引起企业业务流程的再造、人员的精简及组织机构的重组；同时，也对企业管理人员的工作方式与决策手段产生深刻的变革。业务流程的优化、机构的重组以及管理手段的变革，能大大提高企业运作的效率，降低经营成本，缩短生产周期，减少库存数量，并极大地改善服务质量，使企业的综合竞争实力显著增强，获得明显的竞争优势。

3.战略信息系统的应用往往能给企业所在行业带来实质性的影响

战略信息系统往往能给企业所在行业的产品、服务、企业经营过程、企业的组织管理以及行业结构带来实质性的影响。当行业中的某个企业出于战略目的而建立和应用某一信息系统并取得巨大成功时，其示范效应会影响到整个行业，从而改变行业的生产、服务、经营、管理的过程和行业结构。例如：美国航空公司的自动订票系统、美国花旗银行的自动提款机、联邦快递公司的包裹投递及跟踪管理系统、戴尔公司的网上电脑直销、亚马逊的网上图书销售等，这些信息系统由于在当初为各自所属的企业赢得了竞争优势，并为企业带来了巨大的经济效益，起到了良好的示范作用，迫于竞争的压力，行业内的其他企业会尽可能地模仿和应用类似的信息系统，从而对整个行业带来影响，并促进行业的发展。从这个角度来看，战略信息系统往往是信息技术在某个行业中的创造性应用。

从战略信息系统的上述特点可以看出，并非任何用于管理的信息系统都能称得上是战略信息系统，只有当信息系统能直接支持或影响企业的经营战略，并帮助企业获得竞争优势，或削弱竞争对手的优势时，才能认为该信息系统是战略信息系统。例如：当一个企业决定实施低成本的竞争战略，同时库存成本在企业的成本结构中占有较大的比重时，企业建立了一套库存管理及控制系统。如果这套系统的应用大大降低了库存成本，则该系统有力地支持了企业的经营战略，并为企业赢得了低成本的竞争优势，可以认为该系统是一个战略信息系统；而如果该系统的应用没能有效地降低企业的库存成本，尽管该系统的建立是与企业的经营战略紧密联系在一起的，也不能说该系统是战略信息系统；同样，若这套库存管理及控制系统有效地降低了企业的库存成本，为企业带来了低成本的竞争优势，但如果企业并不实施低成本的竞争战略，同时也并不打算因该信息系统的成功而转向采用低成本的战略，则也不能认为该信息系统是战略信息系统。

9.4　经理信息系统

经理信息系统（Executive Information System，EIS）出现于 20 世纪 80 年代后期，它向高层领导提供单位内、外部汇总的综合信息，以及在此基础上所做的比较、评价和分析。

9.4.1　经理信息系统概述

本节的经理是指位于组织高层的人员，它可以指一个行政长官、高级管理人员，或一个总经理。经理的责任是协调组织内不同部门的活动，他立足于组织的整体而不是某一部门来思考问题，并为组织的发展制定长期战略决策。

1. 经理的决策活动及其特征

经理经常要作出下列三方面的决策：

（1）战略规划。对该组织长期的、总的发展方向做出决定，这要由经理负责制定，由领导集团（领导班子）参加。

（2）战术规划。研究如何实现战略规划，经理虽然不涉及细节，但也要对战术问题有一般性的部署。

（3）紧急处置。有些重大异常事件或事故发生，或有突然变故，都要经理做出应急决定，快速拍板。

除了上述决策任务之外，经理还得控制整个组织的运行，随时检查原定目标与计划完成情况。所以，经理与领导集团的任务并不局限于长远与全局，对于影响长远与全局的、当前的、局部的问题也应该关注。由于经理所处的特殊地位，使得位于组织高层的经理的决策与组织低层的决策相比较，具有不同的特征。具体表现为：结构更简单，重复更少；影响时期更长，对组织的影响范围更广；使用更多的聚集数据，使用较少的细目数据；使用更多来自机构之外的数据；需要与更多的人进行信息交换，

2. 经理的信息来源及特点

在当今信息爆炸的时代，经理们要忙于接受和处理的信息是多种多样的，既包括书面的信件、报告、备忘录、会议记录和期刊报纸，也包括口头的交流，如电话、会议、交谈和社会活动等。概括来讲，经理的信息来源有：

（1）事务处理系统或管理信息系统。通过报表或查询来了解组织内部的正常运行情况与可能出现的问题。

（2）组织内部的计划或预测信息。

（3）外部信息。组织外部的信息对经理而言更加重要，因为经理的决策多半是为了调整内部以适应外部环境的变化。

经理所获得和利用的信息有这样一些特点：信息一般是综合而不详尽的，笼统而不精确的；信息的不确定性很大；信息来源有通过正式渠道的，也有通过非正式渠道的。

3. 经理信息系统的含义

经理信息系统，也称为总裁信息系统、高层管理信息系统、经理支持系统等，是指用于

提供经理决策所需要的信息系统，它面向组织高层领导，能支持领导管理工作，为他们提高效率和改善对信息的需求而构造，其目的就是支持经理高效率的工作和高效益的决策，重点在于满足经理的战略信息需求。同时，经理信息系统的使用也有利于经理向下属传达指令，有利于组织的战略转变或重组。

经理信息系统建立在一个独立的客户机上，其终端与人机接口部分使用起来非常简便，主管及其助手即使不太熟悉计算机技术，也能运用自如。

经理信息系统从管理信息系统、事务处理系统中去提取信息，经过综合汇总整理，为经理提供企业整体绩效信息，信息可以很方便地被检索，并且可以提供各种详细程度不同的信息。经理信息系统构建在职能部门信息系统之上，它负责向经理提供信息。这些信息既来自于公司内部，也来自于公司外部的环境信息与数据。

经理信息系统和职能子系统的关系如图9—5所示。

图 9—5　经理信息系统和职能子系统的关系

4. 经理信息系统的功能特征

经理信息系统与其他信息系统相比有重叠，也有区别，这些区别形成了经理信息系统的特点。从系统形式、内涵与功能来看，经理信息系统有以下一些功能特征：

（1）面向数据，这是因为经理决策通常没有过多的结构，并且不经常定期重复，不值得开发复杂模型，而更多的是抽取、过滤、压缩、汇总和跟踪关键数据。

（2）提供在线状态存取、趋势分析、例外报告和深入挖掘数据的能力，包括电子报表、查询语言和决策支持系统等；包括提高个人工作效率的工具，如电子日历、电子备忘录、通讯录、日程安排等。

（3）人机界面必须十分友善且富有个性化，层次清晰，用户可在很短的时间内，不用培训或接受少量培训即可掌握其使用方法。

（4）支持电子通信，包括电子邮件、传真、计算机会议、日程安排与公文处理等基于通信的功能。因为无论从组织外部获取数据，还是与内部人员交换信息都要依赖通信。由于经理经常要外出办公，必要时要配备便携机流动站点，实现远距离通信，形成移动办公室。

（5）能够适应经理的个人偏好。经理信息系统都是主管经理直接使用，不要中间人，所以它应该能根据经理的需要和习惯去精心定制系统。如有的经理喜欢图像显示，有的喜欢例外报告，有的喜欢深挖数据的功能，一般的经理均不大喜欢模型能力。

9.4.2 经理信息系统的组成模型

经理信息系统一般有一台供经理使用的个人计算机作为经理工作站，其中保存有经理数据库。通常，经理信息系统的工作站连到公司的主干机或部门的中型机或局域网上，经理数据库包含由企业主干机进行预处理后的数据和信息。经理通过经理信息系统菜单向系统输入指令，既可以直接访问经理数据库，也可以在局域网上读取软件，通过数据库管理软件，去存取内部运行库、外部数据库以及特殊管理库中的数据，或者使用企业的电子邮件系统。信息则可以用表格、图形或文字等形式表现出来。这种响应是实时的，而且是多媒体的，它能根据现实的状态预测未来的趋势，具有模型分析能力，可以像决策支持系统那样进行方案评价。根据经理信息系统的工作特性，经理信息系统的组成模型如图9—6所示。

图9—6　经理信息系统的组成模型

9.4.3 经理信息系统的软件特点

在进行经理信息系统的软件设计时应体现以下几方面的特点：

（1）经理信息系统应该及时构建数据仓库。数据仓库中的历史信息可以按照描述性变量、时间阶段以及业务单位来进行数据挖掘和信息划分。例如：利用数据挖掘技术，经理人员应能从数据仓库中查看最近1个月（时间阶段）A产品（业务单位）的销售额（描述性变量）。

（2）提供基于图形、表格的用户界面和类似网页上"热点"的访问方式。例如：用于显示公司在全国各地销售网点的产品销售数据的界面可以是一张地图，每一个销售网点均可定义为"热点"，这样当经理人员在某个"热点"处单击鼠标时，即可显示出与该区域相关的销售数据。

（3）提供深入挖掘数据的功能。设计合理的经理信息系统屏幕应能够指示哪些信息是可以"深挖"的，以使用户能够从汇总数据开始，通过关联的细节层挖掘到感兴趣的数据。例如：Y经理在查看公司的财务报表时发现，在众多的产品中电视机的利润同预算比较具有较高的负方差，于是经理想得到更详细的信息，为此向下查看电视机的各项成本、费用、支出，结果发现研发费用超支，从而找到了问题的关键所在，知道了解决问题的工作重心。

（4）提供关键数据指示器。当该指示器打开时，它能够自动高亮度显示经理所需的关键数据。例如：财务经理一旦靠近他的办公桌就想了解其最关心的每只股票的价格、库存周转率以及利率方面的数据；而主管制造业务的经理则更关心最近的生产与产品质量方面的控制报告，当他们需要这些数据时，只需打开关键数据指示器即可。

（5）使用不同的显示方式来突出显示例外情况。设计经理信息系统系统时应该将不同的例外数据用不同的颜色、阴影、字体和闪烁等形式来显示，以提醒用户注意。例如：当原材料的库存量低于警戒数时用红色且闪烁的形式显示，某个特定的数据项今天可能显示成红色，到明天则可能显示成灰色，这些都是根据数据库中数据的动态变化以及例外条件确定的。

（6）允许访问"软"信息。这种类型的信息结构往往不是高度结构化的，不存在于数据库或数据仓库中。例如：经理应该能用经理信息系统快速获取关于行业经济发展的评论、观点以及预测等信息。这些信息有助于经理准确地定位趋势，理解数据背后的含义。

（7）提供对组织外部信息的访问。外部信息是指不能从公司内部数据库获取的信息。例如：有关公司所在的行业的发展情况、竞争者的经营状况的新闻报道，公众数据库提供的各大报纸的全文、市场调查数据和政府经济数据等信息。

9.4.4　经理信息系统的发展趋势

随着越来越多的具有计算机背景的中层管理者成为经理阶层，大公司中经理信息系统的应用会很普及，而小公司则会对低价位、专门型的经理信息系统软件有很大需求。未来的经理信息系统应当是一个什么样的系统，才能使它获得广泛的应用，从功能来看应有以下几点：

（1）具有原来经理信息系统的信息查询和模型处理能力。

（2）具有与原来经理信息系统一样的使用简单的界面。

（3）具有更强的通信能力，支持有线的和无线的通信，支持网络视频会议功能。

（4）具有更强的多媒体信息处理能力，如能摄像、录音和文字识别等。

（5）体积更小，便于像手机一样携带。

（6）不仅能支持经理决策，提高效益，而且能支持经理日常办公提高效率，能支持经理学习培训提高水平，甚至可以支持一些休闲活动，如游戏、下棋以调节经理的情绪。

当前在西方发达国家，经理信息系统已成为一个热门话题，研究与开发已有较大的发展，我国有关的学者与企业界也在不断地探讨。可以看出，经理信息系统是很有前途的应用系统。

9.5　案例讨论

9.5.1　案例1：模拟人才招聘选拔群体决策支持系统

人才招聘是企业人力资源管理的源头工作，对企业员工队伍的质量起着关键的把关作用。由于有关人才招聘选拔的决策问题大都是半结构化和非结构化问题，并且需要多个部门的主管或资历较深的管理人员及技术人员共同参与决断，目前还少有可供企业选用的决策支持系统。本案例针对人才招聘这一颇有难度的群体决策问题，介绍一款我国某高校研制的模拟人才招聘选拔群体决策支持系统，意图通过该案例系统，进一步说明群体决策支持系统的基本构造和工作原理，使我们对本章内容有更好的理解和把握。

1. 系统基本思路

本系统根据人才招聘的特点，按同地异时群体决策类型设计，以工作流程方式布置一定数量的决策进程步骤，分设进程主控和招聘操作处理两个部分，在一个局域网上运行。整个流程分应聘者材料阅读评价、应聘者形象评价、面试提问、应聘者答问、招聘者评分，以及最终的选拔表决等15个步骤。其中问题提问、答问和评分等步骤设两轮。因为是一个模拟系统，应聘者采用虚拟技术预设，面试以不见面的问答形式进行，所提问题和回答也预先按数倍使用量设置，应聘者的答问随机从预置答案中抽取。

系统设模拟时钟，记录进程时间，步骤切换由主持者触发控制，可进可退。招聘者的分析评价采用打分制，部分内容采用模糊区间值，汇总统计采用平均、加权综合等简易算法。

本系统主要用于群体决策支持系统的实验教学和企业招聘人员的操作训练，但根据具体企业的特定要求，经过少量的改动和参数设置后也能用于辅助企业实际的人才招聘选拔工作。

2. 系统构成

本系统按照基本的群体决策支持系统结构构造，在原有"三库"结构的基础上加入规程库和通信库，分设供主持者和选拔者使用的两套人机接口，如图9—7所示。

图9—7　模拟人才招聘选拔群体决策支持系统的结构

在本系统中，数据库储存与管理应聘者材料、交付应聘者回答的提问和系统运行过程中产生的数据，运行过程所产生的数据包括应聘者的问题回答，招聘者对应聘者印象、材料和答问的评价意见等。模型库储存有招聘者评审意见综合、提问随机抽取以及选拔结论表决等模型。方法库储存评审和表决等决策中使用的平均综合法、加权综合法和模糊评判法等简易的数学计算方法。

本系统的特点主要反映在群体决策规程和通信两个方面。规程库设有招聘选拔的规则和流程、招聘者进入确认、进程状态监视和进程步骤进退等控制机制，主持者遵循以规程和时

223

间为依据的进程控制机制组织和操纵系统的运行；通信库设置内部邮件系统和信息发布模块，支持主持者与招聘者、招聘者相互之间在系统运行过程中的交流、讨论和协商，发布规程、进程和各阶段成果等信息。

主持者和招聘者分别使用不同的人机接口，均以按钮和菜单进行交互，前者的人机接口设有主控界面，实现进程的监控和推进、与招聘者的联络、进程信息的发布和最终结论的宣布等；后者的人机接口设有运作操作界面，供招聘者报到，按规程要求操作招聘选拔各步骤，与主持者和其他招聘者进行联系交流。招聘选拔处理模块是系统的核心，接受主持者进程控制调度和招聘者步骤操作请求。

3. 系统运作

本系统按规程预定内容、要求和时间运作，从招聘者报到开始至宣布选拔结果，共分15个步骤，在主持者的控制下推进，必要时也可逆向返回上一步，做修改和补充工作。系统运作流程如图 9—8 所示。

图 9—8 模拟人才招聘选拔群体决策支持系统的运作流程

本系统的运作先由主持者启动并做初始化处理，然后各招聘者以报到方式回答用户名和口令进入系统。系统运转后主持者如果退出或不做任何操作，不影响招聘者的工作，但步骤将停止推进。在运作中途，招聘者也能暂时退出系统，然后再报到进入，且不影响先前所做的工作。这些特点可以使规程的某些特殊步骤延续较长时间，让决策参与者有一定的时间机动，实现异时的群体决策。

当进入系统的招聘者达到规定的人数时，主持者宣布招聘活动开始，招聘者根据每个步骤的要求单独执行决策分析工作，一个步骤完成后发出执行完毕的确认信息，等待下一步骤的开始。在此期间，招聘者之间可以通过内置邮件系统就自己的观点和意见进行私下交流。招聘者的决策分析工作有应聘者材料阅读，向应聘者提问，对应聘者形象、材料和问答打分，以及对最后选拔的表决等。

系统运行过程中，主持者监视每个招聘者执行步骤的进度，向招聘者发布进程信息，但在不违反规程的情况下不干预他们具体的分析评判工作。主持者根据预定的步骤进度决定按时、提前或延迟步骤的切换，并及时通报阶段性的招聘成果。

系统对进程调度和每个步骤操作的处理，除招聘者人数和提问问题数等需累积的内容外，均在步骤切换时提交招聘选拔处理模块完成。

资料来源：黄梯云：《管理信息系统（第 4 版）》，北京，高等教育出版社，2009。

分析讨论：

（1）文中提到"人才招聘选拔的决策问题大都是半结构化和非结构化问题"，你对这句话是如何理解的？在人才招聘选拔中，对于招聘选拔人员来说，什么是最重要的？

（2）在没有看本案例之前，你对人才选拔中计算机信息系统的作用是如何认识的？

（3）你觉得本文提到的人才招聘选拔群体决策支持系统能起到什么重要作用？

9.5.2 案例 2：VF 依靠信息系统在长裤市场上击败对手

Vanity Fair（VF）除了生产女式内衣系列外，也是 Lee 和 Wrangler 牛仔裤的生产者。其生产的牛仔裤在裤子市场上击败了每年 6 亿美元销售额的竞争对手——Levi Strauss 公司。自 1991 年起，VF 就宣称他们的年度复合增长率几乎达到 20％，这一数字很少有大公司可以与之匹敌。VF 成功的背后有什么秘密呢？那就是计算机化的市场响应系统，该系统使 VF 为许多像沃尔玛和 J. C. Penney 那样的大零售商补充库存的时间缩短到了三天。

以沃尔玛为例，VF 将自己公司的计算机与沃尔玛的计算机连接起来，如果一个顾客星期三在沃尔玛购买了一条 Wrangler 牌牛仔裤，那么当天晚上这条信息就通过计算机传到了 VF 公司，如果 VF 有存货，就在星期四立即送出，星期六到达沃尔玛。对于库存补充来说，三天可以说是一个令人惊奇的壮举，尤其在你知道了沃尔玛要在一个月后才能收到 Levi 的库存补充时，你就更会对其赞叹不已了。

但速度并不是 VF 唯一的优势。市场响应系统帮助 VF 公司摆脱了订货上的臆测，并只把卖得最好的式样和品种提供给零售商。Belk 商店服务部的商品主管 Rober Bildrick 说："在库存不变的情况下，我们能够卖出更多的商品，因为我们现在有了比顾客需求更大的存货。"然而，VF 的总裁 Lawrence Pugh 仍然不满意，他甚至已经开始着手建立一个扩展的市场响应系统，以此来分析零售商的销售数据库，并对商品进行分类（如比赛用的牛仔裤、衬衫和夹克），以便帮助零售商预测理想的供货水平。

VF 公司与现在许多企业一样，正在努力建立一个基于信息技术的系统，这将帮助他们更加高效地管理信息。VF 的市场响应系统实际上是由三个信息技术系统共同构成的。首先，能够将零售商销售信息以电子化传输方式传给 VF 公司的系统称为跨组织系统；其次，处理销售信息并更新 VF 公司数据库的系统是事务处理系统；最后，决定将哪种式样、尺寸的商品发给零售商，以及哪种商品可能销售得更好的系统是一种决策支持系统（甚至可能是一种人工智能系统）。

分析讨论：

（1）本案例中的 VF 公司建立了哪些管理信息系统？各自具有什么特点和作用？

（2）VF 公司作为制造商，应该及时了解与其有业务关系的零售商（如服装店）的销售和库存信息，请问应该如何完成这项任务？需要建立什么样的信息系统？

·本 章 小 结·

1. 决策是人们为达到一定目的而进行的有意识、有选择的活动，其过程包括情报、设计、选择、实施四个阶段。按照决策问题结构化程度不同，决策问题可分为结构化决策、非结构化决策和半结构化决策三种类型。计算机信息系统可以用于辅助高层人员决策。

2. 决策支持系统是一种具有高度灵活性和交互性的信息系统，它专门用来支持半结构化和非结构化问题的决策制定。随着计算机技术特别是网络通信技术的发展，出现了群体决策支持系统。与个人决策支持系统相比，群体决策支持系统必须建立在一个局域网或广域网上，在构件上增设了规程库、通信库、共享的公共数据库、模型库及方法库等。群体决策支持系统主要有四种实现方式，分别是：决策室、局域决策网、远程电子会议和异步会议。

3. 战略信息系统是通过生成新产品和服务，改变与客户和供应商的关系，或者通过改变公司内部的运作方式，以使公司具有竞争优势的信息系统。一个完善的战略信息系统具有以下特点：能支持公司的经营战略，能极大地改变企业的管理和运作方式，能给企业所在行业带来实质性的影响。

4. 经理信息系统出现于 20 世纪 80 年代后期，它向高层领导提供单位内、外部汇总的综合信息，以及在此基础上所做的比较、评价和分析。

·关 键 术 语·

决策　决策过程　结构化决策　非结构化决策　半结构化决策　决策支持系统　群体决策支持系统　战略信息系统　经理信息系统

复习思考题

一、填空题

1. 任何决策过程活动都可以分为＿＿＿＿、＿＿＿＿、＿＿＿＿和＿＿＿＿四个阶段。

2. 决策问题按照结构化程度可以分为＿＿＿＿、＿＿＿＿和＿＿＿＿三种类型。

3. 群体决策支持系统包括四种类型，分别是＿＿＿＿＿、＿＿＿＿＿、＿＿＿＿＿和＿＿＿＿＿。

二、名词解释

1. 决策

2. 决策过程

3. 结构化决策

4. 非结构化决策

5. 决策支持系统（DSS）

6. 群体决策支持系统（GDSS）

7. 战略信息系统（SIS）

8. 经理信息系统（EIS）

三、简答题

1. 决策过程包括哪些阶段？每个阶段解决什么问题？

2. 举例说明决策问题的三种类型。

3. 什么是决策支持系统？它具有哪些功能？

4. 决策支持系统主要包括哪些模块？每个模块的作用是什么？

5. 请比较管理信息系统和决策支持系统的联系和区别。

6. 什么是群体决策支持系统？其组成结构与决策支持系统有什么不同？

7. 什么是战略信息系统？它有什么特点？

8. 什么是经理信息系统？它有哪些功能特征？

实 践 训 练

一、问题讨论

一家组织应如何利用战略信息系统来提升自身竞争力？请通过实例描述并分析。

二、案例搜集

请通过上网搜索或者查阅相关图书，搜集一些与本章所介绍的某一类信息系统相关的文献资料或者企业案例，然后把搜集的资料和案例进行整理归纳，最后撰写一篇小论文。

三、实践调查

寻找一家自己所熟悉的企业，通过主动上门调研，或者通过网络，完成如下任务：

（1）了解该企业在管理信息化方面都做了哪些工作，是否有管理信息系统的应用。

（2）如果有的话，主要是在业务层、职能层，还是在决策层进行应用？

（3）请了解该企业不同层次信息系统在应用方面分别具有哪些特点。

（4）如果你认为该企业缺乏某些方面的信息系统应用，请提出一些合理化的建议。

第10章　信息系统的集成化应用

 学习目标

通过本章的学习，读者应该能够：
- 了解物料需求计划（MRP）的基本管理思想
- 掌握制造资源计划（MRPⅡ）的含义与功能
- 熟悉企业资源计划（ERP）的主要功能模块
- 了解从 MRP 到 MRPⅡ、ERP 的发展历程
- 掌握供应链管理系统的含义与功能
- 掌握客户关系管理系统的功能
- 了解电子商务系统的内容、结构与典型应用
- 了解电子政务系统的含义、功能与组成部件

 本章引例

中国网通 CRM 系统的合纵连横之道

与传统行业不同，电信企业与客户签订协议并不代表着可以高枕无忧地看着利润滚滚而来，只有时时挖掘客户价值，让客户形成持续消费，企业才能实现利润。因此，电信企业实施 CRM 不能仅限于搜集客户信息、为客户提供多种沟通手段这些简单的应用，而更需要通过 CRM 系统将这种理念固化为企业的本质。2007 年 2 月，网通北京分公司和网通国际部首先开始实施 TurboCRM 大客户模式下的 CRM 系统应用解决方案。根据网通的业务运营特点，TurboCRM 为网通设计了提供整合的客户信息平台、销售过程管理、协议管理、应收管理、基于产品规划后的销售分析等应用重点。网通 CRM 系统方案的实施，使其内部不论是纵向的销售过程，还是横向的业务管理，都将"以客户为中心"的理念贯穿始终。

1. 纵——深挖客户价值

网通的销售过程由获得销售机会、新建、分配、客户关系建立、商务谈判、获得标书等阶段构成，形成漏斗形态。在这一过程中，CRM 系统可以自始至终地进行监控。首先，经过前期的数据建设，将客户、产品、合作伙伴、协议、订单等，通过接口按月进行拆分并导入 CRM 系统，计算出每月的预期收入，以此为依据合理制定该月的销售目标和销售计划；

然后，通过系统任务由上而下地层层分解，网通北京分公司业务管理部将销售计划分配给企业各销售部门，各销售部门负责人将任务拆分到每个销售人员头上，销售人员接到任务后，参考这个数字指标，通过系统分配给他的客户，制定出自己的销售计划，包括设定期限、需要配合的员工、相关产品等，并制定详细的客户拜访计划。所有销售人员的销售过程在系统中全程记录，并不断调整跟踪状态。销售经理可以利用系统对多路销售进行密切跟踪，及时查看部门任务完成情况，进行客户负责人调整。同样，业务管理部可以查看公司任务完成情况。这一过程中，系统中的行动计划（Plan of Action，POA）管理可以督促各级做好工作计划，记录工作进度，计划、执行、检查、反馈形成 PDCA 循环。这样，销售过程的计划性和执行能力比手工管理方式下提高了许多。

另外，TurboCRM 系统可以对海量的数据库信息做出科学、准确的分析，将销售过程形成直观的销售漏斗。根据漏斗的状态，可以及时发现问题，不断将销售漏斗状态调整到最佳，以便寻找更多客户线索。

2. 横——整合业务管理

CRM 软件系统涉及销售管理、市场管理、渠道管理、产品管理、分析决策等诸多业务领域。TurboCRM 的解决方案可以形成全面、综合、一体化的管理，使各个部门共享信息，默契配合，协同作战。

TurboCRM 系统提供整合的客户信息平台。所谓整合的客户信息平台，一方面，将客户信息、交易记录、客户反馈、相关任务、协议、订单等分散的信息整合起来；另一方面，CRM 系统也为业务管理系统等做了相应的接口，这几个系统的数据库与 CRM 数据库实现无缝对接，CRM 底层系统会自动判断各系统的信息并进行实时的数据传输和数据交换，保证了 CRM 系统的客户信息是最全的。同时，其他系统的用户也可以通过 CRM 系统了解各部门与客户的交往记录，做到心中有数。

同样，市场营销、渠道管理也根据 CRM 系统进行。只有在市场活动开展之前接近客户、了解客户，才能提高销售机会。以前，网通公司第三方数据库提供的数据很难被充分利用，而 TurboCRM 提供了销售机会导入功能，并对销售机会进行属性定义。根据数据分析，市场部门可以清楚地知道哪些客户需要什么样的产品，哪些活动更加有意义，还可以将市场活动期间的销售动态与前期做出对比分析，了解市场活动的效果，保证市场活动的开展具有方向性和针对性。

另外，通过 TurboCRM 的决策分析功能，可以建立评估机制，做多维分析，对销售机会进行有效性评估，对产品应用进行调查分析等，帮助各级人员分析和决策。例如：系统的决策分析功能对客户的特点做了多达数百项的属性建设，通过分析，了解客户的特征（应用喜好、使用时间等），细致了解客户需要什么，指导销售人员寻找潜在客户，进一步挖掘客户。

3. 道——"以客户为中心"

与传统制造行业实施 CRM 不同，网通系统实施 CRM 的最大的困难不在普及、转变观念以及人员培训上，而是网通 CRM 系统的数据接口多，涉及部门多。为此，网通成立了由技术部门、业务部门人员组成的项目组，与 TurboCRM 的实施顾问一起与各方协调，保证其他系统与 CRM 系统的无缝连接。项目小组每周都进行工作周报、工作通报、工作备忘，及时总结、发现、解决问题，这使得整个项目实施进展非常顺利。

目前来看，网通实施 CRM 系统，带来的最显著的效果是"以客户为中心"这一适应市场需要的工作模式真正建立了起来，工作效率得到极大提高。更重要的是，知己知彼，方能运筹帷幄。由于应用了先进的管理理念和专业的软件技术完美融合的 CRM 系统，尽可以实时、准确地掌握数据库中的海量信息并提升为决策依据，为处于多变竞争环境中的企业展开了一张全方位的立体作战地图。

资料来源：www. turbocrm. com。

 点评

"以客户为中心"理念的实施是企业客户战略的体现，但其具体实现必须要依赖于强大的客户关系管理软件提供技术支持。在本例中，网通公司通过实施 TurboCRM 软件系统，有效地整合了业务流程，成功地实现了对销售渠道的监控，向客户提供了性价比较高的服务，最终提高了客户满意度和忠诚度。

企业管理信息系统的发展经历了近半个世纪的历程，其本身也是一个不断积累、演进和成熟的过程。20 世纪 60 年代中期以后，物料需求计划（Material Requirements Planning，MRP）系统的成功推出是一个标志性的里程碑。之后，又出现了能适应生产现场情况变化的闭环 MRP 系统，以产品制造为核心的制造资源计划（Manufacturing Resources Planning，MRPⅡ），以及关注整个企业内部的信息集成的企业资源规划（Enterprise Resources Planning，ERP）。然后，随着市场竞争的激烈，企业的管理理念转变为"以客户价值为核心"。为了满足对于客户的"一对一"服务，提升客户价值，加强客户的实时管理与在线服务，又促进了供应链管理（Supply Chain Management，SCM）、客户关系管理，以及电子商务系统、电子政务系统等应用系统的出现和运用。

本章将按照上述发展脉络，对信息系统最新进展情况和典型的集成化应用进行介绍。

10.1 制造资源计划

10.1.1 制造资源计划的产生背景

20 世纪 60 年代美国提出了物料需求计划，随后在此基础上又发展成制造资源计划。

1. MRP 的结构

MRP 主要实现生产中的物料管理，其主要目标是合理确定物料需求，并保证库存不产生积压。它根据产品需求情况和产品结构，合理地计算和确定对物料（指原材料、零部件、外购件等）的需求数量、订货数量和订货时间，通过管理控制来保证生产所需原材料的数量，并有效地降低物料的库存，从而降低生产成本，加快资金周转，提高经济效益。

MRP 的主要功能模块和逻辑关系，如图 10—1 所示。

2. MRP 解决的问题

从图 10—1 可以看出，MRP 主要回答如下四个问题：

（1）要生产什么？从最终产品的生产计划导出相关物料的需求量和需求时间。

（2）要用到什么？根据物料清单确定最终产品由哪些零部件、原材料所构成。

（3）已经有了什么？根据库存记录确定库存了多少物料，还缺多少物料。

（4）还缺少什么？什么时候开始生产或订购？根据物料的需求量、库存量，确定加工量和采购量；根据物料的需求时间和生产或订购周期，确定其开始生产或订货时间。

MRP 的输入是主生产计划（即每一具体的最终产品在每一个具体时间段内的生产数量）、物料清单（说明一个最终产品由哪些零部件、原材料构成，各个零部件之间在时间、

图 10—1 MRP 的主要功能模块和逻辑关系

数量上的相互关系)和库存状况。输出的是制造与外购物料的数量清单与时间清单。

3. MRP Ⅱ 的出现

MRP Ⅱ 是 1977 年 9 月，由美国著名生产管理专家奥列弗·怀特（Oliver Wight）在 MRP 的基础上提出的一个新概念——制造资源计划，由于其简称也是 MRP，为了与传统的 MRP 有所区别，其名称改为 MRP Ⅱ。MRP Ⅱ 在传统 MRP 的基础上增加了经营计划、销售、成本核算、技术管理等内容，围绕企业的基本经营目标，以生产计划为主线，产品的整个制造过程都伴随着资金流通。

MRP Ⅱ 是企业对其生产系统和经营活动建立的一种计划模型，通过利用该模型，可以把企业的制造资源和经营任务的需求进行平衡，从而保证企业目标的实现。这里的企业制造资源既包括企业生产系统的内部资源要素（如生产设备、人力资源、生产能源等）和生产系统的非结构化要素及相应的管理体制，也包括与生产系统发生联系的企业内部和外部资源，如产品销售和原料供应的市场资源、企业筹集资金的财政资源、企业产品开发能力和工艺加工水平的技术资源等。MRP Ⅱ 的运行可以伴随生产系统的实时运作，即时反映系统运行的状态，辅助管理者进行决策、指挥和控制，它是一种动态的信息系统。

10.1.2 制造资源计划的结构组成

MRP Ⅱ 认为，企业生产与管理的各部分、各层次和各环节之间有着千丝万缕的联系。这些信息是联系企业与市场，联系企业内部各部门、各层次和各环节的纽带。近 30 年来，国内外已有数万家企业建立并运行了 MRP Ⅱ 系统。虽然各个软件商的设计思路与方法不同，各软件所配备的 MRP Ⅱ 模块的划分也不完全一致，但其逻辑功能基本上是相同的。

在结构组成上，MRP Ⅱ 整体上可分为生产控制、物流管理、财务管理三个部分。图 10—2 描绘了组成 MRP Ⅱ 的主要子系统，包括：生产计划大纲子系统，主生产计划子系统，物料需求子系统，采购子系统，财务子系统，销售计划子系统，能力计划子系统，车间控制子系统，成本核算子系统，预测子系统，资源分布子系统，制造数据管理子系统，库存控制子系统。

可以看出，MRP Ⅱ 的入口是销售订单与预测，由它产生生产预测与生产要求。

图 10—2　MRPⅡ系统的组成结构图

主生产计划模块产生的信息输入物料需求计划中；同时，制造标准数据中产品结构表和库存管理中的库存状况信息也输入物料需求计划，通过对需求量计算等功能，然后作为能力需求计划的输入数据。

能力需求计划模块还接收来自制造标准数据等数据和采购管理中的采购信息，经过加工处理后输出能力需求计划。

车间控制模块除了接收能力需求计划模块产生的信息外，还应接收库存管理入出库信息，产生生产报表等信息。

成本管理接收车间控制所产生的生产信息和采购中的信息。

库存管理接收来自采购的收料入库信息等，为物料需求计划提供库存信息。

销售管理进行发货处理，所售发票为应收账款提供了信息，应收账款处理的结果直接进入总账。

采购订货发票为应付账款提供了信息，应付款和固定资产处理的结果直接进入总账。

另外，MRPⅡ系统同时具备一定的模拟功能，可以模拟将来物料需求而提出任何物料缺料的警告；可以模拟生产能力需求，发出能力不足的警告。这些警告为管理者提供了必要的信息并争取了时间，使管理者能及时进行生产准备和安排。

综上所述，MRPⅡ系统包括了生产大纲、市场需求、销售管理、主生产计划、物料需求计划、能力需求计划、生产与技术数据管理、库存管理、采购管理、车间作业管理、成本管理和财务管理等模块，用以对企业生产中的人、财、物、信息等资源进行全面的控制。所以，从这个意义上来看，MRPⅡ系统已经是一个集成度相当高的管理信息系统。

10.1.3　制造资源计划的具体功能

MRPⅡ被广泛地应用于各种有加工车间的工业企业中。企业应用 MRPⅡ系统，可以保证其正常的物料供应和生产协作，做好生产任务与生产能力的平衡，使生产能力、生产用量标准、库存储备、生产进度和生产控制五个方面密切配合，达到工作进度均匀、负荷充分，并且能按质、按量、按品种、按时间完成生产任务。

具体来讲，MRPⅡ有以下几个方面的功能：

（1）可以有效地控制库存水平，降低原材料、在制品和产成品的库存量。

（2）可以合理地利用资源，缩短生产周期，提高劳动生产率。

（3）可以保证按期交货，提高用户服务水平。

（4）MRPⅡ与财务系统有机集成，可以减少财务收支上的差错。

（5）降低成本，增加利润。由于生产周期缩短、库存减少，从而有效地控制了成本。

（6）各方面整合后信息的快速获取，有利于领导正确决策，从而提高企业竞争力。

（7）有利于企业实现规范化管理，提高管理水平，保证产品质量。

10.2　企业资源计划

10.2.1　企业资源计划的概念

MRPⅡ主要局限于企业内部，在决策支持上主要集中在结构化决策问题上。20世纪90年代以来，包括供应商在内的供应链管理成为企业生产经营管理的重要部分，MRPⅡ系统已无法满足企业对资源全面管理的要求。1993年，美国加特纳公司根据当时计算机信息处理技术的发展趋势和企业对供应链管理的需要，对信息时代以后的制造业管理信息系统的发展趋势和即将发生的变革做出了预测，从而提出了企业资源计划（ERP）的概念。

ERP的诞生，对于传统的MRPⅡ系统来讲，不仅是功能的扩展，而且是社会生产和商品流通模式的大变革。当它结合互联网应用时，成为了一场更广泛、更深刻的信息技术应用革命，对企业的经营管理模式和世界经济发展起到了不可估量的作用。

所谓ERP，就是将企业内部各个部门，包括财务、会计、生产、物料管理、品质管理、销售与分销、人力资源管理、供应链管理等，利用信息技术整合连接在一起，其核心思想是系统集成。它以现代管理科学为指导，运用工业工程学的原理和技术，借助于计算机软件工程和网络技术，通过对企业所拥有的人、财、物、信息、时间和空间等综合资源进行综合平衡和优化管理，协调企业各管理部门，围绕市场开展活动，使得企业在激烈的市场竞争中全方位地发挥能力，从而取得最佳的经济效益。

ERP利用最新的信息科学成果，根据市场的要求把企业的业务流程当做一个完整的内外供应链系统，以财务管理为中心，将几个相互协同作业的子系统有机结合而形成一个系统。该系统通过物流、信息流、资金流、人流的最佳组合，结合企业的外部信息，实现企业的内外管理一体化，从而提高了企业的预测与决策能力，降低成本，提高企业效益。

10.2.2　企业资源计划的功能

ERP在MRP-Ⅱ系统的功能的基础上，向内、外两个方向延伸，向内主张以精益生产方式改造企业生产管理系统，向外则增加战略决策功能和供需链管理功能。

在ERP系统中，除了MRPⅡ系统的制造、财务、销售等功能外，还增加了分销、人力资源、运输管理、项目管理、供应商管理、客户管理等功能，支持集团化、跨地区、跨国界运行，也能适应柔性和敏捷生产方式，多货币、多语言、多税种，在线实时分析监控销售、生产、采购等各作业环节，可以及时提供决策信息。

ERP系统的作用是将各部门连贯起来，让企业的所有信息在网上显示，不同管理人员在一定的权限范围内，通过自己专门的账号、密码，可以从网上轻易获得与自身管理职责相关的其他部门的数据，如企业订单和出库的情况、生产计划的执行情况、库存的状况等。

企业管理人员通过 ERP 系统可以避免资源和人事上不必要的浪费，高层管理者也可以根据这些及时、准确的信息，做出最好的决策，其最终目的就是实现企业内外的资源充分调配和平衡，达到人、财、物、产、供、销的全面结合与全面控制，实时反馈、动态协调。

10.2.3　企业资源计划的模块

在企业中，管理主要包括 3 个方面的内容：生产控制管理（计划、制造管理）、物流管理（分销、采购、库存管理）和财务管理（会计核算、财务管理）。这三大管理系统本身就是集成体，它们相互之间有相应的接口，能够很好地整合在一起对企业进行管理。由于不同的 ERP 软件的设计思路及方法不同，所以 ERP 软件功能模块的划分也有所不同。但是基本原理却是一致的。一般来说，ERP 软件所涉及的功能模块如图 10—3 所示。

图 10—3　ERP 系统功能模块

下面概括介绍图 10—3 中的生产控制管理（包括计划、制造管理）、物流管理（包括分销、采购、库存管理）和财务管理（包括会计核算、财务管理）三个核心模块部分的相关内容。

1. 生产控制管理

生产控制管理是 ERP 系统的核心，它将企业的整个生产过程有机地结合在一起，使得企业能够有效地降低库存、提高效率。同时，各个原本分散的生产流程的自动连接也使得生产流程能够前后连贯地进行，避免出现生产脱节、交货延误的现象。

（1）主生产计划。是根据生产计划、经验预测和客户订单的输入来安排各周期中提供的产品种类和数量的，它将生产计划转换为产品计划，在平衡物料和能力的需求后，制订精确到时间、数量的详细的进度计划。主生产计划既是企业在一段时期内的总活动的安排，也是一个稳定的计划，在生产计划、实际订单、对历史销售情况的分析与预测的基础上产生。

（2）物料需求计划。是在总生产计划决定最终产品的数量后，再根据物料清单，把整个企业要生产的产品数量转变为生产所需的零部件数量，并对照现有的库存量，可得知还需要加工多少、采购多少的最终数量。

（3）能力需求计划。是在得出初步的物料需求计划之后，将所有工作中心的总工作负荷与工作中心的能力平衡后产生的详细工作计划，用以确定物料需求计划是否是企业生产能力上可行的需求计划。能力需求计划是一种短期的、当前实际应用的计划。

（4）车间控制。这是随时间变化的动态作业计划，是将作业分配到具体某个车间，再进行作业的排序、管理与监控。

（5）制造标准。在编制计划时需要许多生产基本信息，这些基本信息就是制造标准，包括零件、产品结构、工序和工作中心，均采用唯一的代码在计算机中识别。

2. 物流管理

物流管理运用管理原理与科学方法，对物流活动进行计划、组织、指挥、协调、控制和监督，使各项物流活动实现最佳的协调和配合，以降低物流成本、提高物流效率和经济效益。ERP 系统中的物流管理主要包括分销管理、库存控制、采购管理等功能。

（1）分销管理。从产品销售计划开始，对销售的产品、地区、客户的各种信息进行管理和统计，并对销售数量、金额、利润、绩效、客户服务等做出全面的分析。在分销管理模块中，包含客户信息管理和服务、销售订单管理、销售情况统计与分析三个方面。

1）客户信息管理和服务能够建立一个客户信息档案，对其进行分类管理，进而进行有针对性的客户服务，以达到最高效率地保留老客户、争取新客户。

2）销售订单是 ERP 系统的入口，所有生产计划都是根据它下达并进行生产安排的。销售订单的管理贯穿于产品生产的全过程，主要包括：客户信用审核及查询；产品库存查询（决定是否要延期交货、分批发货或用代用品发货等）；产品报价（为客户作不同产品的报价）；订单输入、变更及跟踪（订单的输入、变更修正及订单的跟踪分析）；交货期的确认及交货处理（安排交货期和发货事件）。

3）销售情况的统计与分析是系统根据销售订单的完成情况，依据各种指标做出统计，如客户分类统计、销售代理分类统计等，再利用统计结果对企业的实际销售效果进行评价。销售统计根据销售形式、产品、代理商、地区、销售人员、金额、数量等分别进行统计。销售分析包括对比目标、同期比较和订货发货分析，从数量、金额、利润及绩效等方面作相应的分析。

（2）库存控制。用来控制存储物料的数量，以保证稳定的物流，支持正常生产，但又最小限度地占用资金。这是一种相关的、动态的、真实的库存控制系统，它能够结合、满足相关部门的需求，随时间推移动态地调整库存，精确地反映库存现状。这一系统的功能涉及：为所有的物料建立库存，决定何时订货采购，同时以此作为采购部门、生产部门制订计划的依据；收到订购的物料后，经过质量检验入库，生产出来的产品也同样要经过检验入库；收发料的日常业务处理工作。

（3）采购管理。采购管理的具体功能有：供应商信息查询；对外购或委托外加工的物料进行跟催；采购与委托外加工的统计；对原料的价格进行分析，调整库存成本。

3. 财务管理

ERP 系统中的财务模块与一般的财务软件不同。作为 ERP 系统中的一部分，它和系统的其他模块有相应的接口，能够相互集成，如它可将由生产活动、采购活动输入的信息自动计入财务模块，生成总账、会计报表，取消了输入凭证的烦琐过程，几乎完全替代了以往的传统手工操作。一般的 ERP 软件的财务部分分为会计核算与财务管理两大块。

（1）会计核算。用来记录、核算、反映和分析资金在企业经济活动中的变动过程和结果，由总账、应收/付账、现金管理、固定资产核算、工资核算、成本计算等构成。

1) 总账模块的功能是处理记账凭证的输入、登记，输出日记账、一般明细账及总分类账，编制主要会计报表。它是整个会计核算的核心，应收账、应付账、固定资产核算、现金管理、工资核算、多币制等模块都以其为中心来传递信息。

2) 应收账模块是指企业应收的由于商品赊欠而产生的正常客户欠款账，它包括发票管理、客户管理、付款管理、账龄分析等功能。它和客户订单、发票处理业务相联系，同时对各项事件自动生成记账凭证，导入总账。

3) 应付账模块包括发票管理、供应商管理、支票管理、账龄分析等。它能够和采购模块、库存模块完全集成以替代过去烦琐的手工操作。

4) 现金管理模块是对现金流入流出的控制以及零用现金与银行存款的核算，包括对现金、支票、汇票和银行存款的管理。在 ERP 系统中提供了票据维护、票据打印、付款维护、银行清单打印、付款查询、银行查询和支票查询等和现金有关的功能。此外，它还和应收账、应付账、总账等模块集成，自动产生记账凭证，记入总账。

5) 固定资产核算模块完成对固定资产的增减变动以及折旧和有关基金计提、分配的核算工作。它能够帮助管理者了解固定资产的现状，并能通过该模块提供的各种方法来管理资产以及进行相应的会计处理。其具体功能有登录固定资产卡片和明细账、计算折旧、编制报表以及自动编制转账凭证，并转入总账。它和应付账、成本、总账模块集成。

6) 工资核算模块自动进行企业员工的工资结算、分配、核算以及各项相关经费的计提。它能够登录工资，打印工资清单及各类汇总报表，计算各项与工资有关的费用，自动做出记账凭证，导入总账。

7) 成本计算模块依据产品结构、工作中心、工序、采购等信息进行产品的成本计算，以便进行成本的分析和规划。还能采用标准成本或平均成本法按地点维护成本。

（2）财务管理。财务管理的功能主要是基于会计核算的数据，对其加以分析，从而进行相应的预测、管理和控制活动。它侧重于财务计划、控制、分析和预测。财务计划根据前期的财务分析做出下期的财务计划、预算等。财务分析提供查询功能，并通过用户定义的差异数据的图形显示进行财务绩效评估、账户分析等。财务决策是财务管理的核心，主要内容是做出有关资金的决策，包括资金的筹集、投放及管理。

10.2.4　ERP 系统的实施方法

和其他管理信息系统相同，一个典型的 ERP 系统实施过程主要包括以下几个阶段：前期工作、实施准备、模拟运行及用户化、切换运行和新系统运行，如图 10—4 所示。

ERP 实施过程的各个阶段是密切相关的。在整个实施过程中，贯穿于实施准备、模拟运行及用户化、切换运行、新系统运行过程中的有关培训，如软件、硬件及系统操作员培训、程序员培训和持续扩大培训是至关重要的工作。员工是系统的真正使用者，只有他们对 ERP 软件产品及所要求的环境有充分的了解，才能保证系统最终顺利实施和应用。

 阅读材料

ERP 实施需要注意的问题

在 ERP 的应用过程中，系统实施是一个极其关键的环节。当前，ERP 实施的情况已经成为制约 ERP 效益发挥的一大瓶颈因素。ERP 项目只有在一定的科学方法和正确的工作流

图 10—4　ERP 系统的实施过程

程指导下进行系统实施，并且妥善处理系统实施中的各类问题，才能够实现应用目标。在 ERP 的实施中，需要注意如下几个问题：

（1）管理观念的转变。ERP 系统带来的不仅是一套软件系统，更重要的是带来了整套新的管理思想。企业在实施 ERP 系统前，应充分认识 ERP 系统的实施会不可避免地冲击企业原有的管理思想和管理模式、作风和习惯、程序和方法，以及体制结构等。只有深刻理解、消化吸收新的管理思想并结合企业的实际情况加以运用，实现企业管理的全面变革，才能充分发挥 ERP 系统带来的效益。

（2）明确企业的需求和实施重点。成功实施 ERP 系统需要企业在前期明确自己的需求和实施重点。从整体和战略的高度出发，分析企业同主要竞争对手之间的差异，找出影响企业竞争力的主要因素，明确这些影响因素能否通过 ERP 得到有效的解决；从企业长远发展目标和近期最迫切需要解决的问题这两个方面，对企业可以通过 ERP 系统解决的问题进行分析，分清轻重缓急，分阶段实施；分析企业现有的工作流程，找出未能实现快速响应市场的需求及同实现企业的总体目标不符而需要进行的调整和改革；分析企业的生产环境和生产类型，明确企业的组织形式对 ERP 软件的要求。

（3）管理咨询专家的参与。ERP 系统的实施需要精通软件产品开发的技术专家，也需要精通管理理论、方法和管理实务的管理咨询专家。管理咨询专家可以帮助企业进行调研和需求分析，对企业发展和管理中的薄弱环节及核心问题进行诊断，分析企业最需要的管理和管理软件，并对企业员工进行管理意识方面的培训。也可以在 ERP 系统的实施过程中，帮助企业进行业务流程重新设计、组织机构调整，以及采用一套规范的实施原则和方法对项目实施过程进行严格的组织和管理。

（4）以管理人员为主选择软件。ERP 系统类型的选择是其能否充分发挥效用的决定性因素。企业在选择软件时，应当以管理层为主，从企业战略需求出发，根据整体目标和实施期望，将企业的实际需求与软件系统进行匹配，从而选择适合自己的 ERP 系统。

（5）做好实施队伍的组织。ERP 系统的实施是一项涉及管理和技术的庞大的系统工程，为确保项目顺利实施，需要在组织上加以落实，即成立领导小组和实施小组。领导小组主要负责制定计划的优先级与系统总体方案，确定企业管理改革方案，保证资源的合理配置，组织协调各部门之间的关系，并解决系统实施过程中出现的实施小组不能解决的问题等。实施小组由企业内部的管理人员、主要业务部门的业务骨干、技术人员以及企业外部的专业咨询顾问组成，具体负责系统的实施。

（6）作好企业业务流程的重组。ERP 系统中的信息实现了最小的冗余和最大的共享，传统上需要几步或几个部门完成的工作，在 EPR 系统中利用统一的数据库和集成的信息系统可能一次就可以完成。因此，要想使 ERP 系统在企业中成功应用，就必须对企业业务流程进行重组，并在此基础上对企业组织机构进行相应的调整，实现扁平化管理，提高管理效率和对客户做出快速反应的能力。业务流程重组必然会涉及部门职能的重新划分、岗位职责的调整、利益的重新分配等方面的问题，而且新的管理方式对人员素质提出了更高的要求，它会引起部分人员的岗位危机，进而对项目实施产生抵触情绪。如果企业不能妥善地处理这些问题，将给企业带来不稳定因素，这正是 ERP 系统实施的困难所在。

10.3　供应链管理

供应链管理是为了实现供应链上各个企业的共同目标，对整个供应链的物流与信息流进行集成管理和统一协调。而用来实现该管理目标的计算机硬软件系统、网络与通信系统称为供应链管理系统。

10.3.1　供应链的含义与结构

供应链是指围绕核心企业产品生产和流通过程中所涉及的原材料供应商、生产商、批发商、零售商以及最终用户组成的供需网络。在一个典型的供应链里，首先需要购买原材料，在一个或多个工厂中生产出产品，然后运到仓库临时储存，最后再运给用户。

在供应链中存在着三个"流"：物流、资金流以及信息流。其中，物流从上游向下游流动，资金流从下游向上游流动，而信息流的流动则是双向的。这三种流贯穿了企业的全部活动。围绕核心企业的供应链的网络结构模型，如图 10—5 所示。

图 10—5　供应链的网络结构模型

从图 10—5 中可以看出，供应链是一个网链结构，由所有加盟的节点企业组成，节点企业相互之间是一种需求与供应的关系，其中一般有一个核心企业（可以是产品制造企业，也可以是大型零售企业）。节点企业在需求信息的驱动下，通过供应链的职能分工与合作（生产、分销、零售等），以资金流、物流、服务流为媒介实现整个供应链的不断增值。

10.3.2　供应链管理的含义

供应链管理是指人们在认识和掌握了供应链各环节内在规律和相互联系的基础上，利用管理的计划、组织、指挥、协调、控制和激励职能，对产品生产和流通过程中各个环节所涉及的物流、信息流、资金流、价值流以及业务流进行合理调控，以期达到最佳组合，发挥最大效益，迅速以最小的成本为客户提供最大的附加值。

供应链管理实际上是在现代科技及产品极其丰富的条件下发展起来的一种新的管理思想，它涉及各种企业及企业管理的方方面面，是一种跨行业的管理，并且企业之间作为贸易伙伴，为追求共同经济利益的最大化而共同努力。它强调核心企业与世界上最杰出的企业建立战略合作伙伴关系，委托这些企业完成一部分业务工作，自己集中精力和各种资源通过技术程序重新设计，做好本企业能创造特殊价值的，比竞争对手更擅长的关键性业务工作。这样可以极大地提高企业的竞争力和经济效益。基于这一思想，供应链管理应当是围绕着核心企业，供应链中其他企业与核心企业共同合作并参与共同管理的一种模式。核心企业要把供应链作为一个不可分割的整体，打破存在于采购、生产、分销和销售之间的障碍，做到供应链的统一和协调。

10.3.3　供应链管理的内容

供应链管理覆盖了从供应商到客户的全部过程，包括外购、制造、分销、库存管理、运输、仓储、客户服务等。随着涉及的资源和环节的增加，对供应链的管理变得十分复杂。为了实现对供应链上各个环节进行管理，建立供应链管理系统必不可少。

供应链管理的内容主要包括：供应链的组织结构设计，如供应商、制造商、经销商、用户的选择，信息网络的设计等；协调管理与控制；需求预测、计划与管理；生产计划、生产作业计划和跟踪控制、库存管理；供应商与采购管理；制造管理；分销（渠道）管理；用户管理与服务；物流管理；资金流管理；信息流管理等。

供应链管理是在生产流通及流通领域过程中，为将货物或服务提供给最终客户，联结上游与下游企业创造价值而形成的组织网络，是对商品、信息和资金在由供应商、制造商、分销商和客户组成的网络中的流动管理。它是在企业 ERP 的基础上构筑的与客户及供应商的互动系统，实现产品供应的合理、高效以及高弹性，客户可以通过网络了解产品的供货周期、订单的执行情况等，企业则可以即时了解客户的销售情况，提高决策执行的准确性、及时性，缩短供应链的运作周期，降低交易成本。对公司内和公司间的商品、信息、资金的流动进行协调和集成，是供应链有效管理的关键。

供应链管理拆除了企业的围墙，将各个企业独立的信息化孤岛连接在一起，建立起一种跨企业的协作，以此追求和分享市场机会。通过互联网、电子商务把过去分离的业务过程集成起来，覆盖了从供应商到客户的全过程，包括原材料供应商、外协加工和组装、生产制造、销售分销与运输、批发商、零售商、仓储和客户服务等，实现了从生产领域到流通领域一步到位的企业业务过程。它与传统进、销、存管理系统的区别在于：传统的进、销、存管理在设计思想上侧重于企业内部的经营活动，强调减轻人员的工作量，保证数据的准确性和账务的清晰完整，提供一定的经营分析功能，在电子商务的扩充、发展上基本没有考虑。供应链管理系统除了传统的进、销、存功能外，在设计思路上侧重于客户、企业内部、供应商三者之间为连接的经营活动，大大加强了经营分析和决策的功能。供应链管理基于互联网构筑与客户、供应商的互动系统，可以简单、快捷地向电子商务扩充。

10.4　客户关系管理

10.4.1　客户关系管理的基本概念

1. CRM 的含义

客户关系管理（Customer Relationship Management，CRM）就是企业通过适当的渠道，在适当时间，向适当的人提供适当的商品，其目标在于维持企业现有的市场份额，开发新的市场，建立新的销售渠道，拓展企业业务，提高企业信誉和亲和力，增加客户的满意度，让客户更多获益。

CRM 是现代管理科学与先进信息技术相结合的产物，是以客户为中心的新型商业模式，是一种旨在改善企业与客户之间关系的新型管理机制。它通过向企业的销售、市场和服务等部门和人员提供全面、个性化的客户资料，并强化跟踪服务、信息分析能力，使他们能够协同建立和维护一系列与客户以及生意伙伴之间卓有成效的"一对一关系"，从而使企业得以提供更快捷和周到的优质服务，提高客户满意度，吸引和保持更多的客户，进而可以增加营业额，并通过信息共享和优化商业流程有效地降低企业经营成本。

2. CRM 的目标

CRM 是一种以客户为中心的经营策略，它以 IT 为手段，对业务功能进行重新设计，并对工作流程进行重组，它具有以下几个主要管理目标：

（1）提高经营管理的效率。CRM 通过采用信息技术，提高业务处理流程的自动化程度，实现企业范围内的信息共享，使原本各自为战的销售人员、市场推广人员、电话服务人员、售后维修人员等真正地协调工作，成为围绕着"满足客户需求"这一中心的强大团队，提高企业员工的工作能力，使企业内部更高效地运转，降低企业经营成本。

（2）建立、促进和拓展企业"一对一"客户服务网络。"一对一"客户服务是指企业通过传统方式或者通过现代的电话、Web、电子邮件、传真网络通信手段，吸引更多的目标客户，提供符合客户需要的产品和服务，扩大企业经营活动范围，及时把握新的市场机会，占领更多的市场份额；而且使得产品在客户所需要的时间、所指定的地点满足客户。

（3）与客户建立快速、精确和可靠的沟通关系。企业根据所获得的客户信息和服务信息，动态制定出与目标市场相符合的产品、销售和服务战略。

（4）稳固地保留老客户。客户可以选择自己喜欢的方式，与企业进行交流，方便地获取信息并且得到更好的服务，提高客户满意度以帮助企业保留更多的老客户，更好地吸引新客户。同时，通过 CRM 中的商务智能分析系统，可以最大程度上实现客户价值。

3. CRM 的功能

CRM 的功能包括客户管理、联系人管理、时间管理、潜在客户管理、销售管理、电话销售、营销管理、客户服务、呼叫中心、合作伙伴关系管理等多个方面。

（1）客户管理。主要功能包括：客户基本信息；与此客户相关的基本活动和活动历史；联系人的选择；订单的输入和跟踪；建议书和销售合同的生成。

（2）联系人管理。主要功能包括：联系人概况的记录、存储和检索；跟踪同客户的联系，并生成相关的客户活动记录文件；客户的内部机构的设置概况。

（3）时间管理。主要功能包括：日历设置；设计约会、活动计划；进行事件安排，如会议、电话、电子邮件、传真；备忘录；进行团队事件安排；查看团队中其他人的安排，以免发生冲突；把事件安排通知相关人；任务表；预告/提示；记事本；电子邮件；传真。

（4）潜在客户管理。主要功能包括：业务线索的记录、升级和分配；销售机会的升级和分配；潜在客户的跟踪。

（5）销售管理。主要功能包括：组织和浏览销售信息；产生各销售业务的阶段报告；对销售业务给出战术、策略上的支持；对地域进行维护；把销售员归入某一地域并授权；地域的重新设置；根据利润、领域、优先级、时间、状态等标准，用户可定制关于将要进行的活动、业务、客户、联系人、约会等方面的报告；提供类似 BBS 的功能，用户可把销售秘诀贴在系统上，还可以查询某一方面的销售技能；销售费用管理；销售佣金管理。

（6）电话营销和电话销售。主要功能包括：电话本；生成电话列表，并把它们与客户、联系人和业务建立关联；把电话号码分配到销售员；记录电话细节并安排回电；电话营销内容草稿；电话录音记录，同时给出书写器；电话统计和报告；自动拨号。

（7）营销管理。主要功能包括：产品和价格配置器；在进行营销活动时，能获得预先定制的信息支持；把营销活动与业务、客户、联系人建立关联；显示任务完成进度；提供类似公告板的功能，可张贴、查找、更新营销资料，从而实现营销文件、分析报告等的共享；跟踪特定事件；安排新事件，并加入合同、客户和销售代表等信息；信函书写、批量邮件，并与合同、客户、联系人、业务等建立关联；邮件合并；生成标签和信封。

（8）客户服务。主要功能包括：服务项目的快速录入；服务项目的安排、调度和重新分配；事件的升级；搜索和跟踪与某一业务相关的事件；生成事件报告；服务协议和合同；订单管理和跟踪；问题及其解决方法的数据库。

（9）呼叫中心。主要功能包括：呼入呼出电话处理；互联网回呼；呼叫中心运行管理；软电话；电话转移；路由选择；报表统计分析；管理分析工具；通过传真、电话、电子邮件、打印机等自动进行资料发送；呼入呼出调度管理。

（10）合作伙伴关系管理。主要功能包括：对公司数据库信息设置存取权限，合作伙伴通过标准的数据存取方法和数据交换模式与公司进行信息交流。

 阅读材料

ERP 与 CRM、SCM 的信息系统集成

企业管理信息系统应充分利用互联网技术，将企业资源计划、供应链管理、客户关系管理功能全面集成，形成资源共享、数据共享、适应网络经济充分柔性的集成化的企业管理信息系统，即以企业内部的应用系统 ERP 为核心，利用互联网，实现 ERP 系统与供应链和客户关系管理的集成。

（1）ERP 与 CRM 集成的内容分析。系统的整体性要求 ERP 和 CRM 之间的交流必须是畅通无阻的，通过对这两个系统信息流的有效梳理，可以发现：ERP 和 CRM 之间是通过 CRM

的销售自动化、营销自动化、客户服务与支持自动化部分与 ERP 的财务、库存、生产、采购等模块来完成集成需求的，具体包括：客户信息、产品管理、工作人员管理、联系人管理、订单管理以及业务流程部分、一般信息交流部分、决策支持部分的信息交流。对 ERP 与 CRM 之间共享部分的信息，必须采用一定的方法使它们同步，保持前后台对同一个业务对象的记录一致。其中有些信息是一方生产，另一方享用，如库存状态和订单状态信息（均包含在业务流程部分）都是从 ERP 处传递到 CRM 中；有些是双向都可更新的，如客户信息和订单信息。CRM 与 ERP 系统的集成运行，能够将客户、经销商、企业销售结合起来，实现企业对客户需求的快速响应。同时，CRM 与 ERP 的合作运行，可以帮助企业清除营销体系中的中间环节，通过新的扁平化营销体系，缩短响应时间，降低销售成本，提高企业效益。

（2）ERP 与 SCM 集成的内容分析。ERP 与 SCM 的集成是通过 ERP 的销售、采购、生产模块与 SCM 的销售订单、采购、高级计划排程、敏捷制造模块完成的。SCM 在需求计划、生产计划的制定，分销计划模块、企业或供应链分析方面提供了优于 ERP 的功能。对于具体的信息传递与交流部分，经过对两个系统信息流的梳理，分析如下：ERP 系统和 SCM 系统共享基础数据，SCM 系统的确定型采购订单和采购预测作为 ERP 系统的客户需求，是制定生产计划的重要依据，而 ERP 系统根据在近期生产计划和 BOM 表分解的原材料采购需求的基础上，调整生成供应链系统的确定型客户订单，提供给供应链系统。另外，ERP 与 SCM 也在业务流程信息、一般信息和计划决策信息部分进行信息交流。

以 ERP 为核心的 ERP 与 CRM、SCM 的信息系统集成如图 10—6 所示。

图 10—6　ERP 与 CRM、SCM 的系统集成图

在这种模型下，客户可以直接通过互联网在电子商场中了解产品规格型号、性能、价格及使用方法，可以通过电子方式给生产商下订单。生产商通过 ERP 系统下达物料采购和生产制造指令，再通过电子方式完成物料采购、资金支付。经过生产制造，商品按时送交客户，并可在网上完成交易结算。它使供应商、生产商、分销商、客户通过供需链紧密集成，实现物料不间断流动，从而实现零库存，帮助企业最大限度地减少经营成本，快速响应客户需求，提高企业的市场竞争能力和经济效益。

10.4.2　CRM 系统的模型与结构

1.CRM 软件系统的一般模型

CRM 软件系统实现了对营销、销售和客户服务三个部分业务流程的信息化，CRM 软件系统的一般模型如图 10—7 所示。

首先，在营销过程中，通过对客户和市场的细分，确定目标客户群，制定营销战略和营

图 10—7 CRM 软件系统的一般模型

销计划。其次，销售的任务是执行营销计划，包括发现潜在客户、信息沟通、推销产品和服务、收集信息等，目标是建立销售订单，实现销售额。最后，在客户购买企业提供的产品和服务后，还需对客户提供进一步的服务与支持，这主要是客户服务部门的工作。产品开发和质量管理过程分别处于 CRM 过程的两端，由 CRM 提供必要的支持。

CRM 的目的是在适当的时间，通过适当的渠道将合适的产品提供给合适的客户，CRM 软件系统可以很好地支持营销、销售和服务过程。通过 CRM 软件系统的应用，企业提高了前台业务的运作效率。客户信息可以从中央数据库完整地获取，而不依赖于销售渠道；产品与客户分析结果以及产品销售、地区销售等的预测能够非常容易且实时地得到利用；企业可以通过 CRM 软件系统来对销售进行管理，能在有很多决策部门的大型组织中实现复杂的销售过程。CRM 软件还能简化识别目标客户的工作，加强与目标客户的联系；能够更为合理地分配营销资源，提高反馈率，并加强宣传的作用，从而减少市场营销成本。

2. CRM 软件系统的核心模块

CRM 软件系统将先进的思想与最佳的实践具体化，通过使用多种先进的技术手段最终帮助企业来实现以上目标。从总体上来看，CRM 软件系统由以下几个核心模块所组成。

（1）销售自动化（Sales Force Automation，SFA）。SFA 是 CRM 中最基本的模块，在国外已经有十几年的发展，近几年在国内也获得了长足发展。SFA 早期是针对客户的应用软件，但从 20 世纪 90 年代初开始，它的范围已经大大地扩展，包含一系列的功能，可以很好地提高销售人员大部分活动的自动化程度，提高其工作效率。SFA 的功能一般包括日历和日程安排、联系和客户管理、佣金管理、商业机会和传递渠道管理、销售预测、建议的产生和管理、定价、区域划分、费用报告等。

（2）营销自动化（Marketing Automation，MA）。MA 模块是 CRM 的最新成果，作为对 SFA 的补充，它为营销提供了独特的能力，如营销活动（包括网络营销活动和传统营销活动）计划的编制和执行、计划结果的分析；清单的产生和管理；预算和预测；营销资料管理；营销百科全书（关于产品、定价、竞争信息等的知识库）；对有需求客户的跟踪、分销

243

和管理。MA 模块不仅局限于提高销售人员活动的自动化程度，其目标是为营销及其相关活动的设计、执行和评估提供详细的框架。在客户生命周期中，MA 模块与 SFA 模块具有不同的功能，但它们常常是互为补充的。

（3）客户服务与支持。在很多情况下，保持客户和提高客户利润贡献度依赖于提供优质的服务，否则客户只需轻点鼠标或打一个电话就可以转向企业的竞争者。因此，客户服务和支持对企业来说是极为重要的。它可以帮助企业以更快的速度和更高的效率来满足客户的售后服务要求，以进一步保持和发展客户关系。在 CRM 软件系统中，客户服务与支持主要是通过呼叫中心和互联网实现的。CRM 软件系统中强有力的客户数据使通过多种渠道（如互联网、呼叫中心）的纵横向销售变为可能。当把客户服务与支持功能同销售、营销功能比较好地结合起来时，就能为企业提供很多好机会，向已有的客户销售更多的产品。客户服务与支持的典型应用包括：客户关怀；纠纷处理；订货、订单跟踪；现场服务；问题及其解决方法的数据库；维修行为安排和调度；服务协议和合同；服务请求管理等。

（4）商务智能（Business Intelligence，BI）。在企业的信息技术基础设施中，以数据仓库为核心的 BI 可以将大量信息转换成可利用的数据，并允许决策者从企业过去的经验记录中查找适用于当前情况的模式，通过这一方法可使决策者更好地预测未来。商务智能是指利用数据挖掘、知识发现等技术，分析和挖掘结构化的、面向特定领域的、存储于数据仓库内的信息，它可以帮助用户认清发展趋势、识别数据模式、获取智能决策支持、得出结论。商务智能的范围包括客户、产品、服务和竞争者等。在 CRM 软件系统中，商务智能主要是指客户智能。利用客户智能，可以收集和分析市场、销售、服务和企业的其他信息，对客户进行全方位的了解，从而理顺企业资源与客户需求之间的关系，增强客户的满意度和忠诚度，实现获取新客户、支持交叉销售、保持和挽留老客户、发现重点客户、支持面向特定客户的个性化服务等目标，提高盈利能力。

10.4.3 CRM 软件系统的组成部分

CRM 软件系统可划分为接触活动、业务功能及客户信息数据库三个部分。

1. CRM 软件系统中的接触活动

CRM 软件能使客户以各种方式与企业接触，典型的方式有呼叫中心、面对面的沟通、传真、移动销售、电子邮件、互联网以及其他营销渠道（如金融中介或经纪人等）。企业必须协调这些沟通渠道，保证客户能够采取其方便或偏好的形式，随时与企业交流，并且保证来自不同渠道的信息完整、准确和一致。不同渠道的接触活动如图 10—8 所示。

在客户交互周期中的客户接触参与阶段，CRM 软件系统主要包含以下的内容：

（1）营销分析。包括市场调查、营销计划、领导分析以及活动计划，并提供市场洞察力和客户特征，使营销过程更具计划性，达到最佳化。

（2）营销活动管理。包括活动传送、计划、内容发展、客户界定、市场分工和联络。

（3）电话营销。包括呼入/呼出管理，名单目录管理，支持一个企业多个联系人。

（4）电子营销。保证互联网上个性化的实施、大量的营销活动的实施和执行。选定确切、有吸引力的目标组，通过为客户定制的内容和产品进行进一步互动。

（5）潜在客户管理。

2. CRM 软件系统中的业务功能

CRM 软件系统的业务功能通常包括市场管理、销售管理、客户服务和支持三个部分。

图 10—8   不同渠道的接触活动

（1）市场管理。主要任务是通过对市场和客户信息的统计和分析，发现市场机会，确定目标客户群和营销组合，科学地制定出市场和产品策略，为市场人员提供制定预算、计划、执行和控制的工具，不断完善市场计划；管理各类市场活动（如广告、会议、展览、促销等），对市场活动进行跟踪、分析和总结，以便改进工作。

（2）销售管理。主要任务是使销售人员通过各种销售工具，方便、及时地获得有关生产、库存、定价和订单处理的信息。所有与销售有关的信息都存储在共享数据库中，销售人员可随时补充或及时获取。另外，借助信息技术，销售部门还能自动跟踪多个复杂的销售线路。

（3）客户服务和支持。一方面，通过计算机电话集成技术（CTI）支持的呼叫中心，可以为客户提供每周 7×24 小时不间断的服务，并将客户的各种信息存入共享的数据库，以便及时满足客户需求；另一方面，技术人员对客户的使用情况可以进行跟踪，以便为客户提供个性化服务。

本书以 Oracle 公司的 CRM 产品为例，较为详细地描述了 CRM 软件系统的各业务功能，详见表 10—1。

表 10—1   **Oracle 公司 CRM 软件系统的业务功能**

模块名称	模块目标	各构成子模块及其所能实现的主要功能
销售模块	提高销售过程的自动化和销售效果	销售管理：销售是销售模块的基础，用来帮助决策者管理销售业务，它包括的主要功能是额度管理、销售力量管理和地域管理。
		现场销售：为现场销售人员设计，主要功能包括联系人和客户管理、机会管理、日程安排、佣金预测、报价、报告和分析。
		掌上销售：这是销售模块的新成员。该组件包含许多与现场销售组件相同的特性，不同的是，该组件使用的是掌上型计算设备。
		电话销售：进行报价生成、订单创建、联系人和客户管理、潜在客户管理，以及针对电话商务的功能，如电话路由、呼入电话屏幕提示以及回应管理。
		销售佣金：它允许销售经理创建和管理销售队伍的奖励和佣金计划，并帮助销售代表形象地了解各自的销售业绩。

245

模块名称	模块目标	各构成子模块及其所能实现的主要功能
营销模块	对直接市场营销活动的计划、执行和分析	营销管理：使营销部门实时地跟踪活动的效果，执行和管理多种多样、多渠道的营销活动。
		针对特定行业的营销部件：在上面的基本营销功能基础上，针对特定行业（如电信、保险、零售）的具体实际，增加了一些附加的特定行业特色功能。
		其他功能：可帮助营销资料列表生成与管理；授权和许可；预算；回应管理。
客户服务模块	提高那些与客户支持、现场服务和仓库修理相关的业务流程的自动化并加以优化	服务：完成现场服务分配、现有客户管理、客户产品全生命周期管理、服务技术人员档案、地域管理等。通过与ERP集成，可进行集中式的雇员定义、订单管理、后勤、部件管理、采购、质量管理、成本跟踪、发票、会计等。
		合同：用来创建和管理客户服务合同，从而保证客户获得的服务水平和质量与其所花的钱相当。它使得企业跟踪保修单和合同的续订日期，利用事件功能表安排预防性的维护活动。
		客户关怀：是客户与供应商联系的通路，允许客户记录并自己解决问题，如联系人管理、客户动态档案、任务管理、基于规则解决重要问题等。
		移动现场服务：使服务工程师能实时地获得关于服务、产品和客户的信息。同时，他们还可使用该组件与派遣总部进行联系。
电子商务模块	帮助构建电子商务平台，实现电子商务功能	电子商店：此部件使企业能建立和维护基于互联网的店面，从而在网络上销售产品和服务。
		电子营销：与电子商店相联合，电子营销允许企业创建个性化的促销和产品建议，并通过Web向客户发出。
		电子支付：是电子商务的业务处理模块，能使企业选择自己的在线支付方法。
		电子货币与支付：利用这个子模块后，客户可在网上浏览和支付账单。
		电子支持：允许客户提出和浏览服务请求、查询常见问题、检查订单状态。电子支持部件与呼叫中心联系在一起，具有电话回拨功能。
呼叫中心模块	利用电话来促进销售、营销和服务	电话管理员：包括呼入呼出电话处理、互联网回呼、呼叫中心运营管理、图形用户界面软件电话、应用系统弹出屏幕、友好电话转移、路由选择等。
		开放连接服务：支持绝大多数的自动排队机，如Lucent、Nortel、Aspect、Rockwell、Alcatel、Erisson等。
		语音集成服务：支持大部分交互式语音应答系统。
		报表统计分析：提供了图形化分析报表，可进行呼叫时间分析、等候时间分析、呼入呼叫的汇总分析、坐席负载率分析、呼叫接失率分析、呼叫传送率分析、坐席绩效对比分析等。
		管理分析工具：进行实时的性能指数和趋势分析，将呼叫中心和坐席的实际表现与设定的目标相比较，确定需要改进的区域。
呼叫中心模块	利用电话来促进销售、营销和服务	代理执行服务：支持传真、打印机、电话和电子邮件等，自动将客户所需的信息和资料发给客户，可选用不同配置使发给客户的资料有针对性。
		自动拨号服务：管理所有的预拨电话，仅接通的电话才转到坐席人员那里，节省拨号时间。
		市场活动支持服务：管理电话营销、电话销售、电话服务等。
		呼入呼出调度管理：根据来电的数量和坐席的服务水平，为坐席分配不同的呼入呼出电话，提高客户服务水平和坐席人员的生产率。
		多渠道接入服务：提供与互联网和其他渠道的连接服务，充分利用话务员的工作间隙，收看电子邮件、回信等。

3. CRM 软件系统中的客户信息数据库

客户信息数据库是 CRM 系统的重要组成部分，是企业前台各部门进行各种业务活动的基础。从某种角度上讲，它甚至比各种业务功能更为重要。其重要作用体现在：帮助企业根据客户生命周期价值来区分各类现有客户；帮助企业准确地找到目标客户群；帮助企业在最合适的时机以最合适的产品满足客户需求，降低成本，提高效率；帮助企业结合最新信息制定出新策略，塑造客户忠诚。运用数据库这一强大的工具，可以与客户进行高效的、可衡量的、双向的沟通，真正体现了以客户为导向的管理思想；可以与客户维持长久的甚至是终身的关系，来保持和提升企业短期和长期的利润。

可以这样说，客户信息数据库是 CRM 管理思想和信息技术的有机结合。

一个高质量的数据库包含的数据应当能全面地、准确地、详尽地和及时地反映客户、市场及销售信息。数据可以按照市场、销售和服务部门的不同用途分为客户数据、销售数据、服务数据三类。客户数据包括客户的基本信息、联系人信息、相关业务信息和客户分类信息等，它不但包括现有客户信息，还包括潜在客户、合作伙伴和代理商的信息等。销售数据主要包括销售过程中相关业务的跟踪情况，如与客户的所有联系活动、客户询价和相应报价、每笔业务的竞争对手以及销售订单的有关信息等。服务数据则包括客户投诉信息、服务合同信息、售后服务情况以及解决方案的知识库等。这些数据可放在同一个数据库中实现信息共享，以提高企业前台业务的运作效率和工作质量。

目前，飞速发展的数据仓库技术（如 OLAP、数据挖掘等）能按照企业管理需要，对数据源进行再加工，为企业提供了强大的数据分析工具。

10.4.4 CRM 软件系统的三种类型

目前，在全球范围内，声称已开发出 CRM 软件系统的公司很多。这些 CRM 软件系统，功能特点和适用对象不同，模块多少和系统规模各异。后来，美国著名 IT 咨询公司 Meta Group 把 CRM 系统分为了运营型、分析型和协作型三类。本节就对这三类系统进行介绍。

1. 运营型 CRM 及其功能

运营型 CRM，也称"前台" CRM 或操作型 CRM，如营销自动化、销售自动化和客户服务管理等与客户直接发生接触的部分，其目的是确保企业与客户的交流，确保企业能够通过各种客户互动渠道收集到所需的客户信息，以便建立客户档案，并将各种相关客户数据存储在中央客户数据库中。运营型 CRM 系统，使得企业中直接面对客户的相关部门在日常工作中能够共享客户资源，减少信息流动滞留点，从而以一种统一的视图面对客户。

运营型 CRM 包括与客户直接发生接触的各个接触点的整合，以及前台和后台运营之间相互的平滑连接。这里的接触点可以是输入接触（如打给公司客户热线的电话）；也可以是输出接触（如业务员的销售电话或者电子邮件促销）。

运营型 CRM 围绕客户信息进行了各个部门的协同工作，主要解决了以下问题：

（1）如何收集客户信息；

（2）谁来收集客户信息；

（3）收集什么样的客户信息；

（4）与某个客户相关的所有信息是否是整合的；

（5）企业前台管理的每个部门是否都建立起"以客户为中心"的理念；

（6）对不同的客户是否能够提供不同的服务。

根据上述分析可以看出，运营型 CRM 最适合于制造业、零售业、保险业，这是因为这类行业的企业客户数据太多，而且分散在大量的业务员手中，没有办法进行系统管理。但解决好数据的共享是其应用的关键，随着移动通信技术的完善，以上应用前景是被看好的。

2. 分析型 CRM 及其功能

分析型 CRM，也称为"后台" CRM 或"战略" CRM，它主要通过分析运营型 CRM 中获得的各种数据，为企业的经营、决策提供可靠的量化依据。分析型 CRM 侧重在分析客户数据上，使企业更为清晰地了解自己客户的类型，把握不同类型客户的准确需求，从而发挥最大潜力挖掘客户和更好地服务于客户。建立良好的客户关系，最理想的状况是集成覆盖整个企业的 CRM 系统，即用运营型 CRM 提供多种接触手段，用分析型 CRM 提供的数据深入了解客户，达到对不同客户区别对待的目的。分析型 CRM 的组成如图 10—9 所示。

图 10—9　分析型 CRM 的组成

可以看出，分析型 CRM 首先需要有一个信息采集的部分，用来收集两方面的信息：一方面是企业和客户的交易信息，另一方面是企业的外部相关信息，并把这两种重要的信息融合起来，组成企业数据仓库，作为 CRM 运作的基础；然后还要有信息管理、信息处理（加工）部分，最终是为了进行信息利用。通过这几个部分的运作，有助于分析型 CRM 在如下问题上做出正确的评价、认识和决策。具体包括：

（1）哪些活动可以赢得更多、更好的客户；

（2）最优秀的客户有哪些；

（3）如何才能达到最好的宣传效果和宣传业绩；

（4）哪些客户是我们需要投入精力来挽留的。

如果将上面 CRM 的组成具体化，可以把图 10—9 修改为如图 10—10 所示的更为直接的运作形式。

图 10—10　分析型 CRM 的运作

分析型 CRM 应用大量交易数据对未来的市场趋势做出预测，它适用于有大量客户的金融、电信、证券行业。一般由商业智能供应商提供的 CRM 主要是分析型 CRM，同时又能同运营型 CRM 进行平滑的集成和协同工作。商业智能供应商提供的 CRM 通常包含的分析和应用主要有：客户群体分类分析和行为分析、客户效益分析和预测、客户背景分析、客户满意度分析、交叉销售、产品及服务使用分析、客户信用分析、客户流失分析、欺诈发现、市场分类分析、市场竞争分析、客户服务中心优化等。

3. 协作型 CRM 及其功能

协作型 CRM 是指企业直接与客户互动（通常通过网络）的一种状态，它能实现全方位的客户交互服务并收集客户信息，形成与多种客户交流的渠道。协作型 CRM 强调的是交互性，它借助多元化、多渠道的沟通工具，让企业内部各部门同客户一起完成某项活动。协作的意思就是让两个以上的人员一起工作。协作型 CRM 应用能够让企业客户服务人员同客户一起完成某项活动。例如，技术人员通过电话指导客户修理设备，因为这个修理活动由员工和客户共同参与，因此他们是协作的。而前面的营运型应用和分析型应用都是企业员工单方面的业务工具，在进行某项活动时，客户并没有参与。

协作型 CRM 的主要功能包括以下几点：

（1）电话接口。提供与世界先进水平的电话系统集成的接口，支持多种计算机电话集成（Computer Telephony Integration，CTI）中间件。

（2）电子邮件和传真接口。能与电子邮件和传真集成，接收和发送电子邮件和传真；能自动产生电子邮件以确认信息接收等。

（3）网上互动交流。进一步加强与网络服务器的集成以支持互动浏览、个性化网页、站点调查等功能。

（4）呼出功能。支持电话销售/电话市场推广，如预知拨号、持续拨号、预先拨号。

4. 三类系统的关系与功能定位

在 CRM 实际项目的运作中，运营型、分析型、协作型是相互补充的关系，如果把 CRM 比作一个完整的人的话，运营型 CRM 是 CRM 的四肢，分析型 CRM 是 CRM 的大脑和心脏，而协作型 CRM 就是各个感觉器官，其相互间的关系如图 10—11 所示。

图 10—11　三种 CRM 系统之间的关联关系

三类 CRM 系统主要侧重于功能分类。实际上，各种 CRM 产品并没严格区分为运营型、分析型、协作型，而是多种应用贯穿其中。三种 CRM 系统的职责定位如图 10—12 所示。

客户与企业的互动，需要把分析型 CRM 与运营型 CRM 结合在一起。如网站的客户要了解什么信息，运营型系统就把客户的要求传递给数据仓库，通过数据仓库来获取这些信息，然后返回客户界面。运营型 CRM 的管理接触点，是通过 Web 与客户联系；而数据仓库不管理接触点，用于分析和决策。一个强大的 CRM 解决方案应该把运营型 CRM 的接触点和分析型 CRM 的后台数据仓库相结合，这也就产生了称为协作型 CRM。而后端和前端走向融合的关键点在于系统是开放的，只有开放的系统才能把各自的优点结合起来。

协作型 CRM 与客户交互共同完成任务，通过互联网、电话等交互渠道集成为业务管理

图 10—12　三种 CRM 系统的职责定位

用户提供多渠道的交互方式，包括网站、电子邮件、电话、多媒体呼叫中心和无线接入等，并且这些交互渠道是相互集成的，保证所有客户在不同的渠道上得到统一的服务，有统一的体验，也使企业的各种业务运作都可随时随地处理。

目前运营型 CRM 产品占据了 CRM 市场大部分的份额，它虽然能够基本保证企业业务流程的自动化、企业与客户之间的沟通与协作等问题，但是随着客户信息的日趋复杂，它已难以满足企业进一步的需要，在现有 CRM 解决方案基础上扩展强大的业务智能和分析能力就显得尤为重要。因此，分析型 CRM、协作型 CRM 毫无疑问将成为今后市场需求的热门。

10.5　电子商务系统

电子商务系统是互联网时代管理信息系统的主流应用之一，它在互联网和其他网络基础上，集成了数据管理、事务处理、业务流程重组、安全管理等技术，以实现企业电子商务活动为目标，满足企业生产、销售、服务等方面的需要，支持企业的对外业务协作，从运作、管理和决策等层次全面提高企业的信息化水平，为企业提供商业智能的管理信息系统。

10.5.1　电子商务系统的基本知识

电子商务系统是商务与技术相结合的产物。了解企业商务活动的过程，熟悉电子商务的基本概念和业务流程，是开发电子商务系统的基础。

1. 电子商务的含义

电子商务（Electronic Commerce，EC）是指通过网络，以电子数据流通的方式在全世界范围内进行并完成的各种商务活动、交易活动、金融活动和相关的综合服务活动。

实际上，电子商务就是一种借助于计算机网络技术，通过电子交易手段来完成金融、物资、服务和信息等价值交换，快速而有效地从事各种商务活动的最新方法。电子商务的应用有利于满足企业、供应商和消费者对于提高产品质量和服务质量、加快服务速度、降低费用等方面的需求，帮助企业和个人通过网络查询和信息检索的方式来支持决策。

电子商务的目标可概括为：加强企业与供应商之间的联系；加快资金周转速度，降低企业综合成本；减少产品流通时间；加快对消费者需求的响应速度；提高服务质量，实现信息系统的一体化；建立企业站点，树立企业形象，提高企业知名度，增强市场竞争力。

2. 电子商务的本质

电子商务就其本质而言是商务，其核心仍然是商品的交换，但是它与传统商务活动也有差别，这种差别主要体现在商务活动的形式和手段上，具体表现为：

(1) 电子商务是一种采用最先进信息技术的交易方式。交易各方将自己的各种供求意愿按照一定的格式输入电子商务网络，电子商务网络便会根据用户的要求，寻找相关信息并向用户提供多种交易选择。一旦用户确认，电子商务就会协助完成合同的签订、分类、传递和款项收付等整套业务。这就为卖方以较高的价格卖出产品、买方以较低的价格购入商品和原材料提供了一条非常便捷的途径。

(2) 电子商务形成虚拟的市场交换场所。电子商务能够跨越时间和空间，实时地为用户提供各类商品和服务的供应量、需求量、发展状况及买卖双方的详细情况，从而使买卖双方能够更方便地研究市场，更准确地了解市场动态和把握市场方向。

(3) 对电子商务的理解，应从现代信息技术和商务两个方面综合考虑。一方面，电子商务所包括的现代信息技术，应涵盖各种以电子技术为基础的通信方式；另一方面，对商务一词应作广义理解，它应包括契约型或非契约型的一切商务性质关系所关联的各种事项。如果把现代信息技术看成一个子集，商务看成另一个子集，电子商务所覆盖的范围应当是这两个子集所形成的交集。

(4) 电子商务不等于商务电子化。真正的电子商务绝不仅是企业前台的商务电子化，更重要的是包括后台在内的整个运作体系的全面信息化，以及企业整体经营流程的优化和重组。也就是说，建立在企业全面信息化的基础上，通过电子手段对企业的生产、销售、库存、服务以及人力资源等环节实行全方位控制的电子商务才是真正意义上的电子商务。

3. 电子商务的特点

与传统的商务活动相比较，电子商务具有一些明显的优势，其主要特点可以概括为：交易市场庞大；交易速度快捷；交易过程虚拟；交易成本低廉；交易环节透明化。

电子商务系统打破了时间的局限，改变了贸易形态，使商贸业务手续简便、快捷，从而降低了成本，加快了经济结构调整，提高了企业的竞争力。

4. 电子商务的分类

按照交易的对象，电子商务可以分为以下 3 种类型。

(1) B2C (Business to Customer)，即企业与消费者之间的电子商务。B2C 类似于联机服务中的商品交易，是利用计算机网络使消费者直接参与经济活动的高级形式。随着计算机网络的普及与迅速发展，现已形成大量的网络商业中心，提供各种商品和服务。

(2) B2B (Business to Business)，即企业与企业之间的电子商务。B2B 包括特定企业间的电子商务和非特定企业间的电子商务。特定企业间的电子商务是指在过去一直有交易关系或者今后要继续进行交易的企业，为了共同的经济利益，共同进行的设计、开发或市场与库存管理的商务交易。非特定企业间的电子商务是指在开放的网络中为每笔交易寻找最佳伙伴，与伙伴进行从订购到结算的全部交易行为。虽说是非特定企业，但由于加入该网络的只限于需要这些商品的企业，可以设想是限于某一行业的企业。不过，它并不以持续交易作为前提，不同于特定企业间的电子商务。B2B 在这方面已经有多年运作的历史，使用状况良好，特别是通过专用网络或增值网络运行的电子数据交换（Electronic Data Interchange，EDI）。

（3）B2G（Business to Government），即企业与政府方面的电子商务。这种商务活动覆盖企业与政府组织间的各项事务。政府采购清单可以通过互联网对外发布，企业可以以电子化方式回应。同样，在企业营业税的征收上，政府也可以通过电子交换方式来完成。

在电子商务上述三种基本形式的基础上，还可以生成若干种不同的派生形式，如 C2B（Customer to Business）、C2C（Customer to Customer）、G2B（Government to Business）等。这些形式的运作过程与 B2C 和 B2B 电子商务基本类似。

10.5.2　电子商务系统的交易流程

不同类型的电子商务，其交易流程是不同的。对于互联网商务来讲，可分为三种基本的交易流程：网络商品直销的流程、企业间网络交易的流程和网络商品中介交易的流程。

1. 网络商品直销的流程

网络商品直销，是指消费者和生产者，或者需求方和供应方，直接利用网络所开展的交易活动，B2C 电子商务基本属于网络商品直销的范畴。这种交易模式的最大特点是供需方直接见面，中间环节少，速度快，费用低，其交易流程如图 10—13 所示。

图 10—13　网络商品直销的流程

2. 企业间网络交易的流程

企业间网络交易是 B2B 电子商务的一种基本形式。交易从寻找和发现客户出发，利用企业自己的网站或网络服务提供商的信息发布平台发布交易信息。借助互联网超越时空的特性，企业可以方便地了解到世界各地其他企业的购买信息，同时也有随时被其他企业发现的可能。通过商业信用调查平台，买卖双方可以进入信用调查机构申请对方的信用调查；通过产品质量认证平台，买方可以对卖方的产品质量进行认证。然后，在信息交流平台上签订合同，进而实现电子支付和物流配送。最后是销售信息的反馈，完成整个 B2B 电子商务交易流程。企业间网络交易的流程如图 10—14 所示。

图 10—14　企业间网络交易的流程

3. 网络商品中介交易的流程

网络商品中介交易是指通过虚拟网络市场进行的商品交易。这是 B2B 电子商务的另一种形式。在这种交易过程中，网络商品交易中心以互联网为基础，利用先进的通信技术和计算机软件技术，将商品供应商、采购商和银行紧密地联系起来，为客户提供市场信息、商品交易、仓储配送、货款结算等全方位的服务。

10.5.3　电子商务系统的体系结构

从总体分析，电子商务系统是一个三层体系结构，其中：最底层是网络平台，中间是电子商务基础平台，最上层是各种电子商务应用系统。

1. 网络平台

网络平台是信息传输的载体和用户接入的手段，是电子商务系统的基础，一般遵从 TCP/IP 协议，提供网络服务、安全服务、目录服务以及文件和打印服务等。

2. 电子商务基础平台

电子商务基础平台为企业的电子商务应用提供运行环境和管理工具及内部系统的连接，是保证电子商务系统具有高可扩展性、集中控制与可管理性、高可靠性的基础。一般包括 CA 认证中心接口、支付网关接口和客户服务中心等组成部分。

3. 电子商务应用系统

电子商务应用系统由企业内联网（Intranet）、企业外联网（Extranet）和互联网（Internet）三部分组成，这三部分构成一种以企业的分布式计算为核心的信息系统的集合体，如图 10—15 所示。

图 10—15　电子商务系统的组成

企业内联网是利用互联网技术构造的面向企业内部的专用计算机网络系统。企业外联网与企业内联网相对应，实际上已经脱离了纯网络的概念，而更侧重于企业电子商务的外部环境以及与合作伙伴或外协单位的信息交换关系。

电子商务系统以企业内联网为基础,实现企业内部工作流的电子化。建立企业内部的信息系统后,需要进一步完善企业的外部环境,将企业内联网扩展到企业外联网,完成企业与企业之间的电子信息交换,然后通过互联网向消费者提供联机服务。

在这种技术体系下,电子商务成功的关键问题是:利用企业内联网解决企业内部信息资源的利用问题;利用企业外联网解决企业和外部协作伙伴的合作问题,使企业获得更快的反应速度和更高的效率;利用互联网在网络上从事交易活动,实现电子商务。由此可见,电子商务的整体运行其实是以互联网、内联网、外联网为基础的。

于是,有人把互联网、内联网和外联网定义为电子商务的三大网络基础。借助这三大类网络进行交易,交易各方可降低经营成本,增加商业价值并创造新的商机。以互联网、内联网、外联网为基础的电子商务示意图如图10—16所示。

图10—16 互联网、内联网、外联网上的电子商务

10.5.4 电子商务系统的开发技术

电子商务系统开发的技术流程如图10—17所示。电子商务系统涉及的主要技术包括客户端技术、服务器端技术和数据库技术等,分别体现在网页界面、后台程序和数据存储等方面。实际开发时需要很多专业技术知识,下面只是介绍一些基本内容。

图10—17 电子商务系统开发的技术流程

1. 网页界面

电子商务过程中客户端与服务器端传送的数据,最后反馈给客户端的显示画面是网页。客户通过这个界面向服务器端传送和接收反馈数据,所以互联网开发必须具备网页制作方面的技术。特别值得一提的是,网页其实也是由开发者制作好并保存在服务器上的,客户发送一个协议请求,再通过客户端的浏览器下载到客户的终端机上,从而形成客户端与服务器的

交互界面。

2. 后台程序

仅具备网页制作的技能对于实现电子商务的开发是远远不够的，网页是静态的，不能向服务器端传送数据，只是从服务器端下载一段 HTML 代码而由浏览器解释成网页界面。要实现客户端与服务器端的交互，还必须借助后台程序这个工具来接收客户端传送的数据。所谓后台程序，就是在服务器端运行的动态语言，它在服务器端软件环境的支持下把从客户端接收的数据编译成服务器端的命令，执行相关的操作，如保存数据或反馈数据到客户端。后台程序是电子商务开发技术的核心，程序开发的好坏将直接影响整个电子商务网站的功能。简单地说，后台程序决定了一个交互式网站的功能定位。

3. 数据存储

从客户端接收了数据后，必须有一个数据容器来负责存储这些数据。存储数据的容器一般有很多种，如网页、文本文件、数据库等。采用网页、文本文件来保存数据比较方便，不需要服务器端支持数据库，可进行一些简单的数据存储。但对于一个电子商务网站来说，存储的数据类型有很多，如产品数据、客户数据、订购数据等，就必须用数据库来存储数据。利用数据库的好处是可以存储大量的数据，同时便于查询、处理数据。

10.5.5 电子商务系统的典型应用

本节以零售业电子商务系统为例，介绍一下电子商务系统的应用。零售业电子商务其实就是零售业务的电子化、网络化。一个完备的电子零售系统涉及金融机构、供应商、批发商、制造商和客户等各个方面，它一方面通过提供快捷、周到的优质服务吸引更多的客户，另一方面通过对业务流程的自动化管理降低企业的成本，提高工作效率。

1. 电子零售系统的功能

一个完整的电子零售系统应具备以下功能：

（1）先进的商品及服务类别管理。商品目录条理清晰、结构明确，具有灵活的商品展示功能，在保证下载速度的前提下采用多样化的展示方式，向客户提供更丰富、生动的商品信息。通过搜索引擎或分层目录的连接，向客户提供引导，方便客户选择及购买。

（2）丰富的商品交易功能。支持定价销售与议价销售方式，并包括阶段性商品打折销售，通过网上促销等优惠手段吸引更多访问者的关注。具有高效的订单管理，并可随时更新及查询。

（3）高效、易用的交互功能。邮件管理系统有利于企业内部各部门间互通信息，也是有效收集客户信息的渠道之一。通过功能强大的用户 BBS 系统，方便企业与用户、用户之间的交流，增强网站的互动功能。

（4）全面、安全的网上支付方案。提供个性化购物、支付配送信息表并与所有开通网上支付业务的银行建立支付接口，尽量减少网上消费的限制条件。

（5）适用性极强的商品反馈系统和客户关系管理。商品反馈系统帮助企业及时地搜集有关客户需求和销售状况等方面的信息。安全、完善的客户关系管理，可以增强客户的满意度和忠诚度。

（6）完善的售后服务。完善的售后服务可以减少客户对网上购物的不信任，认同新的消费模式。

2. 电子零售系统的分析与设计

系统分析的主要任务是根据企业业务需求的目的，列出网站形象定位、网站功能定位、目标访客定位、信息结构设计、功能结构设计、导航体系设计、栏目设置、网上推广策划等。实现电子零售系统的功能，其基础是要做好客户信息系统、网上交易系统、售后服务系统的分析与设计。

（1）客户信息系统。客户信息系统的功能包括：通过对客户消费记录进行分析，区分客户的价值，更深入地了解和认识客户，采取更有效、更具体的营销策略；通过电子邮件、用户评论区等工具与客户形成亲密的往来关系，改善客户满意度，减少销售环节中的潜在障碍；根据客户的反馈信息，更深入地了解商品销售状况，准确掌握消费需求的变动，加快商品的周转，提高效率；对客户群体有更准确的定位，有利于在开拓新市场方面进行清晰的目标策划和营销管理；有利于个体营销的实施；使雇员能遵循科学的流程来了解客户的需求。

（2）网上交易系统。网上交易系统包括订单管理子系统、商品展示子系统、商品管理子系统、信息服务子系统、营销策略子系统等。它们可以为零售企业提供一系列交易工具，完成向企业内联网传输数据的工作，向用户提供友好的操作界面，响应网络用户的请求，完成与配送系统、收款银行间的信息传递。网上交易系统的具体功能包括：为商家提供基于Web界面的交易处理及管理；购物车服务，帮助客户建立用于存储、更新、删除个体采购信息的记录；支持客户网上提交订单；提供多种可选择的支付与配送手段；提供全面的商品分类和查询工具，实现对商品的智能检索；向客户提供可以随时查询订单处理情况和进行个人交易统计的服务；控制支付流程，向客户提供具体的交易信息。

（3）售后服务系统。从客户订单确认执行那一刻起，商家就有责任按指定的支付与配送方式完成与客户间的协议，并对此过程负责。在商品交付使用后，对某些商品提供使用指导、维护服务。对于商品质量问题，代表客户与供应商商谈等。售后服务系统的具体功能包括：完成客户选定的支付与配送服务；根据对客户记录的分析，提供有针对性的商品服务，如提供家用电器维护方面的信息、推荐物品使用技巧等；对客户提出的商品质量问题进行检测和确认；提供商品质量检测、客户追踪服务的分析报告。

3. 网页设计

在网络零售环境中，客户与零售商之间的交流都是通过一些内容翔实、查询方便、连接快捷的网页来进行的。要让客户有兴趣浏览网页，并在此过程中对某些产品产生特别的喜好，从而引发其购买行为，就要从客户的角度出发，针对其具体的需求层次和相应的变化，对网页的内容安排、信息查询、商品检索、连接导航等项目做出系统的安排。

（1）网页内容。网页内容主要涉及商品目录的排定、背景颜色的选择、插入图片的大小与数量、信息导航、内容检索等项目。

电子零售的一切商品信息都是通过网页展示给客户的，因而商家在制作网页之前，首先应列出与商品销售有关的各项信息，如商品名称、规格、价格、产地等。除此之外，针对不同属性的商品，应提供客户感兴趣的资料，如保鲜类商品的生产日期，电子类消费品的性能指标，音像书籍类商品的评论或片段欣赏。最后，还应在主页或显著的位置上列出商品打折、促销等方面的信息供浏览者查阅。

可通过关联销售、类似商品推荐、免费试用、商品反馈等方法吸引客户对网上企业的兴趣。当客户对一种商品感兴趣，并产生购买行为时，意味着更多销售机会的到来。

关联销售即在记录某种商品的信息的网页上，列出相关商品的信息，如面包和牛奶、电筒和电池，激发客户的潜在需求。

类似商品推荐是常用的一种方式，例如客户选择《管理信息系统》这本书时，可以同时列出其他与信息系统相关的著作。值得一提的还有客户购买商品的历史自动交叉销售技术，如甲根据爱好购买了 A 和 B 两本书，乙出于某种目的购买了 B 和 C 两本书，则可以向甲推荐 C，向乙推荐 A，使兴趣相似的客户相互推荐商品。

对于某些可在网络上传输的电子类商品，提供免费下载、试听、试用服务，也有助于客户购买。

商品反馈即引用他人的意见，引用商品使用者的评论，将会给潜在的客户带来有益的指导，也有助于网站信誉的提高。

多数网站允许客户通过分类和索引目录、关键字来查询所需物品。分类和索引目录（网站地图）为客户寻找所需商品提供了有益的指导；关键字为目标明确的客户提供快捷途径。网站通过站点内容导航和关键字搜索来实现这两项功能。

（2）站点内容导航。站点内容导航基于商品的分层结构，浏览者可根据商品的大类别、次一级类别逐层地找下去，直到发现所需商品信息。

（3）关键字搜索。相当于针对网站内容建立索引文件，帮助客户找到他们所需要的商品。为了保证每一个页面都能够被索引，需要事先写出网站的内容列表或创建站点地图。很多网站将文本区域和按钮用于搜索引擎的界面，而把搜索表单放入页面的导航区域。

4. 数据库设计

为向客户提供实时的动态信息，需要把 Web 服务同应用系统的数据库链接起来，接收用户请求，提供实时变化的数据信息，再将其返回给客户端浏览器，并收集客户提供的资料，记录到合适的数据库中。

（1）Web 页面与数据库的链接。这种链接包括通用网关接口（Common Gateway Interface，CGI）、Web 数据库提供的功能接口、商品数据库、客户数据库等。

（2）网络信息统计数据库。该数据库收集来自网络的各类信息，包括网上消费报告、竞争对手信息、网上零售规则等。

5. 典型零售企业的网络设计方案

电子零售企业网络系统设计方案应满足如下要求：采用国际统一标准；合理分配带宽，使用户不受网上"堵车"的影响；充分考虑未来可能的应用，如可以承受大型应用软件和多媒体传输需求的压力；网络方案要具有高可扩展性，能够为用户未来的扩展提供调整、扩充的手段和方法；应具有支持通用大型数据库的功能，支持多种协议，具有良好的软件支持；采用模块化结构设计，易于升级；根据业务流程进行结构设计。

根据上述分析，规划一个网上零售系统模型如图 10—18 所示。

10.6 电子政务系统

电子政务系统是快速发展的电子信息技术与政府改革相结合的产物，是政府信息化建设的主要内容。

10.6.1 电子政务的基本概念

1. 电子政务的含义

政务就是政府部门需要办理的各项事务。在《现代汉语词典》中对"政务"一词的解释是：关于政治方面的事务，也指国家的管理工作。可以看出，其含义有两个，一是指关于政治方面的事务；二是指国家的各类行政管理活动，即专指政府部门的管理和服务活动。以我

图 10—18 网上零售系统模型

国为例,政务的概念可从广义和狭义两个角度来理解:广义的政务泛指各类行政管理事务,包括政党、政府、人大、政协、军队等系统所从事的行政管理活动,如党务、税务、检务、军务、社区事务等;狭义的政务则专指政府部门所开展的行政管理和社会服务活动。在我国,对政务的理解基本上是广义的。

电子政务(Electronic Government,E-Gov),是伴随着互联网的发展和应用而产生的新术语。如果简单地从字面上理解,电子政务就是借助电子信息技术而进行的政务活动,是指各级政府部门运用先进的信息技术手段,将政府可公开的信息面向社会、面向企业、面向公众发布,并使政府的服务工作网络化。它实质上是构建一个电子政府,利用信息技术和通信技术,有效地实现行政、服务及内部管理等功能。

目前,关于电子政务的科学概念还没有统一的描述,以下是国内外几种典型的定义:

(1)电子政务就是通过在网上建立政府网站而构建的虚拟政府,它的实质是把工业化模型的大政府,即集中管理、分层结构、在物理经济中运行的传统政府,通过互联网转变为新型的管理体系,以适应虚拟的、全球性的、以知识为基础的数字经济,同时也适应社会运行的根本转变,这种新型的管理体系就是电子政府。

(2)电子政务就是政府机构应用现代信息和通信技术,将政府的管理和服务通过网络技术进行集成,在互联网上实现政府组织结构和工作流程的优化重组,超越时间、空间与部门分割的限制,全方位地向社会提供优质、规范、透明和符合国际水准的政府管理和服务。

(3)电子政务就是政府在国民经济和社会信息化的背景下,以提高政府办公效率,改善投资环境和决策为目标,将政府的信息发布、管理、服务和沟通功能向互联网上迁移的系统解决方案。

(4)电子政务要求政府部门运用网络和现代通信技术,打破行政机关的组织界限,构建出一个电子化的虚拟机关,使得人们可以从不同的渠道取用政府的信息和服务,而不是传统的要经过层层关卡和书面审核的作业方式;而政府机关间及政府与社会各界之间也是由各种电子化渠道进行相互沟通,并依据人们的需求、人们可以使用的形式、人们要求的时间及地点，向公众提供各种不同的服务方式。

（5）电子政务就是政府为了提高对企业的管理与服务水平，简化、优化企业办事程序，利用先进的科技手段，在政府原有办公事务的基础上，以互联网为工作平台，将日常管理与服务项目，转移到网上来实施，实现政府管理模式的网络化。它改变了传统的办公模式，简化、优化了办事流程，摆脱了传统办公模式受时间、地点和部门分工的限制，实现了高效率、高透明、方便快捷的"一网式"、"一表式"办公。

从上述电子政务的含义可以看出，一方面，电子政务必须借助于现代信息与通信技术；另一方面，电子政务是在对传统"政务"改革和业务流程重组的前提下实现的高效率、高透明、方便快捷的新型政府管理与服务体系。综上所述，电子政务的概念可以界定为：政府部门运用现代管理思想对传统"政务"进行改革和业务流程重组，充分利用信息和通信技术，将政府的管理和服务通过网络技术进行集成，实现超越时间、空间与部门分隔的限制，全方位地向社会提供优质、规范、透明和符合国际水准的管理和服务。

从上述定义可以看出，电子政务本身包括三个方面的内涵：一是政府机构各部门实现行政自动化、网络化和信息化，帮助提高政府在行政、管理和服务方面的效率，积极推动机构精简和程序简化等新的业务流程和管理模式；二是利用政府内建立的网络、信息资源和现代化手段，为社会公众提供多种方式、任何地点、任何时间（Anyhow、Anywhere、Anytime）的 3A 优质服务；三是以政府的信息化加强政府部门的协作，并推动和加速整个国家和社会的信息化发展。

2. 理解电子政务概念需要注意的几个问题

为了更好地理解电子政务的概念，需要注意以下几个关键问题：

（1）电子政务中的政务是核心，电子是手段。

国内外的电子政务建设实践充分表明：电子政务中的关键是政务，而非电子，电子仅仅是手段。因为电子政务是一场改革，在某些方面甚至是一场革命。没有强有力的政治领导，利益冲突就无法协调，标准规范无法统一，系统无法一体化，资源无法共享，重复建设就无法避免。那种把电子政务建设仅仅当做是技术人员的事，认为有了人力和物力，开发一个信息系统，事情就可以办成的认识和做法是达不到预期目的的，或者说根本就不会成功。

（2）电子政务不只是政府业务的全面"无纸化"。

实施电子政务可以实现政府工作的"少纸化"，从而降低政府业务运行的成本，这是电子政务建设的众多目标之一。电子政务建设还有诸如加强对政务的监管、实现政务流程的优化、提高企业和公众的满意度等重要的目标。此外，我国特殊的国情（农村人口众多）决定了人人上网存在巨大的困难，这就是所谓的"数字鸿沟"。因此，在我国实现政务全面"无纸化"是不符合实际的，只能是"少纸化"。

（3）电子政务不只是政府现有业务的电子化与网络化。

目前，在电子政务中存在两种错误认识。第一种错误认识是：电子政务就是把现行政府职能进行电子化与网络化，用计算机信息系统去模仿传统的手工政务处理模式（这就等于固化和强化了现有政府结构，从而不利于政府业务流程的优化和改造）。第二种错误认识是：电子政务就是政府上网，只要把政府的政策、法规和条例搬上网络就万事大吉了。

上述两种认识都只注重信息手段而忽视了政府业务流程的改进，没有把政府信息化与政府职能转变有机结合起来，而电子政务建设的核心是对政务流程通过电子化、网络化手段实现现代化。其实，电子政务并不是简单地把政府信息搬到网上，也不仅仅是以计算机代替人工来处理政府事务，而是利用以互联网为核心的信息技术，彻底转变传统的政府运作模式，使政府机构、公务员、公众、企事业单位和其他社会组织构筑起一种全新的网络联系，实现公务、政务、商务及其他相关事务的一体化管理与运行，实现"办公网络化、政务公开化、管理一体化、决策科学化、经济信息化和社会发展现代化"的综合目标。

（4）电子政务不是包治百病的"灵丹妙药"。

电子政务是当前我国政府信息化的主要方面，但它不是万能的，不可能解决所有的问题。一方面，由于部分政府业务的特点以及受到信息技术发展水平的制约，有些政府部门的业务还不可能做到完全电子化；另一方面，电子政务不可能解决政府在以往工作过程中存在的所有问题。因此，更加重要的是在所有政府工作人员中牢固树立为人民服务的观念，完善各种法规制度，在此基础上的电子政务建设才能实现预定的目标。

3. 电子政务与传统政务的对比

电子政务与传统政务相比，有许多显著的区别，主要体现在以下几个方面：

（1）从组织结构看，传统政务管理方式实际上是一种层级结构的管理模式；电子政务则通过先进生产力来提高管理能力，形成管理方式上的网络型扁平化结构的管理模式。

（2）从办公手段看，信息资源的数字化和信息交换的网络化是二者的显著区别。

（3）从与公众沟通的方式看，传统政务的政府与公众的联系，中间环节多；电子政务则能够做到政府对公众的要求进行快捷的反应，直接地为公众服务。另外，与传统政务相比，电子政务可以对行政管理的过程进行快速、有效的监督。

（4）从工作方式看，传统政务管理大多以开会研究、逐级下达和层层上报为主；电子政务通过虚拟办公、电子邮件交换和远程连线会议等手段进行管理工作。

（5）从工作模式看，电子政务与传统政务相比，工作模式发生了改变。电子政务利用现代信息技术加强全局管理，精简和优化政务流程，科学决策，实现政府的公共事务管理职能，使政务处理更加集约、快捷。

传统政务与电子政务的区别如表10—2所示。

表 10—2　　　　　　　　　　传统政务与电子政务的区别

比较项目	传统政务	电子政务
政府部门的存在形式	物理实体存在	网络虚拟存在
政务办公的方式	面对面办公	跨越地理限制
政府组织结构	金字塔形的层级结构	网络型扁平化结构
政府管理方式	严格时间限制	7×24 方式
政府生效方式	集中管理	分权管理
政务处理程序	公章、签字等	数字签名等
政府工作重心	以管理、审批为中心	以服务、指导为中心
政府主要议事方式	会议为主	网络会议、讨论等
政府决策参与范围	主要集中在政府内部	政府内部与外部的统一

在电子政务与传统政务的以上许多不同之中，其实最主要的就是事务处理流程与支撑技术的不同。下面详细地对其进行说明。

传统政务处理事务的方式是以政府各部门的职能为中心，为公众提供面对面的政府服务。企业、公众和社会组织等要通过政府部门办理一些事务一般要按照以下步骤进行：

（1）了解政府部门的职能、权限和具体分工等；

（2）按照解决事务的流程逐一到不同的政府部门办理。

传统政务的事务处理流程如图10—19所示。可以看出，这种事务处理方式流程复杂，审批环节多。

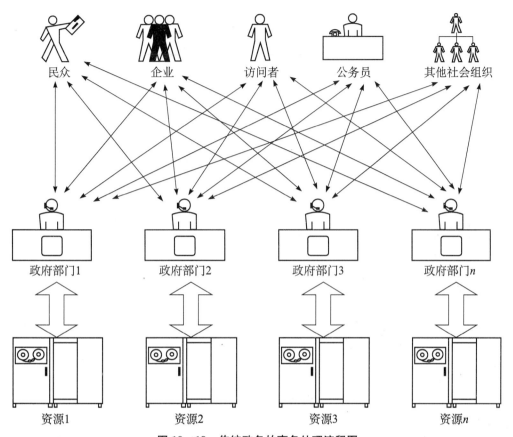

图10—19　传统政务的事务处理流程图

电子政务的流程以社会的需求为中心，政府以"政府就是服务"为出发点，帮助企业、公众、社会组织等快速、高效地解决各种事务，协调各种关系。电子政务的事务处理流程如图10—20所示。

从图10—19和图10—20的比较可以看出，电子政务提供的政府服务是一个以信息技术为基础的，数字化的政府服务。

10.6.2　电子政务的应用模式

电子政务的行为主体包括政府机构（包括政府工作人员）、企业和社会公众。为此，政府业务活动也围绕这三个行为主体展开。从这个角度上讲，可将电子政务的基本应用模式划分为以下四种：政府间的电子政务（G2G）、政府对企业的电子政务（G2B）、政府对公众的电子政务（G2C）、政府对政府公务员的电子政务（G2E）。

1. G2G——政府对政府的电子政务

G2G的全称是Government to Government，又写作G to G。G2G是一种政府对政府的电子政务应用模式，是电子政务的基础性应用，它主要分别应用于以下四种不同工作关系的

图 10—20　电子政务的事务处理流程图

政府机关之间：

(1) 隶属关系——同一组织系统中的上下级机关之间属于领导与被领导的隶属关系，如省政府与下属各市政府；

(2) 业务指导关系——同一专业系统中的上下级主管业务部门之间属于业务指导关系，如人事部与省人事厅；

(3) 平行关系——同一组织系统中的同级机关之间属平行关系，如省政府下属的公安厅与财政厅；

(4) 不相隶属关系——非同一系统中的任何机关或部门均为不相隶属关系，如中央宣传部办公厅与解放军总政治部。

由此可见，G2G 是应用于上下级、平级政府及其部门之间的电子政务，因此又可划分为一个具体政府机关内部的电子政务和政府机关之间的电子政务两种形式。

一个具体政府机关内部的电子政务应用模式主要定位于机关自身公务处理电子化。公务处理电子化实际上就是对政府办公自动化的发展，主要涉及公文处理、视频会议、事务处理、日程管理、流程监控、信息服务、档案管理、决策支持、信息资源管理、知识管理等方面，其主要功能是通过各相关方面的协调运作，提高机构自身的工作效率，科学决策，为电子政务的其他应用模式奠定基础。

政府机关之间电子政务的应用模式主要定位于政府机关系统内部公务处理的电子化。通常主要通过网络（尤其是内联网）及电子公文传输系统、办文系统、一站式办公系统、协同办公系统等收发、传递公文及其他形式的政务信息，以会签、联合行文、联合审批、远程会议等方式处理公务，其基本目标是共享信息，加强协调机制，实现交互式协同运作，提高办事质量和效率。政府机关之间电子政务应用的主要内容如表10—3所示。

表10—3　　　　　　　　　　　政府机关之间电子政务应用的主要内容

名　称	含　义
电子法规政策系统	对所有政府部门和工作人员提供相关的、现行有效的各项法律、法规、规章、行政命令和政策规范，使所有政府机关和工作人员真正做到有法可依、有法必依。
电子公文系统	在保证信息安全的前提下，在政府上下级、部门之间传送有关的政府公文，如报告、请示、批复、公告、通知、通报等，使政务信息快捷地在政府间流转，提高政府公文处理速度。
电子司法档案系统	在政府司法机关之间共享司法信息，如公安机关的刑事犯罪记录、审判机关的审判案例、检察机关的检察案例等，通过共享信息改善司法工作效率，提高司法人员的综合能力。
电子财政管理系统	向各级国家权力机关、审计部门和相关机构提供分级、分部门历年的政府财政预算及其执行情况，包括从明细到汇总的财政收入、开支、拨付款数据以及相关的文字说明和图表，便于有关领导和部门及时掌握和监控财政状况。
电子办公系统	通过计算机和网络完成机关工作人员的重复性工作，节约时间和费用，提高工作效率，如工作人员通过网络申请出差、请假、文件复制、使用办公设施和设备、下载政府机关的各种表格、报销出差费用等。
电子培训系统	对政府工作人员提供各种网络教育课程，加强对员工的专业培训，员工可以通过网络随时随地注册参加培训课程、接受培训、参加考试等。
业绩评价系统	按照设定的任务目标、工作标准和完成情况，利用先进的自动化测评系统对政府各部门的业绩进行科学的测量和评估。

2. G2B——政府对企业的电子政务

G2B的全称是Government to Business，又写作G to B。G2B是一种政府对企业的电子政务应用模式。在G2B模式中，政府主要通过电子化网络系统为企业提供公共服务。G2B模式旨在打破各政府部门的界限，使业务相关部门在资源共享的基础上迅速、快捷地为企业提供各种信息服务，精简管理业务流程，简化审批手续，提高办事效率，减轻企业负担，为企业的生存和发展提供良好的环境，促进企业发展。

G2B模式目前主要运用于电子采购与招标、电子化报税、电子证照办理与审批、相关政策发布、提供咨询服务等。如G2B中的"一网式审批"，尽管涉及多个政府部门，但由于采用了统一入口、统一出口的多部门网上联合办公方式，因而大大缩短了审批时间。过去企业要反复奔波于各个政府部门，跑许多冤枉路，花几天甚至数月时间才能办成的事，如今在网上很快便可办理完毕，大大降低了企业的时间成本，相应的人力资源和社会交易成本也较大幅度地下降。以我国第一个全面实现交互式网上办公的电子政务系统——中关村科技园海淀园区为例，办理新企业入园申请和高新技术企业认定，只需一次性在线填写申请表，提交网上在线审批（以前这个过程要往返很多次），就可以随时查询所提交事项的状态，一经批复，企业便可直接到园区管委会窗口领取当场打印出来的证书。政府对企业电子政务的主要内容如表10—4所示。

表 10—4　　　　　　　　　　　　政府对企业电子政务的主要内容

名　　称	含　　义
电子采购与招标	通过网络公布政府采购与招标信息，为企业特别是中小企业参与政府采购提供必要的帮助，使政府采购成为阳光作业，减少徇私舞弊和暗箱操作，降低企业的交易成本，节约政府采购支出。
电子税务	电子税务使企业通过政府税务网络系统，在家里或企业办公室就能完成税务登记、税务申报、税款划拨、查询税收公报、了解税收政策等业务，既方便了企业，也减少了政府的开支。
电子证照办理	电子证照办理让企业通过互联网申请办理各种证件和执照，缩短办证周期，减轻企业负担，如企业营业执照的申请、受理、审核、发放、年检、登记项目变更、核销等事项的办理。
信息咨询服务	政府将拥有的各种数据库信息对企业开放，方便企业利用，如政府向企业开放法律法规、规章政策数据库，政府经济白皮书，国际贸易统计资料，国家对行业发展的中长期发展规划等信息。
中小企业电子服务	政府利用宏观管理优势，为提高中小企业国际竞争力和知名度提供各种帮助，包括提供统一政府网站入口；利用集合优势，帮助中小企业向电子商务供应商争取有利的、能够负担的电子商务应用解决方案。

3. G2C——政府对公众的电子政务

G2C 的全称是 Government to Citizen，又写作 G to C，指政府通过电子化网络系统为公众提供各种服务。与 G2B 模式一样，G2C 模式的着眼点同样是强调政府的对外公共服务功能，所不同的是前者侧重针对企业，后者的服务对象是社会公众特别是公众个人。

G2C 模式的服务范围更为广泛，例如：网上发布政府的方针、政策及重要信息，介绍政府机构的设置、职能、沟通方式，提供交互式咨询服务、教育培训服务、行政事务审批、就业指导等。G2C 模式旨在为社会公众提供快捷、方便的获取政府公共服务的渠道，提供参政议政的实际途径，通过直接与政府的"对话"、交流，拉近政府与公众的距离，使政府能更及时、真实地了解和充分满足公众的需求。政府对公众电子政务的内容如表 10—5 所示。

表 10—5　　　　　　　　　　　政府对公众电子政务的主要内容

名　　称	含　　义
教育培训服务	通过建立全国性的教育平台，资助所有的学校和图书馆接入互联网和政府教育平台；政府出资购买教育资源然后向学校和学生提供；加强对各类学生信息技术能力的教育和培训，以适应信息时代的挑战。
就业服务	通过互联网向公民提供工作机会和就业培训，促进就业，如开设网上人才市场或劳动力市场，提供与就业有关的职位缺口数据库和求职数据库信息；在就业管理劳动部门所在地或其他公共场所建立网站入口，为求职者提供网上就业培训，指导就业方向。
电子医疗服务	通过政府网站提供医疗保险政策信息、医药信息，执业医生信息，为公民提供全面的医疗服务，公民可通过网络查询自己的医疗保险个人账户余额和当地公共医疗账户的情况；查询国家新审批的药品的成分、功效、试验数据、使用方法及其他详细数据，提高自我保健的能力；查询当地医院的级别和执业医生的资格情况，选择合适的医生和医院。

名 称	含 义
社会保险网络服务	通过电子网络建立覆盖地区甚至国家的社会保险网络，使公民通过网络及时全面地了解自己的养老、失业、工伤、医疗等社会保险账户的明细情况；通过网络公布最低收入家庭补助，增加透明度；还可以通过网络直接办理有关的社会保险理赔手续。
公民信息服务	通过网络提供被选举人的背景资料，促进公民对被选举人的了解；通过在线评论和意见反馈了解公民对政府工作的意见，改进政府工作。
交通管理服务	通过建立电子地图，向公众提供交通目的地信息查询以及行车路线的确认。
电子证件服务	允许居民通过网络办理结婚证、离婚证、出生证、死亡证等有关证书。
公民电子税务	允许公民个人通过电子报税系统申报个人所得税、财产税等个人税务。

4.G2E——政府对政府公务员的电子政务

G2E 电子政务是指政府（Government）与政府公务员（Employee）之间的电子政务，又称作 G to E。G2E 电子政务是政府机构通过网络技术实现内部电子化管理的重要形式，也是 G2G、G2B 和 G2C 电子政务模式的基础。

G2E 电子政务利用互联网建立起有效的行政办公和员工管理体系，为提高政府工作效率和公务员管理水平服务。G2E 电子政务的具体实施方式不一而足，不同政府部门应从自身需求出发，探索具体可行的电子化管理方式。政府对政府公务员电子政务的主要内容如表10—6 所示。

表 10—6   政府对政府公务员电子政务的主要内容

名 称	含 义
公务员日常管理	利用电子化手段实现对政府公务员的日常管理，它对降低管理成本、提高管理效率具有重要意义。如利用网络进行日常考勤、出差审批、差旅费异地报销等工作，既可以为公务员带来便利，又可节省领导的时间和精力，还可有效降低行政成本。
电子人事管理	政府公务员的人事管理是政府机构自我管理的重要内容，已在不少政府机构得到实践。电子化人事管理包括电子化的招聘、培训、学习、沟通和考评等内容。电子化人事管理的发展将使传统的、以纸面档案管理为中心的人事管理方式出现一场新的革命，对提高政府人事管理的水平和效率、降低管理成本起到极为重要的作用。

电子政务上述 4 种模式之间的连接关系如图 10—21 所示。

10.6.3 电子政务系统的含义

电子政务系统是建设在互联网和其他计算机网络的基础上的，充分利用现代信息技术，以实现政府政务流程和服务职能为目标的信息系统。该信息系统包括软件系统和硬件系统。电子政务系统的一般分层逻辑结构如图 10—22 所示。其中各个部分的功能分别描述如下：

（1）IT 基础设施平台提供电子政务系统网络通信和系统服务。服务器、存储设备等基础硬件设施由网络传输介质和网络设备连接起来，形成基础网络层，为信息提供数据通道，是各种应用系统交互的基础。硬件设施（包括网络接入系统、主机服务器系统、存储备份系统和其他相关的辅助系统）配以相应的系统软件（如操作系统和网络管理系统、数据库系统等）构成网络系统层，此层向信息资源平台提供数据存储和管理所必需的基础设施。

图10—21　电子政务四种基本模式之间的相互关系

图10—22　电子政务系统的一般分层逻辑结构图

（2）信息资源服务层一般负责管理、存放政府各类基础数据，通过数据转换、加工、提取和过滤等过程，向应用服务层提供数据。该平台一般包括各种基础数据库以及业务数据库和相应的数据库管理系统，其最终目的是建设相应的数据中心和数据交换中心。

（3）应用服务支持层包括安全 Web 门户、工作流管理、同一后台管理和内容管理、可信消息服务等电子政务中间件。各个中间件支持跨平台的分布式异构数据的访问，从而向应用业务层提供统一的数据服务。工作流管理系统通过工作流引擎驱动数据在应用业务层的各种应用之间流转，以便根据分工，合理、高效和完整地分配信息。同一后台管理通过上层（应用业务层）的应用系统完成各种具体的政务应用。

（4）业务应用层包括 G2G、G2B、G2C 和 G2E 等模式下的电子政务各个应用系统。如办公自动化系统、决策支持系统、知识管理系统、一站式电子政务办公服务系统和工商、税务、财政、卫生、海关、公安、旅游、技术监督、人口管理等行业应用系统。

（5）表现层主要包括外网门户（即对外的政府公众门户网站）、内网门户等。它的主要任务是通过信息交互完成政府信息发布、网上业务办理、内部信息沟通、政府资源共享等职能。企业、个人、公务员可以通过多种方式的接入平台与政府门户取得联系。

电子政务法律、法规、标准和规范体系为实施电子政务系统提供相应的建设依据。

电子政务的安全保障体系包括安全法规、安全策略（包括物理安全、网络安全、应用安全以及信息资源安全等方面的策略）、安全管理、安全技术产品、安全基础设施、安全服务等信息安全保证措施。该体系保障电子政务系统安全、可靠地运行。

10.6.4　电子政务系统的组成

根据电子政务的工作职能，电子政务系统的基本组成部件包括以下四个部分。

1. 网上信息发布系统

通过政府部门在互联网上建立政府网站，把要公布的信息通过网络发布给社会公众，这样一方面可为公众提供信息服务，另一方面也加强了与公众的沟通和联系。网上信息发布是电子政务的一项重要功能。网上信息发布系统相当于政府的"窗口"，通过该系统公众可以查询政府机构构成、公共服务性业务信息、办事程序、政策法规、相关文件及公告等。以"政府上网工程"为标志，我国绝大多数政府部门都建立了自己的网站，并将政务信息通过网络向公众发布。

2. 政府部门内部办公自动化系统

部门内部办公自动化就是要建立办公业务流程的自动化系统，公文、报表制作及管理等业务实现计算机处理，并通过内部局域网进行数据交换，实现用户内部信息的网上共享和交流，协同完成工作事务，从而达到办公业务运转的科学化、系统化、自动化，提高部门内部的办公效率和质量。内部办公自动化是电子政务的基础，主要包括政府内部的公文流转、审核、处理系统，政府内部的各类专项业务管理系统，如日程安排、会议管理、机关事务管理等，政府内部面向不同管理层的统计、分析系统等。

政府部门内部网是政府网站的主要信息来源，只有把内部网、局域网建设好，政府网站才能够获得源源不断的信息，提高对外发布信息的质量。

3. 网上交互式办公系统

网上交互式办公是指面向社会公众实现在线登记、申请、申报、备案、意见征集等的交互式办公，同时还应包括政府电子化采购、招标、审批以及网上报税和纳税等内容。

网上交互式办公要以安全认证等技术作保证，这样才具有可靠性、保密性和不可抵赖性。实现网上办公，将大大提高政府办事的速度，节约时间和成本，从而大大提高行政效率。不过，此时各部门仍是独立进行网上办公，即各办各的事，当事人为办一件事还是要访问多个部门。

4. 部门协同工作系统

部门间协同工作是指多个政府部门利用共同的网络平台，对同一事项进行协同工作。一是在各部门资源共享的基础上，实现多部门网上联合办公，在企业和居民看来，整个政府是一个高效、便捷的大部门，办事程序统一入口、统一出口；二是支持政府的宏观决策和运行控制；三是实现政府信息资源的共享，实现各级政府间的公文信息审核、传递，利用政府间的多媒体信息应用平台，召开视频会议、实现多媒体数据交换等。比如企业登记，可能涉及工商、税务、公安、卫生、文化等不同的政府职能部门，如果按照传统的办事模式，申请人要依次向各部门提出申请并等待批复，时间成本和经济成本都非常高。通过互联网的协同政务服务，由于相关职能部门的网络后台互联互通、资源共享，申请者只要在某一个入口登录之后，网络就会自动将申请材料送达所有需要审批的职能部门，并在完成后自动通知申请人，实现在虚拟空间下的"一站式"服务。当然，协同服务是最难的一种公共服务，国外也在探索，这不仅是技术问题，关键是政务的整合、业务流程的优化。我国最近建设完成的"三金"工程和"电子口岸执法系统"都属于这一范畴。

10.7 案例讨论

10.7.1 案例 1："家中请客"与企业 ERP 流程类比

ERP 是什么东西？很复杂吗？看完下面这个"家中请客"的小故事后，你应该就明白什么是 ERP 了（注意：括号中加粗的为 ERP 中的专业术语）。

中午，丈夫在外给家里打电话："亲爱的，晚上我想带几个同事回家吃饭可以吗？"（**订货意向**）

妻子："当然可以，来几个人，几点来，想吃什么菜？"

丈夫："6 个人，我们 7 点左右回来，准备些酒、烤鸭、番茄炒蛋、凉菜、蛋花汤，你看可以吗？"（**商务沟通**）

妻子："没问题，我会准备好的。"（**订单确认**）

妻子记录下需要做的菜单（**MPS 计划**），具体要准备的菜：鸭、酒、番茄、鸡蛋、佐料、油……（**BOM 物料清单**），发现需要：1 只鸭，5 瓶酒，4 个番茄……（**BOM 展开**），炒蛋需要 6 个鸡蛋，蛋花汤需要 4 个鸡蛋。（**共用物料**）

打开冰箱（**库房**）一看，只剩下 2 个鸡蛋。（**缺料**）

来到自由市场。

妻子："请问鸡蛋怎么卖？"（**采购询价**）

小贩："1 个 1 元，半打 5 元，1 打 9.5 元。"

妻子："我只需要 8 个，但这次买 1 打。"（**经济批量采购**）

妻子："这有一个坏的，换一个。"（**验收，退料，换料**）

回到家中，准备洗菜、切菜、炒菜……（**工艺路线**），厨房中有燃气灶、微波炉、电饭煲……（**工作中心**）。妻子发现拔鸭毛太费时间（**瓶颈工序，关键工艺路线**），用微波炉自己做烤鸭可能来不及（**产能不足**），于是决定在楼下的餐厅里买现成的。（**产品委外**）

268

下午 4 点，电话铃又响："妈妈，晚上几个同学想来家里吃饭，你帮准备一下。"（**紧急订单**）

"好的，儿子，你们想吃什么，爸爸晚上也有客人，你愿意和他们一起吃吗？"

"菜你看着办吧，但一定要有番茄炒鸡蛋。我们不和大人一起吃，6：30 左右回来。"（**不能并单**）

"好的，肯定让你们满意。"（**订单确认**）

鸡蛋又不够了，打电话叫小贩送来。（**紧急采购**）

6：30，一切准备就绪，可烤鸭还没送来，急忙打电话询问："我是李太，怎么订的烤鸭还没送来。"（**采购委外单跟催**）

"不好意思，送货的人已经走了，马上就会到的。"

门铃响了，"李太，这是您要的烤鸭。请在单上签一个字。"（**验收，入库，转应付账款**）

6：45，女儿电话："妈，我想现在带几个朋友回家吃饭可以吗？"（**又是紧急订购意向，要求现货**）

"不行呀，女儿，今天妈妈已经需要准备两桌饭了，时间实在是来不及，真的非常抱歉，下次早点说，一定给你们准备好。"（**这是 ERP 的使用局限，要有稳定的外部环境，要有一个起码的提前期**）

送走了所有客人，疲惫的妻子坐在沙发上对丈夫说："亲爱的，现在咱们家请客的频率非常高，应该要买些厨房用品了（**设备采购**），最好能再雇个小保姆。"（**连人力资源系统也有接口了**）

丈夫："家里你做主，需要什么你就去办吧。"（**通过审核**）

妻子："还有，最近家里花销太大，用你的私房钱来补贴一下，好吗？"（**最后是应收货款的催要**）

资料来源：http：//www.ccw.com.cn/cio/expert/htm2005/20050413_11G67.asp。

分析讨论：

（1）根据上面的小例子，说说你对 ERP 含义的理解。

（2）根据本案例中的过程说明，分析 ERP 的主要功能。

（3）有人说："每一个合格的家庭主妇都是生产厂长的有力竞争者！"对此你如何理解？

10.7.2 案例 2：海尔公司供应链流程的改变

海尔公司的供应链管理就是"对流动在供应链上的商品和服务流、信息流、资金流进行计划和控制"。资金流沿着"供应商→制造→配送/分销→零售→客户"的方向流动，而信息流则在供应链上双向流动。供应链管理最重要的任务，就是对供应链中各环节之间的信息流进行管理，通过各种网络来交流信息，使供应链上的各个环节保持协调一致。海尔公司供应链流程将以前的旧供应链流程：购买物料→制造产品→把货物运到市场→通过零售商进行销售，转变为如下的流程：客户定制产品→根据销售量补充进货→只生产符合市场需求的产品→根据精确的生产需求在线购买原材料、销售产品。

新的供应链管理模式，由需求驱动生产，使得客户和供应商可以结成伙伴一起实现缩短响应时间、增加灵活性、提高生产率和服务质量及降低成本等目标。

分析讨论：

（1）分析海尔公司供应链管理的特点。

（2）海尔公司供应链流程的改变基于什么出发点？起到了怎样的作用？

10.7.3 案例 3：挪威联合银行 CRM 系统的应用

20 世纪 90 年代早期，挪威联合银行拥有超过 100 万的个体客户和企业客户，但它发现自己正逐渐与客户失去联系，因此迫切需要尽快行动起来。这不仅意味着要实施客户关系管理，还意味着要改变 3 000 名银行员工的工作方式。挪威联合银行成功地为客户提供了更加自动化的方式来办理银行业务，这种自动化不断地降低成本。

挪威联合银行管理层看到，虽然银行储存着客户数据，但大多数信息分散在多个运作系统上。为了获取客户的基本信息，银行需要寻找、收集、综合所有系统中的信息，这个流程就可能要花费数日。银行主管们在思考，如果要获取（更重要的是使用）相关的客户信息，银行需要一个完整、统一的客户视图，这需要整合所有不同系统上的客户数据。事实上，银行认识到这种视图不仅要扩展到不同的产品，还要扩展到营销渠道及客户的人口统计资料。如果银行能够追踪客户行为，他们就会对客户的未来行为和偏好有一种更好的理解。这种新信息能驱动交叉销售和目标营销创新，并肯定会提高收入和进一步降低成本。银行希望通过系统为员工提供一种集中化的分析平台，以确定谁是他们的客户。另外，为了削减数据收集的成本和时间耗费，数据库将提供 360 度客户视图，以使银行进一步认识客户。挪威联合银行除了日常分析，还将对市场机会迅速反应的能力与客户的信息联系起来，以提高市场份额。

挪威联合银行还使用它的最新的强大客户数据来协调渠道优化。例如：对于没有使用最适合他们的账单支付服务的客户，银行通过一个特定的促销来告知他们使用最好的支付服务将为他们节约多少资金。这不仅帮助银行削减了用于昂贵服务的成本，而且逐渐给客户灌输了这种理念：银行是客户的拥护者。

分析讨论：

（1）从功能看，挪威联合银行使用的 CRM 系统有哪些？

（2）分析型 CRM 系统为挪威联合银行带来哪些好处？

（3）CRM 除降低成本、减少损失、提高竞争力外，还使挪威联合银行发生了什么改变？

10.7.4 案例 4：思科公司的电子商务系统的应用

思科公司是世界著名的网络设备制造商，从 1984 年成立以来，以年增长率 50% 左右的速度保持高速的发展。思科的成功绝不只是因为思科卖的是最热门的网络基础设备，更重要的是，思科成功地利用了它所提倡的网络信息技术建立了一整套电子商务系统，从而创造了一种崭新的企业运营模式。

1992 年，思科公司高级副总裁兼 CIO 彼得·苏维克向当时的总裁约翰·摩格里奇提出，公司应当制定一个全新的利用互联网来改造公司的运营体制的战略方案。摩格里奇问他这个过程需要多长时间，苏维克说："需要 9 个月，但是公司必须将它作为工作的重点。"摩格里奇答应了。此后，苏维克成功地构建了思科电子商务系统（Cisco Connection Online，CCO），从而使思科公司成为企业间电子商务应用的先驱。目前，思科运行着世界上最大的商务网站，已在互联网上开展了其所有业务。它全面采用 Oracle 的数据库、互联网技术平台及前端应用程序，建设了面向全球的交易系统，并已将市场及服务扩展到全世界的 115 个国家。思科每年的交易额高达 140 亿美元——每天超过 4 000 万美元，接近全球电子商务总收入的 20%。易用的、交互性的、基于网络的商务解决方案，使思科与供应商、客户、合作伙伴和员工的联系更富效率，减少了用于生产、配送、销售、客户服务等环节的费用，发货时间由三周减少到了三天；在新增员工不到 1% 的情况下，利润增长了 500%，仅每年节省的运营支出就达 8.25 亿美元。

电子商务系统使思科实现了"虚拟化"运作。思科的第一级组装商有 40 个，下面有 1 000 多个零配件供应商，其中真正属于思科的工厂只有两个。思科的组装商、供应商的内联网通过互联网与思科的内联网相连，无数的客户通过各种方式接入互联网，再与思科的网站挂接，组成了一个实时动态的系统。客户的订单下达到思科网站，思科的网络会自动把订单传送到相应的组装商手中。在订单下达的当天，设备差不多就组装完毕，贴上思科的标签，直接由组装商或供应商发货，思科的人连箱子都不会碰一下，70% 的思科产品就是这样生产出来的。基于这种生产方式，思科的库存减少了 45%，产品的上市时间提前了 25%，总体利润率比其竞争对手高 15%。思科不用在生产上进行大规模投资，就能轻松应付增长迅速的市场需求，对市场的反应也更敏捷、更安全。

思科提供完备的网上订货系统，客户在网上可以查到交易规则、即时报价、产品规格、型号、配置等各种完备、准确的信息。思科的统计数字显示，98% 以上的网上订单是正确无误的，而在过去，差不多 40% 的订单有报价或配置错误。网上订货不但节省了人力，而且大大减少了传统的交货时间。

此外，电子商务系统帮助思科在客户服务领域全面实施了 CRM。当客户购买了思科的产品后都会得到一个密码，70%～80% 的客户服务和技术支持问题通过网上服务支持系统就能解决。仅此一项，思科一年就能节省 1.25 亿美元，这还不包括客户满意度提高所带来的好处。思科公司的 CEO 约翰·钱伯斯先生说："这使我们可以在技术支持中少使用 1 000 名工程师，我将他们投入新产品研发上，从而获得了极大的竞争优势。"CRM 系统还使思科能够及时和妥善地回应、处理、分析每一个通过 Web、电话或其他方式来访的客户要求，使公司的客户满意度由原先的 3.4 提高到现在的 4.17。4.17 是一个惊人的数字，在这项满分为 5 的调查中，IT 企业的满意度几乎没有能达到 4 的。

思科的电子商务系统为公司带来了明显的竞争优势，创造了极大的商业价值，在思科公司的发展进程中发挥了巨大的战略作用。

分析讨论：

（1）思科公司电子商务系统应用的初衷是什么？最终是否达到了预期目标？

（2）思科公司电子商务系统应用的内容有哪些？它的成功对其他企业有何启示？

10.7.5 案例 5：广东旅游电子政务系统介绍

广东旅游电子政务系统是国内开发较早的旅游政务信息化系统，包括广东省旅游局公众信息网、办公自动化局域网、远程业务管理网及相应的数据库。2001 年 7 月，广东省旅游局公众信息网、办公自动化局域网、远程业务管理网向社会推出。

从旅游业工作实际出发，广东的旅游政务信息化系统分为办公自动化、远程业务管理、电子公文交换三个模块，各模块既可作为独立的系统，又能整合为一个整体。

办公自动化系统除了常规性的公文管理、财务管理、信息资源管理、个人办公管理等模块外，还在显要的位置设置了领导讲话、政策法规、旅游统计、旅游简报、旅游地图、风景图片、历史文件、旅游研究、旅游论坛等日常使用频率较高的工作栏目，便于人员工作。为活跃工作气氛，交流园地提供场所让全体员工发表意见。远程业务管理系统包括了旅游行业管理涉及的各个环节，如酒店星级评定、处理游客投诉、旅游统计等。这些都是旅游管理部门经常性的工作，过去处理这些问题时效性不强，大多需要通过长途电话或传真处理，造成办公成本的极大浪费。现在，通过远程业务管理系统，实现了方便快捷的网上资料上报、查询和汇总，大大地提高了信息上报速度，也确保了信息的可信度，为领导决策提供了长期、有效的参考依据。

广东开发的旅游政务信息化系统具有以下五个方面的特点。

1. 鲜明的旅游特色

广东开发的旅游政务信息化系统是为旅游行业量身定做的，它符合目前旅游行业管理流程和规范，并且着眼于未来，以自定义的方式满足用户的不同需求，极大地提高了工作效率。

电子公文交换系统是采用数字化技术传输红头文件的电子政务软件，它在不改变现有工作流程的情况下，使红头文件瞬间能交换到达任何一个地方，保证文件的有效性、规范性、严肃性，其安全程度还有质的提高，适合中国国情，易于推广使用。电子公文交换系统能帮助旅游行政职能机关快速传达政令，极大地提高了政令传达的效率。它既能与现行有纸办公方式兼容，又是通向未来无纸办公的桥梁，是各行政单位开展电子政务的最佳突破口。系统成功开发了实时的手机短信公文到达通知模块，保证公文及时、高效进行交换。

2. 定制灵活的工作流程

办公自动化系统中具备工作流配置库，通过简单的配置，即可轻松使系统按照每个企业所特有的办公流程进行运转，从而提高系统的灵活性，满足不同层次、不同规模用户的不同需求。

3. 无拘无束，随时随地办公

办公自动化系统基于浏览器，任何时候、任何地点、任何设备，只要能够连接互联网或系统内的内联网，就能够立即完成各项办公的处理。

4. 安全性强

系统除了提供由 Windows NT 和 Microsoft SQL Server 或 IBM DB2 UDB 提供的系统安全保障外，还提供了先进的数据加密手段，保证信息在传输过程中具有很好的保密性、完整性和不可抵赖性；通过单向密码设计手段和用户分级管理等高级别的安全措施，使系统更加安全。

5. 高效低成本

远程业务管理系统是一个基于分布数据库的管理系统，其通信方法却十分简单，远程用户只需接入互联网就可以进行数据的上传和下载。其花费的通信费仅仅是当地的市话费。

分析讨论：

(1) 广东旅游电子政务系统包括哪几个组成部分？各有什么功能？

(2) 广东旅游电子政务系统的建设对于推动广东省旅游业发展有何积极作用？

(3) 选择某一个省、市、区等政府管理机构，了解当地电子政务系统的建设情况。

·本章小结·

1. 随着信息技术和现代管理方法的发展，管理信息系统在近几年得到了快速发展，企业中各个部门都开始重视管理信息系统的应用，相关部门信息系统之间的交互性、集成化、协作化的要求越来越多。与之对应，各种新型的集成化管理信息系统不断产生。

2.具有代表性的集成化管理信息系统包括：物料需求计划（MRP），制造资源计划（MRPⅡ），企业资源计划（ERP），供应链管理（SCM），客户关系管理（CRM），电子商务系统等。

3.ERP将企业内部各个部门，包括财务、会计、生产、物料、销售、人力资源管理、供应链管理等，利用信息技术整合、连接在一起，其核心思想是"系统集成"。ERP系统实施过程包括前期工作、实施准备、模拟运行及用户化、切换运行和新系统运行等阶段。

4.供应链管理覆盖了从供应商到客户的全部过程，包括外购、制造、分销、库存管理、运输、仓储、客户服务等。随着涉及的资源和环节的增加，对供应链的管理变得十分复杂。为了实现对供应链上各个环节进行管理，建立供应链管理系统必不可少。

5.CRM的目的在于在适当的时间，通过适当的渠道，将合适的产品提供给合适的客户。CRM软件系统可以很好地支持营销、销售和客户服务三个部分业务流程的信息化。CRM软件系统包括接触活动、业务功能及客户信息数据库三个部分，可分为运营型、分析型和协作型三种类型。

6.电子商务系统是一个三层体系结构，其中最底层是网络平台（包括互联网、外联网、内联网三部分），中间是电子商务基础平台，最上层是各种电子商务应用系统。

7.电子政务系统是快速发展的电子信息技术与政府改革相结合的产物，是政府信息化建设的主要内容。电子政务系统是建设在互联网和其他计算机网络基础上的，充分利用现代信息技术，以实现政府政务流程和服务职能为目标的信息系统。它在功能上包括网上信息发布系统，政府部门内部办公自动化系统，网上交互式办公系统以及部门协同工作系统四个部分。

通过本章内容的学习，大家应该对上述信息系统的基本知识有了一个简单的了解，其实这些相关信息系统，有些已经自成体系，有些已经是一门课程，有些甚至已经是一个专业或者专业方向。关于它们更为具体的知识，请读者参阅相关的专门教材。

·关 键 术 语·

物料需求计划（MRP）　制造资源计划（MRPⅡ）　企业资源计划（ERP）　供应链
供应链管理（SCM）　客户关系管理（CRM）　运营型CRM　分析型CRM　协作型CRM
电子商务　B2C电子商务　B2B电子商务　C2C电子商务　电子商务系统　电子政务
G2G电子政务　G2B电子政务　G2C电子政务　G2E电子政务　电子政务系统

复 习 思 考 题

一、填空题

1.MRP、ERP、SCM、CRM的中文全称分别是_____、_____、_____和_____。

2.在结构组成上，MRPⅡ整体上可分为_____、_____和_____三个部分。

3.ERP系统是实施过程包括五个阶段，分别是：前期工作、实施准备、模拟运行及用户化、_____和_____。

4.在供应链中存在着物流、资金流以及信息流。其中：物流从_____向_____流动，资金流从_____向_____流动，而信息流的流动则是_____的。

　　5. CRM 软件系统实现了对_____、_____和_____三个部分业务流程的信息化。

　　6. 美国 IT 咨询公司 Meta Group 把 CRM 系统分为了_____、_____和_____三类。

　　7. 电子商务按照交易对象，可以分为三类，分别是_____、_____和_____。

　　8. 电子政务应用模式分为四种，分别是_____、_____、_____和_____。

　　9. 电子商务和电子政务的英文缩略词分别是_____和_____。

　　10. 根据电子政务的工作职能，电子政务系统的基本组成部件包括四个部分，分别是_____、_____、_____和_____。

二、名词解释

1. 制造资源计划（MRPⅡ）
2. 企业资源计划（ERP）
3. 供应链管理（SCM）
4. 客户关系管理（CRM）
5. 电子商务
6. 电子政务

三、简答题

1. 说明 MRP、MRPⅡ、ERP 之间的区别与联系。
2. 简述 ERP 系统实施的流程及需要注意问题。
3. 简述供应链的含义及结构模型。
4. 供应链管理的功能是什么？它包括哪些内容？
5. 请说明客户关系管理系统的目标和功能。
6. CRM 软件系统包括哪些类型？它们之间是什么关系？
7. 什么是电子商务系统？与传统商务比较，它有什么特点？
8. 电子零售系统需要具备哪些基本功能？请绘制出一个网上零售系统的模型。
9. 什么是电子政务？请描述电子政务四种基本应用模式的含义和内容。
10. 什么是电子政务系统？一套完整的电子政务系统应该包含哪些基本组成部分？

实 践 训 练

一、问题讨论

1. 业务人员必须拥有客户资源才能促进销售，为企业带来效益；而业务人员掌握的客户资源越多，将来"人走，客户走"的风险也就越大。请问如何解决这个问题？

2. 为了对客户的需求做出快速、有效的响应，你认为供应链上各成员之间应建立一种怎样的关系？如何才能建立这种关系？

3. 有人将供应链管理的目标总结为为"6R"：将客户需要的正确的产品（Right product）在正确的时间（Right time），按正确的数量（Right quantity）、正确的质量（Right quality）和正确的状态（Right status）送往正确的地点（Right place），并使总成本最小。请分析这里"6R"的含义。

4. 供应链上下游间的公司互为客户和供应商，两者间存在直接的竞争关系，然而信息共享又是彼此必须面对的。你怎么看这个问题？

5. 在电子商务环境下的企业管理与传统环境下的有何不同？在电子商务环境下，对信息的要求是什么？反映到管理信息系统，企业应如何应对这种变革？

6. 请先查阅资料，然后简要说明电子政务与办公自动化、电子政府、政府上网、电子商务这几个概念之间的联系与区别。

二、观点分析

1. 不上 ERP，是等死；上 ERP，是找死。

2. ERP 只是技术人员的任务，与决策者无关。

3. ERP 可解决企业的管理问题，所以不管原来的管理如何，实施 ERP 都能收效。

4. ERP 实施之后，很快就会给企业带来利润。

5. ERP 是国外厂商的软件，不适合我国国情。

三、实践调查

1. 调查目前市场上 ERP、SCM、CRM 的主流软件产品，并分析它们各自的特点。

2. 阅读相关文献资料，调查分析 ERP 、SCM、CRM 之间的关系，写出分析报告。

3. 考察顾客在新华书店购买一本书时所涉及的供应链，并画出其结构模型。

4. 登录一家网上书店，购买一本图书，了解网上商店购物的流程，把购物的全过程（包括主要网页）记录下来。比较、分析实体书店买书与网上买书各自的优点和缺点。

5. 通过调查走访，寻找几个你身边的电子政务系统的具体应用实例。

第11章 系统开发实例与实训建议

本章以百货商店业务管理信息系统为例,介绍了信息系统分析与设计的基本方法。另外,为了便于任课教师组织实训教学,在介绍实例的基础上还给出了实训建议。

11.1 系统开发背景

××百货商店是一家民营的商业销售组织,其主要业务是从批发商或制造厂商处进货,然后再向顾客销售。以前,该商店规模较小,其全部数据处理均由人工操作。

最近,因百货商店大楼翻建后,营业面积扩大,数据处理的工作量大大增加。为了减轻工作人员的劳动强度,提高业务管理水平,适应新的发展,提高企业的行业竞争优势,该商店决定开发一个"××百货商店管理信息系统"。

11.2 系统分析

11.2.1 组织机构及其功能调查

现行系统在商店经理的领导下,设有销售科、采购科和财务科,如图11—1所示。

图11—1 现行系统组织机构

经过调查,这三个部门的主要任务分别概括如下:

(1)销售科:接受顾客订货单,并进行校验,将不符合要求的订货单退还给顾客。如果是合格的订货单且仓库有存货,那么就给顾客开发货票,通知顾客到财务科交货款,并修改因顾客购买而改变的库存数据。如果是合格的订货单但是缺货,那么先留底,然后向采购科发出缺货单。当采购科购买到货后,核对到货单和缺货单,再给顾客开出发货票。

(2)采购科:将销售科提供的缺货单进行汇总,根据汇总情况和各厂商供货情况,向有关厂商发出订购单。当供货厂商发来供货单时,对照留底的订购单加以核对。如果正确,则建立进货账和应付款账,向销售科发到货通知单并修改库存记录;如果供货单与留底的订购单不符,则把供货单退还给供货厂商。

(3)财务科:接到顾客的货款时,给顾客开出收据及发票,通知销售科付货;根据税务局发来的税单建立付款账,并付税款;根据供货厂商发来的付款通知单和采购科记录的应付款明细账，建立付款明细账，同时向供货厂商付购货款。无论是收款还是付款之后，都要修改商店的财务总账。财务科在完成以上日常账务工作的同时，还要定期编制各种报表向经理汇报，以供经理了解有关情况并据此制定下一阶段的业务计划。

11.2.2 现行系统业务流程调查

现行系统的业务流程如图 11—2 所示。

图 11—2　现行系统业务流程图

11.2.3 数据流程图的绘制

百货商店业务管理信息系统的顶层数据流程如图11—3所示，该图表明了百货商店业务管理信息系统与外部实体之间的信息输入、输出关系，即标定了系统与外界的界面。

图11—3 新系统顶层数据流程

顶层数据流程图的第一级分解如图11—4所示，该图实际上把图11—3中的"百货商店业务处理"进行细化，将其初步分解为销售处理、采购处理和会计处理三个子系统。

图11—4 一级分解数据流程图

在分解上述功能的同时，得到了相应的数据存储（如销售记录、应收款账、货物库存、进货账、应付款账）和数据流（如订单、发货单、缺货单等）。

上述销售处理、采购处理和会计处理三个子系统的数据流程图（即二级分解）分别如图11—5、图11—6和图11—7所示。

图11—5是销售处理功能，实际上是把销售处理（图11—4，P1.1框）进行细化。从图中我们知道系统的外部环境是顾客。首先，由顾客（S1）提出订货单（F1）。然后商店从货名文件中得到货名信息（F5），从顾客文件中得到顾客信息（F47）。如果是老顾客，则商店对订单（F1）、货名信息（F5）、顾客信息（F47）进行编辑处理（P1.1.1），从而生成编辑后的订单（F4）。如果是新顾客，除了进行上述处理外，要生成新顾客数据（F2），并将新顾客数据进行登录（P1.1.2），然后登录到顾客文件中。

图11—5中的其他数据流和处理以及图11—6、图11—7，读者可以自己随着箭头走一遍，以加深理解。

278

图 11—5 二级分解数据流程图（销售处理）

图 11—6 二级分解数据流程图（采购处理）

图 11—7　二级分解数据流程图（会计处理）

11.2.4　数据词典

数据字典用于进一步定义和描述所有数据项，包括数据流字典、数据存储字典、数据处理字典三类。

数据流字典清单如表 11—1 所示，此处仅对 F1 作简要解释。数据流 F1 是顾客 S1 提出的订单，它的去向是编辑处理 P1.1.1。在 F1 中包含如下信息：订单标识、顾客细节（如顾客姓名、顾客地址、电话等）、货物细节（如货物名称、产地、数量等）。F2、F3……F7 均代表数据流名，在表中分别标出了它们的来源、去向以及该数据流所含内容。

表 11—1　　　　　　　　　数据流字典清单（部分）

总编号	编号	名称	来源	去向	所含数据结构	说明
1—01	F1	订单	S1 顾客	P1.1.1 编辑订单	订单标识、顾客细节、货物细节	
1—02	F2	顾客数据	P1.1.1 编辑订单	P1.1.2 登录新顾客数据	订单标识、顾客细节	用于登录顾客数据
1—03	F3	顾客数据	P1.1.2	D2 顾客文件	同上	用于建立顾客数据
1—04	F4	订单	P1.1.1	P1.1.3 判断、核对	订单标识、顾客细节、货物细节	用于判断核对
1—05	F5	货物情况	D1 货名文件	P1.1.1 编辑订单	标识、顾客细节、货物细节	用于编辑订单
1—06	F6	不合格订单	P1.1.3 判断、核对	S1 顾客	订单标识、顾客细节、货物细节、不合格原因	退还顾客
1—07	F7	可供订单	P1.1.3	P1.1.4 开票、修改库存	标识、顾客细节、货物细节	用于供货

数据存储字典清单如表 11—2 所示，均以 D 表示。此处仅对 D9 进行解释，其余类推。

D9 为应收款明细账，它是用来记销售收入（应收款）的库文件。通过 P1.1.5（建立收款明细账）的处理将数据流 F9 写入 D9（应收款明细账）。D9 包含如下信息：标识、货名、数量、顾客名、应收款、日期。

表 11—2　　　　　　　　　　　　　　数据存储字典清单（部分）

总编号	编号	名称	输入数据流	输出数据流	内容	说明
S1-01	D1	货名文件	F5 (D5-P1.1.1)		货物名称、标识	用于编辑订货
S1-02	D2	顾客文件	F3 (P1.1.2-D2)	F47 (D2-P1.1.1)	标识、顾客细节	同上
S1-03	D3	库存文件	F10 (P1.1.4-3) F50 (P1.2.5-3)	F16 (D2-P1.1.2)	标识、货物细节、库存量	用于记录货物数量和发订单
S2-04	D4	代订货物文件	F13 (P1.2.1-D4)	F14 (D4-P1.2.2)	标识、顾客细节、缺货总量	用于编发订单、记录缺货
S2-05	D5	厂商名录		F15 (D5-P1.2.2)	标识、厂商细节、厂商供货细节	用于编发订货单
S2-06	D6	订货单文件	F17 (P1.2.2-D6)	F52 (D6-P1.2.3)	标识、货物细节、数量、厂商名、日期	留底的订货单
S2-07	D7	应付款明细账	F54 (P1.2.4-D7)	F34 (D7-P1.3.3) F45 (D7-P1.3.5)	标识、货名、数量、厂商、应付款、日期	供货单留底
S1-08	D8	销售历史文件	F49 (P1.1.6-D8)	F42 (d8-P1.3.5)	标识、货名、数量、日期	记录销售科工作情况
S1-09	D9	应收款明细账	F9 (P1.1.5-D9)	F43 (D9-P1.3.5)	标识、货名、数量、顾客名、应收款、日期	记录销售科应收款情况

数据处理字典清单如表 11—3 所示，它对数据流程图中的所有处理功能做出了说明。此处仅以 P1.1.1（编辑订单）为例进行说明：商店根据订单（F1）、顾客情况（F47），判断新、老顾客，并编辑成合适的订单（F4）。同时对于新顾客，从 P1.1.1 输出新顾客数据（F2），再登记新顾客数据处理（P1.1.2）。

表 11—3　　　　　　　　　　　　　　数据处理字典清单

总编号	编号	名称	输入	处理逻辑概况	输出	说明
P1-01	P1.1.1	编辑订单	F1 订单 F47 顾客情况	根据订单和顾客情况，判断新、老顾客，并编辑成合适的订单。	F4 订单 F2 新顾客数据	
P1-02	P1.1.2	登录新顾客数据	F2 新顾客数据	读入新顾客的细节写入顾客文件中去。	F3 新顾客情况	登记
P1-03	P1.1.3	判断、核对	F4 订单	检验顾客订单，分成不合格、可供货、缺货三种情况处理。	F6 不合格单 F7 可供订单 F11 缺货单	检验订单属于哪一类，以便以后分别处理
P1-04	P1.1.4	开票、修改库存	F7 可供订单 F55 到货缺货订单	给顾客开发货票，通知其付款，修改库存记录。	F33 付款单 F48 销售情况 F8 应收款	销售处理
P1-05	P1.1.5	建应收款明细账	F8 应收款	根据 F8 建应收款明细账。	F43 应收款	

表 11—4 列出了数据字典中部分数据项条目。它对数据流程图中各个存储文件中记录的字段予以逐个定义，规定其类型、长度和各个字段的作用。

表 11—4 　　　　　　　　　　　　　　　　数据项描述（部分）

数据编号	名称	类型	长度	说明	备注
5－01	订单号	整型	6	订单编号	
5－02	顾客号	整型	6		
5－03	顾客名	字符型	4	顾客姓名	
5－04	顾客电话	整型	8	用于缺货到货时通知	
5－05	货物编号	整型	4		
5－06	货名	字符型	8		
5－07	货物数量	整型	3	记录货物数量	
5－08	订单标志	字符型	1	标志是可供、不合格、缺货	
5－09	厂商名	整型	12	记录供货厂商姓名	
5－10	厂商编号	整型	6		

11.3　系统设计

11.3.1　系统总体功能设计

百货商店业务管理信息系统共分成销售、采购、会计三个子系统，其功能模块结构如图11—8所示。

图 11—8　功能模块结构图

11.3.2　各子系统控制结构的设计

销售子系统、采购子系统和会计子系统的控制结构分别如图 11—9、图 11—10、图11—11 所示，它们分别对应于图 11—5、图 11—6、图 11—7，即从逻辑功能设计走向物理功能设计。

图 11—9　销售子系统控制结构

图 11—10　采购子系统控制结构

图 11—11　会计子系统控制结构

这里仅对图 11—9 进行部分解释。在图 11—9 中，通过输入功能模块得到订单、顾客细节、库存细节信息，然后进行销售处理。在销售业务处理中，首先对订单、顾客细节进行编辑，并反馈编辑后的订单，然后对编辑过的订单再进行检验核对并且加载分类标志。订单、顾客细节、库存细节经过编辑、检验核对后进行分类处理。根据订单加载的分类标志，将订单划分为不可供处理（反馈缺货单）和不合格订单。对于可供货的订单，要根据货名和数量修改库存，根据顾客细节、货名和数量建立销售记录，并为顾客开发货票。

11.3.3　处理过程设计

根据销售子系统控制结构图（见图 11—9）、采购子系统控制结构图（见图 11—10）和会计子系统控制结构图（见图 11—11），可以分别画出它们的程序结构框图。其中：销售业务程序结构框图如图 11—12 所示，采购业务程序结构框图如图 11—13 所示，会计业务程序结构框图如图 11—14 所示。

11.4　系统实施

以上完成的是百货商店业务管理信息系统分析和系统设计的主要工作，接下来还要进行系统实施，即根据程序结构框图和设计阶段的其他图表，编写计算机程序，并进行程序调试、系统分调、总调和新旧系统的切换。最后还需要进行系统评价，提交系统评价文档和系统操作手册等文档。限于本书篇幅，这些内容不再详细叙述。

需要说明的是，在实际运用中，本章的实例规模较小，但作为教材的案例仍是篇幅太大。因此，本章仅对系统分析和系统设计阶段的主要工作加以介绍，对其实施过程只是简单提及。在管理信息系统的开发过程中，系统分析和设计是基础性的和难度较大的工作，加强对系统分析、系统设计的举例，对巩固和深化所学的知识会有较大的帮助。

图 11—12 销售业务结构框图

图 11—13　采购业务结构框图

图 11—14   会计业务结构框图

11.5 课程实训概述

11.5.1 实训意义

课程实训是管理信息系统课程教学过程中重要的实践教学环节，也是计算机信息管理专业学生的一项基本专业技能。它主要培养学生综合运用理论知识分析和解决实际问题的能力，实现由理论知识向操作技能的转化，既是对理论与实践教学效果的检验，也是对学生综合分析能力、独立工作能力与团队合作精神的培养过程。因此，加强实践教学环节，作好实训教学，对实现专业培养目标、提高学生的综合素质有着重要的意义。

11.5.2 实训目的

通过课程实训，主要可以达到以下几个目的：

第一，通过实训，总结、复习、巩固、深化和扩展学生的理论知识与专业技能。

第二，实训过程提高了学生的动手编程能力，并使其掌握撰写各项文档材料的技能。

第三，培养学生运用所学知识和技能，解决社会实践中所遇到的实际问题的能力。

第四，通过分组练习，培养了学生之间的分工协作意识和团队合作精神。

第五，通过系统分析，培养学生正确的设计思想和思维方法以及严谨的科学态度。

第六，通过实训中相关资料的整理，培养学生检索信息、筛选信息、处理信息的能力。

11.5.3 实训内容和要求

管理信息系统课程的实训内容，主要是要求学生自行选题、分组练习，在课程理论知识学习过程中或者结束之后，完成信息系统项目的分析、设计，结合前面学过的 VB、VFP、PowerBuilder、Delphi 等开发工具进行一次全面的综合练习，最终目的是得到一个能实际运行的中小型管理信息系统。

在实训的过程中，必须对学生提出以下具体要求：

第一，认真做好实训前的各项准备工作，充分认识实训工作在课程学习中的重要性。

第二，合理安排进度，按照系统开发的流程及方法，踏实地开展课程实训活动。

第三，在开发各环节中撰写的相关技术文档材料，必须符合《计算机软件文档编制规范（GB8567—2006）》的要求。

第四，开发出的系统，能通过上机检验，并提交详细的课程设计报告。

第五，实训的过程中，既要虚心接受老师的指导，又要充分发挥主观能动性

第六，小组成员之间，既要分工明确，又要密切合作，培养良好的互助、协作精神。

11.6 课程实训的组织

11.6.1 实训的过程安排

管理信息系统课程实训的过程安排，要基于学生的实际情况和时间限制，以下内容供参考。

1. 组织准备

首先，老师带领学生复习和巩固管理信息系统的开发方法，布置实训任务。然后，4～6人为一组，建立课程实训小组，还可以命名。最后，每一个小组选定一名组长，组长作为系统的总设计人，并负责考勤以及与指导教师联系，组内其他成员也要进行简单的分工。

2. 选择题目

每小组选取一个实训题目，课题的来源包括：从社会调查、社会实践中得到；小组讨论产生；由实训的指导教师指定；本书提供的参考题目。

学生在自己选择题目时，要注意选题的可行性，要"小而优"。教师指定选题时，应满足教学要求，贯彻因材施教原则，使学生在水平和能力上有较大提高，鼓励学生有所创新，难度要适当，规模要合适，一般应使学生在规定的时间内经过努力可以完成。

题目选好后，要根据时间，制定一个切实可行的系统开发计划，要求编制进度表。

3. 问题定义

弄清楚所开发的系统具体要解决什么问题，包括系统的名称、开发背景、待开发系统的现状、所开发的系统应达到的目标（如功能、性能、使用便利性等）。

4. 可行性研究

展开初步调查，确定问题定义阶段所确定的系统目标是否能实现，所确定的问题是否可以解决，系统方案在经济上、技术上、操作上是否可以接受。

5. 需求分析

需求分析的基本任务是准确地定义新系统的目标，回答系统必须"做什么"的问题。

在该阶段，各个小组要展开深入、细致的调查分析，了解当前系统的工作流程，准确理解用户的要求，获得当前系统的物理模型，抽象出当前系统的逻辑模型。

6. 总体设计

系统总体设计的基本任务包括系统结构设计和数据库设计。

系统结构设计包括：分析功能结构，划分功能模块，确定各个模块的功能，确定模块之间的调用关系，设计模块之间的接口。数据库设计要从概念和逻辑两个方面开展。

在需求分析和总体设计阶段，还要编写相关的文档材料，包括：绘制完善的分层次数据流程图，编写数据字典，确定关系表的 E-R 图，确定功能模块结构图和信息系统流程图。

7. 详细设计

详细设计即确定每个功能模块的具体执行过程：为每个模块进行详细的算法设计；为模块内的数据结构进行设计；对数据库进行物理设计；进行编码设计、输入/输出格式设计、人机对话设计等；编写详细的设计说明书。

8. 程序编写

程序设计就是把详细设计阶段的结果翻译成用某种程序设计语言书写的程序，可以采用可视化程序开发工具完成。程序要进行反复调试，以保证没有语法错误、逻辑错误和异常。可采用 VB 或 VFP 编写系统的各功能模块的程序代码，并自行测试程序。

9. 综合测试

对所开发的系统进行全面测试，以发现程序中是否存在错误，是否有不正确的或遗漏了某些功能，系统能否正确地接受输入数据，能否产生正确的输出信息；访问外部信息是否有错；性能上是否满足要求等。

10. 完善系统

根据综合测试结果，对程序和系统进行修改、完善，并进行回归测试。

11. 验收与评分

制作好系统的安装光盘，并整理各个阶段书写的文档资料，按要求编写实训报告。

指导教师对每个小组的所开发的管理信息系统进行综合验收，公开演示，并结合实训的过程进行考核，根据后面给出的评定办法，对所有的学生进行成绩评定。

11.6.2　实训的进度分配

该课程实训时间的安排有两种方案：第一种是分散实训：实训过程与理论授课同步，每周有 2 节左右的实训课；第二种是集中实训：理论知识结束之后，集中 3～4 周时间专门进行实训教学。具体采用哪种方案，要根据总课时数以及学生的实际情况自行确定。

表 11—5 给出了第二种方案的具体课时分配计划，供大家参考。

表 11—5　　　　　　　　　　　　　　实训课时分配

序号	实训任务	课时分配
1	项目分组，选定题目，明确功能，制定进度。	2
2	系统初步调查，进行可行性分析和需求分析。	2
3	系统分析，绘制数据流程图，编写数据字典。	2
4	系统总体设计，画出功能结构图和系统流程图。	2
5	进行代码设计、界面设计和数据库设计。	4
6	编写各功能模块的代码，调试、修改程序。	6
7	进行系统测试、试运行，数据准备。	2
8	实训总结，要求小组书写实训报告。	2
9	演示软件，相互评分，老师对实训情况讲评。	2
	合计	24

11.7　实训结果的考核

实训工作结束后，由指导教师根据学生参与实训工作的具体情况进行综合考核，包括管理信息系统软件的运行效果、课程设计报告的质量和课程设计过程中的工作态度等。

11.7.1　考核方式与标准

考核方式分为过程考核和终结考核两种形式。过程考核主要考查以下几个方面：
（1）明确实训的要求，制定了具体的进度表和人员分工安排，小组团队精诚合作。
（2）对所要开发的系统进行了认真的系统调查、可行性分析和需求分析。
（3）系统总体设计合理，功能模块划分正确，数据流程图、模块结构图绘制正确。
（4）代码设计合理，用户界面设计美观，数据库设计正确。
（5）能按自己的设计要求，编写各功能模块的程序代码，并调试和修改了程序。

终结考核主要考查系统功能的实现、系统的正确运行、算法的正确实现、程序的可读性、用户界面的友好性、文档资料的完整性以及实训报告的书写情况。

另外，考核评价中还要考虑学生的纪律情况、考勤情况、创新能力、协作精神等。
具体的考核标准如表 11—6 所示。

表 11—6　　　　　　　　　　　　　　实训考核标准

序号	考核项目		评分比例
1	过程考核	实训要求、实训计划、进度表。	40%
		系统调查、可行性分析、需求分析。	
		总体设计、功能模块、数据流程图、模块结构图。	
		代码设计、人机对话设计、数据库设计。	
		程序代码、算法、程序调试、测试用例。	

序号	考核项目		评分比例
2	终结考核	功能能够完整实现，系统正确运行，算法能正确实现。	30%
		程序能很好地运行，并具有健壮性，可读性较好。	
		用户界面友好，输入、输出效果适应系统的实际需要。	
3	文档资料	撰写的文档材料内容完整、格式规范。	10%
4	其他方面	创新情况　设计具有独创性，构思巧妙、有新意。	10%
		纪律考核　实训期间组织纪律性强，无迟到、早退、缺课现象。	5%
		小组协作　小组协作精神强，团体意识好，分工协作，所有的小组成员在规定时间内分别完成各自的实训任务。	5%
	合计		100%

11.7.2 实训报告的撰写

撰写的实训报告，原则上不少于 5 000 字，需在封面注明设计选题、班级、姓名、学号及课程设计日期、地点，其正文至少包括以下几个方面的内容。

（1）可行性分析。

（2）系统分析部分。包括：业务流程图，数据流程图，功能分析图，数据字典，数据加工处理的描述，管理信息系统流程设想图（新系统的逻辑模型）。

（3）系统设计部分。包括：功能结构图设计，新系统信息处理流程设计，输出设计（主要指打印输出设计），存储文件格式设计（数据库结构设计），输入设计（主要指数据录入卡设计），代码设计（要求有设计思想和代码设计书），程序设计说明书。

（4）系统实施部分。包括：程序框图，源程序，模拟运行数据，打印报表，系统使用说明书。

（5）附录或参考资料。

附录：课程实训选题参考

下面的选题前两个列出了简单的功能描述，其他项目的具体需求可以自行了解和挖掘，或者自行参加实践活动获取，或者找课程实训指导教师探讨。

1. 企业库房物资管理信息系统

某企业的库房物资管理信息系统划分为计划管理、合同管理、库存管理 3 个子系统。计划管理的主要功能是建立数据库，与已签订的采购合同进行物资汇总平衡；合同管理的主要功能是建立物资合同台账，对已签订的物资供应合同进行对照；库存管理对库房物资的进货与发放、库存数量进行管理。

该系统的输出要求有：收料单、领料单、库存平衡表、合同台账、物资采购计划。

2. 工资管理信息系统

这个课题要求实现如下功能：

（1）建立职工基本数据库（至少有 3 个部门，每个部门 5 人）；

（2）建立职工基本工资表与变动工资数据表；

（3）基本工资与变动工资分别输入。

该系统的输出有两个，分别是个人的工资条和部门的工资汇总表。其中：

个人工资条的内容应该包括：编号，姓名，部门，基本工资，津贴，奖金，加班费，税金，公积金，保险，事病假扣款，水电费，房租，应发工资，实发工资。

部门工资汇总表的内容应该包括：部门名称，人数，基本工资，津贴，应发工资，加班费，税金，公积金，保险，事病假扣领，水电费，房租，实发工资。

3. 其他小型的管理信息系统

(1) 学生成绩管理信息系统。

(2) 学生宿舍管理信息系统。

(3) 运动会成绩管理信息系统。

(4) 歌唱比赛计分管理信息系统。

(5) 教材管理信息系统。

(6) 教师课时酬金管理信息系统。

(7) 教师业务档案管理信息系统。

(8) 教务综合管理信息系统。

(9) 图书管理信息系统。

(10) 办公文档管理信息系统。

(11) 企业人事管理信息系统。

(12) 房地产公司物业管理信息系统。

(13) 房地产公司售楼管理信息系统。

(14) 房屋中介公司管理信息系统。

(15) 电脑公司客户服务管理信息系统。

(16) 音像店业务管理信息系统。

(17) 超市进销存管理信息系统。

(18) 酒店客房管理信息系统。

参考文献

［1］常晋义．管理信息系统：原理、方法与应用（第 2 版）［M］．北京：高等教育出版社，2009．

［2］陈景艳．管理信息系统（第二版）［M］．北京：中国铁道出版社，2005．

［3］陈晓红．信息系统教程［M］．北京：清华大学出版社，2003．

［4］甘仞初．管理信息系统（第 2 版）［M］．北京：机械工业出版社，2010．

［5］甘仞初．信息系统分析与设计［M］．北京：高等教育出版社，2003．

［6］郭东强．现代管理信息系统［M］．北京：清华大学出版社，2006．

［7］黄梯云．管理信息系统（第四版）［M］．北京：高等教育出版社，2009．

［8］邝孔武，王晓敏．信息系统分析与设计（第 3 版）［M］．北京：清华大学出版社，2006．

［9］李大军．商业管理信息系统［M］．北京：清华大学出版社，2002．

［10］刘鹏．管理信息系统［M］．上海：上海财经大学出版社，2003．

［11］罗超理，李万红．管理信息系统原理与应用［M］．北京：清华大学出版社，2002．

［12］彭澎．管理信息系统［M］．北京：机械工业出版社，2003．

［13］王恩波．管理信息系统实用教程［M］．北京：电子工业出版社，2002．

［14］王要武．管理信息系统［M］．北京：电子工业出版社，2003．

［15］徐世河．管理信息系统设计教程［M］．北京：电子工业出版社，2003．

［16］薛华成．管理信息系统（第 5 版）［M］．北京：清华大学出版社，2007．

［17］［美］斯蒂芬·哈格等．信息时代的管理信息系统（第 8 版）［M］．北京：机械工业出版社，2011．

［18］张基温，曹渠江．信息系统开发案例（第四辑）［M］．北京：清华大学出版社，2003．

［19］周贺来．管理信息系统［M］（第 2 版）．北京：机械工业出版社，2010．

［20］周贺来．客户关系管理实务［M］．北京：北京大学出版社，2011．

［21］周贺来．电子政务［M］．北京：中国水利水电出版社，2007．

［22］庄玉良，贺超等．管理信息系统［M］．北京：机械工业出版社，2011．

［23］左美云，邝孔武．信息系统开发与管理教程（第二版）［M］．北京：清华大学出版社，2006．

图书在版编目（CIP）数据

管理信息系统/周贺来等主编 . —北京：中国人民大学出版社，2012.7
全国高等院校计算机职业技能应用规划教材
ISBN 978-7-300-15585-2

Ⅰ.①管… Ⅱ.①周… Ⅲ.①管理信息系统-高等学校-教材 Ⅳ.①C931.6

中国版本图书馆 CIP 数据核字（2012）第 090773 号

全国高等院校计算机职业技能应用规划教材

管理信息系统

主　编　周贺来　佟　捷　严晓媛
副主编　韩姣红　李俊利　陈全平

出版发行	中国人民大学出版社	
社　　址	北京中关村大街 31 号	**邮政编码**　100080
电　　话	010 - 62511242（总编室）	010 - 62511398（质管部）
	010 - 82501766（邮购部）	010 - 62514148（门市部）
	010 - 62515195（发行公司）	010 - 62515275（盗版举报）
网　　址	http://www.crup.com.cn	
	http://www.ttrnet.com(人大教研网)	
经　　销	新华书店	
印　　刷	北京民族印务有限责任公司	
规　　格	185 mm×260 mm　16 开本	**版　　次**　2012 年 9 月第 1 版
印　　张	19.25	**印　　次**　2012 年 9 月第 1 次印刷
字　　数	483 000	**定　　价**　35.00 元

教师信息反馈表

为了更好地为您服务，提高教学质量，中国人民大学出版社愿意为您提供全面的教学支持，期望与您建立更广泛的合作关系。请您填好下表后以电子邮件或信件的形式反馈给我们。

您使用过或正在使用的我社教材名称		版次	
您希望获得哪些相关教学资料			
您对本书的建议（可附页）			
您的姓名			
您所在的学校、院系			
您所讲授课程名称			
学生人数			
您的联系地址			
邮政编码		联系电话	
电子邮件（必填）			
您是否为人大社教研网会员	□ 是，会员卡号：_____ □ 不是，现在申请		
您在相关专业是否有主编或参编教材意向	□ 是　　　　　□ 否 □ 不一定		
您所希望参编或主编的教材的基本情况（包括内容、框架结构、特色等，可附页）			

我们的联系方式：北京市海淀区中关村大街 31 号

中国人民大学出版社教育分社

邮政编码：100080

电话：010-62515923

网址：http://www.crup.com.cn/jiaoyu/

E-mail：jyfs_2007@126.com